日本外食全史

nippon gaishoku zenshi

阿古真理

aco mari

AKISHOBO

日本外食全史

はじめに

二〇一九年一二月に中国で発見された新型コロナウイルスは、年が明けると世界中へ広がった。日本でも、感染を防ぐために人々の行動が制限された結果、最もダメージを受けた業界の一つが、飲食だった。閉店、廃業、業態転換などを迫られた個人店やチェーンは多い。

客側にいる人たちも、改めて飲食店で食事をする、あるいは人に会うことが、いかに大切で必要不可欠だったのか、思い知らされた。大切な誰かと会えない、ビジネスが円滑に進まない……大人の社交の多くが、会食の場で成り立っている。家や職場から離れホッとする店、あるいは日々の食事に通う店がある人もいるだろう。

コロナ前、日本は世界に冠たるグルメ大国の一つで、食を目当てに海外から訪れる人たちも大勢いた。特に東京は、『ミシュラン』の星が世界で最も多い都市である。地方でも、ミシュランの星を抱く街はたくさんある。

政府は移民の受け入れに消極的だが、日本は移民が開く店を含め、世界各国の料理が食べられる国でもある。海外へ修業に行く料理人も多く、特にフランスでは、「たいていの一流店で、日本人が修業している」と言われる。二〇二〇年には、史上初めて日本人シェフの店が、フランスで三つ星に輝いた。

しかし半世紀前まで、外国料理など食べたことがない、外食をほとんどしない人は珍しくなかった。国民の半分が行った一九七〇年の大阪万博では、ファストフードを含めて外国の食べものに初めて出合った人が多かったのである。国際化も進んでいなかったから、昭和の東京オリンピックの際は、「日本人にちゃんとしたパンがつくれるのか？」などと疑われるほどだった。

もっとさかのぼれば幕末、黒船に乗ってやってきたアメリカのペリーと、ロシアのプチャーチンは、どちらも条約を取り交わす際の会食で、日本料理をおいしいとは思ってくれなかった。欧米人との社交で必要なことから、明治初年の日本で天皇が肉食を再開宣言し、牛鍋が流行する。それでも、肉食に抵抗を感じる明治人は多かった。

しかし、グルメ大国への道は、明治から始まったわけではない。実はミシュランより早く、江戸では料理屋の格づけが行われ、グルメガイドも発行されていた。単身男性が多かったため、ファストフードも次々に誕生した。和食が確立した江戸時代に、グルメ文化は生まれていたのである。

本書はそうした外食の歴史を網羅した、初めての本である。高級料理店から庶民の居酒屋などの和食に、洋食やフランス料理、中国料理などの歴史も描く。歴史を書くうえで必要な店・チェーンや人だけをピックアップしたため、残念ながら入れられなかった、あるいはくわしく紹介できなかった店・チェーンや人も多い。思い切って取捨選択を行い、歴史のアウトラインを描くことができたのは、私が外食業界の外にいる人間だからだと自負している。

何しろ、私はグルメの専門家ではないため、高級料理店はもともと縁がなく、チェーンの居酒屋にもあまり行ったことがない。今回改めて足を運んだ店はあるが、時間や財布に限りがあるため、ごく一部を確かめたにとどまる。味を体験したほうがわかることが多いのは確かだが、体験を前提条件にするなら歴史は書けない。戦争を体験しない人が書けないなら、戦後生まれは口をつぐまざるを得なくなる。歴史は継承されず戦争の恐ろしさは後続世代に伝わらない。しかし外にいる人が評価し、関心を持つことによって、世界は広がる。今回私が、外食の世界で日々精進してきた人たち、業界の発展に貢献してきた人たちの築いた世界を書くことで、より幅広い層の人たちに伝わることを願っている。

執筆を助けてくれたのは、専門家の方々のご著書である。幸い外食については、高級料理から庶民料理まで、たいていの分野に専門の書き手がいる。資料は段ボールにして一〇箱分、ウェブサイトも参考にした。それぞれの分野についてより深く知りたい方は、ぜひ引用した書籍やウェブサイトをたどっていただきたい。

なお、敬称は実際に会った方々を除き、省かせていただいた。悪しからずご了承いただきたい。また、グルメガイドではないので、閉店情報は最低限にとどめている。「その店に行ってみたい」と思った方は、まず営業の有無を確認していただきたい。

では、コロナ後まで視野に入れた、外食の苦難と葛藤と達成の物語へ、ご案内いたします。

目次

第二部　外食はいつから始まり、どこへ向かうのか

第一章　和食と日本料理

エピローグ

コロナ時代の後に

プロローグ　「食は関西にあり」。大阪・神戸うまいもの旅

今や、グルメ大国として知られている日本。ミシュランガイドが発行される都市は全国に渡り、外食を目当てに来日する外国人観光客も多い。テレビをつければ、誰かが何かを食べている場面に遭遇する。情報番組や旅番組ではグルメレポートが含まれ、料理番組や国内外の食文化紹介番組もある。インターネット上にはグルメサイトがいくつもあり、ＳＮＳで料理の情報が飛び交う。

いったいなぜ、いつから日本はこんなにおいしい国になってしまったのか。歴史をひも解き、その謎を探るのが本書の目的である。また、二〇二〇年には新型コロナウイルスの感染が世界に広がり、外食が難しくなったことにより、外食業界は大きなダメージを受けた。「外食元年」と言われた一九七〇年から五〇年の節目の年は、外食の意義を改めて問う年になった。そこから生まれる可能性についても、あわせて考えていきたい。

歴史を辿る旅の最初は、リアルな旅。二〇一九年秋、私はおいしいもの好きが多いことで知られる関西に行くことにした。長い間、朝廷が置かれ経済の中心地でもあった関西は、食文化の中心地でもあった。今は東京がグルメの中心だが、食の歩みを知るには関西を体感せねばなるまい。

私自身は関西出身だが、三〇歳で東京に引っ越すまで食文化研究を本職にするとは思いもよらず、話題の店も歴史ある店も知らなかった。知っているようで知らない故郷の大阪・神戸を、食をテーマに歩き直すことから始めたい。

◆食の発祥が多い大阪

行き先に大阪を選んだのは、食の発祥が多い町だからでもある。バッテラのすし、きつねうどん、たこ焼きなどの大阪らしい食はもちろん、料亭やカウンター割烹、蕎麦屋、回転ずしも大阪が最初だ。カレー粉やレトルトカレーも、大阪の会社が最初に出した。最近全国に広まった、スパイスカレーを生み出したのも大阪である。二〇一八年一〇月から放送されたNHK朝の連続テレビ小説『まんぷく』で紹介された、インスタントラーメンとカップラーメンを考案した日清食品も、大阪が拠点だ。

なぜ大阪は、そんなに発祥が多いのか。その理由は『パクチーとアジア飯』（中央公論新社）でカレー発祥に絡めて書いたが、ここで改めて考えてみよう。

大坂（江戸時代までの表記）は、豊臣秀吉が天下統一の拠点として城を築き、生まれた計画都市である。徳川との二度の対戦で壊滅的な打撃を受けるが、徳川家の指揮下で城が再建され、幕府の直轄地となってから発展する。それは、城下町と港湾というインフラが整備されていたからだった。大坂は、江戸や京都と並び、江戸時代に最も繁栄した三都の一つである。

大坂が、朝廷があって公家が住み、都としての長い歴史を持つ京都、幕府があり武家屋敷が並ぶ武士が中心の町、江戸と違う点は、人口の九割を町人が占める町だったことである。

食文化史研究者の原田信男さん編集の『日本ビジュアル生活史　江戸の料理と食生活』（小学館、二〇〇四年）によれば、経済の中心地になったのは、天正年間（一五七三～一五九二年）に加賀の前田家が、その後諸藩が、特産物などを売りさばく拠点として蔵屋敷を置いたから。元禄年間（一六八八～一七〇四年）には、蔵屋敷の数が九五にまで増加している。

当初は、物資が敦賀などから琵琶湖経由でいったん京都に集積されていた。しかし、一七世紀半ばに下関から瀬戸内海経由で大坂に運ぶ西廻り航路ができた後は、北前船で運ばれた物資が直接大坂に入るようになる。蔵屋敷の集まった大坂には、世界に先駆け先物取引を行ったコメの中央市場があり、「天下の台所」と呼ばれたことはよく知られている。

大阪人は出汁をしっかり効かせた料理を好むが、材料の昆布も、北海道から北前船が運んできた。また、淀川や旧大和川の支流が運ぶ土砂が堆積してできた河内平野など、豊かな地味を誇る大坂周辺は、都市の消費者が必要とする野菜の生産に適していた。そうして選ばれた野菜がやがて、独自の「なにわの伝統野菜」になっていく。

野菜を扱う青物市場が天満に、西船場に雑喉場《ざこば》（魚市場）ができ、地域内での取引も活発になった。多種多様な物資や食材が集まり、全国の商人たちが商談を活発に行う。会合の場として料亭が生まれるのは、いわば必然だった。

料亭発祥の正確な年はわからないが、『大阪食文化大全』（浪速魚菜の会　笹井良隆編著、西日本出版社、二〇一〇年）によると、成立はおそらく一七世紀末で、一七〇二（元禄一五）年に刊行された『元禄曽我物語』に出てくる四天王寺の「浮瀬《うかむせ》」が最も古い。六升五合（約一一・七リットル）の巨大アワビの貝杯「浮瀬」で酒を飲み干せば、記念に名前を記帳できたことが話題となり、やがてそれが料亭の名前となる。最初の主人の名前は四郎右衛門。繁盛ぶりは全国に知られていたと言われる。『日本ビジュアル生活史　江戸の料理と食生活』には、浮瀬が松尾芭蕉や司馬江漢、曲亭馬琴など多くの文人が訪れる「一種の文化的サロンの趣があった」と説明がある。

「最初の料亭は京都ではないのか？」というご意見もあろう。同書には、京都の老舗「中村楼」や「瓢《ひょう》亭《てい》」はその頃、「いまだ掛茶屋（腰かけ茶屋）であった」とある。

◆町人たちの自由な気風

新しい食文化が大阪（大坂）で生まれるのは、江戸時代に天皇や将軍といった権威が町におらず、町人たちの自由な町という気風が育まれたからだろう。私がいた頃でも、冗談交じりでお上に立てつくのが大阪人、という気風は残っていた。

江戸時代の大坂の自由さは、『自由学問都市大坂』（宮川康子、講談社選書メチエ、二〇〇二年）に、「大坂の商人たちは、江戸の商人が小売販売業を主としていたのに対して、そのほとんどが問屋《といや》や仲買《なかがい》商人であった。彼らは全国の市場を視野におさめ、物資の流通や金融を支配していた。武力を背景にした幕府の支配に対して、彼らは実質的な経済的支配力を強めていった」とあるように、経済力を背景にしていた。大坂は「天下の台所」と呼ばれた経済の中心地だった。

金は権力である。農業国だった日本は、江戸時代に貨幣経済が浸透し、市場原理が人々の生活を支配していくようになる。それゆえ、文化の担い手が庶民になったことが、グルメ大国のベースになっていくのだ。

武士に食の禁忌が多かったことも影響している。世界に冠たるグルメ大国のフランスでは、支配階級の贅沢な食事が食文化をリードしたが、近世日本でそういう流れは生まれなかった。将軍ともなると、食体験こそ豊富だったが、食べてはいけないものも多かった。獣類はもちろん、野菜ではネギやニンニク、フジマメ、サヤエンドウなど、海藻はワカメ、ヒジキなど、魚はサンマ、イワシ、マグロなど、貝類はカキ、アサリなどがダメ。天ぷら、油揚げ、納豆も禁止されている。

『江戸の食空間』(大久保洋子、講談社学術文庫、二〇一二年)によると、「武士階級は江戸時代には諸礼式などのしきたりに束縛されていたため、時代をどんどん先取りしていくようなたくましい庶民からは取り残され、格式ばかりを重んじていた面があった」。町人が大多数を占める大坂で、食文化が発展したのは当然の結果だった。

『自由学問都市大坂』によると、大坂は、階級制度が厳しい近世社会における一種のアジール(自由空間)だったようだ。「農村から奉公に出てきた者もいれば、武士という身分をみずから捨てて流れてきた者もあった。また商人の家に生まれながら家業を継がず、一生を学問に捧げた者たちもいた」。

封建社会の枠に収まらない多彩な人が交流し、経済を動かすのに必要な最新情報が集まる。「新しい生活感覚と志向をもっていた」人々が集まる気風は、近代にも受け継がれた。だからこそ、回転ずしもカレー粉も、インスタントラーメンも、大阪で生まれたのではないだろうか。

◆庶民の町を歩く

私が大阪へ降り立ったのは、残暑が続く二〇一九(令和元)年一〇月初旬。大阪在住の知人友人たちに連絡を取り、つき合ってもらった。

まず、料理教室を主宰する伊藤尚子さんと、きつねうどん発祥の南船場「うさみ亭マツバヤ」へ。創業一八九三(明治二六)年、青いのれんを掲げる小さな建物である。昼過ぎとあって、ほとんど客がいない。おばちゃんがオーダーを取り、厨房の店主らしき人がうどんをつくる。

私はもちろん、きつねうどんを頼んだ。伊藤さんが頼んだのは、かまぼこや焼きアナゴ、シイタケなどが入ったもう一つの同店名物、おじやうどん。底にご飯が入っている。

きつねうどんは、二代目の宇佐美辰一の『きつねうどん口伝』（聞き書き三好広一郎・三好つや子、ちくま文庫、一九九八年）によると、こだわりの手打ちうどん、こだわりの出汁を使う。甘辛く煮たこだわりの油揚げが二枚と、かまぼこ、青ネギがのっている。

初代は当初、「寿司にもいなりずしがあるように、うどんもおあげさんを使った料理があっても不思議やないやないか」と考え、すうどん（かけうどん）に、油揚げ（おあげさん）と魚のすり身を揚げた大阪流「天ぷら」を添えていた。すると、客たちは油揚げをうどんに入れて食べる。やがてうどんに載せて出すようになったのが、きつねうどんの始まりだ。外食の世界では、ときどきこのように客の食べ方やリクエストで生まれる名物がある。

そんな由緒ある店で食べたきつねうどんだが、残念ながら私の口には合わなかった。大阪うどんの命、出汁の濃口醤油と鰹節が強すぎたのだ。しかし、うさみ亭マツバヤは、大阪グルメを代表する雑誌『ミーツ・リージョナル』元編集長のフードライター、江弘毅も『いっとかなあかん店大阪』（140B、二〇一七年）で紹介している。これは好みの問題というほかない。

気を取り直して南森町へ向かう。商売の神様、大阪天満宮で道中の安全をお願いしてから、「日本一長い」と言われる天神橋筋商店街へ。町を代表する商店街には、その町の気質が表れる。ここは大阪の中心街、梅田・大阪駅に近く、江戸時代にあった天満の青物市場の場所とも近い。地下鉄谷町線の南森町駅から天神橋筋六丁目駅まで四駅分、全長約二・六キロメートルもある。

アーケードを入ってすぐのところにある、コロッケの中村屋は行列中。三〇年ほど前、私の会社員時代も話題になっていた人気店。コロッケを入れるお腹の余裕はないので、そのまま通り過ぎる。

昭和なたたずまいの喫茶店が、あちこちにある。大阪には喫茶店が多い。古本屋が三軒に、やる気がある感じの新刊書店が一軒。何でも揃いそうな商店街だ。でも、伊藤さんは「シャッターが下りている店がふえました」と言う。

「たこ焼き」と書いたのぼりをいくつも見るうち、食べたくなってくる。「たこ焼きやったら、行ってみたい店があるんですよ」と伊藤さん。脇道にあるその店は、もはや看板の文字も読めない。そっけないテーブルが数個あるだけなのに、観光客らしい西洋人カップルも入ってくる。珍しく、ソースをかけなくても食べられる味つきたこ焼き。醬油味で外側がちょっとカリッとしている。外側はスナック菓子の「おっとっと」に似た味だ。

やがてチェーンのドラッグストアやファストフードの店がふえていき、終点にたどり着く。大阪は小さな町で、駅間も比較的短い。おしゃべりや休憩を挟んでも意外に早く着いてしまった。

◆「なにわ料理」を食す

夜は再び南森町へ行き、『ミシュランガイド京都‐大阪2020』にも載った「なにわ料理有」で、この店をすすめてくれた料理家の吉田麻子さんと合流する。「なにわ料理」というジャンルはまだ歴史が浅い。大阪の日本料理店で修業した上野修三が、一九七三（昭和四八）年に三八歳で支店を出した折、

「浪速割烹」の看板を掲げたことが始まりだ。今は上野の息子が継いだ難波・法善寺横丁の「浪速割烹㐂川《きがわ》」をはじめ、弟子筋が開く店が大阪にいくつかある。上野は、なにわの伝統野菜復興にも尽力している。

上野がなにわ料理というジャンルを考えついたのは、「京料理、江戸料理はあるのに浪速料理って言葉がないのはなんでやねん」と思ったからだ。特色は、出汁に力を入れ、まろやかな味にすること。うまみ調味料はいっさい使わず、素材は一級品を使いつくす。

なにわ料理有の店主、古池秀人さんはこの道三六年、専門学校へは行かず徒弟修業から始めた料理人である。上野の孫弟子に当たる。品書きに書かれた料理は八〇種類以上。刺身、煮もの、蒸しもの、揚げものと何でもある。大阪・神戸名物の牛かつまである。

古池さんはカウンター席の私たちに、「なにわ料理は、地産地消じゃない。昔から天下の台所の大坂には、全国からたくさんの食材が集まってきた。豊かなんです」と語る。「何を頼んだらいいですか?」と問うと、「何でもお好きなものを」と答える。筆文字のメニューをにらみ、私が選んだのはまず「サエズリと水菜」。これはきっと大阪名物、鯨のハリハリ鍋がもとになっている。

「味噌漬」が気になり、「まながつお味噌漬」を頼むと、「これ、選んで欲しかった」と古池さん。「江戸時代からある料理なんです」。吉田さん

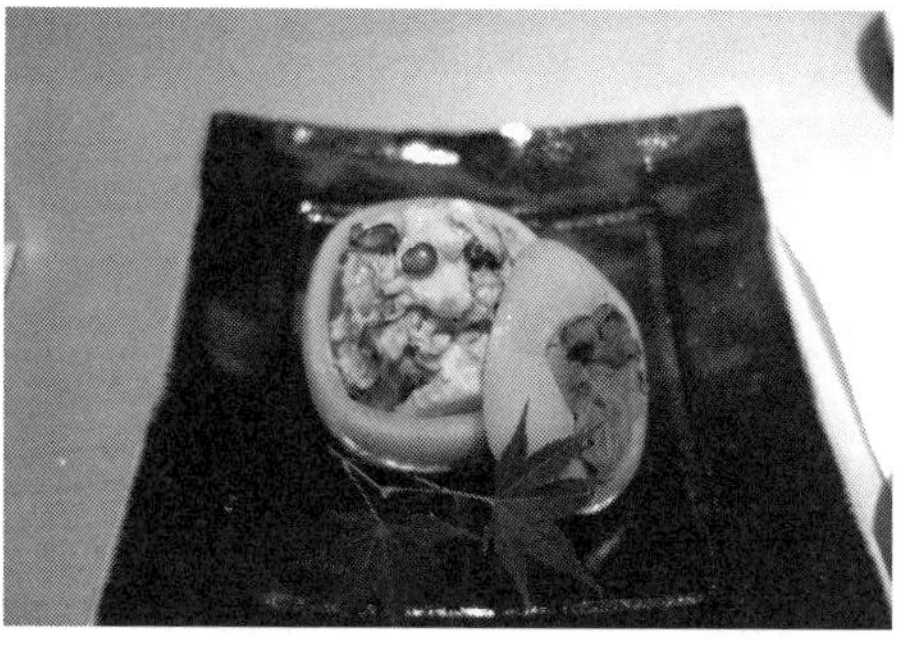

かにと柿の胡麻酢和え／なにわ料理有（筆者撮影）

も「子どもの頃、食べたわ」と喜ぶ。「江戸の町でカツオのたたきが大ブームになって、京都のお公家さんたちが「食べたい」と。おいしかったのでこれこそ本当の魚、「真魚《まな》」と言ったことから、「真魚ガツオ」と呼ばれるようになったんです」と古池さん。

「京都の出汁は、利尻昆布と味がシャープに出るマグロ節を使う。大阪は最上級の真昆布と、コクと深みがありあっさりした味わいの、カツオのアラ節を使います。江戸へは鰹節を高知から運ぶ時間がかかるので生まれたのが、本枯節。味が強いので、従来の薄口醤油には合わない。そこでつくられたのが、野田の濃口醤油なんです」と、三都の味の違いを明快に説明する。

「鰻《うなぎ》と焼豆腐の有馬煮」は、山椒を効かせた煮もの。「商家の使用人が食べていた「三助豆腐」という大阪の料理がありますよね。三助は鰻の頭を使った節約料理ですが、まさかそれをお客さんに出すわけにはいかない。だから鰻の身を使いました」と古池さん。移動日の疲れも、出汁がしっかり効いたなにわ料理で癒されていくようだった。

まながつおの味噌漬／なにわ料理有（筆者撮影）

◆大阪箱ずし

翌朝、古池さんが「すぐそこに、バッテラの元祖の店が復活しているんですよ」と教えてくれた「寿司常」に電話してバッテラを一本予約し、特に気になっていた「文の里松寿し」でも箱ずし二人前を予約する。大阪箱ずし定番の小鯛が載る雀ずしが入ったセットと、バッテラや海苔巻きが入ったセットだ。翌日受け取って持ち帰れば、店で食べなくてももう一食体験できるし、夫と二人でなら、いろいろな種類のすしを食べられるからだ。

箱ずしのつくり方は、次の通り。木枠に酢飯を入れ、下味をしっかりつけた細切りシイタケを並べる。酢飯をのせ、魚介類や錦糸卵を加えて上から押す。それを切り分けて出す。観劇の客が幕間に食べる、あるいは遠方からの客が持ち帰って食べる時間を見計らって押し加減を調整した、と『大阪料理』（大阪料理会監修、旭屋出版、二〇一七年）にある。

同書によれば、大阪の箱ずしが生まれたのは文化文政年間（一八〇四～一八三〇年）。江戸前ずしの少し後で、心斎橋にできた「福本ずし（福寿司）」の開業が最初。『大阪食文化大全』には、近世三都の風俗を描いた『守貞漫稿』（一八三七～一八五三年）には「本福」という名前で出ていることが紹介されている。この店が考案した箱ずしは、大坂で大いに流行った。福本ずしはもうないが、一八四一（天保一二）年にできた船場の「吉野鮓《ずし》」は現在も営業中である。

その前に生まれていたのが、雀ずし。『大阪料理』によると、もとはボラの稚魚の江ブナを「背割りにし塩漬けしたものに飯を入れて鮨にしたもの」で、「飯を詰めた江鮒《えぶな》の腹がふくれて雀の形に似ていたこと」が名前の由来だ。

『大阪食文化大全』には、北浜にあった魚の棚で魚屋を開業した「すし萬」がその元祖とある。現在も営業しており、同社ウェブサイトに歴史が書かれている。創業は一六五三（承応二）年。一七八一（天明元）年頃、京都の宮廷へ献じるために、小鯛で雀ずしをつくったところ評判となり、雀ずし専門店としたという。すし店の元祖も、大阪（大坂）だったわけだ。

有名なのがバッテラだが、こちらは一八九一（明治二四）年創業で今回注文した「寿司常」の中恒吉が考案。大阪の川を行き来する小舟に似た形だったことから、ポルトガル語で舟を意味する「バッテーラ」と呼ばれるようになった。『大阪料理』によると、最初はコノシロをふきんなどで締めつけた姿ずしだったが、コノシロが獲れなくなり、店がふえたことからサバを使い、大阪名物の白板昆布をのせて押すようになった。

もう一軒行った「文の里松寿し」は、『いっとかなあかん店大阪』に「本来の大阪寿司を伝える数少ない店」と紹介されている。天王寺から一つ南の谷町線文の里駅前の商店街の端っこにある小さな店だ。受け取りに行くと、店主夫人と見られるおばあさんから「なぜうちの店に？」と言われ、「大阪箱ずしでおいしいと聞いたから」と答えると、店先にいた老店主と二人、笑顔になった。そのすしは、その後街をうろうろして新幹線で運んでもほとんど崩れず、すし飯と具材が一体になっている。下処理が行き届いた雀ずしも、卵の巻きずしも、海苔巻きも、穴子も海老もバッテラも、酢飯と合わさりしみじみとおいしかった。

◆大阪人と昆布

二日目の午前中は時間に余裕があったので、思い立って今まで二回も閉店中で入れなかった大阪城近くの空堀商店街にある「こんぶ土居」へ行ってみる。

昆布は関西人にとって、なくてはならない味のベースだ。西廻り航路ができて以来、庶民にも親しまれてきた。関西の水はミネラル分が少ない軟水で、昆布の出汁がよく出る。東京の水は硬度が高いため昆布の味がしっかりと出ず、鰹節が出汁の主流になったのではないだろうか。でも夫婦ともに関西出身の私たちに、昆布の出汁はなくてはならない。必ず冷蔵庫にストックしておき、半日水に漬けておいてから鰹節との合わせ出汁にする。良質な昆布を使ったときは、佃煮にする。

大阪で昆布は、さまざまな加工品の原料になっている。

酢水に漬けて柔らかくした昆布を削ったおぼろ昆布。薄く残った白板昆布は、バッテラなどに使われる。何枚も重ね、固めてから縦に削ってつくるのがとろろ昆布。出汁を取った残りの昆布は、家庭で酒・醤油・みりんを加えて煮詰め佃煮にされてきた。酢昆布の都こんぶは、子どものおやつ。関西人は、昆布を使いつくす生活の中で育つ。

さすがに平日の午前中、店はちゃんと開いていた。塩昆布やとろろ昆布など、食品添加物無添加の加工品が並ぶ。最上級の真昆布の中で最も品質が高いと言われる函館市川汲浜《かっくみはま》産の昆布を扱い、料理屋でも重宝されている。同店は、二〇〇〇年にマンガ『美味しんぼ』でも取り上げられている。

真昆布は高いので小さなパックだけ買い、子どもの頃から好きなシイタケ昆布の佃煮やとろろ昆布を買う。ドキュメンタリー番組で何回も見て、東京の友人にもファンが多い店の昆布をついに手に入れたのである。

◆神戸の洋食

お昼は、高校時代からの友人で主婦ののりこさんと待ち合わせ。三宮は彼女を含め、友達と数えきれないぐらい出かけたのに、駅の近くにある洋食の老舗、「グリル十字屋」は知らなかった。ビルの階段を下りた半地下にあり、明るい光が差し込む店内に、赤いチェックのクロスがかかったテーブルが並ぶ。往年の映画のセットのようでしゃれている。

創業は一九三三(昭和八)年。初代は、長崎県の保養地、雲仙の外国人向けホテルのオランダ人シェフから学んだ。『神戸・阪神間・兵庫100選決定版』(『あまから手帖』ムック、クリエテ関西、二〇一九年)によると、「デミソース」こと同店のドミグラスソースは「牛骨、鶏ガラ、野菜、鶏のコンソメ、仔牛の茹で汁」で三日かけて煮込む。

二人とも、デミソースがたっぷりかかったタンシチューを頼む。ナイフを入れると、ほろりと崩れるタンに、コクがありながらもあっさりしたソース。添えられているのは、温野菜のキャベツとブロッコリー。ソースをつけながら、こちらもいただく。

神戸は明治の直前、一八六八(慶応四)年一月に開港した。朝廷がある京都が近いことから、朝廷と幕府、欧米の思惑が複雑に絡み合い、一八五九(安政六)年開港の横浜、長崎、箱館(函館)に後れを取った。居留地の開設も間に合わず、外国人と日本人が住む雑居地ができた結果、開放的な神戸っ子の気質が育ったと言われる。私もこれまで何人か神戸在住の移民二世、三世の方にお会いしたが、話す言葉は神戸弁で、「日本人か外国人か」と言われると見た目から迷うが、「神戸っ子」と言えばしっくりくる。

その入り混じり方は、多くの西洋人が住んだ北野を歩くとわかる。ここの「風見鶏の館」を舞台にパン屋を描いた一九七七（昭和五二）年放送のNHK朝の連続テレビ小説『風見鶏』がヒットした結果、観光地化が一気に進んだ。通り沿いに、日本最初のイスラム寺院の神戸ムスリムモスクやカトリック神戸中央教会がある。フランス料理店やロシア料理店、中東料理店もある。そういえばインド料理も、三〇年前は日本唯一と言われたモロッコ料理店のクスクスも昔、北野で食べた。二〇〇〇年問題対応のため、IT技術者がたくさんやってくるまで、日本在住のインド人は神戸に最も多かった。

腹ごなしの散歩がてら北野へ来た私たちは、『あまから手帖』編集者の穴田佳子さんに教わったチョコスイーツ専門店の「ラヴニュー」へ。それぞれ気に入ったチョコレートケーキを買い、近くの店指定カフェへ持って行く。ムースに包まれたケーキも濃厚過ぎず、なめらかでいつまでも記憶に残る味わいだった。昔なじんだ神戸の味は、濃厚過ぎないところが好きだ。コクがあるのにあっさりしている。

そのカフェはなぜか自転車店を兼ねているが、ポットにたっぷり入った紅茶はおいしかった。紅茶貿易も盛んな神戸には、当たり前のようにおいしく淹れる店が多い。たっぷりの紅茶に許された気になって、二時間あまりおしゃべりに興じ、のりこさんは「部活の帰りと一緒や」とつぶやく。数年ぶりに会った私たちの気分は、すっかり一七歳に逆戻りしていた。

◆神戸中華の真価

夜は『あまから手帖』の穴田さんと、広東料理店の「良友酒家」で待ち合わせ。三宮と元町の間で山側へ一〇分ほど北上した山手幹線沿いにある。中華料理を食べたかったのは、学生時代の遊び仲間、おいしいものが大好きな兄貴分が昔、「神戸の中華を一度食べてみぃ」と言っていたからだ。関西屈指のグルメ雑誌編集者の穴田さんなら、よい店を知っているだろう、と考えたのだ。

良友酒家は穴田さんお気に入りの店である。必ず頼むという「ホタテのトーチ蒸し」「ホタテのネギ生姜蒸し」は、ネットリ系が多いホタテ料理には珍しくあっさりめ。ほおばる穴田さんの顔が幸せそうだ。

向こうのテーブルに華僑の集いがあって、彼らが頼んだ、メニューにないという「ナスの土鍋料理」もおすそわけをいただく。薄焼き卵で巻いた春巻きのような「玉子巻き」、「胃袋の煮込み」も注文。

ふと思いついて、「酢豚」も頼んだ。酢豚は子どもの頃、家で食べても外で食べてもこってりしていて酢がツンと来た。しかも、せっかちの母がつくった家のものは、ただでさえ苦手なピーマンやニンジンが固いままで、できれば食べたくない料理の筆頭だった。

大人になってからも、ほとんど外食で注文しない酢豚。しかしここのものは、豚肉が柔らかくクセがなく上等な味がする。ほどよい酸味から、なぜ甘酸っぱいパイナップルが入っているのか初めて納得した。

メニューをまた眺めていると、マダムの潘慧莉《ばんえり》さんから「もうええやろ」とストップをかけられ、締めの「ネギ生姜和えそば」だけを頼む。平打ち麺の口当たりがよい。慧莉さんが「今日、孫がイモ掘りに行ってな。これは別腹や」と出してくださった大学いもは、カリッとしておいしい。

穴田さんは、慧莉さんとの会話がきっかけで、中華学校のお弁当を紹介する企画を発案したこともあるのだと話す。慧莉さんは華僑の二世。神戸生まれの神戸育ちだ。オーナーシェフの潘国和さんと、娘の秀莉《しゅうり》さんと営む店で出すのは家庭料理。くどくなくキレがいいその味は、家庭料理だから優しいのだ。

神戸の中華が他と違うとすれば、それは「家族経営の店は、一品一品味を変え、食材を変える」ていねいな仕事にあるのだろう。「空心菜の炒めものでも、ニンニクを使うだけじゃない。腐乳やエビ味噌を使う場合もある。化学調味料もあまり使わない。つくりおきもしない。できあいのスープも使わない。だからネギラーメンにお客さんが満足して、スープも飲む。うちは朝五時半から仕込みを始め、一一時から営業する。鶏ガラを掃除するところから始めるからね」、と慧莉さんが説明する。

「店を開いて三一年。主人は四〇歳で店を持ちたいと言っていて、三九歳で実現した。最近は昔の店もだいぶなくなって、新華僑の店ばかり。家族でやっている店は少ない。オーナーが働いていない店も多いよ」と話す。

大阪や京都からわざわざ食べに来る人もいるほど、質が高かった神戸中華の店。やがてめったにない存在になってしまうのかもしれない。

◆締めは元祖のオムライス

最終日。まず、先に予約した箱ずしを取りに行く。文の里の明浄通商店街で、またしても古本屋に出合う。若い女性がいておしゃれな店だ。古本屋は、町の文化度を測るバロメーターになるが、大阪はさすが歴史ある大都市だけある、ということなのだろうか。古本屋巡りを本気でしたら、たぶん一日では足りない。

そして文の里松寿しで箱ずしを受け取り、谷町線の文の里駅からすぐ近くの御堂筋線の昭和町駅へ行って、難波を目指す。今日は、オムライスの元祖の店でお昼を食べるのだ。

オムライスも発祥は大阪らしい。難波の駅から数分の路地、日本家屋に「北極星」と書いた白いのれんがかかっている。創業は一九二二（大正一一）年。先代が開いた店の名前は当時、「パンヤの食堂」だった。入り口に掲げてある説明書きによると、胃の具合が悪い常連客がいつもオムレツと白ご飯を注文するのを見ていた創業者の北橋茂男が、ケチャップライスを卵で包んで出したのが始まりで、それが一九二五（大正一四）年だったという。

そのオムライスを、確かめたかったのだ。畳敷きの広間に通され、廊下に囲まれた坪庭を眺めながらの洋食。戦前にタイムスリップした感じがする。

かかっているソースは、さらりとしたトマトソース。これを、いろいろな料理にかけたくなる。中身は、おなじみトマトケチャップのチキンライスで、卵は昔ながらの薄焼き卵。こういうものを食べると、昔の洋食は水準が相当高かったのだと感じる。手間をかけなければ生まれない、キレがあるのだ。

老舗のオムライスには個性がある。資生堂パーラーのは、今風に進化した卵を三つ使ったトロトロ半熟タイプで、洗練されていておいしかったけれど量が多過ぎた。煉瓦亭のものは、ケチャップライスではなく、肉もミンチで茶色かった。たいめいけんのものは、甘かった。

「東京が元祖だと思っていたのになあ」と再度調べると、『日本の洋食』（青木ゆり子、ミネルヴァ書房、二〇一八年）に、「日本独自のオムライスは、１９００（明治33）年に銀座「煉瓦亭」で誕生したといわれています。現在よく見られるケチャップライスを包んだオムライスは、大阪の「北極星」が１９２５（大正14）年に発明したとうたっています」とあった。

なるほど、だから煉瓦亭のオムライスは茶色いのか。試行錯誤中だった日本の洋食の歩みが、この二店で体験できるのだ。さらにくわしい話が『あのメニューが生まれた店』（菊地武顕、平凡社コロナ・ブックス、二〇一三年）にある。

こちらには、誕生は一九〇一（明治三四）年とある。煉瓦亭の三代目店主、木田明利によると、もともとはまかない。忙しいため、オムレツにライスを入れて食べていたところを客が見て、食べたいと言うので「ライスオムレツ」として出したのが始まりだった。

先に出し始めたのは、東京の煉瓦亭。だが恐らく真似ではなく、独自に発想してケチャップライスを包んだのが大阪の北極星。そして世の中に広まったのは、洋食ブームの大正時代に生まれた北極星スタイルだったというわけだ。北極星は、エキゾチックな建物のためもあるだろう。外国人観光客も大勢訪れる人気店となっている。

第一部
日本の外食文化はどう変わったか

グルメ大国として世界から注目されている日本には、外国人観光客も一流シェフも、外食を堪能しにやってきた。テレビでは毎日食に関する番組が放送され、いつでも誰かが何かを食べて喜んでいる。コロナ禍のステイ・ホーム期間中、人々が切望したのも、外食だった。

日本はいつから、どのようにしてグルメ大国になったのか。その評判は実情に則しているのか。この疑問に対し、第一部ではまず、庶民に外食が身近になった一九七〇年以降の外食全体の歴史を辿り考えてみたい。

第一章　ドラマに情報誌、メディアの力

一　『包丁人味平』から『グランメゾン東京』まで。食を描く物語

◆フード・フィルム全盛時代

二一世紀の今、世界には、食の現場を描くドキュメンタリーや、食が重要な役割を果たす物語があふれている。日本で公開された海外ドキュメンタリー作品では、二〇〇四年公開のモーガン・スパーロック監督が、アメリカで体を張ってマクドナルドの商品の安全性を問うた『スーパーサイズ・ミー』が嚆矢《こうし》だろう。

二〇〇五年製作の、大規模生産の機械化された農畜産業の現場を淡々と写したニコラウス・ゲイハルター監督の『いのちの食べかた』も衝撃的だった。この作品を観て、「もっとポジティブな食の描き方はないか」と考えた渡辺智史監督が撮ったのが、『よみがえりのレシピ』（二〇一一年）だ。山形で受

け継がれてきた在来作物をめぐる作品で、在来野菜を使った独自のイタリアンで知られる「アル・ケッチァーノ」のオーナーシェフ、奥田政行などが登場する。同作は、全国各地の在来作物に光を当てる取り組みを活性化させ、静かなブームを起こすきっかけになった。

タイムリーに公開された秀作と言えば、纐纈《はなぶさ》あや監督の『ある精肉店のはなし』(二〇一三年)もある。日本は肉食の伝統があまりなく、被差別者が携わってきた歴史があることから、屠畜はタブー視されがちだった。今もタブーの風潮は残っているが、その現場に、社会を糾弾することなく向き合った作品である。屠畜から肉の販売まで行ってきた大阪の北出精肉店一家に焦点を当てた作品は、屠畜の現場も、部落差別など難しい問題にも真正面から描く。同店はこの撮影ののち、屠畜場の合併などに伴い屠畜仕事を終了する。変わりゆく時代を捉えた意味でも、タイムリーだった。

観る側にとってタイムリーだった理由は、肉の生産現場への関心が高まる時代になったからだ。二〇〇七(平成一九)年の『世界屠畜紀行』(内澤旬子、解放出版社)や、二〇〇九年の『牛を屠る』(佐川光晴、解放出版社)など、屠畜の現場を描いたノンフィクションが立て続けに刊行。映画では、小学校のクラスで豚を飼い、食べるかどうか話し合った実話を物語化した『ブタがいた教室』が、二〇〇八年に公開されている。また、狩猟を描くマンガやノンフィクションも多い。

背景には、二一世紀になって食べものの生産現場へ関心を向ける人がふえていたことがある。また、二〇〇〇年代後半からホルモンや熟成肉、ジビエ、赤身肉といったさまざまな肉のブームが広がってきたことも、屠畜の可視化に影響しているかもしれない。

一方、料理人を主役にしたフィクションには、歴史がある。外国映画なら、古いものでは、一九八七年公開の『バベットの晩餐会』があり、ほかにも一九九六年の『シェフとギャルソン、リストランテの夜』、二〇〇一年の『ディナーラッシュ』『マーサの幸せレシピ』といった秀作がある。

近年は、コンスタントに玉石混交の料理人の物語がつくられている。二〇〇七年の『レミーのおいしいレストラン』、フランスを舞台にした『大統領の料理人』（二〇一二年）、『二ツ星の料理人』（二〇一五年）などを挙げておこう。

活況を背景にして、最近では各地でフード・フィルムを集めたイベントが開かれている。世界で食が映画の題材として注目される理由は、グローバリゼーションの影響が考えられる。食の流通は国境を超えていて、外国での不作や獲り過ぎが、食卓に影響を及ぼす。気候変動や経済活動の活発化、人口増加がその影響力を大きくしている。

また、料理人も世界を渡るほか、人の行き来が活発になった。欧米や日本などに来る移民も多いし、移民たちが新しい食文化をもたらしている。

人やモノの行き来は、持てる者、持てる国をさらに豊かにするが、生産現場を貧しくもしている。そして、国連が二〇三〇年までに達成すべきことと資源を守る目標などを掲げた、ＳＤＧｓ（持続可能な開発目標）の取り組みが始まって、地球環境の面からも、食へ関心を向ける人たちがふえている。日々の食にかかわるシステムが見えづらくなったからこそ、何が起こり、何が問題なのかを知りたい、伝えたいと考える人たちが、食のドキュメンタリー作品をつくっているのだろう。

◆パイオニアの伊丹十三

日本はどうだろうか。食をテーマにした映画の最初はおそらく、伊丹十三監督の『タンポポ』である。公開は一九八五（昭和六〇）年。

同作はテレビ番組が最初にラーメンを取り上げた、『愛川欽也の探検レストラン』の「ラーメン大戦争！」シリーズが構想のきっかけで、放送開始は一九八四年一一月である。内容は、荻窪で閑古鳥が鳴いていたラーメン店「佐久信」を再生させる企画で、当初は六・五パーセントだった視聴率が、最高で一二・五パーセントにまで増加している。

番組にヒントを得て、『タンポポ』は、「ラーメン・ウエスタン」として製作された。幹線道路沿いのさびれたラーメン店を、通りすがりのトラック運転手が再生させる物語で、店主のタンポポを宮本信子が、トラック運転手のゴローを山崎努が演じている。

亡き夫の後を継ぎ、素人ながらラーメン店を営むタンポポは、ゴローに弟子入りして修業し、店を成功させる。ゴローといろいろなラーメン店を食べ歩いて研究し、ときにはスパイのごとく店の裏側をのぞいてスープのつくり方を調べる。レストランやホテルの残飯を食べているため、グルメなホームレスたちからも学ぶ。

合間に、食を性の快楽と結びつけるカップルや、フランス料理店のビジネス会食で、メニューを理

『タンポポ』Blu-ray

解できない役員たちをしり目に、細かい注文を出す若手サラリーマンのエピソードなどが挿入されている。グルメブームと言われた時代に、実は上っ面だけで流行にのる日本人をカリカチュアする作品でもある。そして安い値段のラーメンが、スープや麺でいくらでもおいしくできる奥深さがあることを示して見せた。

映画の公開は、喜多方ラーメンが注目されていた頃。ヒットにより、始まっていたラーメンブームがさらに盛り上がっていく。

日本在住歴があり、ケンブリッジ大学でアジアの歴史を研究するバラク・クシュナーは、『ラーメンの歴史学』（幾島幸子訳、明石書店、二〇一八年）で、日本は長い歴史を通じて、最近まで食が軽んじられてきた国としている。料理人の地位は低く、子どもが憧れる職業でもなかった。

一九八〇年代にはまだ、食のうんちくを傾けるのははしたないという風潮も残っていたし、食べることに関心がない人も多かった。食を語っていいのは、伊丹監督のようにグルメに精通した文化人と相場が決まっていた。そういう風潮から脱皮しようとし始めた頃だったからこそ、庶民の楽しみのラーメンを語る映画が、ヒットしたのだろう。

◆原点は『包丁人味平』

映画より早く、食をテーマにした物語が次々と生まれていたジャンルは、マンガである。古いものでは、一九四九（昭和二四）年〜一九五五（昭和三〇）年に『少女』（光文社）で連載された時代劇『あんみつ姫』がある。しかしこれはキャラクターの名前が、菓子から来ているだけだった。

料理漫画研究家の杉村啓さんが書いた『グルメ漫画50年史』（星海社新書、二〇一七年）によると、本格的に食の物語が描かれ始めるのは、一九七〇年代である。

最初は、「外食元年」と言われた一九七〇（昭和四五）年で三作ある。『週刊少年ジャンプ』（集英社）掲載の『突撃ラーメン』（望月三起也）は、ラーメン屋の跡継ぎが味で父の敵を討つ物語。続いて『なかよし』（講談社）の『ケーキケーキケーキ』（原作：一ノ木アヤ、作画：萩尾望都）が、パリへパティシエ修業に行く女性の話。三つめが、『しんぶん赤旗』の『台所剣法』（亀井三恵子）で家庭料理の話だ。

エポックとなったのは、『週刊少年ジャンプ』で一九七三（昭和四八）年～一九七八（昭和五三）年に連載された『包丁人味平』（原作：牛次郎、作画：ビッグ錠）である。『グルメ漫画50年史』によると「グルメ漫画としての完成度の高さから、その後のグルメ漫画の基本フォーマットを作り上げた作品」だ。

杉村さんとは、二〇一九年版『現代用語の基礎知識』（自由国民社）の、マンガ史の座談会でご一緒した。その際杉村さんは、以前ビッグ錠から「この作品を西部劇として描きたかった」と聞いたと話していた。『タンポポ』もラーメン・ウエスタン。つまり、日本のグルメ作品の始まりは、いつも西部劇スタイルなのである。皆が親しんでいるフォーマットを利用して描いたのは、それだけ食をテーマにすることが、冒険だったからだろう。

物語は、超一流の板前を父に持つ味平が、洋食の道を選んで料理人修業をするもの。味平は次々と料理人対決をこなし、お互いに非現実的な必殺技を駆使する。ファンの間で有名なのが、『グルメ漫画50年史』にも引用されている、高級カレーチェーン「インド屋」が編み出した「ブラックカレー」の話。このカレーには、麻薬と同じ成分が含まれていて、一度食べたら中毒になってしまうのだ。

一九六〇～一九七〇年代は少年マンガではもちろん、少女マンガでも、フィクションだからこそ成り立つ奇想天外な必殺技がよく登場した。そういうおおらかな時代を背景に、味平もあり得ない技で勝負をしていたのである。

◆『美味しんぼ』ブーム

グルメブームを本格化させたマンガが、一九八三（昭和五八）年に『ビッグコミックスピリッツ』（小学館）で始まった『美味しんぼ』（原作：雁屋哲、作画：花咲アキラ）である。雁屋のモチベーションは伊丹十三と同じく、浮ついたグルメブームに警鐘を鳴らすこと。『グルメ漫画50年史』によると、特に一九八〇年代には、いい加減な料理を出す店のやり方を暴いたり、価値を知らない客の問題を取り上げる企画が多かった。稀代の料理人の顔を持つ北大路魯山人《ろさんじん》をモデルにした美食家、海原雄山が登場し、主人公の山岡士郎と父子対決をするのは、一九八八（昭和六三）年以降だ。

このマンガを通して、大勢の若者が食について学んだ。相模湾には回遊しない「根つき」と呼ばれるアジが生息し、脂がのっていておいしいこと。アップルパイに使うリンゴには、酸味がある紅玉が向いていること。掘り立てのタケノコは刺身にできること。生クリームと卵、ベーコンとシンプルな材料でソースをつくるカルボナーラは、シンプルで

コミック『美味しんぼ』

あるがゆえに、料理人の腕がはっきりわかる料理であること。女性のすし職人に対する偏見。家庭の食事と愛情の深い結びつき。

あるときは、海原雄山が主宰する美食倶楽部に入った新入りが、タバコを吸って刺身を扱ったことがバレ、追い出される。彼の相談を受けた士郎は、「煙草を吸う人間が料理人になる資格がないもっとも大きな理由は、味覚と嗅覚が鈍くなって微妙な味の判断が出来なくなるからだ。煙草のみの舌や鼻の粘膜の細胞は、丸味を失って平べったくなっているそうだ。感覚器官としての感度は大幅に低下している。ヤニで汚れた舌や鼻で物の風味を味わうのは、サングラスをかけて物を見るのと同じだ」と説教する。

味平の挑戦と異なり、取材に基づいた同作には、説得力がある。影響力がある作品だけに、事実の正否をめぐって議論が起こることもある。しかし、このマンガによって、素材の質の良し悪しやその原因、料理人の心構えや技術の裏づけ、食べる側の生育歴と食の好みの関係といった、取り巻く世界が幅広い食の奥深さに目を開かされた人はたくさんいたはずだ。

◆食がつなぐ物語

日本で、食がキーになって物語が展開する、というパターンが大きく広がったのは、二〇〇〇年代に入ってからだ。きっかけになったのは、二〇〇三（平成一五）年七～九月に放送された連続ドラマ『すいか』（日本テレビ系）だと思う。作品は、スローフードと心の癒しがブームになった、この時期の社会を投影している。

スローフードとは、一九八六年にイタリアで設立されたスローフード協会の考え方。伝統的な製法でつくられた食品の文化を守ろうとするもので、世界に広がり、二〇〇〇年頃に日本でも知られるようになった。

ブーム自体は数年で終息したが、日本にもいくつもスローフード協会が設立された。またその考え方は、次第に社会に浸透していった。農山漁村へIターンやUターンをする若者は少なくないし、都会ではファーマーズマーケットができ、昔ながらの製法でつくられた食品のセレクトショップがあちこちにできている。報道も多い。それは日本にもともと、地方の活性化に取り組んできた人たちや、大量生産社会に疑問を抱いていた人たちがいた、というベースがあったからだろう。

癒しブームは、平成不況で昭和の安定雇用が崩れ、ギスギスした時代に求められて起こった。『すいか』は、都会生活に疲れた人たちを癒す木造の下宿アパートが舞台だ。さまざまな事情を抱えて一人で暮らす下宿人たちが、親しくなっていき、管理人の芝本ゆか（市川実日子）がつくるご飯を、一緒に食べるようになる。登場する料理は、枝豆のコロッケや焼き夏野菜といった、その頃流行ったカフェ飯のように一工夫がある。

このドラマで主演した小林聡美や、脇を固めるもたいまさこ、片桐はいりらが登場し、ヒットした単館系の映画が、二〇〇六年に公開された荻上直子監督の映画『かもめ食堂』である。ヘルシンキにやってきた小林聡美演じる日本人女性が、カフェを開く。そこへ手伝いに入る女性が片桐はいり。もたいまさこも客としてやってくる。事情がありそうな三人だが、そこへ映画は踏み込まない。豚のしょうが焼きやおにぎりなど、日本の定食屋のような料理を出すカフェは、次第に地元へ受け入れられていく。

この頃から、食が重要な役割を果たす映画やドラマが次々と登場する。二〇〇七（平成一九）年に放送された『バンビ～ノ！』（日本テレビ系）は、マンガ原作でイタリア料理店が舞台。主演の松本潤が料理人として成長していく姿を描いた。二〇〇九年に公開された実話に基づく映画『南極料理人』は、堺雅人主演。二〇一二年放送の『ハングリー！』（フジテレビ系）は、向井理がフランス料理店のオーナーシェフで、人を癒す料理をつくる役だった。

料理人を主役にしなくても、食事によって関係性や登場人物の心境がわかる、料理が転機や成長のきっかけになる、といった設定の物語がたくさんできた。映画でも、ドラマでも、小説でも、もちろんマンガでも。

昭和時代にも、向田邦子脚本で一世を風靡した一九七四（昭和四九）年放送の『寺内貫太郎一家』（TBS系）などがあった。しかし、同作で食卓にのった料理がはっきり映されることはない。一九八五年にヒットした『金曜日の妻たちへIII　恋におちて』（TBS系）も、登場人物の一人が開く地中海料理店など、しょっちゅう食事の場面が出てくるが、料理の存在感は希薄だ。

ところが二一世紀の物語は、料理をいかにもおいしそうに映す。『かもめ食堂』などのヒット作の料理を担当したフードスタイリストの飯島奈美は、一躍人気者となってレシピ本を出しているほどだ。

近年、物語で料理の出番がふえて重要な役割を果たすのは、グルメがすっかり定着し、食べることに関心が高い人がふえたせいもあるが、ライフスタイルが多様化し、食以外に人々が共通点を持てなくなったことが大きいと考えられる。対して昭和後期は、家族を持ち一緒に食べる生活が珍しくない時代で、共に食べる人同士の関係のあれこれに、ドラマを集中させることができた。今は、食べる関係に持っていくまでが大変なのではないか。同時に、食べることは癒しでもあり、傷ついた人が再生するきっかけにもなり得る。お腹を満たすところへたどり着くことが、クライマックスやハッピーエンドとして成立する時代なのである。

◆『孤独のグルメ』の喜び

二〇一〇年代に食を描いたドラマで、注目すべきヒット作は『孤独のグルメ』（テレビ東京系）だろう。深夜時間帯においしそうな食事の場面を見せられるので、「夜食テロ」などと言われた作品である。二〇一二年から放送が開始され、二〇一九年にはシーズン八が放送された。

物語は一話完結で、毎回同じパターンをくり返し、輸入雑貨商を営む井之頭五郎（松重豊）が、営業先で面倒な思いをする場面から始まる。疲れて空腹になったために店を探し、そのときの気分にぴったりのおいしい店を見つけて満腹になり、幸せな気分になって終わる。下戸という設定の五郎は、一人で二、三人前の料理を平らげる。

原作は一九九四（平成六）～一九九六年に『ＰＡＮＪＡ』（扶桑社）で連載されたマンガが最初だが、ドラマ化されたのは約二〇年後。一人の食事が幸せ、という感覚が広く共有され

コミック『孤独のグルメ』

るまで、その年月が必要だったのだろう。何しろこのドラマで、五郎は営業先の人との絡みはあるが、食べに行く店では必要最低限の会話しかしない。そこに出会いがあって関係が生まれることはもちろんない。何しろ、人間関係のあれこれに疲れて、一人のご飯を堪能する物語なのだから。

クライマックスは、五郎が黙々と食べる場面だ。軽快なBGMと五郎の心の声を表す松重豊のナレーションが、食べる幸福を伝える。微笑みながら、あるいは無表情で、背筋を伸ばしてパクパク食べる姿勢が上品だ。このドラマのヒットがきっかけで、いくつも食事メインのマンガがドラマ化されたが、食欲をそそる力で同作は他の追随を許さない。

五郎が選ぶ店はインド料理店やブラジル料理店、羊肉専門店、洋食、中華など多彩だが、定食屋や居酒屋などの和食が目立ち、高級店はない。もちろん予約も必要なし。気軽に行ける実在の店だから、放送された店はその後行列ができる。五郎の行先は、東京郊外を中心に、都心から地方まである。特番では、台湾や韓国も登場する。

空腹でたまらない中、店を探して走り回る五郎は「落ち着け、落ち着け。俺は今何腹なんだ?」と、必死で頭の中を整理する。大量のメニューが並ぶ店に入ることも多く、多過ぎる選択肢に悩んだときも、冷静に自分が食べたいメインを決め、サイドメニューを選択する。メインを二つ三つ頼むときもある。その至福のとき、お決まりのオヤジギャグが飛び出す。

たとえば新潟県十日町市の「峠の茶屋　蔵」に入ったとき。まず牛肉の煮込みを食べ、「ウマくてイケる、ウマイケる。マイケル・ジャクソンだ!」と心の声が叫ぶ。そして五目釜飯では「小さな釜の中に、日本の四季がコメとともに炊き込まれている。釜の中に日本がある。歴史がある。自然がある。

宇宙がある」とコメどころならではの感慨に浸る。熟年ならではのしょうもなさと含蓄が同居しているキャラクターが、魅力なのだ。

東京・根津の居酒屋「すみれ」には、トイレを借りるために入る。何か頼まないと申し訳ないと、食べたのがサバのサンドイッチ。フライパンで焼いたパンに塩サバを挟んだだけの裏メニューだ。「なんだか胃袋に新しい歴史が刻まれたようだ。サバサンド革命」と感激し、「初めて入ったのに、〝帰ってきた〟って感じがする。食べたいものを言ったらすぐに出してくれる。ばあちゃん家みたいだなあ」と思う。

五郎はよく食べるが、雑貨商だけあってセンスがよく礼儀正しい。そして一人で気軽に入れそうな店を選ぶ。現実の世界でもランチや会食を楽しみにしている、あるいはリーズナブルでおいしい店をたくさん知っている働く男性は多い。そういう人たちが五郎に仲間意識を持ったことも、ヒットした一因だろう。そして、食いしん坊の働く女性が好きそうな、甘いものを途中で食べたり、アジア飯を選ぶこともある。なつかしい和食や洋食で、ていねいにつくられたすばらしい味にも出合う。おいしい料理との意外な出合いがもたらす幸福感に、思い当たる人も多いだろう。そんな「あるある」がたくさん入っているドラマだから、人気になったのだ。

一人で食べることはわびしい、と長い間思われてきたし、一人で食べることに抵抗を覚える人もいるだろう。しかし、井之頭五郎は一人飯ならではの幸せを伝えている。それは、シングルがふえた社会の処世術に通じている。

◆フランス料理店という舞台

グルメを「美食」と言い換えると、代表するジャンルはフランス料理である。一九七〇年代の終わりから一九九〇年代にかけて盛り上がったグルメブームを牽引《けんいん》したのは、フランス料理だった。世界三大料理の一つで、国賓やＶＩＰをもてなす料理として、洗練されてきた歴史がある。グルメを描くのに、最もふさわしい題材の一つなのである。

それゆえ、食の物語の中でもひときわ輝くのが、フランス料理店やフランス料理人を描いた作品だ。最初に人気が出たドラマは、一九九五（平成七）年に三谷幸喜脚本で人気を博した『王様のレストラン』（フジテレビ系）だろう。

バブルが崩壊し、閉店が相次いだフランス料理界。作品の舞台、「ベル・エキップ」も創業者のシェフが亡くなり、閑古鳥が鳴いていた。その店を相続した心優しき青年、原田禄郎（筒井道隆）が、伝説のギャルソン、千石武（松本幸四郎）を説得して一緒に店に入り、立て直していく物語である。

同作は、フランス料理についてというより、どちらかと言えばレストランという舞台を使った人情物語である。店の古株たちと厳しく接する千石の間でトラブルが起こったり、支配人で禄郎と母親違いの兄の水原範朝（西村雅彦）が、うさんくさい商売に投資するため店の金を持ち出そうとするいざこざなど。

コミック『おいしい関係』

物語を盛り上げるのは、やる気がなかったシェフの磯野しずか（山口智子）が、実はすごい才能を秘めているという設定だ。彼女はフランスに住んで一流店を食べ歩いた経験があるが、料理経験は浅い。しかし千石は彼女の才能を見抜き、腕を引き上げるために試すようなオーダーを取ってきたりする。シェフを女性に設定したのは、男女雇用機会均等法が施行された後で、既婚女性も多数派が仕事を持つ女性になっていく時代だからだろう。

五〇〇万部のベストセラーとなったマンガ、『おいしい関係』（槇村さとる）も女性料理人が主人公である。『YOUNG YOU』（集英社）で、一九九三年〜一九九九年に連載され、中山美穂と唐沢寿明主演で一九九六（平成八）年にフジテレビ系列で連続ドラマ化された。台湾でも、ドラマ化されている。子どもの頃から、食いしん坊の父に連れられおいしい料理をたくさん食べ歩いた経験を持つ藤原百恵。短大生のときに会社経営者の父が亡くなり、会社も倒産する。百恵は退学し料理経験ゼロからシェフをめざす。彼女は、やがて恋する相手の師匠や、かっこいい上司のシェフなどから技術を学び、心を込めておいしい料理を出す料理人に成長していく。

この物語の核は、「レストラン」という言葉のもともとの意味、「元気を回復するところ」にある。両親から愛されて育った百恵は、傷ついた周囲の人たちを癒していく。憧れの師匠は両親に捨てられた少年時代を引きずっているし、恋のライバルのフードコーディネーターの可奈子は冷えた家庭で育った、闘う女性である。同僚のミキは、阪神淡路大震災で被災して両親を亡くしている。

百恵は物語の終盤、料理コンクールに出場するが、落ちる。審査員から、コンクールには向かないが「やさしくてしみるんだ　女でなきゃつくれない料理って感じで　ホッとしたんだ」と評される。

シェフとしてより女性として評価された百恵はその後、一流の料理人になれたのだろうか？　プロフェッショナルであることより、人情を優先する「女性らしい」人として描かれたのが、一九九〇年代の女性シェフである。それは、均等法はあっても活用が一向に進まなかった日本の当時の状況を反映している。

『週刊ビッグスピリッツ』（小学館）で、一九九九年から連載が始まり、二〇〇三年に終了したのが『Heaven？　ご苦楽レストラン』（佐々木倫子）だ。二〇一九（令和元）年七~九月にTBS系で連続ドラマ化された。主演は石原さとみ。

ミステリー作家でおいしいものが大好きな女性オーナーは、経営には無頓着だ。彼女は独身で、過去に一作ヒットさせたときのお金がある。作家だけに世の中を見る目は鋭く、素人ぞろいのギャルソンたちや、腕はあるのに自信がないシェフに、ときどきビシッと鋭い指摘をする。店は終盤、どの駅からも遠く墓場のまん中という悪条件の立地なのに、進出したいという和菓子店から移転を迫られる。その局面で、和菓子店の人たちに吐くオーナーのセリフが秀逸である。

「墓場《ここ》は最も生産から遠い場所。わからないの？　このやすらぎの場で金儲けをするのはまちがっているのよ。この店この場所においてすべては消費されるためにある!!　（中略）消費こそが生命の祝福の行為なのよー!!」

ドラマにはなかったこの突き放したセリフが、空気を読んで周りに媚びることがない彼女の独立心を示していて、先の二作とは違う、新しい女性を感じさせる。

このドラマは、外食文化の面からも注目に値する。オーナーでありながら、毎日のようにただでフランス料理のフルコースを楽しんで、ときどきシェフに注文をつける彼女は、ある意味で本物の美食家かもしれない。生活のためにあくせくせず、ただ食べることを楽しむ贅沢を許された人間だけが、美食をどこまでも追求できる。これは現代の日本で、どのような設定なら美食が成り立つかを試した作品と言える。

◆フランス料理人の歩み

ここまで紹介したドラマで描かれるフランス料理の世界は舞台装置だったが、近年放送された次の二つの作品は、フランス料理自体に注目している。二〇一五（平成二七）年四～七月放送の『天皇の料理番』と、二〇一九年一〇～一二月放送の『グランメゾン東京』で、どちらもTBS系である。

『天皇の料理番』は、一九七九（昭和五四）年に出た同名の小説が原作で、実際に天皇の料理番を務めた秋山徳蔵をモデルに描いた作品だ。一九八〇年にも堺正章主演で連続ドラマ化され、一九九三（平成五）年にも、高嶋政伸主演でスペシャルドラマになっている。二〇一五年版の脚本は森下佳子で、エピソードは脚色されているものの、日本のフランス料理の近代史が大まかにわかる構成になっている。

ドラマは、何をやっても続かず、福井県武生の地元で「のくぞう」と陰口をたたかれる一六歳の篤蔵（佐藤健）が、鯖江の昆布問屋へ婿入りし、高浜俊子（黒木華）と結婚してから動き始める。日露戦争が始まった一九〇四（明治三七）年。得意先の鯖江陸軍歩兵第三十六連隊へ配達に行った篤蔵は、田辺祐吉炊事担当軍曹（伊藤英明）から洋食を教わる。

洋食の虜になった篤蔵は東京へ飛び出し、大学生の兄（鈴木亮平）のもとへ転がり込む。無責任だと説教する兄に、「わしは大日本帝国一のコックになるんです！」と啖呵《たんか》を切る。そして兄の担当教授に口利きしてもらい、華族会館（現霞会館）で修業を始める。

鯖江では俊子の妊娠がわかり、子どもを養う目標ができた篤蔵は、英国公使館でもこっそり修業を始め、一日も早く一人前になろうと焦る。怪しい行動は先輩シェフたちからにらまれ、ある日先輩はわざと求められているジャガイモの切り方を伝えなかった。間違った切り方を先輩が指摘するのは、かなり時間が経ってから。そこで切り直した篤蔵の仕事の速さは、かえって仲間に技術力の高さを見せつける結果となる。

やがて秘密がバレる。篤蔵の地位を引き上げようとしていた師匠の宇佐美鎌市（小林薫）は怒り、首にされる。フランス料理の世界から締め出され、町の食堂でくすぶる篤蔵。思い切って誰もやっていないフランス留学をしたい、と父に言うが、結果を出していないバカ息子の申し出は聞き入れられず、高浜家からも離縁される。

そこで、結核を患い志半ばで帰郷した兄が、自分が相続する予定の土地を金に換え、弟をフランス留学へ送り出す。フランスでも呑み込みが早い篤蔵は認められ、料理技術と厨房システムを近代化したフランス料理界の巨人、エスコフィエのもとで働く。

やがて明治天皇が崩御。ニュースはパリへも伝わり、篤蔵はショックを受ける。そこへ大正天皇即位の御大礼の晩餐会に、エスコフィエのもとで修業した自分が必要、と宮内省（現宮内庁）から連絡が来る。篤蔵は帰国し、諸外国から来賓が来る二〇〇〇人の晩餐会を指揮する。宇佐美もかつての仲間も料理を手伝う。

一カ月悩み抜いて決めたコースは、スッポンのコンソメ、北海道の清流で軍隊が集めたザリガニのポタージュ、鱒《ます》の酒蒸し、鶏のかぶせ焼き、牛フィレの焼き肉、シギの冷たい料理、オレンジと酒のシャーベット、七面鳥の炙り焼き、セロリの煮込み、富士山の形のアイスクリームだ。篤蔵のハガキに書かれたメニューを読み上げる父の声を聞きながら、兄はあの世へ旅立っていく。そのコースは新聞で、「れっきとした一等国の祝宴であった」と称賛される。

本物の秋山徳蔵の貢献は、『フランス料理ハンドブック』（辻調グループ辻静雄料理教育研究所編著、柴田書店、二〇一二年）にある。当時、フランスに留学した人は他にもいたが、その中でも秋山は抜きん出た存在だった。退職した「昭和47年まで半世紀にわたり「天皇の料理番」として文字通り日本のフランス料理界の頂点に君臨し続けた」とある。

ドラマで天皇の料理番としての最初の大仕事、大正天皇即位御大礼の際、各地のレストランシェフが集まってきたように、実際の大きな行事の料理は宮内省の料理人だけでは足りず、名店の優秀なシェフたちを集めて、秋山が監督指導している。そういう失敗が許されない外交の場で日本の料理人たちは鍛えられ、育っていったのである。

◆ミシュランの星を狙う『グランメゾン東京』

洋食に感動した明治の青年が、日本のフランス料理界を背負うまでに成長した『天皇の料理番』に対し、『グランメゾン東京』は、『ミシュラン』日本版が定着した今を描く。前者は料理協力だった服部栄養専門学校が監修。さらに東京で『ミシュラン』初上陸の二〇〇七年から三つ星を持つ「カンテサンス」の岸田周三オーナーシェフも監修に加わり、ドラマの「グランメゾン東京」の料理を考案している。ドラマ内で定番料理の前菜「山羊肉のババロア」は、カンテサンスの実在のメニューである。そして、ライバル店「ｇａｋｕ」の料理は、二つ星の「ＩＮＵＡ」のトーマス・フレベルが監修。世界トップのコペンハーゲンのレストラン、「ノーマ」がプロデュースした独創性の高い料理を提供する店だ。

料理人の間でも話題になったドラマは、プロが考案した料理をていねいに描く。試作から完成品まで、いちいち使われた食材がテロップで示され、素材の扱い方から味わいまで、視聴者に伝わるようにセリフに組み込んである。オリジナル脚本を書いたのは、黒岩勉。

三つ星を狙う現代の料理人たちのお仕事ドラマは、恋愛も絡むがその要素は淡い。それより料理人のかっこよさ、主人公の尾花夏樹（木村拓哉）が「無限の可能性がある」と言うフランス料理の魅力を存分に伝えようとする。

物語は三年前、日仏首脳会談の料理を任された、尾花率いるパリの二つ星店「エスコフィエ」のエピソードから始まる。来賓にナッツアレルギーのフランス人がいるにもかかわらず、ナッツオイルを混入させて事件となり、尾花は官僚を殴って遁走《とんそう》。店は閉店を余儀なくされる。

その後ろくな仕事に就けず、パリをうろちょろしていた尾花。ある日、昔日本人の仲間と修業した実在の三つ星店「ランブロワジー」の採用試験を受ける日本人女性、早見倫子（鈴木京香）と出会う。尾花は彼女にアドバイスするが、早見は三〇年のキャリアでやっと完成させた自分の料理を出して不合格になる。

早見は尾花が食事していた店の厨房を借り、尾花に料理させて食べ、技術の差とおいしさに涙する。素材から料理法まで見抜く舌を持ちながら、自分には腕がないと嘆く早見に、尾花は二人でレストランを開こうと提案。「俺が必ずあんたに星を取らせてやるよ」と宣言し、一緒に帰国する。

信用を失った尾花が昔の仲間を集めるのは苦労するが、早見の尽力もあってグランメゾン東京は開店にこぎつける。ライバル店は、ランブロワジーで一緒に修業した丹後学（尾上菊之助）がシェフを務め、星を取るためなら汚い手も辞さない江藤不三男《ふみお》（手塚とおる）がオーナーのｇａｋｕ。そこへ、三年前の事件の真相を探るジャーナリストでフランス在住のリンダ・真知子・リシャール（冨永愛）と、その仲間でソムリエ資格を持つフードライターの久住栞奈《かんな》（中村アン）が絡む。

料理のていねいな描き方は、新人の芹田公一（寛一郎）が、失敗するくだりなどに表れる。早く尾花に認められたい芹田は、豊洲市場の仲卸に弟子入りし、空き時間に魚の扱い方を学ぶ。しかし、「さわらのロースト　水晶文旦ソース」に使うサワラを不用意にさばいて、尾花から「この魚は出せない」と言われ、「こんな店、辞めてやる」と飛び出す。

ギャルソンの京野陸太郎（沢村一樹）に招待され、客としてグランメゾン東京のフルコースを食べた芹田。京野から「お金をいただくわけにはいきません。お客さまに出してはいけない料理を出してしまいました」と言われ、魚料理が臭かったことに思い至る。それは芹田がさばいたサワラで、直前にゴボウを切っていたため包丁からニオイが移っていたのだ。

自分の浅はかさに気づいた芹田。実は江藤にそそのかされて、尾花と早見が苦労して開発したサワラのレシピを渡してしまっていた。土下座して謝るが、皆に笑われる。尾花は「おれたちが本気で考えた料理を真似できるわけねえだろう」と言う。京野が「一流のシェフは、レシピが外に出ることを気にしないんだよ。自分が一番それをおいしくする自信があるから」とフォローする。実際gakuでは、芹田が出したレシピは採用されていなかった。

芹田がレシピを売った「さわらのロースト　水晶文旦ソース」は、サワラの表面を焼いてオーブンに入れ、中はレアでふっくらと仕上げる。ソースに使う材料は水晶文旦、フヌイユ（ウイキョウ、フェンネルとも言う）、セロリ、イタリアンパセリ、アネット（ディル）、ケッパー、グリーンペッパー、カボス、大黒シメジ、柳松茸、エリンギ、トランペット（クロラッパ茸）、オリーブオイル。酸味と辛味を効かせた薫り高いソースだ。

グランメゾン東京は、日本の食材を使ったフランス料理店で、ジビエやキノコ、山菜などは山中にあるジビエ料理専門店から仕入れている。「産卵前の脂がのったサワラを一日置いて、脂を回してうま味を凝縮した。皮はパリパリ、中は超レア」という絶妙な火加減にすることが、料理の要である。

このとき、店はリンダが編集長を務めるパリの雑誌『マリ・クレール・ダイニング』が主催し、おいしいもの好きのフーディーたちが審査する、世界中の高級レストランを対象にした「トップレストラン50」のコンテストを控えていた。審査当日は、なぜか行方をくらました尾花の代わりに早見が料理する。そしてグランメゾン東京は、エスコフィエが過去に記録した最高順位の一〇位になる。早見が火入れの難しい魚料理をマスターしたことは、やがて彼女が開発する斬新な魚料理への伏線となっている。

このコンテストで日本のレストランは、過去に二〇位内に入ったことはなかった。しかし、gak

ｕはグランメゾン東京を上回る八位の快挙を達成。ｇａｋｕが開発した魚料理は、レモンタイムを加えたバターで焼いた、骨つきアンコウとあん肝を煮込んだ料理だった。

同作では、誰かが料理法を解説し、誰かが味の感想を述べるといった具合で、料理とその技術を細かく語る。プロ監修によるリアルなディテールを緻密に積み上げることで、星を狙うレストランが、いかに一つ一つのメニュー開発に苦心し新鮮な驚きを客に届けようと試みているかを伝える。料理人のドキュメンタリーを観ているようなドラマだ。

それは、技術で世界を渡るより、仲間との楽しい職場を維持することをシェフが選択する『王様のレストラン』とも、恋愛などの人間模様が中心の『おいしい関係』とも異なる世界観である。オーナーシェフの早見をはじめ、女性が全員ファーストネームで呼ばれる違和感は残るものの、それぞれの女性が男性と同じようにプロとして成長していくさまは、日本で女性の立場が変わってきたことを伝えている。

ドラマは回を追うごとに視聴率を伸ばし、年末の一二月二九日の最終回では、同時間帯トップで番組最高の一六・四パーセントを記録。録画して再生するタイムシフト視聴率を加えた総合視聴率では、全話二〇パーセント越えを記録する快挙となった。

一流フランス料理店は近年、リーズナブルなビストロやその他の飲食店に押され、存在感が弱まっていた。しかし、このドラマのヒットで、人気を盛り返しつつあった。残念ながらコロナ禍でその勢いはそがれたが、それでも、日本人が憧れてきた欧米グルメの世界に、お金を出せば国内に居ながら手が届くかもしれないことには気づかせてくれたのである。料理を志す若者たちが多く渡仏し、フランスの一流店にはたいてい日本人の料理人が入って修業しているような時代だ。フランス本国に引けを取らないハイレベルの料理が日本にあっても、おかしくない。

そしてドラマが描く世界観の変化は、いつの間にか日本人が、情報レベルではフーディーになっていることを教えてくれる。

二　グルメ化に貢献したメディア

◆ミシュランとは何か

物語に描かれる食の世界では、日本人のグルメ化はここ四〇年ほどでずいぶん進んだことを感じさせる。現実の私たちはどうだろうか。大きな影響力を持ってきたのが、メディアの情報である。そこで本節では、メディアが果たしてきた役割をひも解いてみたい。

一でも書いたように、グルメを語るならまずフランス料理である。そして、フランス料理の魅力を伝えてきたのは、ジャーナリズムである。『グランメゾン東京』の登場人物たちが、私生活を犠牲にしてでも邁進し、星を得れば涙を流して喜んだ『ミシュラン』とは、どういう存在なのだろうか。ここでしばらく、『ミシュラン』の背景にある、フランスの話をしよう。

フランスでレストランが町にふえ始めたのは、一七八九年にフランス革命が起こって以降である。それまで王侯貴族が抱え込んでいた料理人たちは、ブルジョア市民に奉仕することになる。

グルメジャーナリズムの最初は、グリモ・ド・ラ・レニエールが一八〇三年～一八一二年に発行した『食通年鑑』である。『フランス料理ハンドブック』によると、グリモは徴税請負官の息子で弁護士、劇評論家。楽しみは食で、よく友人たちを招いて食事会を開いていた。ジャーナリストの鋭さで、革命後に力を得たブルジョアたちが、美食を求めているのに目をつけたのである。

フランスではその後、次々と美食家たちが誕生し、「ガストロノミー文学」というジャンルができあがる。最も有名なのは、グリモと同時代のブリア・サヴァラン。彼が「どんなものを食べているか言ってみたまえ。君がどんな人か言い当ててみせよう」と書いた『美味礼讃（味覚の生理学）』は、一八二五年の発行である。フランス料理は、語られることで品質を上げてきた食文化なのである。

『ミシュラン』が誕生したのは、約一世紀後。無料で配られた最初のガイドは、一九世紀最後の一九〇〇年に発行された。版元は、タイヤメーカーのミシュラン。今も同社は創業の地である、フランス中部のクレルモンフェランにある。創業は一八三〇年代初めで、ゴム製品製造を行っていた。タイヤの製造を始めるのは、一八九一年。エドワール・ミシュランが経営を引き受け、合資会社にしてからである。エドワールの兄、アンドレはパリへ行き、広報・営業に従事した。

ガイドブックが有料化したのは一九二〇年から。『ミシュラン　三つ星と世界戦略』（国末憲人、新潮選書、二〇一一年）で、アメリカのアクロン大学ステファン・ハープ准教授は「タイヤに関する実用的な情報中心から、ホテルやレストランの情報中心へと、ガイドのテーマが変化した」と分析している。星によるレストランの格づけは一九二五年が最初。ただし、公式には翌年からとされている。

やがて『ミシュラン』は権威となっていき、フランスで星をめぐる悲喜こもごもが起こる。映画などでも、『ミシュラン』の格づけで一喜一憂するシェフたちの物語が、くり返し描かれてきた。現実の悲劇もある。パリから南仏に向かう街道沿いにある「ラ・コート・ドール」（現「ル・ルレ・ベルナール・ロワゾー」）のオーナーシェフで、一九九一年に三つ星を得たベルナール・ロワゾーは、神戸に出店し加工食品販売にも乗り出すなど大きな成功を納めるが、二〇〇三年に猟銃自殺した。『ゴ・エ・ミヨ』で得点を落とし、『ミシュラン』でも二つ星に降格される噂があったことから、降格を苦にした自殺ではないかと言われた。

『ゴ・エ・ミヨ』は、フードジャーナリストのアンリ・ゴとクリスティアン・ミヨが一九六九年に創刊した雑誌で、ミシュランに先駆けて新しい店を評価すると言われている。一九六〇年代から始まったヌーベル・キュイジーヌのムーブメントを一九七三年にいち早く報道し、盛り上げた功績がある。

『ミシュラン』の料理の格づけは、一つ星が「近くに訪れたら行く価値のある優れた料理」、二つ星が「遠回りしてでも訪れる価値のある素晴らしい料理」、三つ星が「そのために旅行する価値のある卓越した料理」である。評価の基準は、素材の質、調理技術の高さと味つけの完成度、独創性、コストパフォーマンス、常に安定した料理全体の一貫性の五つ。

調査員は覆面で訪れ評価の根拠を教えないことが基本で、格づけにレストランは関与できない。独立性の高さが信頼の裏づけであり、同時にドラマが生まれる源泉となっている。フランスとヨーロッパのグルメガイドとしてドラマを生んできた『ミシュラン』は、二〇〇五年にニューヨーク版、二〇〇七年に東京版などを出し、世界に進出し始めている。

◆二〇〇七年の黒船

日本に『ミシュラン』が進出したときは、大騒ぎだった。『ミシュラン　三つ星と世界戦略』は、『ミシュランガイド東京2008』は初版一二万部は四日で完売し、最終的に公称三〇万部を売ったと記録する。東京だけでなく、地方でもベストセラーになった。

しかし、読売新聞は「話題性は満載だが、日本の伝統的食文化を欧州基準で評価する信頼性には厳しい見方もある」と報じ、朝日新聞は「ミシュランは余計なお世話」と題する投書を載せた。『AERA』は、「料理界が騒然となっている。聞こえてくるのは、大量のブーイングだ」と書いた。批判の中心は、その人がいいとは思っていない店が選ばれ、いいと思う店が載っていないことへの不満だったようだ。

『ミシュラン　三つ星と世界戦略』によると、日本上陸は時代の必然だった。フランス側の事情としては、二〇〇二年にユーロが導入されて円安ユーロ高になり、ヨーロッパ人にとって日本への旅行が現実的になったこと、和食ブームやマンガ・アニメの人気が背景にある。日本の側は、二〇〇八（平成二〇）年に観光庁を設立、外国人旅行者の誘致に本腰を入れ始めたことがあった。

その後日本は、世界各国から大勢の旅行者を集める国になった。二〇一九年一～一〇月の訪日外国人客はJNTO（日本政府観光局）推計値で二六九一万人を超える。トップ三はアジア諸国・地域からだが、五位にアメリカ人、七位にオーストラリア人、一〇位にイギリス人、一四位にカナダ人、一五位にフランス人が入っている。日本人が望む格づけ通りであろうがなかろうが、訪れる外国人のグルメたちは、『ミシュラン』も参考にしただろう。

そして今、ドラマに描かれるほどミシュランは日本に定着した。二〇一九年一二月二日の朝日新聞記事では、反発がある一方で、ガイドの情報サイトを共同運営する「ぐるなび」滝久雄会長の「ネットの信頼性が問われる現在、確かな情報としてミシュランの価値が改めて高くなる」というコメントを掲載している。

日本では情報誌やインターネットの情報サイトなどで、飲食店が紹介されてきた歴史がある。しかし、情報メディアがどこまで独立性を保っているかには疑問もある。情報メディアの場合は特に、記事を取材先に事前確認させる慣行があるからだ。

その中で、事前の情報確認を前提とせず格づけする、『ミシュラン』のようなメディアはまさに、日本人の意識を変える「黒船」だったかもしれない。

しかし、格づけ文化自体は、もともと日本にもあった。『和食とはなにか』(原田信男、角川ソフィア文庫、二〇一四年)によれば、江戸時代の一七七七(安永六)年、江戸の名物を評価した『富貴地座位』に、料理の部も入っていて、店名に上吉などとランクをつけている。江戸時代にはほかにも格づけ本やガイドブックがいくつも出版されている。

考えてみれば、今も年末にはその年に流行した商品を格づけする「日経MJヒット商品番付」が発表され、横綱、大関などと相撲になぞらえたランクづけが、毎年テレビや新聞などで紹介されている。店にとってはともかく、消費者にとっては、『ミシュラン』も、生活を彩るガイドの一つでしかないのかもしれない。

◆日本の『ミシュラン』

上陸した『ミシュラン』は、どのように日本の店を紹介しているのだろうか。二〇二〇年の東京版と、京都・大阪版で確認してみよう。

東京の三つ星店は、一一軒。日本料理が「麻布幸村」「神楽坂石かわ」、麻布十番「かどわき」、元麻布「かんだ」、神楽坂「虎白」、大井町「まき村」、日比谷「龍吟」。すしが銀座「鮨よしたけ」。フランス料理が御殿山「カンテサンス」、恵比寿「ジョエル・ロブション」、銀座「ロオジエ」。長年三つ星で、オバマ元大統領も食べに行ったことで知られる「すきやばし次郎」は、一般客の予約がとれなくなったことから対象外になった。

一三年連続三つ星で『グランメゾン東京』の監修に加わったカンテサンスは、「決まった料理を置かず、テーブルごとでコースを組む。素材選び、火入れ、味付けの三つのテーマを追究し、常に進化を遂げた「作品」を生み出す」と賛辞が送られている。

新たに三つ星に加わった日本料理のかどわきは、「独創性に富む、鮮烈な料理が門脇俊哉氏の真骨頂」「夏の鮎は炭火焼にして白うるかをのせ、白子豆腐は鮑の肝とともになど、食材の組み合わせの妙に舌を巻く」と絶賛されている。店主の門脇俊哉は、朝日新聞DIGITAL二〇一九年一一月二六日の記事で「お客さんがまた来たくなる店を目指してやってきたので、三つ星は驚きとともにシンプルにうれしい」「間口を狭めずに和食のよさを伝えるようにしていきます」とコメントしている。料理人にとって、ミシュランは料理人を励ます評価基準として定着しているのだ。

新たに二つ星を獲得したのは、ジャンルを超え革新的な料理を出す「イノベーティブ」のくくりで、

『グランメゾン東京』の監修にも加わった「ＩＮＵＡ」など。二つ星は全部で四八軒についた。一つ星には一六七軒が選ばれた。また、価格以上の満足感が得られ六〇〇〇円以下で楽しめる「ビブグルマン」に選ばれたのは、二三八軒。リーズナブルな店も対象にしているのだ。ビブグルマンの店は、ペルー料理、ポルトガル料理、中国料理、沖縄料理、ラーメン、蕎麦、洋食、とんかつ、焼き鳥、居酒屋、ギョウザなど幅広い。

京都・大阪版を見てみよう。京都で三つ星に選ばれたのは八軒で、すべて日本料理だ。京都市福長町「飯田」、松下町「一子相伝なかむら」、「祇園さゝ木」、下河原町「菊乃井本店」、「吉兆　嵐山本店」、南禅寺「瓢亭」、祇園「前田」、円山町「未在」。そのうち新たな三つ星店は、祇園さゝ木と前田の二軒だ。二つ星は二二軒、一つ星は七八軒。ビブグルマンは、一〇〇軒である。京都で選ばれたのは、日本料理店が多い。

大阪の三つ星は三軒で、日本料理が吹田市千里山「柏屋」、大阪市島之内「太庵」、イノベーティブが大阪市江戸堀の「ＨＡＪＩＭＥ」である。二つ星は一六軒、一つ星は七九軒。ビブグルマンは、一一一軒である。大阪はうどん文化圏なのに、意外にもビブグルマンに蕎麦が多い。

ビブグルマンが、三都市で四四九軒も選ばれている。三つ星の高級料理に縁がない人は多いだろうが、一〇〇〇円台の予算の店まで入るビブグルマンになると、おいしいもの好きなら行ったことがある人は多いかもしれない。そして、予算のうえでも、料理のジャンル別でも、幅広い選択肢があることが、日本の特徴ではないだろうか。

たとえば、東京版で選ばれた神保町のカレー屋「共栄堂」は、「日本人の口に合うようにアレンジされたカレーを楽しめる。甘みと辛みが引き立て合うルーは、20種以上におよぶスパイスと煮込んだ野菜が溶け合い、さらりとした見かけに反して奥深い味わいだ」と、グルメサイトや雑誌によくある表現で紹介されている。

そのセレクトが好みに合うか合わないか、という基準で評価すると、『ミシュラン』に不満を持つ人がいるのはわかる。味の基準は人によって異なり、誰もが満足する評価はあり得ないからだ。それでも、飲食店は家庭料理と異なり、幅広い人たちが納得する味をめざす。体を張ってレベルを決めてきたプロフェッショナルの言葉に聞く価値があるから、『ミシュラン』は日本でも定着したのだろう。

◆日本人による格づけ

日本にはもちろん、『ミシュラン』以外にもグルメガイドがたくさんある。その中で『ミシュラン』とスタイルが似た本が、二〇〇一年から毎年発行されている『東京最高のレストラン』(ぴあ)である。二〇一九年に発行された『東京最高のレストラン２０２０』では、フードライターなど六人のフーディーが、名前を出して評価を示している。各店への評価は王冠で最大五つまで記し、個別の評価記事を書くとともに、座談会でくわしく語っている。一店当たり二〇〇字に満たない『ミシュラン』と違い、説明が懇切ていねいな印象を受ける。

最高評価の二七・五点を得た「今年の注目店」はフランス料理店で、銀座の「レストラン　ラフィナージュ」。「タベアルキスト」の肩書でグルメ記事を書くマッキー牧元が「類い稀なるキュイソン(加熱)技術、伝統的ソースを駆使しながらも日本の食材に響く軽やかさの演出、皿から醸し出る色気、直ちに上質なワインが飲みたくなる味わいなど、フランス料理のエスプリを今に伝える、東京でも稀有なレストランである」と感覚を伝える表現を駆使した賛辞を送っている。

しかし座談会の記事を読むと、「すかいらーく」創業一家の出身で、亜細亜大学教授などを務める横川潤が、「あえて大雑把にまとめてしまえばとりあえず味が平板というか。ビジュアルからイメージされるものに実際の味わいが追いついていない印象を持ちました」と厳しいコメントをしている。牧元は「彼の料理は食べたときに女性を口説きたくなるし、ワインが飲みたくなる料理なんですよ」と反論している。料理ライターの森脇慶子は「無駄なものが何もなくてとってもシンプルなんですが、味の構成のバランスがすごく上手なんですね。酸味の使い方とか、ちょっとした塩味とか。少しでも過分になると台なしになってしまう、ギリギリの線でまとめているところもすごい」と評価する。これだけ説明があると、何となく店のテイストが想像できる。

同店のシェフは、銀座の老舗「レカン」で総料理長を務めていた高良康之。評価を行うフーディーたちは、長年彼の料理を食べ慣れてきた人たちで、知っているからこその評価をしていることが、座談会を読むとよくわかる。確かにこの本では、料理評論が成り立っている。つまり、評論家はその世界をよく知っていて対象にする作品（この場合は料理）や作家（料理人）についてもよく知っている。そのうえでなれ合うことなく、客観的にジャーナリスティックに評価を下す。一人の評価が絶対でないことも、複数の評論家たちが討論することで読者に伝えている。

『ミシュラン』は、同店をどう評価しているだろうか。まず、初めて紹介するNの印がついている。星は一つ。「素材の風味、ソース、付け合わせなど、料理のすべてに価値を見出すシェフ。冬には、ふぐに裏ごししたロックフォールチーズを合わせる」などとある。いいのか悪いのかよくわからない。解説好きの日本人には、物足りない説明かもしれない。

一方、『ミシュラン』で毎年三つ星に輝くカンテサンスは、四人が王冠五つをつけたが、二人はゼロ。この二人はこの年、食べていないのかもしれない。記事を書いているのは、森脇。「〝ソースを使わないフレンチ〟、〝低温調理〟etc. ここから発信された様々な事象は、日本におけるフレンチシーンを変えたと言っても過言ではないだろう」とあり、革新性や独創性に重きを置くヨーロッパの批評で高く評価された理由が、この日本のグルメガイドからよくわかる。

◆『大食い選手権』誕生

日本人のグルメ化を進めるうえで、最も影響力があったメディアはやはり、一〇〇〇万人単位の人が観るテレビだろう。インターネットは台頭してからの日が浅いし、情報の質にはバラつきが大きいからだ。食をテーマにした情報番組には、これまでどんなものがあったのだろうか。

最初に登場したグルメ番組は、一九七五(昭和五〇)年に始まった『料理天国』(TBS系)である。芳村真理、西川きよしが司会。辻調理師専門学校の講師が料理をつくり、二人が食べる番組で、世界各国の料理を紹介した。サントリーの一社提供で、一九九二(平成四)年まで放送された。

社会的影響力を持った最初の番組は、一九九二年に放送が始まった『TVチャンピオン』(テレビ東京系)の「大食い選手権」シリーズである。こちらの番組は『大食い王決定戦』とタイトルを変えて現在も放送が継続している。料理をバラエティ化しヒットさせるにはやはり、戦いを描くことが必要であるらしい。

それはどんな番組なのか。『TVチャンピオン　大食い選手権』（テレビ東京番組制作スタッフ編、双葉社、二〇〇二年）で、歴史をたどってみよう。

記念すべき第一回の放送は一九九二（平成四）年四月一六日。東京・高円寺の「桃太郎すし」本店で予選が開かれ、三〇分間で食べるすしの皿数を競う。第一ラウンドは代々木「長寿庵」で天丼・親子丼・カツ丼の大盛りを食べる。第二ラウンドは、目黒「ステーキハウス　リベラ」で三ポンドのステーキを食べ切る。第三ラウンドは、小岩「丸幸」でギョウザ一〇〇個を食べる。いずれも制限時間は三〇分。決勝ラウンドは、六本木「台南担仔麺」で「一口ラーメン」の「ターミィ担仔麺」を食べる杯数を四〇分間で競う。チャンピオンは二〇歳の伊藤織恵だった。

第二回には、佐野ラーメンや米沢牛ステーキ、仙台駅弁で競い、決勝は盛岡わんこそばを食べ、と東日本の名物を堪能。第三回は西へ向かい、名古屋のエビフライ、京都ぶぶ漬けなどを食べ、決勝で高松の讃岐うどんを食べる。外国料理対決となった一九九五年正月特番は、激辛キムチ、シュラスコなどを食べ、決勝はハワイのマカデミアンナッツチョコである。

この番組で最も有名になった人は、ギャル曽根ではないだろうか。彼女は母親になった今も、タレントとしてテレビで活躍している。

大食いの人は太っているのではないか、という先入観は、出場選手たちのスリムな体を見ることで打ち砕かれる。この番組は、ラーメン屋などにある「一〇杯食べたらタダ」といった企画を大型化したものと言える。また日本には昔から大食い競争の伝統があり、一九五七年に岩手・花巻で始まった

「元祖わんこそば全日本大会」はその代表的存在と言える。

江戸時代にも、大食いを競う大会は開催されていた。『和食とはなにか』によれば、料理本のベストセラーが出るなど、食のメディアが充実していたグルメ時代の化政期には、酒を飲める量や、食べる量を競う会が開かれている。一八一七（文化一四）年に両国柳橋で開かれた大会では、茶漬けを、七三歳の和泉屋吉蔵が五四杯、四一歳の三右衛門が六八杯も食べている。

文化的土壌はあったものの、それまでテレビで大食いをバラエティ化した企画はなかった。『大食い選手権』は、新しい分野を開拓したと言えるだろう。

◆『料理の鉄人』が変えたこと

一九九三（平成五）年、伝説の番組が始まる。それは一九九九（平成一一）年まで放送された、『料理の鉄人』（フジテレビ系）だ。アメリカでテレビ番組に与えられるエミー賞にノミネートされ、アメリカや韓国などで類似番組が誕生するほど、世界的な影響力を持った画期的な企画である。

料理のコンテストは昔からある。しかし、一対一で勝負する企画は、リアルの世界ではこの番組がおそらく最初である。食の競争を見世物にすることをよくないとする意識の壁は、『大食い選手権』が破ったところでの登場。

番組内では必ずシェフたちのプロフィールを紹介する。包丁技や鍋の扱い方など、出場者の鮮やかな技を見せるスター扱いで、「料理人ってかっこいい」と思った人はたくさんいただろう。ジャンルを本格的に開拓した番組は、料理人の社会的地位を引き上げたのである。

出場者の技術も向上させた。何しろ、六〇分一発勝負である。包丁の持ち込みはできるが、そのほかはない。料理長をやっている人でも、アシスタント一人だけで自ら下処理から行わなければならない。しかも、出演して初めて課題の食材がわかる。それを全品に使ってコースを組み立て、対決するのだ。異種格闘技をイメージしているため、対決相手は同じジャンルの料理人とは限らない。和食、フランス料理、中国料理、そして途中からイタリア料理も加わってそれぞれ鉄人がいる。連戦してきた彼らに、料理人たちは挑むのだ。過酷な勝負は、確実に出場者の腕を上げる。

また、番組を見る料理人たちは、テレビを通して一緒に厨房に立つことが難しい達人たちの発想や技術を学んだだろう。

出演したことで、有名になった料理人は多い。特に脚光を浴びたのが、ジャガイモで中華の陳建一と対決して勝った料理研究家の小林カツ代、チョコレートとバナナでイタリアンの神戸勝彦に勝ったパティシエの辻口博啓だろうか。ほかにも中華の周富徳、和食の神田川俊郎、中華の脇屋友詞などがいる。石鍋裕、坂井宏行、道場六三郎、陳建一など、鉄人たちはもちろん有名になった。

番組にはいくつも伝説がある。道場六三郎が対決にあたり、筆でお品書きを書いたこと。陳建一が鉄人最長連勝記録を打ち立てたこと。審査した料理ジャーナリストの岸朝子の「おいしゅうございました」のセリフ。そして、ほとんど知られていなかったバルサミコ酢が有名になり、スーパーに並ぶようになったこと。ジャンルに縛られずに食材を使い、調理法を工夫する潮流を飲食業界で拡大したこと。フランスでは、『ミシュラン』などの料理ジャーナリズムが料理の進化をうながしてきたが、平成初期の日本では『料理の鉄人』が、その役割を担ったのである。

関係者のインタビューなどを含めて番組を記録した『料理の鉄人大全』（番組スタッフ編、フジテレビ出版、二〇〇〇年）には、実況に解説員として加わった服部栄養専門学校校長の服部幸應が組んだスペシャルコースで、登場した料理を紹介している。

フランス料理は「ハモのロワイヤル　トリュフソース」「オマール海老の紫カブ詰め鉄人風」「中トロの赤ワイン煮　チョコレート風味」「ハモと車エビのサラダ　人参とオレンジのソース」「洋梨のロースト　ホワイトチョコオレンジ風味」「仔羊のハラミのソテーと赤ピーマンのソルベ」である。

和食は「ワカメの琥珀寄せ」「ねぎま鍋　しゃぶしゃぶ仕立て」、クルマエビとトリュフを使った「レンコンの挟み揚げ」「チーズ豪快鍋」「フォアグラとアボカドのグルメ丼」である。

中華は「パパイヤのココナッツ　カニあんかけ」「芝エビのチリソースのカナッペ」「ヤリイカの淡雪フカヒレ炒め」「スパイシーパパイヤスープ」「オマール餃子とピリ辛土鍋煮込み」である。

料理の名前から、ジャンル横断的な意外な組み合わせが、たくさん登場したことがうかがえる。この番組が料理人たちの意識を変え、技術を向上させ、食べ手の意識も変え、知識をふやしたことは間違いがないだろう。

人々がグルメに興味を持ちつつ、まだ体験が少なかったこと。昭和の経済成長時代の名残りで、高級料理や高級食材が、いつか手が届くかもしれないという憧れの対象だったこと。意欲的な番組がヒットしたのは、時代のタイミングとぴったり合ったことが大きい。

日曜夜に放送された番組は、従来の料理番組とは異なる層にもアピールした。それは若い男性たちである。グルメマンガが対決ものの『包丁人味平』で本格スタートしたように、『美味しんぼ』が親子対決で引きつけたように、男性たちはテレビ番組の対決で料理に夢中になった。昭和まで、「男が食を語る」「男が台所に入る」のはタブーの空気があったが、これらのメディアが人気を博すにつれ、料理に興味を持ち、そのことを人前でも表す男性はふえていったのではないだろうか。平成後期に広がった料理男子の元祖はおそらく、グルメメディア好きな彼らである。

その後番組は、二〇一二年に辻調理師専門学校が関わり『アイアンシェフ』として復活。しかし、知識や経験がふえてしまった視聴者に驚きをもたらさなかったのか、半年ほどで終了。二〇一九年一二月にも特番『料理の神様』として、吉田剛太郎司会で復活したが、セットが地味だったことも加わって、オリジナルの鹿賀丈史ほどの迫力はなく、取り上げた料理もハンバーグと回鍋肉と庶民的で地味だった。やはり伝説は、奇跡的で稀有な存在だからこそ、成立するものなのだ。

◆料理人が登場するメディア

料理人に光を当てたメディアは、『料理の鉄人』以前にもある。一九六六（昭和四一）年から発行される『月刊専門料理』の版元、柴田書店は長年、料理業界向けの書籍や雑誌を多く発行し続け、業界の技術向上に貢献している。一九九四（平成六）年には、『料理王国』（ジャパン・フード&リカーアライアンス）が創刊。また、二〇〇六（平成一八）年から発行される『料理通信』（料理通信社、二〇二一年一月号で休刊）は、シェフたちの現場を取材し、フーディーたちが喜ぶ最新情報を伝え続けてきた。

地味ながら長年料理人の仕事を伝え続けてきたのは、NHKである。近年は、『プロフェッショナル仕事の流儀』で、料理人をひんぱんに取り上げている。しかし歴史がある番組といえば、『きょうの料理』である。

放送開始は、一九五七（昭和三二）年一一月四日。以来、ほぼ毎日放送されて料理のつくり方を伝え続けている。教えるのは、主に料理研究家と料理人だ。初期に登場した料理人の一人が、東京會舘やパレスホテルの総料理長などを務めた田中徳三郎である。半年後に創刊されたテキストでたどれる初登場は、一九五七（昭和三二）年一一月二六日。フランス料理のホワイトソースを使った「エビ入りマカロニグラタン」を教えている。ホワイトソースのつくり方は、番組・テキストがくり返し伝えて一九六〇～一九七〇年代に流行した技術で、フランス料理を家庭に採り入れようとした時代がうかがえる。

昭和後期に高い人気を得たシェフに、帝国ホテルの総料理長の村上信夫と、ホテルオークラ（現オークラ東京）の総料理長、小野正吉がいる。気さくな人柄で親しまれた村上と、主婦向けの番組でも妥協せず本物を伝えた小野のキャラクターが対照的だった。

日本料理では、懐石料理「辻留」の二代目、辻嘉一が有名だ。中華料理は、独特の中国語訛りが親しまれた「四川飯店」総料理長の陳建民がいる。鉄人、陳建一の父親で創業者。陳建民が番組で伝えた麻婆豆腐やエビのチリソースは、当時の日本人には本場の味が辛過ぎたため、アレンジした料理だった。

『料理の鉄人』に挑戦者として出演した「広東名菜　富徳」オーナーシェフの周富徳と「生香園」の周富輝兄弟も、一九八〇年代～一九九〇年代にくり返し出演している。「台湾料理・龍潭」の程一彦も、鉄人に挑戦する前に、『きょうの料理』で腕を振るっている。

そのほかの有名シェフといえば、創作料理の「ＫＩＨＡＣＨＩ」の熊谷喜八、日本料理では「瓢亭」の髙橋英一、「京味」の西健一郎、「菊乃井」の村田吉弘などがいる。ＮＨＫの番組内で店の名前やプロフィールは紹介されないが、おいしいもの好きなら彼らが何者か知っていることが多かっただろう。『家庭画報』（世界文化社）などもやがて、料理人たちを紹介するようになっていき、有名シェフたちのレシピ本が発売されて、読者に美食のつくり方をなぞる楽しみを与えていった。

日本では、このようにメディアを通して、気軽に庶民も高級料理の技術に触れることができる。その文化があるから、『グランメゾン東京』のような、テクニックの表現に力を入れるドラマが成り立つのだ。

◆『Ｈａｎａｋｏ』の革命

日本のグルメシーンを大きく変えたのは、一九八八（昭和六三）年に創刊された首都圏情報誌『Ｈａｎａｋｏ』（マガジンハウス）である。今は、一九九六（平成八）年にサービスを開始した「ぐるなび」や、二〇〇五（平成一七）年に始まった「食べログ」など、インターネット上で展開するグルメサイトがたくさんある。目的に合わせて欲しい情報にたどり着けるインターネットが登場してから、誌面やスケジュールの制約が多い雑誌は不利になってしまった。

しかし、グルメブームただなかのバブル期に『Ｈａｎａｋｏ』が持っていた影響力は、絶大なものがあった。紙面で大きく紹介された店に行列ができ、予約が殺到する。町を歩く女性たちが、こぞって『Ｈａｎａｋｏ』を小脇に抱えて紹介された店へ行くので、彼女たちはＨａｎａｋｏ族と呼ばれた。

一九八九（平成元）年には、新語・流行語大賞の新語部門銀賞にＨａｎａｋｏが選ばれている。一九八九年の連続ドラマにも、松下由樹主演で同誌編集部を舞台にした『オイシーのが好き！』（ＴＢＳ系）が放送されている。

一九九〇年には、関西版の『Ｈａｎａｋｏ　ＷＥＳＴ』も出た。創刊当時の編集長の椎根和《やまと》が書いた『銀座Ｈａｎａｋｏ物語　バブルを駆けた雑誌の２０００日』（紀伊國屋書店、二〇一四年）によると、同誌は首都圏ローカル誌にもかかわらず、一九九二年度の広告売上高は、日本の全雑誌中二位で、年間五〇億円を超えたとある。ちなみに一位は同社の『ａｎａｎ』で、六五億円超だった。

韓国のヘテ財閥からは、ジョイント事業の申し出があり、欧米のメディアからは取材が殺到した。「米国の『ウォール・ストリート・ジャーナル』『フォーブス』『ニューヨーク・タイムズ』、テレビでは、人気急上昇中だったニュース専門のＣＮＮ、英国からは『フィナンシャル・タイムズ』からお声がかかった。こんなに世界の経済誌から注目された日本の雑誌はなかっただろう」と本文にある。『Ｈａｎａｋｏ』は当時、社会現象だったのである。

◆ティラミスブームの仕掛け人

影響力の大きさを如実に表したのが、一九九〇（平成二）年のティラミスブームだろう。『Ｈａｎａｋｏ』は一九九〇年四月一二日号でティラミス特集を組んでいる。ちなみに全国誌の『週刊女性自身』（光文社）も四月一七日号で特集しているが、注目されたのは勢いがあった『Ｈａｎａｋｏ』である。キャッチコピーは「イタリアン・デザートの新しい女王、ティラミスの緊急大情報――いま都会的な女性は、おいしいティラミスを食べさせる店すべてを知らなければならない。」とセンセーショナルなものだった。
『銀座Ｈａｎａｋｏ物語』には、ニューヨークで大流行している情報をつかんだ編集部員の提案で、四一軒のイタリア料理店を取材したことが書いてある。今ではコンビニスイーツになるほど定着したティラミスは当初、ブームになっていたイタリア料理店のデザートとして出されるものだった。『Ｈａｎａｋｏ』が特集した結果、「四一軒のティラミスは連日売り切れ、味を決定づけるマスカルポーネも、ほとんどイタリアから輸入されていたために、すぐに品切れ状態。人気に便乗して一般のケーキ屋でもつくりはじめたものだから、マスカルポーネはさらに超品薄、奪い合いになり、社会問題に発展しそうな雰囲気となった。

若い女性の舌をとりこにしたティラミス・ブームは三カ月ほどで関西まで広がり、六カ月後には、北海道の原野のただ一軒の喫茶店にも、「ティラミスあります」という貼り紙が出ていた、との報告を受けた」と紹介されている。

当時関西の大学生だった私も、ティラミスブームは体験している。メディアや口コミの情報で、夏になる前には「今、流行りのティラミス」を知っていたし、マスカルポーネという未知のチーズについても、「私を元気にして」という名前の意味まで知った。そしてあの頃、ウェッジウッドやリチャード・ジノリの食器がすてき、代官山がおしゃれ、といったさまざまな流行情報が私の周りで飛び交っていたが、その情報源が東京の『Ｈａｎａｋｏ』だったことは、バックナンバーを調べたときにわかった。

『Ｈａｎａｋｏ』はほかにも、ナタデココ、クレーム・ブリュレなどの一九九〇年代のスイーツブームにかかわった。料理では、飲茶ブームを盛り上げている。一九九一年五月二・九日合併号の「Ａ級保存版　正しい横浜１２４軒大情報」と題した特集で横浜中華街の店を紹介すると、「入り組んだ中華街の数ある小路・通りは人で埋めつくされた。人気店の前は、行列しているのか歩行中なのか区別ができないほどの大混雑。横浜中華街発展会協同組合は、ＧＷ後、過去最高の人出と売上だったと発表した」と『銀座Ｈａｎａｋｏ物語』にある。

『Ｈａｎａｋｏ』は女性たち、そしてモテたい男性たちの行動を変えた。バブル期は将来を約束された若い男性たちが強気で、デートにお金を注いだ。女性たちは、男女雇用機会均等法が一九八六年に施行されてバブル経済が来たおかげで、やっぱり強気だった。遊びにお金を注ぐ経済的、そして精神的なゆとりを、若者たちが持ち合わせた時代だったのである。

それまでも、ファッション誌などで飲食店は紹介されたほか、グルメガイドもあったものの、その情報が信頼できるとは限らなかった。おいしい店、特別感のある店は主に口コミで伝えられ、情報をたくさん持っているのは年かさの男性たちだった。中でも大きな情報源だったと考えられるのが、一九六七年から二〇一五〜二〇一六年版まで刊行された『東京いい店うまい店』（文藝春秋）シリーズだろう。

接待などで使われる一流店は、営業職の会社員や役員たちが知っている。あるいは、アンテナを張り巡らしたメディア関係者、芸能関係者たち。一般の若い女性が上質な店を知るには、彼らとつき合う必要があることも多かった。そういう情報が、女性向けのメディアに載せられたのである。

週刊誌の『Ｈａｎａｋｏ』は、コンスタントに大量に店を紹介することができた。銀座、渋谷、六本木、赤坂、代官山、自由が丘、恵比寿といった東京の人気の街は、毎年特集が組まれた。もちろん店の住所と地図もついている。

バブル経済は女性たちを経済的な自立へ導き、『Ｈａｎａｋｏ』は、遊びの世界で女性を自立させた。自分で稼いだお金で、人に頼らず遊べる。自由を得た女性たちの勢いが、社会現象になるほどのブームを産んだのである。

一九九〇年には『ｄａｎｃｙｕ』（プレジデント社）が創刊される。こちらは、男性向けの全国誌だ。『Ｈａｎａｋｏ』が、二〇～三〇代女性に食のトレンドを伝える報道だったのに対し、こちらは食欲をそそる写真とキャッチコピーで、「おいしい気分」を共有することに主眼を置いているように見える。

『ｄａｎｃｙｕ』が紹介するジャンルは幅広いが、二〇〇六年から南インド料理を、二〇一一年から大阪スパイスカレーを紹介するなど、カレーの潮流をいち早く紹介してきた功績がある。南インド料理の流行が東京で顕在化したのは二〇一〇年代半ば、スパイスカレーが大きく注目されたのは二〇一八年頃である。また、日本酒や焼酎の魅力をくり返し伝えることで、ブームへ貢献した点も見逃せない。

同誌がカバーする範囲は広いが、定番は毎年夏に特集するカレーのほか、ギョウザやとんかつ、卵

『Hanako』創刊号

料理などだ。目新しいものに目がない『Ｈａｎａｋｏ』、安心できる料理の最新型を共有したい『ｄａｎｃｙｕ』、と男女の好みの傾向が、雑誌を通して浮かび上がる。もちろん、『Ｈａｎａｋｏ』をチェックする男性も、『ｄａｎｃｙｕ』ファンの女性もいる。

この後、さまざまなグルメ情報を伝える雑誌が登場した。しかしグルメ情報誌という分野を切り開いたこの二誌が、食のトレンド化に大きく貢献したのではないだろうか。第二章で詳述するが、平成には昭和と比べものにならないほど、たくさんの食のトレンドがあった。そして盛り上がり方も大きかった。それはメディアの充実により、食が情報化した結果である。

◆グルメブームの始まり

『Ｈａｎａｋｏ』の前の昭和時代から、グルメブームは始まっていた。その流れを本格化させたのは『美味しんぼ』だが、このマンガが似非《えせ》グルメや、モラルが低い店への批判として始まったことを、もう一度思い出してほしい。

一九八〇年代は「飽食の時代」と言われたが、当時はまだ、本当に高品質な食材や料理の技術を見抜ける人が少なく、看板倒れの店も多かったらしい。『タンポポ』や『美味しんぼ』と同時期に、そういう似非グルメを批判しようと立ち上がったのが、料理評論家の山本益博である。

彼が出した二冊をここでは取り上げる。一九八二年に出した『東京味のグランプリ２００』（講談社）、一九八三年の『東京フランス料理店ガイド　グルマン１９８４』（見田盛夫と共著、新潮社）である。どちらも、手に入れた古本は四刷目で、よく売れたことがうかがえる。

まず『東京味のグランプリ200』から。帯に「日本ではじめて!! ミシュラン方式の味のランキング200店!! うるさ型の三人の江戸っ子、山本夏彦氏・色川武大氏・山藤章二氏が絶賛する話題の味ガイド。もう、うまいもの屋探しで迷いません!!」とある。

ミシュランの調査員は、同じ店に三組訪れると言われるが、ここで山本も同じ店に三度訪れ、印象を確かめている。そして星で格づけしている。いい加減なガイドブックを批判するため、あえて「すすめない店」も紹介した。「店側の言い分を聞くだけで、食べる側の明確な視点がないのが多すぎるのです」「さらにひどいのは、常連の立場で書いてある記事です」と、批評性に乏しいガイドブックに物申す。メディアの実力は、グルメ文化のレベルにも影響する。

選んだジャンルは、すし、蕎麦、てんぷら、ウナギ、洋食、ラーメン。すしの最初に三つ星として紹介している浅草「美家古《みやこ》寿司」に、すし業界への批判がある。「一昔前なら、この店の味が東京のすしのスタンダードであったのだろうが、いまや古典となってしまった」。山本は「にぎりずしは、すめしとすしダネを職人の掌のなかで一瞬にして熟らすことによって初めて成り立つのであるから、その手順の踏まれていないすしは正確に言えば、にぎりと呼び難い」、と技術的な解説も披露している。

山本が批判したかった当時の状況は、無印の店につけた解説でもっとわかる。浅草のある店は「職人はテレビを見ながらのんきににぎっている」し、銀座のある店は「白身のたいもひらめもうまくないからレモンでごまかし、あじにはあさつきをふりかけ、あなごにはすだちの皮のおろしをはさむ。どれも職人の仕込みの手間を省いた逃げ仕事である」と断じる。奥沢の店には「つまみの刺身には本わさび（ときに粉わさびを混ぜている）をつかい、すしは粉わさびでにぎるというすし屋。こういう店はすし屋の看板を下ろしてもらいたいものである」と、きつい。しかしこのきつい言葉はどれも、料理がどのようにあるべきか、その理想形を知っていて、味を見分ける舌を持っているからこそ出てくるものので、誰にでも真似できるものではない。

ラーメンで三つ星をつけたのは、荻窪の「丸福」である。「この店のラーメンの素晴らしさは、めん、スープ、具が三位一体となったバランスの見事さであろう。ひとつひとつはとりたてて抜きんでた味ではないが、ひとつの丼のなかにまとまると、会いたかった人にようやく出会えたような懐かしさをかもし出す」「東京人の誠実で慎しやかな意気を売る店である」。

見事な味を出す店やていねいな接客の店はほめるが、味がないもの、粗悪なものを使う、ぞんざいな態度の店員がいる店をこき下ろしているのだ。

『グルマン』は、三つ星に京橋の「ドゥ・ロアンヌ」、銀座の「マキシム・ド・パリ」、銀座の「レカン」が選ばれ、二つ星が九店、一つ星が三八店選ばれている。こちらも批判のポイントを知らせるための星なしの店も列挙してあり、それが一〇〇店もある。いっさい論評が載っていない店も多いのだが、これはどういう意味なのだろう。説明はない。

当時、すでに一五〇店も東京にフランス料理店があったことに驚くが、その中でよいと評価できる店が三分の一しかないとは。星なしとされた店には、名店と謳われていた店も、現在は『ミシュラン』で星がついている店もある。山本は何に不満だったのだろうか。まえがきを読んでみよう。

「かつて、フランスでの修業から帰ってきた若い料理人たちが、彼の地の真髄を、東京にも定着させようと必死になったあの迫力が、いまは感じられない」「見た目優先の盛付けが、いたずらに雑多な味を一つの皿に注ぎ込む結果をもたらし、失敗している場合が多いのである。しかもその色彩的美々しさに惑わされる客が大勢いる」などと記述している。

もしかすると、勇んでフランスから帰ってきたシェフたちは、客がグルメでないことに気づいてやる気を失っていたのかもしれない。この一年後に山本も協力した『タンポポ』で描かれたような、フランス料理を食べに来ていながら、さっぱりメニューの中身を理解しない重役たちは実際に多かったのかもしれない。グルメの世界は、料理人の意気込みだけでは育たない。つまり、消費者たちが変わっていったことも、こののちの日本のグルメ化に大きくかかわっているのである。その変化について、次章では追いかけてみたい。

第二章　外食五〇年

一　大阪万博とチェーン店

◆国民的体験

一九七〇（昭和四五）年は、「外食元年」と言われる。それはこの年以降、既存のレストランより割安な、チェーンのレストランやファストフードの店が次々とできて、庶民の外食が日常化していったからだ。そして、国民的外食デビュー体験と言えるイベントが、この年に開かれている。日本万国博覧会（大阪万博）である。

昭和の大阪万博は、一九七〇年三月一五日～九月一三日の半年間、大阪市の北側に広がる千里丘陵で開かれた。高度経済成長期の終わり、日本に最も勢いがあった時期である。来場者数は六四二一万八七七〇人にのぼり、国民の二人に一人が行った計算になる。万博史上、空前の規模だった。

人出が最高だった九月五日は、八三万人以上が入場。夕方に帰ろうとする人たちが入場者たちに押し戻される混乱が生じ、「閉門ののちも5万人が場内に取り残され、5，000人が会場内で夜を明かした。翌日の新聞は万国博ではなく「残酷博」だと書いている」、と『EXPO'70パビリオン　大阪万博公式メモリアルガイド』（橋爪紳也監修、平凡社、二〇一〇年）にある。

タケノコ産地の丘陵を切り開いた、会場の総面積は一〇〇万坪の三三〇万平方メートル。それは甲子園球場八三個分に上るという。海外からの参加は、七六の外国政府、四つの国際機構、一つの政庁、六つの州政府、三都市で、過去最高だった。

初めての旅行が万博だったとか、月の石を見たとか見られなかったとか、まるで人ごみを観に行ったようだったとか、万博の興奮を語る昭和世代は多い。一九九八（平成一〇）年に、思い出のアンケートを調査して出した『まぼろし万国博覧会』（串間努、小学館）にも、たくさんの思い出が詰まっている。二〇〇五年にちくま文庫になった中から、食事にまつわるエピソードを拾ってみよう。

万博に開いた食堂は一四三店、一万五一一四席、売店は二六七店だった。大混雑だったので、食事をしようにも、思うように食べられなかったという人は多い。「ガイドブックで誉めてあるようなところはどこも満員で食べられるはずはなく、屋台でホットドッグとか、やきそばとか、たこ焼きなどの簡単なものしか食べられませんでした」、と昭和三三年生まれ、徳島県の作家、安達瑶は回想している。

昭和三三年生まれ、当時一二歳だった大阪府の人は、どうやら友達と何度も行ったらしい。「八十円のきつねうどんで済ませた。今ならハンバーガーなどのファーストフードだろうが、それも身近ではない。昼食をお菓子で済ませたり、家で弁当を作ってもらったこともあった」と、外食慣れしていなかった時代をうかがわせるコメントをしている。

万博協会が、場内で食事をした三〇〇〇人に面接方式でアンケートを取ったところ、四一パーセントがおいしかったとし、まずかったと答える人の倍いた。中でも、当時小中学生だった昭和三〇年代生まれが、食べものにたくさん衝撃を受けている。

昭和三六年生まれ、東京都の人は「本格的な洋式のレストランに入ったのも初めて」と回答。昭和三五年生まれ、東京都の人は「初めてコーヒーを飲んだ」。同年生まれの福岡県の人は「会場で初めて食べたホワイトアスパラガスの缶詰の味が忘れられない。何ともいえない食感。腐ってると思ったけど、ごちそうしてくれたおばさんの手前なにも言えず丸飲みした」と回答。万博に限らず、この時代に、缶詰のホワイトアスパラガスのぐにゃりとした食感と、クセのある味を体験した人は多い。

同年生まれの徳島県の人は「初めて会場で食べた生パインスティックとキリンレモンの味にすごく感動したことは覚えています」と回答。彼らは当時、九～一〇歳の小学生。今なら、それに驚くことが驚き、といった内容だ。新しい食べものや食べ方が入ってきた時代だったことがうかがえる。

ほかの年代も併せて初体験を見ていくと、サンドイッチ（昭和一六年生まれ）、セイロンティー（昭和二二年生まれ）、エスニック料理（昭和二四年生まれ）、ホットドッグ（昭和二八年生まれ）、「ポルトガル館併設の、ポルトガルレストランで、初めてフルコースの食事をした」（昭和二九年生まれ）、「フランス館のフランスパン。こんな固いものが主食かあーとビックラ」（昭和三六年生まれ）などの回答がある。このフランスパンは、おそらくドンクのものと補足がある。ドンクは一九六五年から神戸三宮店で、翌年に東京・青山でフランスパンを売り始めている。全国展開を始めたのは、一九六八年から。

◆大阪万博のレストラン

特に青少年たちの思い出で、多く挙げられている料理がカレーである。

昭和三五年生まれの兵庫県伊丹市の人は「インド館のレストランで本場のカレーを食べました。カレーの色が赤かったのですが、さほど辛くありませんでした。そのとき初めてインドのパン、ナンを食べました」と回答。

「たぶん、マレーシア館で食べた昼食のカレーが、異常に辛く、未知の味であった」（昭和二七年生まれ、長野県）。「僕はアルゼンチン館で食べたカレーが忘れられない。とても辛くて、自分の拳ぐらいの大きさの牛肉がころころ入っていて驚いたのだった」（昭和三三年生まれ、大阪府）。「本格的インドチキンカレーが、超ウマかった」（昭和三四年生まれ、東京都）。「ニュージーランド館のマトンカレー。これでカレーに目覚めてしまった」（昭和三八年生まれ、千葉県船橋市）などの回答が並ぶ。カレーなら知っていると思って注文したら、お国柄を反映した多彩な味に出合った日本人の驚きがうかがえる。また、当時の日本人は、唐辛子の辛さやスパイスの味に不慣れで、おそらく彼らが「異常に辛い」と感じた味は、今のアジア飯好きにとっては、ふつうの辛さに過ぎないレベルと思われる。

朝日新聞の特集記事が、イタリア館のピッツアを「ピッツア・ア・ラ・ナポリターナ」、リゾットを「リゾット・ア・ラ・ミラネーゼ」、ラザニアを「ラサニエ・ベルディ・アル・ホルノ」と紹介していたらしい。今やすっかりおなじみの料理も、当時の日本人には未知の外国料理だった。

外国館は料理に力を入れていたようで、ポルトガル館のメインディッシュが「トマトソースで調理した牛肉と野菜のさらっとしたシチュー風のもの」と印象深く覚えている人もいた。フランス館もフルコースを出している。ソ連はボルシチ、パキスタンや香港がブッフェ形式で料理を出していた。アメリカ館ではハンバーグステーキを出している。

『EXPO'70パビリオン　大阪万博公式メモリアルガイド』のパビリオン全一一六館を紹介するページで、料理について記述があるものを拾ってみよう。

ソ連館の地階に、ロシア料理レストランがあった。フランス館では、「本格的フランス料理が堪能できるレストラン「コンコルド」」など飲食施設が充実していた。アルジェリア館は「1階の150人収容のレストランでは、クスクスなどの郷土料理とワインが味わえた」。

北欧五カ国が共同出展したスカンジナビア館では「パビリオンの東半分を占めるロイヤル・バイキング・レストランエリアでは、「スモーガスボード」の本場のバイキング料理が大人気となった」とある。ギリシア館は「ひき肉料理のムサカや、リキュールのウゾが味わえる「グリーク・レストラン」も併設されていた」。

セイロン館は「「セイロン・ティー・レストラン」で本場のカレー料理や紅茶を提供した」。インド館は「本格的なインド料理が堪能できる「アショカ・レストラン」も併設」。アルゼンチン館は「1階のレストランでは、タンゴの演奏を聴きながら炭焼き料理が楽しめた」。香港館では「第2展示場はレストラン「香港飯店」で、本場の広東料理が楽しめた」。文化を伝えるには食から、と力を入れた外国館は多かったようだ。

日本の地方自治体館でも「県の日には舞台近くの食堂で、それぞれの郷土料理や特産品が提供され」たと紹介されている。

一日がかりの大阪万博体験は、未知の外国の多様な食文化に触れる機会を提供し、外食の楽しみを日本人に伝えたのである。

◆料理博覧会

多彩なレストランが出店した大阪万博は、料理業界、外食業界にとっても、エポックとなる出来事だった。外国館の飲食店の出店が盛んだったため、「料理博覧会」の異名を取るほどで、料理人にとっては、多彩な経験を積むまたとないチャンスの場。本格的なコース料理を出したフランス館には、大阪の辻調理師専門学校の講師が出向している。

のちに「クイーン・アリス」オーナーシェフとして有名になる石鍋裕は、フランスで修業中だったが万博時にわざわざ帰国している。『料理人の突破力』（宇田川悟、晶文社、二〇一四年）のインタビューで、「世界中からいろんな国が集まるから、僕らの知ってる情報が本当かどうか確かめられる。各国のパビリオンではそれぞれの国の料理を作るそうだから、これは絶対に見にいかなきゃいけない」、とその動機を話している。

石鍋は「フランス館のようなビッグネームは、全然入れる余地がない」、とイタリア館に潜り込み、皿洗いから始めて一カ月半働く。厨房には、イタリア料理人、レストランオーナーたち、イタリアの料理学校で教えている先生たちなどがいた。ところが、あまりの忙しさに「給料に見合わない」とスタッフのストライキが始まる。そんな折、隣にあったブルガリア館から「サービスできるならうちに来ない？」と誘われ、効率的なサービスを計算しつつ働く。石鍋が担当したテーブルは、ランチで四回転こなしたという。いかに、大阪万博が混んでいて、いかに石鍋が経営的センスを働かせて仕事をこなしたかがわかる。

二〇〇七年一一月九日の朝日新聞夕刊のシリーズ記事「ニッポン人・脈・記　食卓のメロディー」にも、石鍋の記事がある。「まかないに出る素朴なトマトのパスタ、初めて口にした甘くないヨーグルト。すべてに触発される。チーズを溶かしてジャガイモにつけるスイス料理のラクレット。くるくると回るロースターでつくる鶏の丸焼き。料理の見せ方もおもしろかった」。他のパビリオンのスタッフとも親しくなり、調理場を手伝ったという。

石鍋が途中で辞めたイタリア館には、日本人のシェフもいた。それは、イタリアで修業中だった本多征昭、イタリア料理のチェーン「カプリチョーザ」の創業者だ。『カプリチョーザ　愛され続ける味』（本多惠子監修、神山典士著、プレジデント社、二〇一八年）によると、本多がシェフを務めたのは、セルフサービスコーナーの厨房だったようだ。レストランの厨房は、ローマのヒルトンホテルから来たイタリア人シェフが一〇人を率いていた。日本人の料理人は、半年間イタリアで研修を積んだ大手ホテルの料理人がいたという。本多自身は、イタリアの国立料理学校で学んだ直後だった。

従業員がストを起こすぐらいだから、イタリア館の仕事はかなり忙しかったようだ。本多とともに厨房で働いた志賀平和は、「とにかく開店前からお客様が並んでいて、開店と同時に全部の席が埋まる。そこからずっとお客様の行列が途切れない」と語っている。

日本人にとって、スパゲッティ＝柔らかいナポリタンの時代。ゆで方は、「イタリアほどアルデンテではなかったと思います」と志賀は言う。まだ本場の材料がそろわなかった日本で、トマトとオリーブオイルだけはイタリアから輸入。生ハムのプロシュートやチーズは日本産かイタリア以外のもので、野菜や魚、肉は日本産でまかなっていたという。

同書にはまた、後に『きょうの料理』でも活躍する、大阪の名店「ポンテベッキオ」のオーナーシェフ、山根大助も登場する。当時山根はまだ少年で、父親に連れられて行ったイタリア館の料理が印象的だった。父親からことあるごとに「イタリア料理はうまいぞ」と言われていたこともあり、この道に進んだのだ。

多くの料理人たちの人生が交錯した大阪万博。そこは、外食が産業化しチェーン店が隆盛する時代の幕開けを告げる場でもあった。

◆ロイヤルの挑戦

大阪万博で「とりわけ人目を引いたのはアメリカン・パークに店を構えた米国の外食店である。米国屈指のコーヒーショップ・チェーンであるハワード・ジョンソンが日本のロイヤルと組んで出店したほか、カフェテリア、ステーキハウス、それに今で言うエスニック料理店までが並んでいた。三月一四日から半年間、これらの店に群がる入場者たちを目のあたりにした日本の飲食業界に、万博は途方もないカルチャーショックを残した」（『食と農の戦後史』岸康彦、日本経済新聞社、一九九六年）。その一角は、日本人が担っていた。ロイヤルがそれで、ファミリーレストラン（ファミレス）チェーン、ロイヤルホストの経営母体である。

『ファミリーレストラン』（今柊二、光文社新書、二〇一三年）によれば、ロイヤルの創業者、江頭《えがしら》匡一《きょういち》はもともと、アメリカの外食王ハワード・ジョンソンに憧れていた。一九二三年に創業した同名の会社、ハワード・ジョンソンは、三〇年後には、「米国、カナダなどに１３００あまりのレストランやホテルを持つ大企業となっていた」。

一九六八年に渡米し、ジョンソンに面会を果たした江頭は、大阪万博に出店する計画を聞く。万博でスタッフの教育訓練を約束してもらった江頭は翌年、ハワード・ジョンソン側から採算が合わなさそう、と出店取りやめの連絡をもらう。そこで、「江頭はロイヤルでやらせてほしい、ただし、店舗マネージャーの派遣や米国からの食材調達については応援してほしいと申し入れた」。その申し出が受け入れられ、ロイヤルが運営するハワード・ジョンソンの出店が実現する。

出店時の詳細が、『まぼろし万国博覧会』にある。「厨房と内装は会場の食堂の中でもこれほどお金をかけたものはなかったといい、「こんなに重装備された完全な厨房はない」と保健所の御墨つきももらった」。ロイヤルの本拠地、福岡から二週間分の製品を京都のストックポイントまで運び、二日分を会場内の男子寮に設けられたストックポイントに運ぶ。コロラドからの輸入肉は直接会場に運び入れる。カフェテリアは四〇〇坪に三一四席で、「ピーク時の六千人を待たせることなく客席を十七回転させることに全力をつくした」とある。

ある日のメニューは、「サラダ」「焼鳥」「ローストターキー」「スタフドポーク」「スタフドチキン」「ハンバーグステーキ」「クリームチキン」「焼飯」「米飯」「パン」と、飲みもの、果物、ケーキ。ステーキハウスでは、「ぶ厚く切ったステーキを、入口左手の炭火で焼く」。「ロイヤル&ハワードジョンソン」の店では、アメリカから輸入したホットドッグやハンバーガーなどが売られた。

「三百軒近い場内の食堂の中でロイヤルの売り上げが第一位、二位はソ連館であったが、ソ連館レストランの従業員が二百七十人だったのに対して、ロイヤルは百四十四名で運営されていた。このことは、完璧な厨房と、セントラルキッチン、そして両者を結ぶ長距離の冷凍食品輸送のシステムがうまく噛み合っていたからだと、江頭社長は当時の社内報で述べている」

江頭は四〇〇〇万円の赤字を覚悟して出店したが、何しろ大混雑の大阪万博だ。最終的には一億五〇〇〇万円を超える黒字となったことが、『外食産業を創った人びと』（「外食産業を創った人びと」編集委員会編、商業界、二〇〇五年）の江頭へのインタビューにある。そして、ロイヤルの知名度は一気に全国区になった。

また、このアメリカン・パークのケンタッキーフライドチキン（ＫＦＣ）も、ロイヤルが運営した。初めて出合ったファストフードのチェーン店が、大阪万博でのＫＦＣだったという人は、多いのではないだろうか。

◆外食時代の幕開け

大阪万博は、日本の人々に家の食事ではできない体験を得られる、外食の楽しみを教えた。それはフランス料理、ポルトガル料理のコースや、アメリカンなステーキだけではない。アメリカンドッグやハンバーガーなど、気軽なものも含まれている。回転ずしも、コーラや本格的なヨーグルト、シェイク、フランスパンなども、大阪万博で初体験だった人は多いだろう。そしてタイムリーなことに、この年以降、日本では外食チェーン店が次々と登場するのである。

すかいらーくが一九七〇年に府中市（国立店）で、フォルクスが大阪・中津で、ＫＦＣは名古屋市名西で、マクドナルドは一九七一年に東京・銀座の三越百貨店で、ロイヤルホストは北九州市黒崎で、ミスタードーナツは大阪・箕面市で、モスバーガーが一九七二年に東京・成増で、ロッテリアが東京・日本橋高島屋で、それぞれ一号店を開く。今でも知られる人気チェーン店が、全国主要都市で産声を上げている。

この時期のチェーン店開業が相次いだのは、一九六四（昭和三九）年に日本がＯＥＣＤ（経済協力開発機構）に加盟したことを受け、資本自由化が進められたからだ。外国資本の進出を認める自由化は、一九六七年の第一次から一九七三（昭和四八）年の第五次まで段階的に進められた。一九六九年の第二次資本自由化の指定業種には、飲食業も含まれていた。外資に刺激されて、国内でもモスバーガーなどのチェーン店が続々と誕生している。

ロイヤルが、赤字を覚悟してでも大阪万博に出店したのは、日本の外食を変えたいという創業者、江頭の思いが強かったからだ。江頭は敗戦直後、駐日アメリカ軍の指定商人として働いている。またアメリカの業界誌なども入手して研究し、食品冷凍技術がアメリカの飲食産業のベースになっていることを知っていた。

江頭が外食事業を立ち上げたのは、一九五一（昭和二六）年。福岡空港での機内食の納入とレストラン営業を手始めに、一九五三年には福岡市東中洲に「ロイヤル中洲本店（現花の木）」を開業、と拡大していく。セントラルキッチン（集中調理）システムを初めて導入したのは、一九六二（昭和三七）年である。一九六九年には、福岡空港近くに本社と工場を移転させ、「ロイヤルセンター」として本格稼働した。

食材の納入から調理まで一括して行い、冷蔵・冷凍して各店へ運ぶ。解凍、仕上げだけを店内で行うのが、セントラルキッチンシステムである。この方法を使えば、調理が効率化できて多店舗展開がたやすくなり事業を拡大しやすい。店舗ではプロの料理人でなくても厨房で働くことができ、人件費が安くなる。江頭が導入したシステムはしかし、業界内の反発を受ける。

『外食産業を創った人びと』では、「社内の調理人は「自分たちの腕が生かされないなら会社を辞める」と反発し、実際に半数近くの調理人が退社した」、『ファミリーレストラン』には、「料理専門誌からも「味を画一化するとは客を馬鹿にしている」とさんざん叩かれた」とある。

しかし、このシステムが大阪万博では圧倒的な強みとなり、ロイヤルは一七回転という偉業を成し遂げたのである。この後、関西フェリー、大阪ガス、と他社と提携しての事業も始め、一九七七年にロイヤルホストは東京へ進出し、一九七八年には外食産業としては初めて株式上場を果たす。万博でアメリカ型の外食産業を学ぶ授業料、と赤字を覚悟した出店は、飛躍の礎となった。

ロイヤルが先鞭をつけた産業化は、外食業界を変えた。「板前を中心とするギルド社会が壊れ始め、単純化、マニュアル化、システム化により、素人でも調理できる」（『外食産業を創った人びと』）世界になったのだ。

外食産業総合調査研究センターの推計による外食産業の市場規模は、一九七六年に一〇兆円を、一九八六年には二〇兆円を突破している。食の安全・安心財団調査によると、消費者の家計に占める外食率は、一九七五年に二七・八パーセント、一九八〇年には三〇パーセントを超え、一九九七（平成九）年に三九・七パーセントとピークを記録し、そのほかの平成年間は三〇パーセント台半ばを推移している。外食は、昭和後期に身近になり、平成には当たり前の日常に変わっていったのである。

昭和後期に育った現在の四〇〜五〇代はおそらく、百貨店食堂に、よそ行きを着て家族で出かけた思い出を持つ最後の世代である。大阪万博体験者たちのコメントにうかがえるように、その前の世代にとっては外食が貴重な体験だったが、彼らの後の世代にとっては、日常着で出かける週末の楽しみの一つになっていく。やがて、外食の特別感と日常性の両方を知った世代が成人し、外食のトレンドを盛り上げていくことになる。

二　バブル経済とイタ飯ブーム

◆グルメブームの始まり

初期のファミレスで外食を楽しんだのは、主に両親と未成年の子どもたちから成るファミリー層だ。昭和半ばから昭和後期にかけて、日本人のライフスタイルは画一化が進んでいた。この時代に家族をつくったのは、昭和前半に生まれた人たち。

彼らは戦中世代と、団塊世代だ。「産めよ殖やせよ」と国から奨励されて生まれた世代や終戦に喜んだ人たちから生まれた人たちには、きょうだいが多い。その人口が多い世代が、高度経済成長の波に乗ってこぞって結婚し、子どもを産んだので、この頃の日本は両親と子どもからなる核家族が多数派を占める。仕事を求めて都会へ来て家庭を築いた彼らが、郊外に家を建て、家電と自動車をそろえる豊かな暮らしを手に入れたから、郊外に次々とできていったファミレスには、家族客が大勢集まったのである。

それまで、子どもを連れた人たちが気軽に入れるレストランは百貨店食堂ぐらいで、そういう店へ行くときは買いものを伴っていたから、併せて出費する額は大きかったし、ハレのお出かけとして意気込んでいくから家族でおしゃれをするなど、出かける準備も大変だった。

その点、近所に自家用車で行けるファミレスは気楽だった。最初のうちは、百貨店食堂の延長線上でおしゃれをした人たちもいたかもしれないが、アルバイト従業員も多く案外気安い雰囲気のファミレスでは、気合を入れて訪れる必要がないことに気づいた人は多かっただろう。電車と違って行き帰りも人に会わないし、出かける先も近所で都心とは違う。やがてファミレス行きは、週末にお母さんを炊事から解放する手段として、家族の日常になっていく。

一方、主としてフランス料理の食べ歩きを楽しむ人たちによるグルメブームが始まったのは、一九七〇年代の終わり頃から。ブームを支えたのは、子どもという世話が焼ける存在なしに外食できる人たちだった。家庭ではお父さん、お母さんをしているかもしれないが、子ども抜きで、あるいは夫や妻も抜きで遊べる人たち。シングルもいただろう。今なら「フーディー」と呼ばれるだろう、おいしいものに目がなくそれなりの出費も厭《いと》わない層である。

今のフーディーたちもそうだと思われるが、昭和フーディーたちは、必ずしも豊かな階層ではなかった。旅行やファッションなどに使うお金を節約してでも、おいしい料理を食べたいとフランス料理などを楽しんだ人たちも含まれるからだ。若い女性たちは、ファッション誌を片手にレストランを訪れた。『家庭画報』（世界文化社）など、主婦向けの雑誌もレストランやシェフを紹介していたので、ゆとりのある階層の主婦たちもブームに加わっている。

『Ｈａｎａｋｏ』は一九八八年一一月二四日号で、「マダム・デジュネが殺到している高級フランス料理店14軒！　お母さんたちは、おいしいランチを食べてる。」と題した特集を組んでいる。「デジュネ」は昼食を意味するフランス語で、「マダム・デジュネ」はランチを楽しむ奥さまたち。紹介されているのは、「マキシム・ド・パリ」「銀座レカン」「プティ・ポワン」「レストランヒラマツ」など主に銀座や麻布のフランス料理店。「クイーン・アリス」は、「レストランブームの火つけ役」と紹介されている。ランチだから夜より割安とはいえ、五〇〇〇～六〇〇〇円以上のコースはざらだ。さすがバブル期。

◆昭和フーディーたちの肖像

食べ歩きがブームになったのは、それまでの時代にはなかった層が出現したことによる。結婚しているかどうかにかかわらず、仕事を持ち、自分の財布と時間を持つ女性たちだ。一九八〇年代は、「女の時代」と言われた。バブル期にＨａｎａｋｏ族と呼ばれ、自分探しをする「『クロワッサン』症候群」と揶揄《やゆ》された、働く自由な女性たちが現れたのは一九七三年、一九七九年前後の二度にわたるオイルショックで低成長時代に入ってから。日本の企業が、女性の活用を試み始めたからである。

まず不況に対応するため、企業は高度経済成長期にふえていた正社員の女性たちをリストラし、替わりに主婦のパートタイマーを雇った。生産現場へのコンピュータ導入により省力化も図った。男性社員たちの仕事も長時間化した。人件費を節約することで、不況を乗り切ろうとした企業は多かった。

お飾りと見なしていた女性社員を戦力として活用することで、生産性を上げようとする企業も出てきた。『労働力の女性化』（竹中恵美子・久場嬉子編、有斐閣選書、一九九四年）によると、日本勧業角丸証券（現みずほ証券）は店頭の営業職に女性を置き、日本信販（現三菱UFJニコス）は、女性の営業職を置いた。「一九七〇年代後半以降、従来は「男性向き」の仕事とされていた営業職に女性を配置する事例が増えてきた」。小口の仕事を女性に任せることで、男性社員を大きな仕事に集中させようとしたのである。

百貨店では女性たちにイベント企画を任せた。大和運輸（現ヤマト運輸）、近畿日本ツーリスト、三菱自動車工業などは、「女性の感性」を活かそうと、女性プロジェクトチームをつくった。

ごく一部とはいえ企業が変化したのは、女性の若年定年制への違法判決が相次いだことや、国際的に女性の地位を引き上げる潮流が起こっていたからである。高度経済成長期に始まったウーマン・リブは、一九七〇年代に日本でも活発化していた。そのムーブメントは、国連を動かした。

一九七五年は国際婦人年とされ、一九七九年には女子差別撤廃条約が国連で採択されて日本も署名し、批准した一九八五年には、男女雇用機会均等法も成立した。世界的に女性の活用が必然とされる

モデルだって顔だけじゃダメなんだ。
PARCO

パルコのポスター

時代に突入したのである。主婦を家庭にとどまらせようとして人件費の節約に成功した日本と異なり、同じようにオイルショックの打撃を受けた欧米諸国は、共働き時代に入っていく。

国際社会を知っている女性クリエイターたちは、表現を通して、女性たちに覚醒を促した。一九七一年に渋谷店がオープンしたパルコは、アートディレクターに石岡瑛子を起用、一九七五年の「モデルだって顔だけじゃダメなんだ。」などの広告コピーで、自立欲求を刺激し続けた。

一九八一年頃には、DCブランドブームが起きて「カラス族」と異名を取った、コム・デ・ギャルソンやワイズのファッションに身を包んだ女性たちが町に溢れた。川久保玲率いるコム・デ・ギャルソンは「社会に流されることなく、自分の生き方を選び、その道を歩もうとする女性たち」(『20世紀ファッションの文化史』成実弘至、河出書房新社、二〇〇七年)を対象にしたブランドである。

一九八〇年に、女性向けの求人情報誌『とらばーゆ』(リクルート)が創刊。一九八七年には子連れでテレビ番組の収録スタジオに出勤したアグネス・チャンを、林真理子などが批判した「アグネス論争」が起こっている。フェミニストの社会学者、上野千鶴子をメディアがもてはやす。一九八八年には『Hanako』が創刊。『anan』は、一九八九年から「セックスできれいになる」シリーズを開始。この年、参院選で自民党が惨敗、社会党党首の土井たか子は「山が動いた」と勝利宣言を行った。

時代の追い風を受け、女性たちは元気だった。着たいものを着て、食べたいものを食べる。行きたい場所には自分で調べて行き、自分の財布でお金を払う。自由に遊ぶHanako族は、『Hanako』創刊前から生まれていたのである。そういう女性たちの中にいたフーディーたちが、目をつけたのがフランス料理店だった。

◆増加するフランス料理店

高度経済成長期まで、日本でフランス料理を食べられる場所と言えばホテルのレストランが一般的だった。それが一九七〇～一九八〇年代になると、街に次々と高級レストランが開業していく。一九六四年の海外旅行自由化に伴い、フランスへ渡航して修業してきた料理人たちが帰国し、店を開くようになったからである。折しも、一九七五年には『料理天国』の放送が始まり、グルメの楽しみをテレビが伝える時代に入っていた。

フランスで、ヌーベル・キュイジーヌの洗礼を受けた料理人たちは、従来のレストランとは一線を画す意味で、「主に「ビストロ」の名称をつけた新しいスタイルのフランス料理店のシェフに就任した」「この「ビストロ」とは本来のフランスの居酒屋的なものではなく、「旧来の西洋料理とは異なる本物のフランス料理を提供するレストラン」」(『フランス料理ハンドブック』)を意味していた。

エスコフィエが確立した二〇世紀初頭のフランス料理はすでに古く、軽やかで素材を生かすヌーベル・キュイジーヌの技法でつくった料理が日本人の口に合い、もてはやされた。

一九七三年に勝又登が、ビストロブームのきっかけとなる西麻布「ビストロ・ド・ラ・シテ」を開店し、一九七八年に六本木「レストラン・オー・シザーブル」を開く。

一九七六(昭和五一)年、東京・六本木に開いた「ビストロ・ロテュース」の料理長に就任した石鍋裕は、一九八二(昭和五七)年には西麻布にクイーン・アリスを開く。井上旭《のぼる》は「レカン」の料理長に就任。

一九七七年には、熊谷喜八が料理長を務める「ラ・マーレ・ド茶屋」が神奈川・葉山に開業。熊谷が南青山に「KIHACHI」を開くのは一九八七（昭和六二）年である。北岡尚信が料理長の広尾「プティ・ポワン」、神戸で美木剛の「ジャン・ムーラン」が、浜松に今井克宏の「ビストロ・トック・ブランシュ」が開業。

一九七八年には、六本木に鎌田昭男の「オー・シュヴァル・ブラン」が開業。

一九八〇年、青山に坂井宏行の「ラ・ロシェル」、一九八一年に神戸ポートピアホテルに上柿元勝が料理長を務める「アラン・シャペル」、一九八一年、宇都宮に音羽和紀の「オーベルジュ」が、一九八二年に平松宏之の広尾「ひらまつ亭」が開業。

一九八〇年代になると、メディアが活発にフランス料理とそのシェフたちを紹介する。

その中でも「70年代にフランス帰りの三羽烏と呼ばれ、80年代から料理専門誌や女性誌で盛んに取り上げられ、さまざまな話題を提供したのが井上旭、鎌田昭男、石鍋裕の3人だ」（『東京フレンチ興亡史』宇田川悟、角川oneテーマ21、二〇〇八年）。

帰国組が多く活躍し始めた一九八〇年代、グルメの楽しみに目覚めた女性たちが、フランス料理をブームにしていったのである。

◆新しいイタリア料理

一九八〇年代後半になると、イタリア料理店が注目され始める。こちらもフランス料理と同じく、帰国組の開業が続いたことが契機になっている。イタリア料理でも一九七〇年前後に大勢の料理人がイタリアへ渡ったが、一九八〇年代初頭に渡った一群は、独創的な皿で楽しませる、「ヌオーヴァ・クチーナ（新イタリア料理）」を学んできた。『日本イタリア料理事始め――堀川春子の90年』（土田美登世、小学館、二〇〇九年）を手がかりに、この頃開業した人気店を見ていこう。

一九八五（昭和六〇）年に東京・乃木坂にオープンした「リストランテ山崎」は、オーナーの山崎順《のぶ》子《こ》が「大人の女性が仕事帰りにひとりで食事ができる店」をイメージしてつくった店。初代のシェフは、イタリアから冷たいキャビアのパスタを持ち帰った寺島豊だった。二代目料理長は、一九九〇（平成二）年に「アクアパッツア」を開く日高良実、三代目は、二〇〇一（平成一三）年に「リストランテ濱崎」を開く濱崎龍一と、そうそうたる料理人が料理長を務めている。一九八六年には、山根大助の「ポンテ・ベッキオ」が大阪・北浜に開業した。

一九八五年、山田宏巳が原宿「バスタ・パスタ」の料理長に就任した。「約１００坪のすり鉢状の店内の中央にオープンキッチン。中央部のカウンターにはとれたての魚貝類が並べられ、魚の色や艶、形を目にすることができた」。調理場のような雰囲気で食べるスタイルの斬新さに、客たちは驚いた。

イタリアにいるような雰囲気の店も次々とオープンしていたが、その中で最も話題を呼んだのが、一九八九年に恵比寿で開業した「イル・ボッカローネ」だった。ホールスタッフはイタリア人で、「ボナセーラ」と客たちを出迎えた。料理はコースなしでアラカルト。「お客の目の前には10キロはあろうかという車輪型の大きなパルミジャーノチーズを運び、中心部をくり抜いてリゾットを入れ、まわりのチーズを削りながらかき混ぜて仕上げてみせた」。

アパレルメーカーのＢＩＧＩが経営する西麻布「イ・ピゼッリ」や、パーソンズが経営し、フランスの有名なインテリアデザイナーのフィリップ・スタルクが店舗設計した神宮前「リストランテ・マニン」など、おしゃれさで注目を集める店も登場した。

イタリア料理は流行る、とほかのアパレルメーカーも参入。「フランス料理店からイタリア料理店へ衣替えしたところもあった。料理人も足りなくなり、フランス料理人がにわかイタリア料理人としてデビューさせられることも増えた」。

一九八〇年代には、庶民的なパスタ専門店も流行っていた。私が住んでいた関西でも、一九八〇年に東京から「壁の穴」が上陸。何十種類もパスタを置くスパゲッティ専門店「ＲＹＵ・ＲＹＵ」が開業したのは、一九七七年。高校時代、私は神戸・岡本のＲＹＵ・ＲＹＵでトマトソースやクリームソース、和風スパゲッティのどれを選ぼうか、友だちと一緒に悩んだ。箸で食べる和風スパゲッティ専門店「洋麺屋五右衛門」が東京・渋谷で一号店を出したのは、一九七六年。私も二〇歳の頃には、友だちと食べに行っている。東京や関西で次々と専門店ができてチェーン展開をはじめ、昭和の人々は、ナポリタンとスパゲッティ・ミートソース以外のスパゲッティを知っていった。

◆イタ飯ブーム

そして、一九九〇年四月、『Ｈａｎａｋｏ』がティラミス特集でイタリア料理ブームを伝え、人気は加速する。フーディーが行く高級店と、庶民的な店の両方で始まった流れが、ティラミスの一点で合流した。イタリア料理は、軽い雰囲気が好まれた時代の空気を受けて「イタ飯」とカジュアルに呼ばれ、大きなブームになったのである。

フランス料理はバブル期になると、デートコースにも組み入れられた。この頃、若い男性たちは、学生ローンで買ったマイカーで、恋人をおしゃれなレストランへ誘った。人気女子大の前には、ボーイフレンドによる迎えの車が列をなした。クリスマスには、赤坂プリンスホテルほかシティホテルは、カップルの予約で部屋が埋まると噂された。ホテルのレストランでディナーを食べ、そのまま部屋に泊まるというコースが、クリスマスデートの定番とされたバブル狂騒曲。

当時の騒ぎは、人気のフジテレビ系の連続ドラマ『君が嘘をついた』（一九八八年）にも出てくる。恋の雲行きが怪しい二人がデート相手を探すというエピソードで、布施博が三上博史に「クリスマスに一人でいるなんて、ろくな女じゃねえぞ」と、ぼやくのである。

イタリア料理店は、「フランス料理店は敷居が高い」と思っている若者たちにとっても、使いやすい店だった。フランス料理には、マナーに厳しく料金も高いイメージが強かったが、イタリア料理店なら気さくに受け入れてくれ、財布の痛みも少なそうに思われたからだ。その意味で、背伸びしたい学生たちにも、イタリア料理店は人気だった。

一九九〇年代に入っても、ニューオープンは続く。一九八〇年代にイタリアへ渡った料理人たちの店である。一九九〇年、原宏治の日本橋浜町「アル・ポンテ」。味岡儀郎の六本木「オステリア」。一九九一年、小野清彦の広尾「ダ・ノイ」、倉谷義成の石神井「クラッティーニ」。一九九二年には、一九八三年に「オステリア・ペントラ」を開いた河上昌実の町家レストラン、京都三条「リストランテ　タントタント」が開業。一九九三年、植竹隆政の渋谷「ビゴロッソ」（現「カノピアーノ」）、澤口知之の六本木「ラ・ゴーラ」。一九九四年、山田宏巳の青山「リストランテ・ヒロ」。

フランス料理と同じく、イタリア料理も本場で最先端を学んできた料理人たちの料理が話題を呼び、ブームになっている。それはもしかすると、絵画における印象派人気と同じで、伝統の重みを意識しないで済んだからかもしれない。そして、イタリア料理のシェフたちも、雑誌でスター扱いとなる。また、一九九二年には、翌年に本国でミシュラン三つ星を取る「エノテーカ・ピンキオーリ」が銀座にオープンしている。

イタ飯ブームで日本人が覚えたのは、パスタは柔らかく茹でるのではなく、芯を残すアルデンテに茹でるのが本場風ということ。トマトケチャップではなく、ホールトマト缶やトマトソースを使うのがおしゃれだということ。バジル、オレガノといったハーブを多用すること。オリーブオイルとニンニクは必須といった本格派のルールだった。

当初、女性誌でハーブは育て方から伝える記事が多かったし、オリーブオイルも美容や健康効果が喧伝された。しかし、一九九〇年代を通じ、次第に日常の食材として浸透していく。オリーブオイルを臭い、と感じる人は、もうだいぶ少なくなっただろう。日々の料理でニンニクを使うことを覚えたのも、イタリア料理がきっかけだった、という人が多いかもしれない。

一方、バブル崩壊で接待需要がしぼんだこともあり、フランス料理には一九八〇年代のような活気が見られなくなっていく。『フランス料理ハンドブック』によると、日本の技術水準が上がって、フランスに行ってまで学ぶ必要はないと料理人たちの間でささやかれるようになり、「成熟の中の停滞といえるような状況が訪れていた」。

一九九〇年代のフランス料理は、不況による低価格志向に影響され、ビストロやカフェへと人気が移っていくのである。

三　一億総グルメ時代

◆「エスニック」料理ブーム

バブル経済は、一九九一〜一九九二年に崩壊した。ここから日本は、「失われた一〇年」「失われた二〇年」などと言われる長い経済停滞期に入る。失われてしまったのは、一億総中流の安定感と、時代の変化に敏感に対応していれば得られたはずの私たちの現在だ。敗戦から経済大国にのし上がった高度経済成長期の成功体験が大き過ぎたのか、日本の社会は平成を通じて、滅私奉公する会社員と、家族のために自己犠牲を厭わない専業主婦の核家族を理想とする社会構造を、ほとんど変えられなかった。一方で、人々の消費生活は、トレンドをキャッチし新しいモノを求めた不思議な時代。それは、食の分野で特に顕著だった。

一九七〇年代の終わりに始まったグルメブームを盛り上げたのは、『美味しんぼ』、『Ｈａｎａｋｏ』、『ｄａｎｃｙｕ』、『料理の鉄人』などのメディアだった。バブルは崩壊したが、メディアからの情報に刺激される人々の欲望は止まらず、次々と新しい食の流行が生まれていく。

一九九〇年代を通じて人気を集めたのは、一九八〇年代半ばからブームが始まっていた「エスニック」料理、と呼ばれたアジア飯である。きっかけは一九八四年のスナック菓子のカラムーチョの発売や、本格的なインド料理の人気で盛り上がった激辛ブームである。カラムーチョは今となっては「ふつうに辛い」スナックだが、唐辛子の辛さに慣れていない人が多かった当時は、罰ゲームで楽しむほど「激辛」と受け止められていた。辛さの段階を選べるカレー屋も繁盛した。

中国料理も改めて人気になった。高度経済成長期に、日本的なアレンジを施した「中華」が家庭に入ったが、この頃には本場の味が普及し始める。人々の舌が肥え始め貪欲になってきたことに加え、一九七二年の日中国交正常化の影響で、中国の食材が入るようになっていたからだ。

『ファッションフード、あります。はやりの食べ物クロニクル1970－2010』（畑中三応子、紀伊國屋書店、二〇一三年）によると、一九七〇年代半ばから、国内でもチンゲン菜、ターサイ、空心菜、豆苗、香菜（パクチー）などが栽培され始めている。

豆板醤、オイスターソース、甜麺醤などもスーパーの棚に並ぶ。一九八五年、創刊したばかりのダイエー系列の出版社、オレンジページの生活情報誌『オレンジページ』は、盛んにこれらの中華調味料の使用をすすめていた。

一九八〇～一九九〇年代は、香港も人気になる。飲茶のときに食べる点心が流行して、週末に香港へ飲茶ツアーに通う人たちもいた。一九八五年二月号と三月号で、当時『りぼん』（集英社）で連載していたマンガ『有閑倶楽部』（一条ゆかり）で、主人公のセレブ高校生たちが香港へ飲茶《ヤムチャ》ツアーに出かけて事件に巻き込まれるという話も描かれた。

『Ｈａｎａｋｏ』も、一九八〇～一九九〇年代にくり返し「エスニック」料理の特集を組む。その中には中東やヨーロッパの小国の料理を出す店も含まれていた。フランス料理、イタリア料理、中国料理以外の外国料理はみんな、「民族の」という意味を持つ「エスニック」のくくりで楽しまれたのである。

この頃、激辛ブームの影響もあるのか、唐辛子を効かせたタイ料理のエビ入り「トムヤンクン」や、

「レッドカレー」「イエローカレー」「グリーンカレー」と呼ばれたタイのスープも流行る。注目を集めた店の一つが一九八五年、東京・表参道に開業した複合文化施設のスパイラルビルに入ったタイ料理店「CAY」である。場所柄もあり、メディア関係者や芸能人が集まり、話題となった。人気メニューは、タイカレーと、鶏肉を入れた「トムカーガイ」だった。

タイ料理の人気ぶりを、『AERA』一九九二年八月二五日号が記事にしている。「タイ料理に病みつき　エスニック料理ブーム」と題して、「タイ料理が今、日本で大変なブームである。東京だけで50店、今年じゅうには倍増しそうな勢いだ。少なくとも10年前までは、東京でも3、4軒しかなかった」。フードビジネスコンサルタントがタイの調理師を日本のレストランに紹介、「今年はすでに13人のシェフが来日した」とある。そして、「ブームの裏には、旅行や商用でタイを訪れる人が増えていることがある。昨年、タイを訪れた日本人は約37万人。5年前の2・5倍近い」と背景を分析している。

この頃、アジア社会の政情が落ち着いてきて、日本企業の投資が始まっており、ビジネスで行き来する人がふえた。タイ料理に続いてベトナム料理が流行ったのは、その影響もあるだろう。

一九九四年には、JALとベトナム航空の大阪とホーチミンを結ぶ直行便ができ、ベトナムを訪れる人がふえた。私の友人の一人も一九九〇年代後半、くり返しベトナムへ遊びに行っていた。『AERA』二〇〇一年三月二六日号では、「お買い物はベトナムで」とタイトルがついた記事で、ベトナム旅行を楽しむ女性たちの姿を報じている。本場を体験した人たちが、ベトナム料理店に通うようになる。

ベトナム料理のブームが盛り上がったのは、「エスニック」料理全体のブームが一段落した二〇〇〇年代初頭。火がついたのは、二〇〇〇年に渋谷の東急東横店がリニューアルオープンし、地下の食品売り場を拡充した中に、日比谷の老舗ベトナム料理店「サイゴン」が出店したことだ。

特に人気を集めたベトナム料理は、生春巻きとコメの麺を使ったフォーが、さっぱりしていて「ヘルシー」と、女性たちにウケた。激辛がウケたタイ料理と違い、野菜が多くマイルドな味わいを持つことから、特に女性たちの間で人気を集めている。

◆第一次韓流ブーム

ハワイ料理やカリフォルニア・キュイジーヌなどアメリカの食文化も注目された。ハワイ料理は、ロコモコなどが人気で、二〇〇〇年前後にフラブームが起こったことも影響している。カリフォルニア・キュイジーヌは、アリス・ウォーターズが、カリフォルニア・バークレーに開いたレストラン「シェ・パニーズ」から広まった、オーガニック栽培などの良質な素材を活かしたシンプルな料理だ。

大きかったブームは、一九九二〜一九九三年をピークとするモツ鍋ブーム。安いモツ鍋は、バブル崩壊のため財布の紐を締めようとした人たちの、心も体も温めた。モツだけでなく、キャベツ、モヤシ、ニラ、唐辛子、ニンニクと、使う食材すべてが安い。一〇〇〇円程度で楽しめる店が、あの頃大阪の町にも大量出現した。私も仲間たちと食べに行き、山盛りのあっさりしたキャベツ、モヤシがぐつぐつ煮える鍋料理の新しさを楽しんだ。

二〇〇三年頃に第一次ブームとなった、韓国料理もある。きっかけは二つあって、一つは二〇〇二年に日韓共催でサッカーのワールドカップが開かれたこと。二つ目は、二〇〇三年にNHKがBS-2で、翌年に地上波で放送した韓国ドラマ『冬のソナタ』。主演のペ・ヨンジュンは「ヨンさま」と呼ばれて、中高年女性の心をわしづかみにした。

韓国ドラマは視聴率を取れる、と判断したのか、NHKは李朝時代を描いた時代劇『宮廷女官チャングムの誓い』も二〇〇四～二〇〇六年にBS、続いて地上波で放送して、ヒット。主役のチャングムは料理を担当する女官で、料理をつくる場面が前半、くり返し放送された。

これらの要因が重なって、韓国料理ブームが起き、韓国料理店が集まる東京・大久保は大勢の女性たちで混雑した。二時間半のフライトで行ける近さも手伝って、週末に韓国へ買い出しに行く人たちがふえたのもこの頃である。

NHK『きょうの料理』は、二〇〇三～二〇〇七年に何度か韓国料理を紹介。テキストを観ると、二〇〇三年一月号では「あったか！韓国家庭料理」と題し、「すっかりおなじみになった韓国料理」とし、「豚肉と豆腐のチゲ」「さばと大根の煮物」「山芋のふわふわチヂミ」「里芋と牛すじ肉のスープ」「たらのにんにく蒸し煮」を紹介している。二〇〇五年二月号では「もっと知りたい！キョンファさんの韓国・朝鮮の味」と題した特集を組み、四日間の放送で、「伝統宮廷料理　クジョルパン」、「ソウルの人気メニュー　チムタッ（鶏肉と春雨のピリ辛煮）」、「オモニ（母）の味　テグモリチム（たらの頭の辛煮）」、「オリジナルキムチ料理　キムチハンバーグ」などを紹介。わずか三年で、関心の範囲が広がり深くなっていることがわかる。

◆「カフェ飯」とは何だったのか？

カフェがブームになったのは、一九九〇年代後半から二〇〇〇年代前半のことだった。パリなどヨーロッパの街をイメージし、屋外にテーブルを出す店や、大きなガラス窓をつくり、自然光がたっぷり入る店など、おしゃれなカフェが次々とできたのだ。

『ファッションフード、あります。』によると、オープンエアの店が出現するきっかけは、バブル崩壊。客足が遠のいたフランス料理界で、パリにあるような、「広い庇《ひさし》がついて歩道にせり出したテラス席」があるカフェをつくったことだ。

最初の店は、一九九三年に東京・広尾にできた「カフェ・デ・プレ」。翌年、表参道に二号店が開くと連日超満員の行列ができ、「二、三年のうちに原宿、青山エリアはオープンエア・カフェの激戦地になった」。『Ｈａｎａｋｏ』も一九九〇年代後半にはくり返し、オープンエアのカフェ特集を組む。私が住んでいた大阪でも、当時その手のおしゃれカフェはふえていた。大きなガラス窓で、光をたっぷり取り込める店も目立った。

一方で、あらかじめドレッシングを和えた、大きなボウル皿のカリフォルニア・キュイジーヌもどきのサラダを出すなど、目新しい料理が売りの店もできていた。そういう店は、ランチやアルコールを楽しめることも売りだった。私はその頃、毎週末通っていた写真学校の帰り、大きなサラダを仲間とシェアし、時間が経つのも忘れて、料理を食べつつおしゃべりに興じていた。

オープンエアの店は洗練された雰囲気で、有閑マダムらしい人たちも多かったが、居心地を重視した後者のタイプには、若い女性が多かった。ベンチ式の椅子にクッションがたくさん置かれていたり、中古家具屋で買ってきたとおぼしき、各席ごとに異なるダイニングセットが使われていて、芸術家の卵の部屋に招かれたようなおしゃれさと居心地のよさがあった。

一九九六年に東京・銀座に一号店がオープンしたスターバックスも、火つけ役の一つだった。ラテアートが入ってきて、カフェオレよりカフェラテが好まれるようになり、「バリスタ」というコーヒーを淹れる専門職の名称が広まった。スターバックスも、既存チェーン店とは異なる空間の広さとソファ席が売りで、ノートパソコンを広げて仕事をすることもかっこいいと受け取られた。

ランチに力を入れた二番目のタイプのカフェから発展したのが、「カフェ飯」である。この頃流行り始めた雑穀米をお子様ランチのごとく茶碗をひっくり返して盛りつけ、色とりどりのレタスを散りばめたサラダ、メインの肉料理などを並べたワンプレートランチだった。ご飯は白ご飯と二択であることが多い。副菜に工夫がある店も多く、切り干し大根を入れたサラダを添え、ナンプラーで味つけした魚のフライなど、和食、アジア飯、洋食などを自在に組み合わせた定食である。

一店だけ体験すると個性的なのだが、何軒も行くと、どれも一様な印象を受ける。この頃、書店のレシピ本コーナーには、カフェ飯の本が大量に並んでいた。その手の大きく味を外すことがないカフェ飯を、三〇歳前後だった私はけっこう好きで、出先でランチタイムにぶつかるとよく利用した。

しかし、モノの味を知った大人たちの間で、素人くささを感じさせるカフェ飯は不評だった。『ファッションフード、あります。』には次のように書いてある。「カフェ飯（もしくは「カフェごはん」）は、ワンプレートに無国籍料理風のメイン、サブ、スープにデザートまで、ちまちま盛り合わせてあるのが特徴だ。かわいさとおしゃれ感は抜群だが、ご飯（または麺）、おかず、菓子が一皿盛りという形態から見れば、お子様ランチの構成をそのまま受け継いだようなもの。よくいえば幕の内弁当の現代版である」と厳しい。

料理の質はともかく、カフェ飯は、一九九〇年代を中心に次々と起こった外国料理のブームを編集した料理、という側面を持ち合わせていた点で、注目に値する。昔から、外国の料理や食文化を積極的に取り入れてきた日本人は、ある程度慣れたところで外国料理をカスタマイズする。明治から入ってきた西洋料理は、大正・昭和の中流階級勃興《ぼっこう》期に、ご飯に合うアレンジを施した洋食に発展した。高度経済成長期には中国料理が、日本の「中華」になった。

世界各国の味や食材が入ってきたことを受け、和洋中と多彩な料理に親しんで育った世代が、和食や流行のアジア飯を組み合わせたのが、カフェ飯だったのではないだろうか。最大の特徴は、ご飯に合うことである。だからその後、ご飯に合う洋食や中華と同じように、カフェ飯的な無国籍料理は、日本に定着した。どれもいつの日か、「和食」と呼ばれる日が来るだろう。

それ以前の一九八〇年代後半から、外食文化は無国籍料理の洗礼を受けていた。大衆居酒屋がふえ、和洋中の食材、調味料を、料理人の好みとひらめきで組み合わせた無国籍料理を出していたのである。カテゴリーごとに技法と食材と調味料を分けて考えるのではなく、おいしいと思う組み合わせを楽しむ。その気風は、『料理の鉄人』などにより、高級料理の世界にも広まっていく。自由でいい、という時代の追い風を受けて、カフェ飯はヒットしたのである。

◆ふえ続けるフードトラック

二〇〇〇年代には、新しいスタイルの食も流行した。私は二〇〇〇年代半ば、『週刊朝日』（朝日新聞出版）のグラビアで、食のトレンドを紹介する記事を書いていたので、その記事を手がかりに、流行を拾っていきたい。

『ノストラダムスの大予言』（五島勉、祥伝社、一九七四年）で世界が終わると言われた一九九九年も無事通過し、インド人ＩＴ技術者を大量に呼んで対応した二〇〇〇年問題もクリアして二一世紀を迎えたことで、人々の気分は変わったかもしれない。

現役世代の既婚女性は、専業主婦より共働き女性が多数派となり、核家族は多様な家族の一つに過ぎなくなった。若者の就職が厳しい時期は続き、一九九〇年代終わりに生まれた首切りを意味する「リストラ」で、男性会社員の地位が安泰とは言えなくなって、若い男性の大企業志向がへり始める。

人々のライフスタイルが変わり、古いビジネスが厳しくなると、新しいビジネスが生まれる。そんな変化に対応するように生まれた食の流行が、フードトラックである。本来はテイクアウトの中食で本書のテリトリーではないが、二〇〇〇年代にできた外食の隙間を埋めるビジネスとして紹介したい。

フードトラックが、東京・有楽町の国際フォーラム広場など、ビル街の一角に集まり始めたのは、二〇〇〇年代半ば。当時は「ネオ屋台」と呼ばれていた。私が「ネオ屋台」の記事を『週刊朝日』に書いたのは、二〇〇四年四月二日号だった。

取材した店は、スープ専門店、タイ風カレー店、豚丼店、タコライス店、ケバブサンド店だった。ほかにも、アジア飯、イタリア料理など、さまざまな料理を出す店があった。

東京都心には、オフィスが多い割に飲食店が少ない町がけっこうあり、そういう町で働く人たちは「ランチ難民」になりがちだった。また、再開発などでオフィスビルは都心にふえ続ける。働く人の数に飲食店の数が追いつかない場所に、フードトラックの需要はある。しかし、道路で店を開くには、自治体などの管理者から許可を取らないといけない。空き地にも所有者がいる。そこで、場所を確保し管理する会社が生まれ、さまざまな料理を売るフードトラックに貸し出すようになったのである。

一つのフードトラックで出す料理は同じでも、日替わりで違う車が来れば、客は飽きない。フードトラックオーナーは、毎日違う現場で新しい客と出会える。仲介業者がローテーションを組むことで、双方が変化のある生活を楽しめるのだ。また、機動力があるため、音楽のフェスなど、イベントなどに出店する場合もある。

二〇一九年一〇月二九日放送の『ガイアの夜明け』(テレビ東京系)では、「店はないけど腕はある!〜料理人の新たな生き方〜」と題して、フードトラックでローストポークの弁当を売り始めた千明尚《ちぎら》子を取材していた。イタリア修業体験がある千明は、小学生の息子、中学生、高校生の娘の三人を育てている。三年前に離婚し、飲食店のアルバイトをしていたが、子どもと一緒の時間をつくりつつ収入をふやせる、とこの事業を始めていた。

千明が契約しているメロウは二〇一六年、フードトラック・プラットフォームを開始した新興企業だが、わずか三年で日本最大級の規模に成長し、六六〇台のキッチンカーと契約、都内を中心に九三カ所に出店、月に一億円を売り上げる。

フードトラックビジネスを始める人たちには、脱サラ組もいれば、彼女のように腕に覚えがある主婦もいる。始める人たちにとっては、店を構えるよりコストが少なくて済み、飲食店に比べて拘束時間も少ないというメリットがある。

経済が低迷し、格差が拡大したから生まれた食文化。タイでは戦後、共働き社会化とともに屋台文化が発展した。一度豊かになった日本や欧米では、フードトラックが、グローバリゼーションで広がった格差を埋めようと、リーズナブルなグルメの場をつくりだした。

こうしたビジネスが人気になるのは、弁当をつくる人たちがへったことも影響しているのではないか。専業主婦が働く夫を支えていた時代は、早起きして弁当を用意してくれたかもしれない。しかし、時代は変わり、人々のライフスタイルも変わった。

飲食店が少ない場所で働く、あるいは外でランチする時間が惜しい人たちにとって、温かくてリーズナブルなフードトラックの食事はありがたいものだろう。また、日替わりでいろいろな種類の食事を選べるメリットもある。世界各国の味を楽しむ習慣を身に着けた人たちにとって、かわり映えしない少数の飲食店に行列するより、毎日入れ替わるフードトラックのほうが魅力的かもしれない。コロナ禍では、大勢の人に囲まれて店で食べるより、好きな場所で食べられる分安全と感じる人もいるだろう。

フードトラックの数も種類も伸び続けている。平成三〜二八年度東京都福祉保健局「食品衛生関係事業報告」によると、一九八九（平成元）年には五〇〇台弱だった「調理可能な移動販売車」は、二〇一六（平成二八）年には、三一二三店にまでになった。潜在市場は、それだけ大きかったのだ。

◆ハンバーガーでも贅沢を

『週刊朝日』二〇〇三年一二月一九日号で取材したのは、グルメバーガーである。今、グルメバーガーはすっかり定着しているが、当時はハンバーガー一個で一〇〇〇円超えは衝撃的だった。ハンバーガーといえば、大量生産の安っぽい味のバンズに、「何の肉を使っているかわからない」とささやかれる肉のパテを挟んだキッチュな食べもの、というイメージを持つ大人は少なくなかった。一〇〇円ショップやユニクロが台頭するデフレ不況で、マクドナルドが五九円、一〇〇円といった低価格路線を打ち出し始めた時代である。

一番の老舗は、広尾にある一九八五年創業の「ホームワークス」。野生酵母を使ったバンズ、無添加のアメリカンスタイルのベーコン・ハムなどが売りの店だった。その後がおそらく、一九九〇年創業の五反田「7025　フランクリン・アベニュー」。チェーン店では、ハワイ発の「クア・アイナ」の日本上陸が一九九七年で表参道。モスバーガーが高級路線の「モスズ・シー」を出したのが、一九九九年。二〇〇〇年代初頭は、選択肢がふえ始めた頃だったのだ。

中に入れるパテも、しっかり手でこねていてボリューム感がある。バンズもおいしい。そんなグルメバーガー人気につられて、知られるようになったのが、アボカド料理。グルメバーガーでは、アボカド、パテ、トマト、タマネギ、レタスの組み合わせが定番だった。この頃からアボカドが、家庭で広まっていったように記憶している。

二〇〇四年七月九日号で取材したのは、ミュージアム・レストランだ。「クイーン・アリス」が、東京都国立近代美術館に入った頃で、残念ながら同店は取材できなかったが、品川の原美術館や神戸の兵庫県立美術館などに行った。一番おいしかったのは、三重県立美術館に入った、伊勢の名店「ボン・ヴィヴァン」のフランス料理。美術館の店は「ミュゼ・ボン・ヴィヴァン」という。

日本の美術館・博物館に入っている食堂といえば、いかにも大量生産品の味がする、カレーやうどんぐらいなどだったが、この頃から芸術や歴史に触れ、感性や知的好奇心を刺激された後は上質な料理で満たされたい、と感じる人たちの欲求を満たす店がふえ始めたのだ。二〇〇七年に六本木にオープンした国立新美術館には、「ポール・ボキューズ」が入っている。

二〇〇四年に東京大学の学食にフランス料理店が入るなど、学食の高級路線も話題になった。それまで、「空腹を満たせればいいだろう」とばかり、適当な料理を出す店しかなかった公共空間のあちこちで、おいしいものがあふれるようになっていた。航空会社がコスト削減のため、国内便の機内食を止めた結果、さまざまな弁当業者がおいしさを競って「空弁」を売り出したのもこの頃。高速道路の「速弁」などもできた。

総菜もグルメ化。デパ地下ブームはひと足早く二〇〇〇年前後に盛り上がっている。

丸ビルをはじめ東京駅周辺の丸の内再開発が進み、二〇〇三年に六本木ヒルズができるなど、人気の店を集める飲食店フロアを擁する新しいビルが、都心のあちこちにふえ始めた時期でもある。二〇一〇年代後半になると、地階をテーマパークのように、凝ったインテリアのフードコートに演出するビルも多くなってきた。

テーマパークと言えば、二〇〇〇年代初頭は、集客力が落ちた商業ビルに入るフードテーマパークが席巻した時代でもある。一九九〇年代から都市型テーマパーク事業を始めたゲーム会社のナムコ（現バンダイナムコホールディングス）が二〇〇〇年代になると、次々と人気店を集めたフードテーマパークを仕掛けていく。二〇〇一年に横濱カレーミュージアム、福岡・博多キャナルシティの「ラーメンスタジアム」、二〇〇二年に池袋のナムコ・ナンジャタウンの「池袋餃子スタジアム」、大阪、天保山マーケットプレースの「なにわ食いしんぼ横丁」、二〇〇三年、ナムコ・ナンジャタウンの「アイスクリームシティ」、「自由が丘スイーツフォレスト」など。

二一世紀初頭は、都会を中心に日本のあちこちで、「おいしいこと」が標準化し始めた時代だったのである。

◆不況を生き延びるために

デフレ時代の二〇〇〇年代が実は景気拡大期だったことがわかったのは、二〇〇八（平成二〇）年にリーマンショックが起きてからだった。年末、日比谷公園に年越し派遣村ができ、派遣社員が女性だけではなかったことが可視化され、晩婚化と少子化が進む原因の一つが明らかになった。

バブル崩壊後の就職氷河期に社会に出た一九七〇年代生まれに、正社員の職に就けない人たちがいた。彼らは技能も身に着けていないため、生活苦に陥っていることが判明するのは、二〇一七年一二月一四日に『クローズアップ現代＋』（NHK）が「アラフォー・クライシス」というテーマで放送するなどした頃からで経済大国ボケした国の、貧困問題への覚醒のスピードはのろい。

二〇一一年には東日本大震災が起こり、津波で東北を中心に東日本太平洋沿岸部が大きな被害を受け、福島第一原発で放射能漏れが起きたことで、福島県から関東地方にかけて放射能が飛散する大惨事となった。首都圏でも、電力の不足を見越して夏まで計画停電が実施され、生活の不便を強いられる人たちが大量発生した。繁華街でも照明が暗い時期が続き、公共空間のエアコンも緩め。この年の夏大阪へ行った私は、煌々《こうこう》と電気がついた都心をまぶしく感じたことを覚えている。

東京の人々が財布を引き締めていたのはしかし、震災直後までだったように思う。不安なムードが漂う中、「人生最後かもしれないから」と、暗い銀座の飲食店がにぎわっていると噂を聞いたのは春先だった。復興の途上で、二〇〇八年から始まっていた、国の外国人旅行客の誘致作戦の成果が表れ、二〇一二年から再び訪日外国人たちがふえていく。銀座の街などが、経済大国になった中国からのインバウンド客の爆買いで大いに潤う。

飲食店に行く人が再びふえたのは、二〇〇八年末に世田谷で一号店を出した「串カツ田中」をはじめとする立ち飲み屋が、東京にふえ始めていたことも大きいと思われる。

スペイン発のバルがブームになったのも、リーマンショック後。『料理通信』では、二〇〇九年三月号で最初にバルを特集した。当時編集長だった君島佐和子による『外食2・0』（朝日出版社、二〇一二年）は、毎回バル特集の反響が大きいことを伝え、週に数回訪れる客が多いという「三鷹バル」店主のコメントを紹介している。

「初期投資が小さいし、スタッフも少ない（人件費がかさまない）分、ワインも料理も低価格（グラスワインは500〜800円、料理は600〜900円が中心価格帯、ボリュームたっぷりのメイン料理で1000円超え）なのです。値段が手頃で、店主の趣味を反映した小洒落た内装で、店によっては自家製パンがテイクアウトできたりしたら、行きたくなりますよね。とりわけ女子は」とある。

ブックオフの創業者、坂本孝による、「俺のイタリアン」の一号店は二〇一一年九月開業で、東京・新橋だった。「俺のフレンチ」一号店は、二〇一二年五月、東京・銀座。これらの店に行列ができ、多店舗展開を始めて、ますます立ち食いスタイルが広まる。二〇一三年には、レストラン事業を展開するペッパーランチによる「いきなり！ステーキ」一号店が東京・銀座に開業し、多店舗展開を始める。

立ち食いスタイルの店がふえていくのは、消費者が「おいしいものを食べたい。しかし、お金はかけたくない」という心理を持つからだ。経済格差が広がっていく中、給料が伸び悩むなど懐に余裕はないが、おいしいものを楽しむ生活をしてきた人たちが、高級料理のデフレ化を歓迎した。人は贅沢を覚えると、元には戻りづらい。また、今まで高級料理を関係ない世界のものとみていた人たちも、安い立ち食い店なら、と行くようになったかもしれない。こうしてまた、グルメの人口はふえていく。

そもそも立ち食い、立ち飲みの店は、昔から庶民に親しまれてきた。東京には立ち食い蕎麦屋がたくさんあるし、駅のプラットホームの立ち食いスタイルの蕎麦やうどんの店は各地にある。「串カツ田中」は、そんな慣れ親しんだスタイルでありつつ、東京人にとって串かつが目新しいジャンルだったことも、成功の要因にあると思われる。

個人事業主も、フードトラック以外の方法を発見する。それは、間借り店ビジネスだ。二〇一八年頃に全国区になった流行のスパイスカレー発祥の地、大阪は、阪神淡路大震災によるダメージもあり、バブル崩壊後の低迷が激しい。その町で、ミュージシャンなど別の仕事を持つ店主たちが、飲食店の空き時間や定休日に店を借りて、カレー店を開く形で新しいカレー文化が誕生した。

店のオーナーは家賃をもらえ、カレー屋をしたい人は少ない投資でビジネスを始められる。客たちは新しいカレーと出合える。ウィン・ウィンのビジネスが、不況にあえぐ町で生まれた。

東京でも、二〇一九年二月一八日の朝日新聞夕刊が「飲食店　定休日には別の味」と題して、営業時間外に店舗を借りる間借り飲食店の増加を報じている。豊島区東長崎のラーメン店「カネキッチンヌードル」は、二〇一四年に間借り営業でスタートし、翌年店主が脱サラして営業日をふやし、二〇一六年に店を持った。そして二〇一九年版の『ミシュラン』では、ビブグルマンに選ばれる、と成功の階段を上った。

二〇二〇年のコロナ禍で、ままならなくなった外食を渇望する人は多かった。日本人はもう、不況だろうと、先行きが不安だろうと、いやだからこそ、おいしいものを求める潮流から逃れられないのかもしれない。

◆「インスタ映え」の時代

二〇一〇年代、食の情報は、既存のメディアよりインターネット情報が力を持つようになってきた。グルメ情報サイトの充実や、SNS（ソーシャル・ネットワーキング・サービス）の発達によるところが大きい。まずその背景からおさらいしよう。

インターネットが本格的に普及したのは、二〇世紀末頃から。一九九〇年代後半から本格普及した携帯電話で、インターネットが使えるようになった最初は、一九九九年にNTTドコモがサービスを開始したiモード。二〇〇〇年にはJ-フォン（現ソフトバンクモバイル）が「写メール」のサービスを開始。二〇〇八年に、アップルがiPhone3Gを発売したあたりから、スマートフォンが普及し始める。

個人の発信がたやすくできるSNSは、最初がブログで、広まったのは二〇〇〇年代前半。二〇〇四年にはmixiがサービス開始。ツイッターとフェイスブックの日本語版が二〇〇八年、インスタグラムが二〇一〇年、LINEが二〇一一年だ。

スマホによるインターネットのインフラが揃った二〇一一年に東日本大震災が起き、既存のメディアではカバーしきれない細かい生活情報を得る、安否確認にSNSが役に立つ、とフェイスブックやツイッターを使い始める人たちがふえた。

やがて生活が落ち着いてから、人々が活発に情報交換する中に、料理写真があった。SNSに投稿するために飲食店で料理を撮影する人がふえ、ほかの客や店に迷惑、と問題になったのが、二〇一〇年代半ば。朝日新聞では、二〇一四年四月二三日に「フードポルノ　蜜の味」と批判的な記事を載せている。しかし、二〇一七年八月二八日の日本経済新聞には「SNS映えよりまずはマナー」と、料理撮影が定着した時代をうかがわせる記事が出た。

この年の一二月には、流行語大賞の年間大賞に「インスタ映え」が選ばれ、メディアに「インスタ映え」の言葉があふれるようになった。それは、見た目のインパクトが重視される被写体で、映えることを狙った料理や食品も出た。しかし、流行語になったことでインスタグラムの利用者がふえて多様化し、二〇一八年後半頃になると、必ずしも派手な写真の投稿が支持されるとはかぎらなくなっていく。

二〇一〇年代後半には、美術館やイベント主催者などが、あえて撮影ポイントを設定し、観客の投稿による口コミ集客を狙うようになった。飲食店でも同様で、撮影不可の店は店内にその旨を明示し、可能な場合は、投稿を奨励し宣伝効果を期待するようになっている。

インターネットの普及に伴い、飲食店情報も紙媒体からインターネットメディアへ主流が移行した。

グルメ情報サイトでは、「ぐるなび」が一九九六年に、「食べログ」「ホットペッパーグルメ」が二〇〇五年、「一休」が二〇〇六年、「Ｒｅｔｔｙ」が二〇一一年にサービスを開始している。

雑誌ではなく、これらの情報サイトを使って店を探し、飲食店へ行く人たちがふえた。インターネットでなら、料理のジャンルや予算、場所から簡単に検索できる。そして何といっても便利なのは、サイトが店までの地図と連動していることだ。スマートフォンを使えば、店までの道をナビゲートしてくれる。インターネット時代になって、店の立地に多様性が生まれた。ビルの二階以上でも、住宅街の中でも、二一世紀のフーディーたちは、グーグルマップを使ってめざす店にたどり着く。

ウェブサイトから予約できる店もふえたが、電話より気軽なことから、とりあえず予約だけして行かない、ドタキャンして店に大きな損失を与える「ノー・ショウ」と呼ばれる客の存在が問題になっている。二〇一九年一二月一九日の朝日新聞記事では、「無断キャンセル　飲食店No！」と題した記事で、飲食店の予約システムを手がけるテーブルチェックの意識調査で、二〇～六〇代の一一一二人のうち、一割強の一二六人が無断キャンセルをしたことがあり、そのうち七割以上が二〇～三〇代だったと報じている。経済産業省の有識者勉強会が二〇一八年一一月に発表したレポートでは、無断キャンセルは予約全体の約一パーセントで起き、飲食業界全体で年間二千億円の損害の推計がある。

こういう問題が発生したときに、報道のスタンスがはっきりした既存メディアの情報は強い。飲食店での料理撮影が定着したように、問題が広く共有された結果、飲食店予約のマナーも広がっていくかもしれない。

二〇一〇年代も、いろいろな外食の流行があった。クラフトビール、国産ワイン、アジア飯、パクチー料理、スパイスカレー、中国東北料理などの唐辛子としびれるスパイス、花椒《ホアジァオ》を使った料理、スープ、台湾料理、おにぎらず、から揚げ、タピオカドリンクなどがその代表的なものだ。

いつの間にか濃い味が当たり前になった外食の世界では、より強い刺激を求める傾向が続いている。ただ、二〇一〇年代末に店がふえた台湾料理は、豆花《トウファ》や豆漿《トウジャン》など、優しい味のものが目立つ。コロナ禍で家庭料理を食べ慣れた人たちは、次はあっさり薄味を求めるかもしれない。食のトレンド化は、もはや日常になった。ＳＮＳに投稿することも含め、食べることはイベントになったのだ。しかし、そんな私たちは、本当にグルメになったと言えるのだろうか？

第三章　ローカルグルメのお楽しみ

一　フードツーリズムの時代

◆全国にあるグルメ都市

平成の後半以降、注目されているのがローカルグルメだ。日本の国土は狭いが、亜寒帯の北海道から亜熱帯の沖縄まで、多様な気候風土を持ち、多様な食文化を持っている。外食は、観光客など外から来た人たちが気軽に体験できる食文化で、そうしたローカルグルメ体験を楽しむ人たちが、移動や情報交換が活発になった近年、ふえたようだ。情報発信力は東京が圧倒的に強いが、そんな東京経由の情報も含めて、地方の食への注目が高まったのはなぜだろうか。

そもそも、東京が政治・経済ともに中心地になったのは、明治の遷都からである。そこから、段階を踏んで東京一極集中が進んでいく。東京と拮抗する経済規模を持っていた関西が、一地方都市へと力を弱めていくのは、高度経済成長期の重化学工業の発展に伴ってで、決定的だったのが一九九五（平成七）年の阪神淡路大震災だった。

江戸時代、幕府こそ江戸に置かれていたが、経済の中心地は大坂だった。そして外国との交流が限定されていたこの時代、各藩は現在の都道府県より独立性を持って政治を行っていた。藩が経済を動かし、文化を育てた時代の名残は今も、食の分野にみることができる。

確かに、規模の点でも質においても東京は突出したグルメ都市だが、それ以外の地域でも、高級料理から庶民のグルメまで楽しむことができる。それは、藩単位で育ててきた文化に加え、食材が土地から切り離せないものであることも大きい。特に二〇〇〇年以降、地方の自治体、生産者たちは「地産地消」の食文化発信に力を入れてきた。また、地元に貢献したい、とUターンする料理人もふえている。

『ミシュラン』は、毎年発行される東京版と京都・大阪版以外にも、東北から九州まで全国のガイドブックを出している。

また、『ゴ・エ・ミヨ』の二〇一九年版は、東京のほか、北海道、富山、石川、福井、静岡、愛知、岐阜、三重、京都、兵庫が載っている。紹介されている店は、県庁所在地が中心だが、郡部もありくまなく調べているようだ。これらのガイドブックが紹介するのは主に高級グルメなので、一流店が東京以外にもたくさんあることがわかる。

本書のために関西で食の旅をしてきた私としては、毎年出る『ミシュラン』に、神戸が入っていないし、『ゴ・エ・ミヨ』に大阪が載っていないのは残念だ。『ゴ・エ・ミヨ』で紹介する店（ミシュランの星に概当するトックがついたもの）は東京二〇四店に対し、京都が二八店、神戸が一〇店しかない。地方で多いのが北海道と北陸地方で、札幌市が四〇店、金沢市は三五店が紹介されている。関西はグルメの始まった地域で、食の歴史で重要な役割を果たしているが、フランス人のお眼鏡にかなう高級料理の層が薄いのかもしれない。一方で、ほかの地方でハイレベルな高級店がたくさん掲載されていることは、日本のグルメ大国としての幅の広さを示していると言える。

日本のグルメは、お金持ちだけのものではない。一万円札を出さなくても楽しめる、おいしい店はたくさんある。むしろその層の厚さが日本では重要かもしれない。気軽においしいものを食べられること、そういう楽しみのためわざわざ旅をする人もいることが、日本をおいしい国にしているように思える。

グルメブームが広がった一九九〇年代、ラーメンを食べるためだけに夜中車を走らせて遠くまで行く人たちがいた。旅行や出張のたびにインターネットやガイドブック、口コミでおいしい店を調べ、食べることを楽しみに出かける人たちもいる。

『るるぶ』（JTBパブリッシング）や『まっぷる』（昭文社）その他の日本の出版社によるガイドブックも、近年はグルメを前面に押し出す。

例えば、二〇一六年に発行された『楽楽九州⑤沖縄』（JTBパブリッシング）では、「琉球料理」「沖縄家庭料理」「沖縄そば」「沖縄のブランド肉」の店が特集されている。ブランド肉は「あぐー」「紅豚」「石垣牛」「やんばる島豚」である。

『まっぷる十勝・帯広』（昭文社、二〇一九年）では、トレンド情報として「六花亭の魅力に迫ってみた」

「ミルク製品図鑑」といった特集が組まれている。十勝グルメとしては「豚丼」「ブランド牛」「チーズ料理」「ファームレストラン」「北の屋台」「地元熱愛ローカルグルメ」などがフィーチャーされ、おすすめの店がピックアップされている。

地方の特色ある食文化や、旅先の町の食トレンドも、ガイドブックからうかがい知ることができるようになっているのだ。

そういうおいしいもの好きの嗜好は、今に始まったことではない。江戸時代の『東海道中膝栗毛』(一八〇二～一八二二年)でも、弥次さん喜多さんは、伊勢参りを目的に旅をしながらおいしいものを食べ歩いていた。江戸時代の幕藩体制下、地域ごとに独自の食文化が育っていたことが、二人の旅からうかがえる。

同書は旅ブームを起こしていた。『日本食物史』(江原絢子・石川尚子・東四柳祥子、吉川弘文館、二〇〇九年)によると、伊勢参りに出かけた人は文政期(一八一八～一八三〇年)、一日最高一四万八〇〇〇人、六人に一人が出かけた計算になるという。

東海道以外にも、中山道、日光道などの五街道とそれに付随した街道があり、街道沿いに「旅人のための宿場や茶屋が発展した」。そして旅の斡旋者でもあった「御師《おし》」が自宅でもてなす料理は、「当時の豪農での婚礼を凌ぐほど」豪華だったようだ。

ただし、庶民は旅籠に泊まって出される食事を摂るか、木賃《きちん》宿に泊まり自炊したようだ。自炊した人の食の楽しみは、名物を茶屋でいただく程度だったかもしれない。

地方の名物は、旅人の到来に促されて育ったものもあるだろうし、藩の収入源として開発されたものもあるだろう。山本周五郎の『樅ノ木は残った』（講談社、一九五八年）は、伊達藩家老の原田甲斐が主人公だが、物語の後半に名物開発のエピソードが描かれている。

全国のグルメの土台は、江戸時代に育った地方色豊かな食文化と、それを目当てに旅する人たちがいたことにあり、日本のグルメ化は一九世紀から始まっていたと言える。

◆変容する旅のスタイル

庶民の移動が制限されていた江戸時代の旅は、一生に一度だった人が多いだろうし、おやつ程度にしかグルメを楽しめなかった人もいるだろう。近代になって移動が自由になると、川に橋がたくさんかけられ、鉄道網が全国に敷かれた。私鉄には、神社の参拝客を目当てに敷設された路線も多かった。交通が便利になり、国が経済発展していくと、温泉旅行、海水浴、物見遊山と、旅を楽しむ人たちがふえていく。

高度経済成長期の一九六〇年代になると、旅行ブームが起こる。『昭和生活文化年代記《クロニクル》 3　30年代』（諸井薫編、TOTO出版、一九九一年）に収められた『旅行百年』（日本交通公社、一九六八年）の沢寿次の記事によれば、鉄道、バス、航空機などの乗り物いっさいの総輸送人員は一九五五（昭和三〇）年に一四一億人、一九六〇年に二〇二億人、一九六五年に三〇七億人と一〇年間で倍増している。その伸びは経済成長だけでなく、戦前と異なり女性が旅行をするようになったことが大きいと分析している。

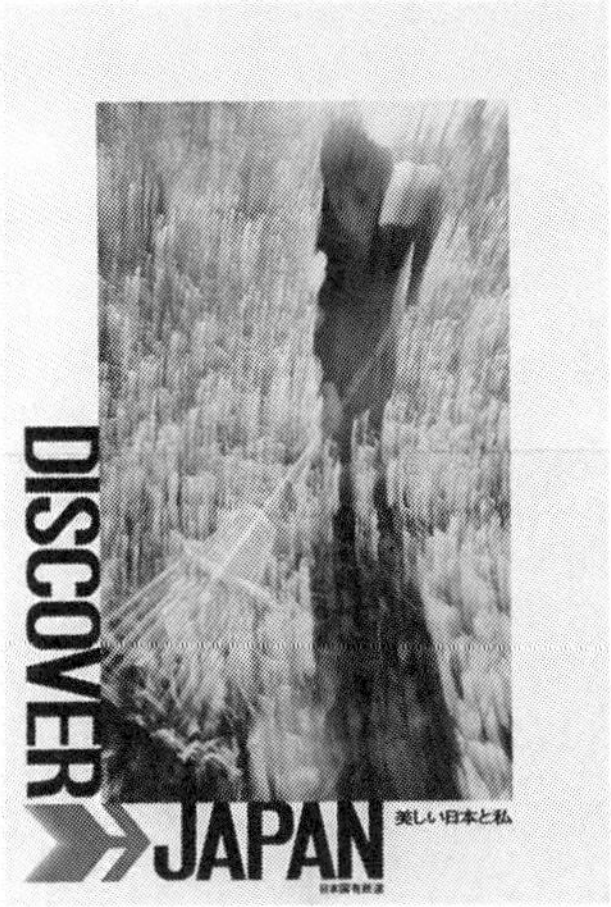

『ディスカバー・ジャパン』ポスター

当時は農協や商店街などが企画する団体旅行がたくさんあったし、仕事を持つ若い女性がふえ、仲間と旅行するようにもなっていた。観光バスによる旅行や、国鉄が発行する周遊券を使って楽しむ人たちも多かった。

一九七〇（昭和四五）年には大阪万博が開かれている。遠方から行った中には、ついでに京都や神戸、中国地方に足を延ばす人たちもいた。全国の大阪万博体験者にアンケートを取った『まぼろし万国博覧会』には、「新幹線に初めて乗った」人やよそ行きを着て行った人たちが紹介されており、旅がハレの特別な体験だった時代がうかがえる。

大阪万博は、日本人の行動を変えた。食の世界でも重要なポイントだったことは第二章一で紹介したとおりだが、ここで注目したいのは、国鉄が万博後の需要創出をにらみ、電通と組んで行ったディスカバー・ジャパンのキャンペーンである。『「ディスカバー・ジャパン」の時代』（森彰英、交通新聞社、二〇〇七年）を手がかりに、一九七〇年代の旅の変容を解き明かしていこう。

それまで旅行をうながす国鉄の広告は、目的地を明確にしていた。旅は観光名所を楽しむのが目的だった。モニュメントの前で写真を撮る。名物を食べ、土産店で名物や記念品を買う。そういう旅のしかたは今でも人気だが、名所旧跡や名物に興味がない人や、ほかの目的のためにプライベートで旅をする人も多くなった。

海外旅行では、若者たちのバイブルとなった『深夜特急』（新潮社、一九八六年、一九九二年）で、沢木耕太郎が一九七〇年代半ばに名所旧跡を無視してひたすら街を歩き人に出会う旅をしている。特に目的もなく路地裏を歩く旅は、『世界ふれあい街歩き』（ＮＨＫ）や散歩番組の影響で二一世紀に広がるが、昭和時代にはまだ珍しかった。その始まりが、一九七〇年である。

ディスカバー・ジャパンのキャンペーンでは当初、場所を特定せず旅情を盛り上げるポスターなどを制作し、注目を集めた。一九七〇年一〇月に出た最初のポスターは、若い女性が熊手で落ち葉をかき集める写真が大きく掲載された。ロケ地は奥日光だが、それを伝えるクレジットはない。第二弾、第三弾と続いたポスターでは、ヤギが引く枯草を積んだ荷車に座る女性たちや、杉の巨木に囲まれた道で僧侶とすれ違う女性が撮られている。

この試みを事前に聞きつけた読売テレビは、制作会社のテレビマンユニオンとディスカバー・ジャパンの番組をつくり始める。ポスター第一弾と同時期に始まったのが『遠くへ行きたい』である。永六輔が全国を旅し、彼が見たもの、聞いたこと、会った人について、現場で語る。

もちろんそれまでにも、『兼高かおる世界の旅』(TBS系、一九五九〜一九九〇年)などの旅番組はあった。しかし映像に解説をつけるこの番組と違い、旅先で旅人が直接語る新番組は臨場感が違った、と同書は書く。史上初の「旅人の視線で作られる旅番組」だったのだ。

国鉄とはまったく違うジャンルからも、旅をうながすメディアが誕生した。一九七〇年創刊の『anan』(マガジンハウス)、翌年創刊の『non・no』(集英社)である。国鉄と同じく若い女性をターゲットにしたこれらのファッション誌は、くり返し旅を特集した。

一九七〇年七月二〇日号の『anan』は、京都を紹介。モデルの女性たちが京都を散策するという体裁で旅をする。名所旧跡を訪ねるのではなく、買いものや買い食いを楽しむのである。

一九七一年二月二〇日号の「日本の旅特集」では、一人旅をすすめる。「たとえば小海線のような高原列車を使うと面白い人が多いのです」「予定を立てない、予約をしない、なるべく迷子になるよう心がけよう」と同誌は主張する。

『ｎｏｎ・ｎｏ』も、取材者自身が記事を書く旅特集をよく組んだ。同誌は旅先の女将や板前に最初に注目しブームを起こした媒体だと、旅の記事をプロデュースした石井泰明が証言している。そして、長崎、大和路、柳川、益子、鎌倉、能登半島、津軽といった渋めの観光地に、雑誌を片手に紹介されたスポットを歩く女性があふれる。彼女たちは、両誌のタイトルから「アンノン族」と呼ばれた。

女性たちが殺到した旅先は、渋好みの歴史ある町ばかりだ。ディスカバー・ジャパン・キャンペーンで発表された写真も、古きよき日本、なつかしいふるさとといった体裁のものが多い。

一九七〇年代、いくつかのメディアが複合的に日本再発見をうながし、若い女性を中心に旅ブームが盛り上がったのは、一九六四（昭和三九）年の東京オリンピックとその後の大阪万博で、世界と触れたこと、高度経済成長で古いものが壊され町や暮らしが急速に変わっていったことと無関係ではない。改めて日本とは何かを考え、失われていくものを惜しむ心が、地方再発見に結びつき、旅ブームを盛り上げていったのである。

一九七〇年代にメディアが提案した、町や人との触れ合いを楽しむ旅のスタイルは、失われていく路地裏や人情への郷愁を伴い育っていく。

一九八〇年代になると、「オタク」と呼ばれる趣味人たちが出てくる。彼らの中には鉄道マニアと呼ばれる人たちがいた。彼らは列車に乗ること、駅、車両を観ること自体を旅の目的とする。このあたりから旅の多様化は進み始めたのだろう。

パソコンを使って仲間と交流する人たちも現れ、一九九〇年代にインターネットが普及し始めると、ウェブサイトで趣味の情報を発信したり、同好の仲間と情報交換をする人たちもふえていく。時代が進むにつれて、趣味の多様化と愛好度のグラデーションが形成され、得られる情報量もふえていく。その中に、食べることが趣味の人たちもいる。SNSで、カレーやラーメン、ランチなど、自分で決めたテーマに特化し食べ歩きをレポートする人も現れた。インフルエンサーと呼ばれる発信者たちもいる。食に特化した旅が登場し、やがて広まっていくのは、旅に慣れた人たちと、おいしいものを楽しむ趣味を持つ人たちがふえた時代の必然なのかもしれない。

◆始まりはカニだった

近年、「フードツーリズム」という言葉が注目され、食を目的にした旅行客を誘う町おこしの試みがふえている。『フードツーリズム論』（安田亘宏、古今書院、二〇一三年）によれば、それは名物を楽しむだけでなく「買物の対象や生産工程を体験する対象になる」など、「「地域の食」に深く係わった観光現象」を指す。

食を目的に旅する人は、おそらく昔もいただろう。いつの時代も食べることが何より好きな人はいる。しかし、そういう人が目立ち始めたのは平成になってからだ。一九九〇年代にご当地ラーメン、二〇〇〇年前後には讃岐うどんが流行り、京都へおいしいものを求めて通う人が出てきた。国外では、一九八〇～一九九〇年代は香港、二〇〇〇年代初頭に韓国、二〇一〇年代には台湾などが、食べるため、食材の買い出しのため週末に弾丸旅行をする対象としてブームになった。

平成のフードツーリズムは、背景にグルメブームと日本人のグルメ化がありそうだが、その始まりは昭和半ばと意外に早く、きっかけをつくった店は大阪にある。ここでも「始まりは大阪」なのである。『カニという道楽』（広尾克子、西日本出版社、二〇一九年）を手がかりに、たどってみよう。

大阪・道頓堀がテレビに登場すると必ず映される、アイコン的な看板の一つがグリコ、もう一つが大きなカニのオブジェを掲げたカニ料理専門店の「かに道楽」である。同書によると、都会の人たちが冬の風物詩としてカニを愛好するようになったのは、兵庫県豊岡市の日本海沿岸部で生まれ育った今津芳雄が同店を開いたことがきっかけである。開店は一九六二（昭和三七）年。

今津は一九一五（大正四）年、八人兄弟の末っ子として生まれた。生家は魚屋。尋常高等小学校を卒業後、長兄について松葉ガニを売り歩く修業時代を過ごしている。西日本の日本海側はズワイガニの産地で、兵庫県では体が大きいオスが「松葉ガニ」、福井県では「越前ガニ」と呼ばれる。金沢では卵を抱えていて安価なメスが「香箱《こうばこ》ガニ」と呼ばれている。

今津は戦後、長兄が設立し、やがて城崎《きのさき》温泉を含む地域経済の中核を担うようになる日和山観光で働く。同社は旅館の「金波楼」も経営しており、兄がその大阪案内所を一九五八（昭和三三）年に設立し、今津が所長として赴任する。

今津はまず、一九六〇年に大阪案内所に併設する海鮮食堂「千石船」

かに道楽の印象的な看板

として西道頓堀に開業。それは案内所に、宿泊の申し込みに来る人より、山陰で食べたカニを送って欲しい、という要望が多かったためだ。当時、金波楼でもカニを土産に持って帰りたいと望む客は多かった。なぜなら当時、都会で食べられるカニは、カニ缶だけだったからだ。

新鮮なカニの味に感動した客たちは、竹カゴに入れて持ち帰ったが、汽車の窓に吊るすとSLの煤煙で真っ黒になり、途中の駅で盗まれることもあった。

そこで金波楼では、帰る前日までに注文を受けて軽トラックで夜中に大阪まで運び、大阪駅で帰ってきた顧客に渡すサービスを始める。このとき習得した輸送ノウハウが、大阪でゆでガニを食べられる店の開業に結びつく。そして一九六二年に専門店「かに道楽」を開くと、今津は各地に支店をつくり、一九六八（昭和四三）年にテレビCMを開始する。

都会で食べるカニの商売が当たったのは、千石船で二年目にカニの鍋料理、「かにすき」を考案したことが大きい。やがてかにすきは、都会の人が楽しむカニ料理の定番となっていく。

一九七〇年前後になると、同業他社の開業も相次ぎ、カニは冬の味覚として都会に定着していく。産地も影響を受ける。兵庫県の小さな町、香住《かすみ》（元香美《かみ》町）の旅館「川本屋」では一九六三年頃、民宿で客からのリクエストでつくり方を教わりかにすきを出し始める。数年のうちに次々と民宿が立ち並び、香住はカニの町として知られるようになっていく。

城崎温泉ほか山陰・北陸の温泉地も一九七〇〜一九八〇年代、カニ料理を目玉にするようになっていく。ディスカバー・ジャパンのキャンペーンが始まった時期、日本海側の西部は冬場、カニを目的にした都会の人でにぎわうようになっていくのだ。

カニ料理を目玉にする商売が広がると、カニの不漁が続くようになり、高価な食材に変質していく。実はカニツーリズムが始まるまで、産地でカニはそれほど珍重されていたわけではなかった。缶詰に使わないメスガニは子どものおやつ、余ると肥料になる、といったレベルの扱い。同書で地元の年配の人は、「カニなんか浜にころがっとった」と証言している。

冷凍・冷蔵で運ぶコールドチェーンシステムができる前、今津はカニを氷に詰めて大阪まで運ぶ方法を考案している。新鮮なまま届けられるようになり、都会の人たちがその味を覚える。戦後、海水浴客をあてにして開いた民宿が、冬場はカニ目当ての客でにぎわうようになる。カニ商売が繁盛することで、漁獲量が減少していく。功罪ともに、日本の風景を変えていったのがカニツーリズムだったのである。

◆パック旅行のグルメ

今、高齢化と人口減少に悩み、地元を活性化しよう、と試みる自治体や地方に住む人たちが、起爆剤の一つとして注目するのが、フードツーリズムである。日本海沿岸地方がカニで活気づいたように、地元ならではの食で観光客を呼びたい地域はたくさんある。

産地と紐づけられている料理や食材は多い。香川の讃岐うどんに、長野の信州そば。北海道のジンギスカン。大間のマグロ。下関のフグ。盛岡の冷麺。広島のお好み焼き。長崎のチャンポン。佐賀・呼子のイカ。佐世保バーガーに富士宮やきそば。長い歴史を持つものもあれば、戦後に生まれて発展したものもある。それらの食を目当てに旅する人たちは、どのぐらいいるのだろうか。そしてフードツーリズムは、いつから始まったのだろうか。

『フードツーリズム論』によると、旅行社が動き出したのは、カニツーリズムが本格化した一九七〇年代。まず一九七〇年の冬に、日本交通公社（現ＪＴＢ）が、観光のオフシーズン対策として「味覚クーポン」を出す。それは地域の特色ある食べものの盛り合わせや鍋ものがセットになった宿泊券で、ヒットする。

一九七一年以降は日本交通公社ほか、旅行各社が次々とパッケージツアーを発売。特に冬の北陸や山陰、北海道のカニ三昧ツアーで成功する。カニ以外でも、「伊勢エビ、アワビ、フグ、ブランド牛など、高級食材の会席料理、コース料理が注目され、「グルメツアー」として商品造成された。同時に、京都の京懐石、豆腐料理、金沢の加賀料理などの伝統的な高級料理も旅行商品化された」とある。

一九七三年、若い女性をターゲットにした『るるぶ』が登場。雑誌名は「見る」「食べる」「遊ぶ」の末尾から取られている。

旅とグルメをセットにして紹介するテレビ番組も次々と誕生し、人々の欲望を掻《か》き立てていく。一九七〇年開始の『遠くへ行きたい』のほか、『ごちそうさま』（日テレ系）が一九七一年から、『食いしん坊！万才』（フジテレビ系）が一九七四年から始まる。

一九八〇年代になると、温泉と地域の旅館やホテルでのグルメのセット商品も人気になる。一九八六（昭和六三）年には『いい旅・夢気分』（テレビ東京系）が始まる。

マンガでは、一九八三年開始の『美味しんぼ』などが、各地のおいしいものを紹介していった。情報量がふえ、旅先ならではの食を楽しむ、という欲望が人々の間で育っていく。

◆ご当地麺類のブーム

個人で行くフードツーリズムがふえていくのは、一九九〇年代以降である。

発端は一九八〇年代に喜多方ラーメンが全国の注目を集めたこと。『フードツーリズム論』によると、喜多方市を訪れる観光客数は一九七五年には五万人程度だったのに、ブーム後の一九九三年には一〇三万人にもふくれ上がっている。

『食旅と観光まちづくり』（安田亘宏、学芸出版社、二〇一〇年）に、喜多方が注目されたきっかけは、一九七四年に市内在住の写真家が、近代化のために壊されていく蔵の景観を撮った作品展を東京で開いたこと、とある。翌年、NHKが『新日本紀行』で紹介。蔵見物に訪れた観光客の口コミで、独特の平打ち麺のラーメンが人気になっていく。そして、滞在型の観光地をめざす市が、一九八三年発売の『るるぶ』で記事広告を出すと問い合わせが殺到し、テレビや雑誌などで紹介されてブームとなった。

一九九〇年代には、栃木県の宇都宮ギョウザが注目を集める。宇都宮ギョウザの発祥は、一九四〇年代に満州から帰国した将兵が、本場の製法を持ち込んだこと。ギョウザを買う人が多いことが発見されたのは一九九〇（平成二）年。まちおこしのキーワードを探していた市職員が、総務庁統計局の『家計調査年報』で、同市がギョウザ購入金額で常に上位と気がついたのだ。市の観光課と観光協会が、売り出しに力を入れ始める。

一九九〇年代後半には、讃岐うどんブームが始まる。テレビや雑誌などが取り上げ爆発的なブームになったきっかけは、書籍の『恐るべきさぬきうどん』（麺通団）である。

私の手元にあるのは二〇〇三（平成一五）年発売の新潮文庫だが、単行本は株式会社ホットカプセルから一九九三年〜一九九九年に全四巻で出ている。著者の麺通団とは、高松市にあった『タウン情報かがわ』の編集長率いるさぬきうどん取材グループ「ゲリラうどん通ごっこ軍団」である。

同書では、毎日のようにうどんを食べる地元民ならではのきめ細かな取材で、高松市を中心に香川のうどんのおいしさが、ユーモラスに伝えられている。テレビの取材を受けているシーンもあり、さぬきうどんが次第に注目され、ブームとなっていく様子が見て取れる。

二〇〇〇年代に入ると、さぬきうどん人気は全国区になる。「丸亀製麺」がチェーン展開を始めたのが、二〇〇〇（平成一二）年。「はなまるうどん」も同年で、二〇〇二年に東京進出。コシがあってモチモチの麺が人気を得ていく。メディアで報道されるセルフスタイル、トッピング自由などの食べ方を現地で体験したい人もふえたのだろう。東京に住む私は、「香川へ行った」と言うと必ず、興奮気味に「うどん、食べた？」と聞かれた。香川を紹介するガイドブックにも、もちろんうどん特集が組まれている。

◆ローカルB級グルメ

今はテレビで盛んに、ご当地グルメが紹介される。毎週のようにその土地ならではの食を紹介する代表的な番組は、二〇〇七年から放送が始まった『秘密のケンミンSHOW』（日本テレビ系／現秘密のケンミンSHOW極）である。この番組で全国に知られるようになった食文化は多い。

山形県民は、生け垣のウコギや雑草のヒョウ（スベリヒユ）を食べる。鹿児島の若者は、きびなごを上手にさばく。香川県民には、骨つき鶏モモ肉もソウルフードの一つ。新潟市では、中心部にある万代シティバスセンターの「万代そば」で提供するカレーが人気。山口県民は、客が来ると岩国市にあるテーマパークみたいな古民家風の居酒屋「いろり山賊」へ案内する。兵庫県中央部にある神河町の人は、山椒の樹皮を煮た激辛の佃煮「からかわ」が大好き。

独自に進化した洋食もある。金沢の「ハントンライス」は、「グリルオーツカ」などが始めた料理で、ケチャップライスに薄焼き卵をのせたオムライスに、カジキマグロのフライと小エビのフライがのっている。長崎にはピラフとスパゲッティ、とんかつが載った「トルコライス」がある。新潟の「イタリアン」は焼きそばのミートソースがけ。昭和半ばに店主が工夫して生まれたものが多く、洋食ブームだった時代を思い起こさせる。

麺類は各地で人気で、うどんやそばにもいろいろなアレンジがある。山口名物の「瓦そば」は、一九六二年に下関の日本料理屋で考案された茶そば。群馬県の「おっきりこみ」は、幅広のうどんが入った煮込みうどんで、「煮ぼうとう」とも呼ばれている。

中華料理も独自に発達している。

広島市の「汁なし担々麺」は、一般的な汁入りの担々麺と違い、本場の中国・四川省のものと同じく唐辛子と花椒を効かせている。宮崎県の「辛麺」は、唐辛子で真っ赤に染まった激辛スープが特徴で、こんにゃくに似た麺は、小麦粉とそば粉が原料だ。発祥は延岡市の居酒屋。

とまあ、挙げていけばキリがない。番組では必ず人気ぶり、つくり方、発祥やルーツまで紹介しており、紹介される県や町では視聴率が上がるらしい。

同番組より先に、いわゆる郷土料理とは異なるローカルな食文化に注目し紹介したのは、新聞記者の野瀬泰申が双方向メディアの特性を生かしてインターネットで情報収集した『全日本「食の方言」地図』（日本経済新聞社、二〇〇三年）だろう。福岡県出身の野瀬が、大阪には天ぷら用のソースが売られていると知ったのが、企画のきっかけだったとまえがきにある。

『秘密のケンミンSHOW』でもよく、一通りローカルグルメを紹介した後、県民たちにその食べ方やその料理は県外にないと伝え「ええー!!」と驚かれる、というお約束の展開がある。よその土地で暮らしたことがない人々は、「自分たちの常識＝日本の常識」と思っていることがよくある。

その違いがネタになる二一世紀は、仕事や学業のため地元を離れる人がますますふえていく実態を浮かび上がらせる。違う土地で暮らしたことがある人は、地元の食文化の独自性に気づく。同番組に登場する、転勤族の東京《あづま》一郎というキャラクターは、流浪する現代人の象徴のようだ。

『全日本「食の方言」地図』の圧巻は、かつ丼のローカル文化の多様性を描き出した章だ。東京でかつ丼と言えばとんかつをどんぶり飯に載せ、卵でとじたものを指す。しかし、会津若松市ではソース味の「ソースカツ丼」を出す。福井県、長野県南部もソースかつ丼文化圏だが、キャベツの上にカツを載せる長野県に対し、福井県ではとんかつのみ。群馬県桐生市も、山梨県もソースかつ丼。これらの地域で、卵とじのかつ丼は、「卵カツ丼」「上カツ丼」「煮カツ丼」などと区別されて存在している。新潟県下越地方では、甘辛いタレをカツに絡めてある。沖縄県では、大量の野菜炒めの上に卵とじカツが載っている。

こうして並べると、世の中の大半はソースかつ丼なのかと思えるが、章の最後に出てくる日本地図では、北海道、東北、四国、九州全域と関東の東側、奈良以外の近畿地方は、ソース味や醤油味ではないものが優勢だと結論づけられていた。

◆名古屋飯の発見

ローカルグルメの中で、食文化全体の独自色が注目されるのが名古屋だ。「名古屋飯」と呼ばれ、くり返しブームになっている。

最初に注目されたのは、二〇〇〇年代初頭。『AERA』二〇〇三（平成一五）年五月一九日号に名古屋特集がある。平成不況の真っただ中に、トヨタを擁する名古屋だけは景気がよい。ルイ・ヴィトンの売上も日本一とある。縦巻きロールのヘアスタイルの「ナゴヤ嬢」たちも、「景気爆買いの「名古屋買い」」という記事に出てくる。

「名古屋隠して東京を制覇！」という記事では、ラーメンチェーン店の「スガキヤ」の経営母体、スガキコシステムズが発売した菓子パン、シナボンや、一九九〇年代に人気を得た東京・恵比寿「パステル」の「なめらかプリン」が、実は名古屋発だと書いてある。

合わせて、当時全国テレビで紹介された、あんかけスパゲッティやあんこをのせた小倉トーストなど、他の地域では見かけない組み合わせの料理が、独自の食文化として紹介されている。鰻の細切りをご飯に載せ、三度異なる味で楽しむ「ひつまぶし」も注目された。

一年後の二〇〇四年五月一七日号でも『AERA』は、名古屋特集を組んでいる。味噌カツを考案した「矢場とん」やあんかけスパゲッティの「パスタ・デ・ココ」、「コメダ珈琲」、名古屋人が大好きな手羽先を扱う「世界の山ちゃん」の首都圏進出を報じている。

翌年、名古屋では万博の「愛・地球博」が開かれ、ますます注目度が高まっていく。キワモノ的扱いだった名古屋飯の位置はやがて変化する。

マンガ『いつかティファニーで朝食を』第三巻（マキヒロチ、新潮社、二〇一三年）で、朝食巡りを趣味にする主人公の佐藤麻里子は、会社の出張で名古屋へ行く。ちょっと嫌な印象を持っていた後輩男性、菅谷と、モーニングを食べに出たことで親しくなる。

名古屋が大好きという菅谷は、その理由をおいしいものがたくさんあるからと言い、「ヨコイのあんかけスパ　蓬莱軒のひつまぶし　若鯱家のカレーうどん　味仙の台湾ラーメン　山本屋のみそ煮込みうどん　矢場とんのみそカツ」と名物を列挙してみせる。

ブームから一〇年。名古屋はすっかりおいしいもの好きの東京人に認められ、三度異なる味を楽しめるカレーなど、ひつまぶし流に味わう創作料理も見かけるようになった。

名古屋で独自の食文化が育ったのは、古くから東西を結ぶ交通の要衝であり、東海地域の中核都市になったことが要因の一つと言える。『伝承写真館　日本の食文化⑦東海』（農文協、二〇〇六年）によれば、愛知県には江戸時代に発展した製材業、鋳物業、製菓業、仏具製造業、石材業に加え、近代になると紡績業や織物業、陶磁器業が導入される。現在も炊飯鍋のバーミキュラ・ライスポットを生み出した愛知ドビーのような中小企業の強さが注目される。トヨタだけで食べているわけではないのだ。

名古屋へ行くと、定食につく味噌汁で外れがないことに驚く。濃いめの赤だしで、カツオ出汁がよく効いていて、しみじみうまい。和菓子文化も発達している。一度、名古屋駅の高島屋前の地下を歩いていたら、和菓子屋で五箱も一〇箱も手みやげ用のお菓子を買う奥さま方に遭遇し驚いたことがある。町のあちこちに和菓子屋がある。名古屋の和菓子は、ういろうだけではない。

名古屋には「茶どころ（茶道）、芸どころ」という言葉があるそうだ。県内の西尾市、豊田市、新城市では、抹茶の原料となる碾茶《てんちゃ》を生産している。そして、『名古屋学』（岩中祥史、新潮文庫、二〇〇〇年）によれば、水道水の水質も高い。

また、愛知県には野菜の発祥が二つもある。流通する大根の大半を占める青首大根は、尾張地方の宮重大根がもとになっている。トマト栽培は、カゴメ創業者の蟹江一太郎が導入し広まった。江戸時代の尾張地方は「野菜王国」として知られたと、『伝承写真館　日本の食文化⑦東海』にある。そして鉄道が発達した大正時代以降は、首都圏や関西圏にも野菜を供給していたのである。

特徴的な食が、豆味噌だ。他の地域の味噌は、コメや麦に麹をまぶして大豆と混ぜる。しかし、名古屋の豆味噌は、大豆に直接麹をつける。有名な岡崎の八丁味噌は、三年間も桶の上に石を積み上げてじっくり発酵させる。通常、味噌は火を通し過ぎると風味が落ちるが、豆味噌はうま味が強く煮込みに耐えるので、味噌煮込みうどんなどの独自の味噌料理が生まれた。基本調味料の豆味噌の強い味に耐えるよう、出汁も濃くなり、味噌かつが生まれ、あんかけスパのような濃い味が育ったのではないだろうか。

このように、ローカルグルメには誕生の背景となる気候風土があり、政治や経済が影響している。そして山や川が多く、地域は分断されがちだ。そこへ江戸時代に独立性が高い幕藩体制ができ、ローカルグルメを発展させた。農民はめったに旅ができなかったものの、武士は参勤交代でひんぱんに江戸と地元を行き来した。職人や商人たちも仕事で旅をする。そして海外からの情報や食文化の流入は、鎖国体制によって抑えられていた。国内に限定された活発な交流が、ローカルな食文化を育んだ。その遺産を、現代人は楽しんでいるのである。

二　食の都、山形

◆地域を盛り上げる

首都圏ローカルの『食彩の王国』（テレビ朝日系）など、食の現場をルポするテレビ番組を観ていると、今の一流料理人は、産地へ出かけて生産者と交流し、生産者から直接食材を購入するのは珍しくないことがわかる。生産者も特に東京の料理人に使ってもらうことで、食材を広めたいと売り込む。一流店が、食材をアピールするメディアとして機能しているのだ。

高級料理店でなくても、ちょっと気が利いた居酒屋やレストランでは、「堀川ゴボウのガランティーヌ」といった、産地や生産者名をメニュー名に入れていることがある。それは二〇〇〇年代に食の安全を脅かす事件が相次ぎ、安心できる食材を使っていることを伝える必要性が増した影響もあるだろう。産地名が明記してあると安心できるだけでなく、おいしそうに思わせる効果もある。

料理人たちの中には、農業や漁業の現場での高齢化や、自然環境の変化を発見する人も多いようだ。世界が二〇三〇年までに達成すべき一七項目を掲げた、ＳＤＧｓ（持続可能な開発目標）に取り組む料理人たちもいる。

二〇一七年に『ゴ・エ・ミヨ』で「2018年度期待の若手シェフ賞」に選ばれた田村浩二は、同年仲間とドット・サイエンスという食品プロデュースとレシピ開発のコンサルティングを行う会社を立ち上げ、フランス料理の技術を使った洋風の干物や、無農薬のバラを使ったアイスクリームなどを開発している。高い志を持つ生産者たちの仕事に光を当て、支える試みである。

辻調理師専門学校の二代目校長、辻芳樹による『すごい！ 日本の食の底力』（光文社新書、二〇一五年）には、そのような料理人がたくさん紹介されている。東京・青山の「NARISAWA」の成澤由浩は、土のスープなど自然を生かした斬新な料理を出す。フランス料理のワールドカップ、第一四回ボキューズ・ドール国際料理コンクールに出場した浜田統之《のりゆき》は、星野リゾート・軽井沢ホテルブレストンコートの総料理長。地元信州をはじめとする日本の食材を使い、輸入食材であるキャビア、フォアグラは基本的に使わない。

こういった料理人たちの取り組みは、先進的なヨーロッパの料理人たちから影響を受けたものだ。その源流は、一九六〇年代にフランスで始まった料理を簡素にし、地元の食材を使うことを大切にしたヌーベル・キュイジーヌにある。世界に広がった運動の究極の形を示すのが、「世界のベストレストラン50」で、二〇一〇年から何度も一位に輝いたコペンハーゲンのノーマ。野草やキノコなど地元の産物を使ったエコロジカルな料理で世界を席巻した。同店は、グルメとは縁がないと思われていた北欧で「新北欧料理」を創作する。

フランスで一九九二年から、地域の食材を主役にした料理を出す「ミシェル・ブラス」の影響も大きい。彼の店は、二〇〇二年に「ザ・ウィンザーホテル洞爺」の「ミシェル・ブラス トーヤ ジャポン」として開業し、二〇〇八年にサミットの会食会場となった。二〇二〇年四月に閉店。

二〇一一年に閉店するまで「世界一予約の取れないレストラン」の異名を取ったエル・ブリは、「分子料理」など化学実験のような料理法で注目を集めた。それは自然と科学技術を融合した料理で、業界に大きな影響を与える。「龍吟」の山本征治は、日本料理にその技術を用いる。スペインで二〇〇四年に開かれた「料理学会（サン・セバスティアン・ガストロミカ）」でCTスキャンを使ってハモの骨切り技術を解説し、注目を集めた。

このイベントに触発され二〇〇九年、「世界料理学会·in HAKODATE」と銘打ち国内外の料理人を招いた勉強会を開いたのが、函館のスペイン料理店「レストラン・バスク」の深谷宏治である。

深谷は一九七〇年代にバスクで修業していた折、流通が発達した現代ならではの、素材を生かした現代的にアレンジした料理を生み出す「ヌエバ・コッシナ・バスカ（新バスク料理）」が始まる現場に居合わせている。独裁政権下のスペインでにらまれていたバスク地方の料理人たちが、武器の替わりに鍋やフライパンを持って戦おう、と技術を教え合う勉強会を開き料理学校が設立されたのである。

深谷が地元函館に戻って自分の店を開いたのは、一九八一年。地元に根を下ろした彼が二〇〇四年から始めた「バル街」は、観光スポットの倉庫街を抱える市内西部地区が会場。郊外化が進む函館市では、東部の宅地開発が進んでショッピングモールがにぎわう一方、西部は衰退していた。そこへ人を呼び戻し、交流を図るイベントである。自治体からの補助金も大きなスポンサー企業もなく、春と秋の年二回、大勢の人が飲食店をハシゴして飲み食いを少しずつ楽しむ。こうした「バル街」イベントは近年各地に広がり、函館の「バル街」は、二〇一九年にサントリー地域文化賞を受賞している。

深谷が地元の食材を使った料理を出す同志を探していて出会った一人が、のちに有名になる山形の奥田政行だった。

◆山形の地場イタリアン

奥田政行が山形県の庄内地方、鶴岡市の町外れ、幹線道路沿いにある元喫茶店を改装してイタリア料理店「アル・ケッチァーノ」を開いたのは、二〇〇〇年三月のことだった。

今、アル・ケッチァーノは、「食の都」として知られる庄内地方の中核を担うレストランである。奥田は希少な在来野菜をはじめ、地元の食材を生かす料理をつくり出す。わざわざ遠方からも客が訪れる。東京・銀座にもプロデュースした店「ヤマガタ サンダンデロ」があり、奥田自身が国内外に呼ばれて料理を披露することもある。二〇一五年には、食をテーマにしたミラノ万博でも料理を披露した。辻静雄食文化賞ほか、数々の受賞歴がある。テレビ出演も多い。

奥田は、東京で料理人修業をした。フランスやイタリアで修業を継続することもできたが、地元に光を当てたいという志を抱いて二四歳で鶴岡市に戻る。「地場イタリアン」を掲げつつ、具体的な方法を模索中だった二〇〇一年、出会ったのが、山形大学で助教授になったばかりの江頭宏昌である。『庄内パラディーゾ　アル・ケッチァーノと美味なる男たち』（一志治夫、文藝春秋、二〇〇九年）に、二人の出会いが描かれている。

「地元の食材を生かすような、庄内の食材の良さがわかるようなレストランをやりたかったんです」と奥田が言うと、江頭は「ちょうど僕も在来作物の、この地域ならではの野菜とかをこれから発掘して研究しようと考えているんだけど、野菜も紹介するし、そういう料理をやってみたら面白いんじゃないですか」と返す。そして、二人でさまざまな生産者に会いに行くようになる。

在来作物とは、地元で農家が種を採り、受け継いできた野菜や穀物。種苗会社が販売する一代限りのF1種とは一線を画す。管理がラクで品質が安定していることから、世に流通する野菜や果物の大半はF1種である。

二人が最初に訪ねた相手は、無農薬栽培に力を入れる先鋭的な農家、酒田市の坪池兵一。彼がつくるカラトリイモ（ズイキイモ）は里芋の一種で、三〇〇年近く前からこの地域でつくられてきた。坪池は「これから在来種を題材に農業を手がけていきたい」と二人に告げる。

鶴岡市藤沢地区でつくられてきた藤沢カブは、つくるのに手間がかかり、細長いカブの根を抜き取りにくいことから、ほとんどつくられなくなっていた。地区に住む渡会《わたらい》美代子から種を託された近所の後藤勝利がつくり始めたところ、鶴岡市の老舗漬物店「本長」が買い上げようと名乗り出る。

奥田が江頭、本長の本間光廣社長と後藤を訪ねたのが二〇〇三年。掘りたてにかぶりついた奥田は、「その場で料理に使えることを確信する」。

焼き畑栽培で育てる藤沢カブについてのドラマチックなエピソードは、奥田の著書『人と人をつなぐ料理』（新潮社、二〇一〇年）、渡辺智史監督のドキュメンタリー映画『よみがえりのレシピ』（二〇一一年）でも紹介されている。

在来野菜はもともと、煮ものや漬けものなど、決まった料理に使われてきた。しかし、奥田は食材の味や香り、形を確かめ、ソースはほとんど使わないで皿に仕立てる。カラトリイモは、ゴルゴンゾーラチーズを合わせてゆっくり煮て、最大の特徴であるとろみを引き出す。カラトリイモの粘りとゴルゴンゾーラの強い香りが合わさる掛け算のグラタンだ。藤沢カブは、バーナーで焦がした「藤沢カブと庄内ブタのグリルの焼き畑仕立て」というメニューになった。

絶滅寸前だった外内島《とのじま》キュウリは、皮が薄く傷つきやすい。栽培にも手間がかかる。その絶滅を救ったのは、またもや本長。そして、奥田。『人と人をつなぐ料理』の中で奥田は「みずみずしさと、複雑な皮の苦味と渋みの中に隠れているウリ系のぽっくりとした甘味、そこに力強い鮮烈な香りが加わり重層的な味わいが生まれる」特徴があると記す。

奥田は外内島キュウリを千切りし、庄内浜で獲れたクチボソカレイにのせて出す。キュウリのみずみずしさを生かすため、カレイはわざとパサつかせて焼く。ほろ苦さを強調するにも、弱い苦さを持つカレイが合う。「2つを一緒に口にすると、パサパサのカレイにキュウリの水が合わさり、舌の上で混じり合う。両者の苦味も相乗効果を起こします。そして、咀嚼した最後には、外内島キュウリの香りが口の中に余韻として残る」と奥田は書く。

『庄内パラディーゾ』で江頭は、奥田の料理を次のように評する。「まず、食材があって、食材を生かすためにはどう組み立てればいいかと考えて料理されている。その次には、生産者への思いが出てくる。そして、一番最後に自分がいる。だから、食べたときに感じるのは、ソースの味ではなく、食材の香りと味なんです（中略）クセやえぐみをあえて生かす方向へといく」。料理のための食材ではなく、食材を生かすために料理するのが奥田なのである。

◆地場食材が持つ力

奥田が模索期間にバイブルとしていたのが、一九七四年刊行の『庄内の味』（伊藤珍太郎、庄内の味刊行会）である。野菜や魚介類、コメなど地場の産品の魅力を伝えるエッセイ集だ。一九八一年改訂版の表紙に「派手なうまさを看板にかかげる魚は全国に多いが庄内浜の魚は味のち密さにおいてそう簡単に追随をゆるすものではない」と本文の引用がある。

「ほろびゆく大多新田のずいき」の章では、酒田市の「旧中平田村の大多新田の苗代に育ったずいきの味に及ぶものを、わたしは知らない。濃厚なくせに、悪くさからわずに舌にネットリと柔軟にからむまろやかな味は、無類のものである」とある。その生産がへり、消えていくと惜しんでいる。先のカラトリイモのことである。

よく知られているだだちゃ豆については、「白山だだちゃ豆は長く噛むほどだんだんと別のうまい味が舌の上に生まれてきて、ノドを通す最後まで変転する美味をたのしませてくれる」と評し、「部落びとのたゆまぬ忍耐ある品種改良への努力にまつところが大きいし、その声価は一朝にして成ったものではなかった」と説明する。食材のおいしさの背景まで、目配せが行き届いている。

食材の味や形は、その土地の気候風土によって形成される。魚介類なら海流や地形の好条件に加え、豊かな山林が背後にあり川が流れ込んでいれば、多様なものが得られる。農産物なら、土壌や気候、地域の人たちの努力に加え、他地域との交流も種類を豊かにする。旅人を介して得た種、誰かが嫁入りして持ち込んだ種などが、その地に根づいて新たな性質を育てたものもある。

山や川に分断され、多彩な気候や地形を持つ日本では、地域間の交流が限定されていた江戸時代に育まれた在来作物が多い。開国以降に欧米や中国から入ってきた作物もある。これらの在来作物は、高度経済成長で日本が工業国に転換し、農業の現場でも効率的な大量生産を求められるようになると、衰退していった。『庄内の味』が書かれたのは、そういう衰退が始まった時代である。

替わって広まった一代交配のＦ１種の作物は、管理がしやすい。三浦半島では、一九七九年の台風二〇号の被害を受けた三浦大根が青首大根にとって替わられたが、土からたやすく引き抜ける青首大根は、他の産地でも在来大根と交替していった。ほかの在来作物も、収量が少ない、小さいなど、利益を得にくいものが少なくない。

一方で、ほそぼそとでも在来作物が受け継がれてきたのは、「おいしい」と栽培者や地元の人たちが思っていたからである。とはいえ、冷蔵庫がなかった時代に漬けもの用に交配をくり返して育てた野菜の場合、その性質は、漬けものが身近でなくなった現代人に真価が伝わりにくい。昔の家庭では定番だった煮ものも、時間や手間がかかると敬遠されがちである。

しかも、個性が強く扱いにくいものが多い。皮が固いキュウリやナス、でこぼこした形のイモやカブ。独特のえぐみや苦味を持つ食材もある。

生産者、消費者双方の事情により、多くの在来作物が衰退していく。しかし特に平成になってから、復活させようという試みがあちこちで始まっていく。推進役になった人たちには、料理人が目立つ。京野菜を発掘したのは、京都で四〇〇年以上の歴史を持つ料亭「瓢亭」の一四代目、髙橋英一である。大阪のなにわ伝統野菜を見出したのは、プロローグで紹介した㐂川の上野修三である。そして、山形はアル・ケッチァーノの奥田政行なのである。

◆酒田のフランス料理店

奥田が庄内に潜在力があると考えた根拠は、『庄内の味』のほか、酒田市にフランス料理の名店「ル・ポットフー」があったからでもある。同店はおそらく、日本で最初に地場の食材を生かす高級料理を出した店の一つである。

ル・ポットフーを開いたのは、酒田市の清酒「初孫」醸造元「金久《かねきゅう》酒造」の御曹司、佐藤久一《きゅういち》である。父の久吉《きゅうきち》は市議会議長も務めた地元の名士。一九三〇(昭和五)年生まれの佐藤は日本大学に在学中、父から映画館の経営を任される。学業より興味を持った彼は、一九五〇年に地元に戻り、最新作を次々に上映する上質な空間を持つ先進的な映画館として成功させ、映画評論家の淀川長治、荻昌弘まで常連客にさせる。

その後東京でオープンしたての日生劇場に勤め、レストランに配属されてレストラン・ビジネスの面白さに目覚める。昔の仲間からビジネスの誘いを受け、地元に戻った佐藤は、父から今度はレストラン経営の話を持ちかけられ、乗り気になる。

職場の信頼できる同僚たちを引き抜いて酒田に戻った佐藤は一九六七年、「レストラン欅《けやき》」をオープンさせ、支配人となる。『世界一の映画館と日本一のフランス料理店を山形県酒田につくった男はなぜ忘れ去られたのか』(岡田芳郎、講談社文庫、二〇一〇年)によると、佐藤は料理人たちを、「庄内の桜鱒《ます》を見たことがあるか。庄内のワタリガニを見たことがあるか。あんな新鮮な魚介は築地ではけっして手に入らない。酒田に行けば、日本一豊かな海の幸、山の幸に囲まれて、コックの仕事ができるんだよ」と口説いた。

佐藤はもともと名家育ちで舌が肥えていたところへ、日生劇場時代、芝公園の「クレッセント」、銀座「煉瓦亭」、赤坂「メゾン・ド・シド」などの名店に通い、支配人や料理長からも話を聞いて料理を学んでいる。

酒田は江戸時代、北前船による交易が盛んで、「西の堺、東の酒田」と並び称された町である。『世界一の～』に、「豪商や豪農は京都の文化を吸収することに貪欲で、京都の文化人、職人を酒田に招くこともしばしばだった。祇園囃子の流れを汲む北前太鼓の伝統芸能や、料亭料理に代表される食文化は、こうした交流の中で磨かれていった」とある。グルメが育つ町だったのである。

「こんな寂しい人通りの少ない町にフランス料理を食べる人などがいるのだろうか」と不安がる仲間たちの心配は杞憂に終わり、店ができると次々と地元の有力者たちが訪れた。地元の野菜や果物、「ねじりと呼ばれていた」舌平目などの魚介類、山形牛、庄内豚、山形地鶏、鴨、羊、鳩など質も量も東京を凌駕《りょうが》する食材を得て、料理人たちは奮い立つ。

一九六九年、佐藤は最新のフランス料理を学ぼう、と大阪の辻調理師専門学校校長の辻静雄に会いに行く。その後毎夏、辻調の講習会に通うようになり、自分たちがいかに「井の中の蛙」だったか思い知らされるのだ。

厨房の中核を担う太田政宏は、東京會舘、パレスホテルで総料理長を務め戦前戦後のフランス料理界を支えた田中徳三郎の孫弟子である。田中は一九二九(昭和四)年から三年間、フランスで修業している。しかし、一九七〇年代になると、田中の料理はフランスで古いものになっていく。ヌーベル・キュイジーヌの旋風が吹き荒れたからである。

ヌーベル・キュイジーヌの料理は、バターや生クリームを駆使した重たいソースの田中流と異なり、素材を生かした軽さを身上とする。ヌーベル・キュイジーヌについてくわしくは、第二部第三章で紹介する。

佐藤と太田が一九七二年の講習会で出会った講師は、辻と親交が深いヌーベル・キュイジーヌの旗手、ポール・ボキューズだった。『世界一の～』によると「深みのある軽さとでもいうべき軽妙洒脱《けいみょうしゃだつ》な味」で、「重厚なフランス料理とは正反対でありながら、どこか懐かしさを感じさせる味だった」。

佐藤と太田は、ボキューズから学んだ最新の技術に加え、地元のおばあさんたちから郷土料理を学び、「それまでフランス料理の食材として使われていなかった素材、庄内ならではの新鮮な魚介」を生かした「フランス風郷土料理」を生み出していく。

そこへ地元の清水屋デパートから出店依頼が来る。佐藤が構想した新しい店は、客層がビジネスマンや役人、医師、弁護士など商談目的の男性客が中心の欅と異なる、女性が子ども連れで来られる店。そして、太田を連れ、「ル・ポットフー」を一九七三年に開業するのだ。

ハンバーグやオムライスなどの単品をやめる替わり、グラタンとスープの種類を多くしてサイドメニューとして充実させ、定食中心のメニューを組んだ。こちらの店は、作家の開高健や丸谷才一、写真家の土門拳など名だたる食通が通った。そんな名店が時代に先駆け、生まれていたのが庄内である。

◆庄内の奥田政行

ル・ポットフーが名店になったのは、先見の明がある佐藤久一の力によるところが大きいが、店を成立させたのは、庄内の食材の豊かさである。そして、その食材が社会が変化しても残り、アル・ケッチァーノを育てたのは、名君と謳われた藩主、上杉鷹山《ようざん》（一七五一〜一八二二）がつくった基盤があるからだ。鷹山は一七六七（明和四）年、米沢藩の藩主を継いだ。

米沢藩が置かれた置賜《おきたま》地方は県南部の内陸部。酒田市、鶴岡市を含む元庄内藩の庄内地方は北西部で日本海に面する。藩は異なるが、冷害や洪水などの災害が飢饉に直結するために鷹山が行った、きめ細かい備荒備蓄の対策の影響を受けている。近世東北三大凶作と言われた一八三三（天保四）年の大飢饉も、米沢藩は余裕を持って乗り越えていたからだ。

鷹山の教えは、近代になっても受け継がれた。『日本の食生活全集⑥ 聞き書山形の食事』（農文協、一九八八年）に書かれた昭和初期、庄内平野では、五年ものの味噌を食べることが多かった。味噌は味つけに使うだけでなく、アミノ酸が豊富な栄養食として食糧不足を補う。他の県では二〜三年ものを食べていた時代、それだけ長期間持たせるため備えていたのである。

置賜地方では、鷹山が奨励した生け垣に植えられているうこぎも、混ぜご飯や和えものなどにして食べている。その文化が現代にも受け継がれていたことが、『秘密のケンミンＳＨＯＷ』で確認された。『人と人をつなぐ料理』によると、庄内藩は幕末に最後まで幕府方についていたため、近代化に乗り遅れてしまった。その結果、在来作物も多く残されていた。庄内地方だけで六九品、山形県全体では一五七品目もある。その豊かさを発見したのが山形大学の江頭で、その食材を利用して地域活性化につなげようと思い立ったのがアル・ケッチァーノの奥田だったのだ。奥田とは何者か。

『庄内パラディーゾ』に、奥田の生い立ちが紹介されている。一九六九年、鶴岡市生まれ。両親は新潟県との県境を走る国道沿いでドライブインを営んでいた。政行は小学生の頃から厨房に入り、見よう見まねで料理を手伝った。

オーナーシェフの父は人がよく、店が繁盛していたにもかかわらず、だまされて無記名の小切手を切って以降、借金が雪だるま式にふえていく。『人と人をつなぐ料理』には、冒頭で奥田の原点になった父、喜行について書いてある。

父の夢は、料理を食べて泊まれるオーベルジュをつくること。乱暴な客とも渡り合い、面倒見がよく、住所がなくても年賀状が届くと言われるほど地元で有名だった喜行。料理人にとって垂涎の的となる鳥海山の岩ガキを発掘したのも、喜行だった。そんな父にかなわない、と政行は洋食を目指す。しかし、不渡りの手形を出すと、一気に人が離れていく。債権者のもとへ父と通い、「目の前で落ちていく男の様を見た」政行。父は二〇一〇年に他界。

奥田は高校を卒業すると、東京・渋谷のイタリア料理、フランス料理を出す万葉会館で修業。ドライブイン再興のため、一刻も早く料理を覚えて故郷に戻ろうと、終業後も勉強に励んだ。つくった料理を復習し、イタリア語やフランス語を勉強し、レシピ本を読む。世田谷の製菓店でお菓子づくりも学ぶ。二一歳のときに先の事情でいったん実家に戻るが、一人前にはまだ遠いからと、残ることを切望する両親を振り切り、東京で修業を継続する。

修業の中で、奥田は自らの武器に気づく。『庄内パラディーゾ』に、「ものを食べた瞬間に味のチャートがふわっと浮かび上がり、何が足りない、何が過剰であると一発でわかってしまうのだ」とある。その武器が、在来野菜を扱うときに生きる。

その後、いくつかのフランス料理店で働き、一九九四年に二四歳で帰郷する。ホテルの洋食レストランで料理長まで務めたのち、当時は珍しかった農家レストランで働く。ここで社長に交渉して近くの野菜を使うスタイルを導入し、行列ができる店に育て上げた。

そして二〇〇〇年、アル・ケッチァーノを開店。町外れのその場所はそれまで、何回もオーナーが入れ替わる不利な立地だった。そしてまだ、奥田は実家の借金返済のための仕送りを続けていた。自らも家族を持ち、幼い子どももいた。

開店当初、奥田は何度もスタッフとぶつかる。素材を生かすシンプルな調理法を理解しない者が多かったからだ。奥田は「彼らは常識に縛られすぎている」と感じていた。そして二〇〇一年、江頭と出会い在来野菜を中心にすることで、名実ともに地場の食材を使った唯一無二の店として、道を開いていく。

奥田は庄内の食材を生かすために、フランス料理のソースを封印した。フランス料理とも、オーソドックスなイタリア料理とも一線を画した新しい料理をつくり上げる。調理法を工夫し、素材の組み合わせ方を練り上げた計算は必ずしも客に伝わらず、批判する人たちもいた。

一方で、その魅力に気づく客たちもいた。二〇〇四年に料理雑誌『四季の味』（ニュー・サイエンス社）に取り上げられたのを皮切りに、フードジャーナリストたちに注目され、二〇〇六年にはドキュメンタリー番組『情熱大陸』（TBS系）に出演。全国に名前が知られる存在になっていく。奥田の知名度が上がったことで、地元の活性化も本格化する。

奥田はホテル時代、欅とル・ポットフーの太田が率いる若手シェフ育成の勉強会「庄内DECクラブ」に参加している。そして奥田が力を持つようになると、二人はともに庄内の料理文化を発信する不可欠な柱となっていくのだ。

三　伊勢神宮のおひざ元で

◆サミットの料理人

二〇一六年、伊勢志摩サミットで注目を集めたのは、会食の料理を提供した志摩観光ホテルの総料理長、樋口宏江である。志摩観光ホテルは、皇族が泊まり、多くのグルメたちに愛された料理が自慢のホテル。山崎豊子も愛用し、ベストセラー小説『華麗なる一族』(新潮社、一九七三年)で、夕日が落ちる冒頭シーンに使っている。

樋口の仕事ぶりは、二〇一九年一〇月二二日放送のドキュメンタリー番組『プロフェッショナル　仕事の流儀』(NHK)でも取り上げられている。

メインダイニングの人気メニューは、伊勢志摩サミットで出されたフルコースだ。松坂牛のフィレ肉に伊勢茶の香りをまとわせたステーキ。伊勢志摩の海の幸を詰め込んだ前菜。地元ならではの食材を生かし切る料理は、同ホテルの伝統である。しかし樋口はその伝統をただ守るだけではなく、日々進化させるための努力を続ける。

たとえば「鮑ステーキ」は、一緒に煮る大根の酵素で柔らかさとうま味を出す看板メニューだった。

しかし、樋口はまず八八度のオーブンで一分間加熱し、次は五七度で二時間かけてアワビに含まれる水分で蒸す、新しいレシピを二〇一五年に開発した。アワビは高温で熱すると身が固くなり、繊細な香りが飛んでしまうが、樋口のレシピはまず高温で短時間加熱して肉汁を閉じ込め、低温調理で柔らかくジューシーで香りが際立つ皿に仕立てる。

生産者も訪ねる。間引きされた未熟なミカンを使った一皿は、松坂牛の薄切り肉に、苦みのあるミカンの皮と青唐辛子、酸味が際立つ果汁を用いた前菜にする。

素材が持つ潜在力を引き出す方針は、入社時の総料理長から「火を通して新鮮。形を変えて自然」と学んだ。三重県四日市市で一九七一年に生まれた樋口は、憧れの存在だったその高橋忠之総料理長のもとで働きたいと、辻調理師専門学校を出て、同ホテルに就職した。

四六時中、全身全霊で料理に向き合うことを求める高橋には、ついていけない人も多く、二〇人いた樋口の同期は一年で数人にへった。しかし、何事にも手を抜かない彼女を高橋は「化け物」と評す。そして二三歳になった彼女に、新しく立ち上げるレストランのメニュー開発を任せた。やっかみやひがみもあったが、樋口は面倒な下働きの仕事も引き受け、誰よりも長く働いて認められ、二〇一四年に第七代総料理長に就任した。

◆志摩観光ホテルの料理

樋口を女性だからと差別することなく才能を認めた第五代総料理長、高橋忠之の料理は全盛時代の一九八〇年代、食通たちをうならせた。『四季の味』編集長を務めた森須滋郎のグルメエッセイ集『食べてびっくり』（新潮文庫、一九八四年）には、高橋の鮑ステーキが出てくる。

「皿のまん中に鮑の部厚い切り身が二つ。霰切《あられぎ》りのクルトンとパセリの微塵切《みじんぎ》りを散らし、トリュフの一片をのせて、たっぷりとバター・ソースを掛け、半月に切ったレモンを添えてある。布置といい、配色といい、これはまさしく日本の伝統的な感覚である」

「気のせいか、昆布《こぶ》や若布のもつうま味に通じるものがある。おまけに、やわらか」

食べる人への配慮も行き届いている。前菜とともに、生野菜が出される。赤カブ、セロリ、カリフラワー、キュウリ、クレソン、京ニンジンが一口ずつ。

「料理と料理の間に、指先で摘《つま》んでポリポリ食べる。味覚のリフレッシュになるばかりでなく、実に間《ま》がもてる。塩けも、何もついていない。こうして食べてみると、すっかり忘れていた生野菜一つ一つの持ち味を再認させられた」

行き届いた料理を提供した高橋は、志摩観光ホテルの名を全国にとどろかせた人である。一九七一年、二九歳で料理長に就任するとすぐ、異例の改革を断行した。その模様が『高橋忠之［料理長自己流］』（辻和成、柴田書店、一九九八年）に書かれている。

料理人を集めた高橋は「いままでのメニューはすべて捨てる」と宣言する。

「このホテルで出す料理については、一〇〇％私のやり方でいく。松阪牛のヒレ肉、コンソメに使う牛のスネ肉を例外として、他の食材はすべて志摩の海と風土が育んだ素材以外は使わない。鶏も豚も羊も、このホテルでは一切料理しない」

それまで、同ホテルにはメインダイニングルームしかなく、そのレストランはフランス料理のほか、ハンバーグやチキンライス、エビフライなどのアラカルトもそろえた総花的なメニュー構成だった。料理人の中には、高橋が書いた新しいメニューを読むこともできず、ブイヨンの取り方、伊勢エビのさばき方を知らない者すらいた。二カ月で、料理人の半分が辞めた。

盛りつけ方、提供スタイルも一新。仕入れ先も替え、ディナーコースの価格は三倍に引き上げられ、客も戸惑う。「ふつうの洋食」を求める客からクレームが来ることもあった。少しずつ盛りつけたたくさんの皿を出すそのやり方は、その後「ムニュ・デギュスタシオン」と呼ばれフランス料理界を席巻する方法と、奇しくも一致していた。

高橋は、初期の混乱も織り込み済みだった。「志摩の一番いい時期、すずきと鮑のうまい初夏から夏、夕焼けの美しい秋、かきと伊勢海老は晩秋から冬と、時期時期で志摩ならではの料理を創り出せば、必ずお客さんの心をつかめると思っていました」。不便な立地だからこそ、食事を目的に客が集まるレストラン中心のホテルを構想したのだ。

高橋が料理長になった一九七一年は、グルメブームもまだ始まらず、「フランス料理」を「洋食」と同列にしか認識しない人が大半の時代だった。もちろん、地産地消で地元の食材を活かしてシンプルに、というヌーベル・キュイジーヌの影響も出てきていない。そんな時代に、新鮮な地元の食材にこだわる独自のフランス料理を生み出した高橋忠之とは、何者なのだろうか。

◆伝説の総料理長

二〇一九年一二月に七七歳で亡くなった高橋忠之は、一九九二(平成四)年にホテルのレストラン全体を統括する総料理長に就任、二〇〇一年まで務めた。また一九九四年からはホテルの総支配人も務めている。

一九八〇年に初めての著作『海の幸フランス料理』(柴田書店)を出してからは、取材が相次ぎ、『徹子の部屋』(テレビ朝日系)に出演するなど、テレビ・ラジオにも登場し、時代の寵児となっている。

辻静雄料理研究所の研究顧問を経て辻静雄文化財団評議委員を務める山内秀文さんは、「フランス料理だけで客を呼び込めるなんて、日本ではほかにありえない。酒田の「ル・ポットフー」、浜松の「トック・ブランシュ」など当時注目されていた地方のレストランもあるけれど、値段も含めて志摩観光ホテルはレベルが違った」と話す。

料理界の重鎮たちも高橋の料理を口にし、交流を持っている。懐石料理で有名な辻嘉一、ホテルオークラ(現オークラ東京)の総料理長、小野正吉。帝国ホテルの村上信夫とは『対談　料理長』(柴田書店、一九八六年)を出した。フランスの有名シェフ、ジョエル・ロブションやポール・ボキューズも訪れている。ほかにも文化人や政財界の大物、芸術家、芸能人など幅広い人たちが訪れている。

一九七〇年代後半、欧米からの客がふえ始めていたが、ゲストブックに「日本のマスコミ事情とは無縁である外国人からの極めて的確な指摘がなされている」と『高橋忠之「料理長自己流」』にある。具体的には「あなたは東半球で無類の料理長です」「食材の下ごしらえに見る日仏折衷の料理テクニックに賛辞を申し上げます」「料理の盛りつけ、ソース、風味は際立っていました」などと綴られている。

グルメやプロをうならせる斬新な発想の原点は、どこにあったのか。高橋の人生をひも解いてみよう。

高橋は志摩半島の南に浮かぶ賢島《かしこじま》で、一九四一(昭和一六)年に生まれ、二歳のときに高橋家へ養子に出された。両親の顔を高橋は知らないが「本当の親父は、なまこ壁の、本当に凄いお城みたいな家に住んでいました」と『高橋忠之［料理長自己流］』で語っている。

勉強もスポーツも得意な高橋は、駅の貨物列車を押して遊ぶわんぱく少年だった。実の子どもたちと分け隔てなく愛情を注いでくれた養父は、書画骨董が好きな趣味人。村の助役を務めた後、退職して「朝日屋」という食堂を開いた。

成長するにつれ、高橋は早く独り立ちしなければと考えるようになる。外国に憧れ、西洋料理人という職業にたどりつく。養子という遠慮から「早く自立したい」と願った高橋はまず、中学校の卒業式翌日から、対岸の鳥羽市にある日本旅館に住み込みで働き始める。一週間後、小学校四年生で亡くした養父の七回忌法要で自宅に帰ると、志摩観光ホテルの専務だった川口四郎吉に声を掛けられる。朝日屋の常連だった川口は高橋に近況を聞くと、「料理が好きなら、うちのホテルに来ないか」と誘う。高橋は間もなく旅館を辞め、志摩観光ホテルで働き始めた。

◆高橋忠之の修業時代

志摩観光ホテルが開業したのは、一九五一（昭和二六）年である。一九四六年に伊勢志摩地区が国立公園に指定されたのを受け、外貨獲得と観光客の誘致を目的に、三重県と近畿日本鉄道（近鉄）、三重交通の三者が共同出資し、賢島に設立した。志摩電気鉄道の電車が走っていたとはいえ、それまでは真珠の養殖以外に売りもののない辺鄙《へんぴ》な土地だった。

ホテルには、開業一年目に高松宮夫妻や三笠宮、昭和天皇が宿泊している。二年後には、画家の小磯良平、作家の三島由紀夫や円地文子、写真家の土門拳、俳優の岸惠子、佐多啓二などが泊まっている。そのホテルを見ながら、高橋は育った。

高橋を誘った川口は、近鉄の前身である大阪電気鉄道の子会社、大鉄百貨店で支配人まで務めた後、志摩観光ホテルに入っている。一九六一年から一九七五年まで三代目社長を務めた川口がめざしたのは、「風格のあるリゾートホテル」である。川口が社長だった時期に高橋が料理長となり、大胆な改革ができたのは、川口と同じ方向を向いていたからであろう。

高橋はタイミングもよかった。入社当時、料理人の世界には徒弟制度の因習が残り、パワハラや暴力が横行する旧態依然な体質があった。志摩観光ホテルも例外ではない。しかし、世代交代も進みつつあった。先輩料理人が六人しかいない小所帯で、「陰湿で不合理な〝いじめ〟が排除されていった」のである。

しかも一五歳の高橋は、掃除や鍋洗い、食材の下準備など、下働きの料理人が行う一通りの仕事を一手に引き受けながら、文句を言うどころか、それを勉強の機会ととらえていた。

「野菜について来る土をなめれば、どんな土壌にどんな野菜が合うのかを知ることができます」「半身で来る牛肉の下処理をすれば、部位と肉質の関係も理解できる」「ホテルに素材を納入してくれる業者からも、いろいろな知識を学ぶことができた。産地や潮流による魚の味の違いとかね」（『高橋忠之「料理長自己流」』）

修業がつらくなると、義父の「修業というのは、仏の教えを修習することや。精神を鍛え、学問、技芸を修め、磨くことなんや。稽古というのはな、道理と正義を学ぶことや」という教えを思い出して耐えた。やがて、教えられたものを実践するだけでなく、独自のものをつくっていきたいと思うようになる。

英語やフランス語を独学で学んでいた高橋は、一九六一年から二年かけて、秋山徳蔵が書いた『佛蘭西料理全書』(秋山料理研究所出版部、一九二三年)を、調理場から借り出して書き写す。これは天皇の料理番を務めた秋山が、現代フランス料理の基礎をつくったエスコフィエの『ル・ギード・キュリネール(料理の手引き)』を翻訳し、自身の経験を書き加えた本である。

その際のことを高橋は『対談　料理長』の中でこう語っている。

「学問をやることによって生み出されるものは、疑問と、解決だけだと。学問をやることは、もうそれだけしかないということがわかったのは、エスコフィエを写していくたびに、疑問が出て、その疑問を、ストーブの前で解決し、一つ、一つ日本の素材に変えていったということです」

たとえば、エビに添えるソース・アメリケーヌも、エスコフィエのレシピ通りではうまいと感じなかったため、自分流に工夫した。それはオマール海老と伊勢エビの素材の違いではないか、とフランスで学んだ経験がある対談相手の村上は指摘する。教科書をなぞるだけでは現場で通用しないことも、教科書を徹底的に読み込んだ高橋は学んでいたのである。

一九六三年、料理主任に昇格した高橋は、他のホテルで研修する機会を得る。業界誌などを読んで気づいた立ち遅れた調理場を変えるには、料理長になるしかないと考え、その力を養うために東京のパレスホテルでの研修を志願する。大阪万博に向けて、新館を建設する構想が立ち上がったからである。フランスで学んだ経験がある大御所、田中徳三郎の現場を知りたい。実現できたのは一九六八年、高橋が二六歳のときだった。

高橋がパレスホテルで発見したのは、正統派フランス料理を軸にした明確なメニュー構成を持つ一方、常連客の要望にもすぐ対応できる顧客管理体制を整えていたこと。「料理技術はもとより、メニュー構成、人事管理、材料管理、計数管理のすべてにおいて、自分たちがいかに稚拙であったかを思い知らされました」と言う。また、東京の主だったレストランをすべて回り、自腹で食べ歩いた。

パレスホテルで学んだことを詳細にわたって具体的に報告した高橋は、結果として経営陣や幹部社員に自分の力量を伝えることになった。そのため社長となっていた川口の鶴の一声で、新館の厨房設計には、高橋の意見が全面的に採用された。天井は高く、作業スペースはゆとりがあって明るい。排水路も調理台もステンレス貼り。最先端の機器がそろった明るく清潔な厨房ができた後、高橋は料理長に就任する。

◆地元を活かす

伊勢志摩といえば、伊勢神宮がある。皇室の祖先といわれる天照大神《あまてらすおおみかみ》が内宮に、衣食住および産業の神である豊受大御神《とようけのおおみかみ》を外宮《げぐう》にまつる神宮が置かれるこの地は、豊かな食材に恵まれている。志摩は古来、「御食《みけ》つ国」として朝廷に海産物を納めてきた。

黒潮の影響で気候は温暖、伊勢平野の土壌は肥沃だ。

『伝承写真館　日本の食文化⑦東海』によると、海産物ではアワビ・伊勢エビ・海草、イワシ・アジ・サバ・ブリなどの青魚、タイ・クロダイ・カレイ・ヒラメなどの白身魚、カキ・ハマグリ・赤貝・サザエ・アサリなどの貝類、タコ・エビ・イカなども獲れる。これらの海産物は、近鉄電車で大阪・鶴橋の市場へも運ばれ、大阪の台所を潤した。

伊勢平野は米どころで、古くから自給が可能だった。松阪牛も、全国三位の生産量を誇る伊勢茶もある。そういう土地だからこそ、志摩観光ホテルはほぼ地場の食材だけで、唯一無二の料理を提供することができたのである。

高橋が少年の頃の夢を実現し、渡仏したのは一九七三年のことである。ヨーロッパ視察から帰ってきた川口社長に、研修を命じられたのだ。一ヵ月の間、フランス各地の著名なレストランを食べ歩き、厨房を見学しシェフとも話をして、身に着けてきたことを壊される大きなショックを味わう。

帰国するとすぐ、一五歳のときから書いてきたノートを全部捨てた。自己崩壊の危機を体験した高橋が、すぐに再出発できたのは、地場の食材を大事にするという方針が間違っていなかったことを、フランスで実感できたからだ。

高橋はパリで最初に食べたスープから、最大の衝撃を受けている。それはタマネギ、ジャガイモ、ニンジン、セロリなどを煮てつぶし、クリームを加えた「ポタージュ・デュ・レギューム」で、「土のうまさ、土の持つ自然のうまさを出すというやり方だと気づいたんです。大地の恵みの滋味、太陽の輝きを味わわせてもらった」と高橋は言う。

それまで高橋がつくってきた野菜スープは、単に素材をピュレしてクリームで味を調えたもの。しかし、パリで味わったのは、素材を生かす配慮が行き届いたスープだった。そして「料理というものは、素材をむちゃくちゃにいじるよりも、風土の持ち味を変えずに、料理人がちょっとお手伝いしたら、これほど素晴らしいものになるのだなとわかったんです」と語っている。ヌーベル・キュイジーヌの精神を、一皿食べただけでつかんだのである。

改めて日本の風土を学ぼうと神社仏閣、古美術を訪ね歩き、知識人たちと交流を得て学んだ。そうして、「料理長自己流」と冠したメニューを次々とつくっていく。それは素材の特徴を確かめ、ベストと思った方法で料理したもの。アワビを大根と煮る料理法もその一つだ。

日本が欧米から西洋料理を学び始めて一〇〇年あまり。高橋は、気候風土も文化も異なる欧米の料理を、そのまま日本で導入するのには無理がある、日本の食材や気候に合わせてアレンジを加えていくことが必要だと気がついた、最初期の料理人の一人と言える。それは、特定の師匠を持たず、フランスで料理修業をした経験がなかったことが大きいだろう。そして生まれ育った地元で料理人となったからではないだろうか。

辻静雄文化財団評議委員の山内さんは「彼の「火を入れて新鮮〜」という言葉は至言だと思います。食材重視を言い過ぎると食材にもたれかかり過ぎるのですが、彼は必ず料理人の技術を入れてなおおいしくする、と言っている」と話す。

地方だからこそ、憧れの職場があり、憧れの先輩がいることが、子どもたちにとっては重要である。将来を思い描き、地元で働くことができる。高橋とその弟子の樋口は、そういう環境に恵まれた料理人と言える。

二で紹介した後続世代の奥田政行も、フランスやイタリアへ渡ることなく、地元で店を持った。足元をとことん見つめ直した料理人が、地元の魅力を発見する。フォアグラやキャビアやトリュフがなくても大丈夫だと気がついたのだ。

今、世界の料理界は地元の食材を活かし独自性を打ち出す潮流が席巻しているが、日本にもそういう文化を産み出す流れがあった。いったいなぜ、日本の料理界にこのような料理人が生まれ、そういう料理を受け入れるグルメが育ったのだろうか。それを理解するには、個別のジャンルを深掘りするほかない。そこで第二部は、和食、洋食などのジャンルごとの発展史をたどっていきたい。

第二部

外食はいつから始まり、どこへ向かうのか

第一部では、主にトレンドの視点から外食全体の変化を追った。第二部では、和食、洋食などのジャンルごとに歴史を確認する。多様な外食それぞれの歩みを知ることで、グルメ化の具体的な流れが見え、やがてなぜ日本が、グルメ大国になったのかが見えてくるだろう。

第一章　和食と日本料理

一　料亭文化の発展

◆「和食」とは何か？

二〇一三年一二月に和食がユネスコの無形文化遺産に登録され、にわかに「和食とは何か？」を問う議論が盛り上がった。ジャーナリストたちは、登録に関わった研究者たちに「ラーメンは入るのか？」「カレーやハンバーグは？」と質問した。私もその中にいて、食の日本史にくわしい大学研究者二人に取材を行っている。

家政学を専門とする江原絢子さんは、三世代にわたって受け入れられていることを条件と話し、日本生活文化史を専門とする原田信男さんは、「日本に住む日本人がつくり出した料理」と定義した。となると、戦前に広まったカレーやラーメンは、そろそろお二人が定義する和食に入ることになる。ただ、まだこれらの料理は、万人が「和食」と認めるには至っていないように感じる。誰もが和食と認めるものとは、何だろうか？

また、飲食店なら「日本料理店」「料亭」「割烹」「会席料理」「懐石料理」「精進料理」など、いろいろなくくりがあるが、その定義は今一つはっきりしない。何がどのように違うのか。和食の外食史を考えるにあたり、このあたりも順に整理していきたい。

和食文化国民会議が監修した『和食とは何か』（熊倉功夫・江原絢子、思文閣出版、二〇一五年）によると、和食の特徴は農作物、海や山の自然の産物を利用した食文化であること、発酵技術を活用していること、器をめでる文化などが例として挙げられている。飯、汁、菜（おかず）、漬けものが基本形であるともしている。

私自身、『「和食」って何？』（ちくまプリマー新書、二〇一五年）を書いて、和食の定義を考えた。私は、江戸時代に定着した料理に、幕末の開国以降に入ってきた西洋料理や中国料理の影響を受けて生まれた料理で、肉じゃがや豚のしょうが焼きといったご飯に合うものが和食と考えている。カレーやラーメンが微妙なのは、全国的に広まったのは戦後だからだろう。それに日本で生み出されていれば何でも和食だ、と言われて納得するには、あまりにも多様な食がこの国にはある。

江戸時代にベースがあるのは、外来の文化の流入が限られ、政権が安定していたから。独自の食文化を築きやすく、寺院や特権階級の料理技術が庶民にも広まったことによる。その技術やレパートリーは、西洋から活版印刷の技術が入り、出版文化が生まれた結果、普及している。この食文化は、外来の文化の影響を受けつつ、少なくとも昭和半ば頃まで農村を中心に受け継がれていた。数百年前から現代まで連続性がある食文化を、私たちは和食と見なす。

原田信男さんの『和食とはなにか』には、秘伝とされてきた料理技術が江戸時代になり、料理書を通して公開されたことが記されている。最初の料理書は一六四三（寛永二〇）年に出た『料理物語』で、それは慶長年間（一五九六〜一六一五年）につくられた『料理秘伝抄』を一般向けに出版したもの。また、『料理切形秘伝抄』という、料理を家業とする公家、四条家の四条流の秘伝を記したものも江戸時代初期に刊行されている。

公開された秘伝が、全国に広まっていく。村々の名主や地主の家には、村の人たちが江戸で買ってきた料理本や、貸本業者を通して貸し借りされたものを一部書き写した写本が残されていることがある。こうした料理を学んだ村のセミプロ料理人たちは、冠婚葬祭で腕を振るう。それは武家が確立した「本膳料理を略式化したもので、実質的には江戸などで流行していた会席料理と変わらず、村人が味わう本格的な和食」だった。中世までの武家の料理が全国に広まったのが、江戸時代である。

◆日本料理の定義

私たちが和食と思っている料理のベースは、本膳料理だとわかった。本膳料理とは室町時代、大名が将軍をもてなす宴会に出された料理で、夕方から朝までくり返し出される七五三の膳に並べられた。合間には、能が演じられる。『和食とはなにか』は、一三代将軍足利義輝をもてなした一例として「一の膳が、塩引・焼物・桶《おけ》・和雑《あえまぜ》・香の物・蒲鉾《かまぼこ》・フクメ鯛（サクラデンブ）の七品に飯、二の膳は、鮒《ふな》・クラゲ・辛螺《にし》・カラスミ・海老の五品に鯛の汁と集汁《あつめじる》、三の膳は擁剣《がざめ》（カニ）・鵠《くぐい》・鯉の三品」を挙げる。さまざまな料理が載った膳が、次々と出される様子が伝わるだろうか。同書を手がかりに、和食が整っていく過程をざっと見てみよう。

「本膳料理は、貴族たちが完成させた儀式性の高い大饗料理に、僧侶たちの高度な調理技術に基づく精進料理を組み合わせたもの」で、「現在における日本料理にきわめて近い」。

大饗《だいきょう》料理は、平安時代に確立された。中国や朝鮮半島の影響のもとに生まれ、切り方の工夫に日本の独自性がある。宴会では、大きなテーブルに数多くの料理が並べられるが、身分によってかなり料理内容が異なる。めいめいの手元には、箸とさじ、皿が置かれている。「料理として並べられているのは、グループごとに生物だったり干物だったりするが、これに蒸物や茹《ゆで》物が添えられている場合もある」。手元の皿に盛られた調味料で各自味つけしつつ食べる。調味料は、塩、酢、そして味噌・醤油の原型のような醬や、わさびや辛子といった香辛料である。

精進料理はよく知られているように、魚肉を使わない料理で、平安時代末期から鎌倉時代初期にかけて、宋へ修行に行った僧侶たちが持ち帰った技術がもとになっている。大饗料理と大きく違うのは、あらかじめ味つけされている点である。肉を使わないが、限りなく肉に近づける高度な技術を駆使した精進料理を通して、日本に味噌、醬油、豆腐、すりこ木とすり鉢、点心、お茶と喫茶法などが伝わっている。

南北朝時代に書かれた庶民向けの初等教科書『庭訓《ていきん》往来』に精進料理の例がある。「摺《す》った山芋や小麦粉・米粉の練り物を使って形を整えた煮物」を「イノシシやヒツジの羹《かん》」に見たてて出す点心が記録されている。「煮しめた牛蒡《ごぼう》や、コンブと荒布《あらめ》の煮物、黒煮の蕗《ふき》に、酢漬けの茗荷《みょうが》や差し酢の若布《わかめ》、酒煎りの松茸《まつたけ》と平茸を雁《かり》や鴨《かも》に見立てた煎物」など、現代に通じる料理も記されている。

精進料理から本膳料理が生まれ、それをさらに発展させたのが懐石料理である。これは少人数の茶会の席で出される料理で、「本膳料理から、儀式性を取り除いて、料理そのもののあり方を大切にした」もの。本膳料理は、料理に装飾をほどこし、何日も前から料理しておくもので、面倒な作法を伴っていた。

そこから「装飾的で見るためだけのものや、冷たいものを棄て去り、代わりに温かくて充分に調理された料理が、適当な時に出され、質のうえでも充実した内容のものとなった」。完成させたのが千利休で、一汁三菜を基本とした。

茶会は、一期一会の会合であり、季節感の演出が大切にされる。茶室に掛けられる絵や飾られる花も、その季節に合ったもの。旬の食材を積極的に採り入れ、時季に合った料理に仕立て上げる。そして、食事のペースに合わせて温かい料理を出すことが、懐石料理のもてなしである。私たちが知っている和食の理想形が、確立されたのである。

昆布の出汁を使った料理は、精進料理から登場する。南北朝時代に日本海の航路が開発されて海上交易が発展し、北海道の昆布が京都で大量に流通するようになったからだ。鰹節をつくる技術も室町時代に生まれ、カツオと昆布の合わせ出汁は「おそらくは本膳料理あたりから」生まれている。

醬油や味噌、みりん、酢といった和食の味を決める調味料は、江戸時代を通じて産業化されていく。味噌は、農村では自家製されるようになった。

そして、江戸時代に「懐石料理から茶道の要素を抜き去り、お茶の代わりに酒を料理とともに楽しむものとして登場した」のが、会席料理である。

今、飲食店には、懐石料理店と会席料理店、どちらもある。ルーツは同じ宴会料理なのである。その意味で、懐石または会席料理の店で出されるのは、手が込んだプロの高級料理であり、家庭料理とは異なる。料亭は、会席（懐石）料理の店から発展した形態で、女将や仲居の接待があり、空間のしつらえなどを楽しめる店だ。割烹は、女性のサービスを廃して板前の料理技術を楽しませる。本節では主に、これらの料理屋で発達した「日本料理」の歴史を扱う。

◆江戸の料理屋

高級料理の世界はもともと、政治に携わる特権階級のものである。古代にはそれが公家であり、中世・近世には武家だった。その階級は近代になっても、華族や士族という形で残った。料理をつくったのも、公家や武家の特定の人たちだった。古代には料理を担当する大膳職《だいぜんしき》という部署が朝廷に置かれていた。平安時代になると、包丁の技術を中心とした料理流派、四条家の四条流が生まれた。武家の時代になると、本膳料理を担当する武家も生まれる。進士《しんし》家、大草《おおくさ》家などで、調理技術だけでなく料理作法も生み出していく。

代々受け継がれた秘伝の技術が、料理書によって江戸時代になると公開されていく。そして、特別な宴席で料理するのではなく、毎日営業する料理屋が成立する。元禄年間（一六八八〜一七〇四年）に現在判明している最初の料亭が、プロローグで紹介した大坂の「浮瀬」で、文化人たちに料理と遊興を楽しむ場を提供したことが店の始まりである。場所は、当時の観光スポットだった四天王寺の近く。

『大阪料理』によると、周辺には「西照庵」「福屋宴席」といった料亭が次々と生まれる。『食前方丈　八百善ものがたり』（栗山恵津子、講談社、一九八六年）によると、本格的な料理屋ができるのは、「各藩の江戸詰めお留守居役が、幕府や他藩との折衝の場として用いるように、また財力を持った御用商人などの必要に応じる」ためで、徳川幕府の収入がピークに達した宝暦年間（一七五一～一七六四年）から明和年間（一七六四～一七七二年）にかけて。筆頭が深川洲崎（現木場）に明和年間に誕生した「升屋」、続いて浅草に享和年間（一八〇一～一八〇四年）にできた「八百善」だった。

上方風の料理を出した升屋は、一七九一（寛政三）年の大津波で消滅した。『江戸の食空間』によると、升屋は明和年間頃に深川洲崎にでき、「諸家の留守居役が振る舞いをする時はここ」とされ繁盛していた。

八百善の有名な逸話が、寛政天保頃（一七八九～一八四四年）の風俗を記した『寛天見聞記』にある。酔客が茶漬けを所望したところ、半日待たされて代金が一両二分もした。抗議したところ、それは良質の水を汲むために多摩川までやらせた飛脚の運賃が主だった。

この話は単なる伝説ではなく、本当だったかもしれない。『～八百善ものがたり』によると、江戸前の魚介類だけでなく、相模や駿府ほか全国から、「早船や、早飛脚、あらゆる方法で入手した」とあるからだ。八百善で使われる醤油は、この頃広まり始めた関東産の濃

『料理通』に収められた八百善の挿絵

口醤油である。『女主人のいる店』（佐々木芳子、文化出版局、一九八六年）によると、「江戸料理は甘味のつよい味のほかに、原料のいいものを選び、それを手間ひまかけたところに、その大きな特徴があります」。その手間がやがて、衰退の原因になる。

八百善は、政治や商談の場としてだけでなく、画家の酒井抱一、谷文晁、葛飾北斎、渡辺崋山など、一流の文化人たちが集まる場でもあった。

『和食とはなにか』には、江戸にはほかにも、葛西太郎、大黒屋孫四郎、甲子屋《きのえねや》、四季庵、二軒茶屋、百川などの高級料亭が次々とできたことが紹介されている。『ミシュラン』にさきがけ、宝暦・天明年間（一七五一～一七八一年）頃から料理屋の番付も売り出される。一八六三（文久三）年の「即席・会席御料理番付」には、一一四軒もの料理屋名が並んでいた。

京都の店は、『日本食物史』が『洛陽勝覧』（一七三七年）から紹介している。四条河原町・祇園付近では、江戸より早く一七三四（享保一九）年頃より「料理茶屋、水茶屋で繁盛している」。「佐野屋」の名前が挙げられている。清水寺がある東山にも料理屋が多く、三〇軒以上挙げつつ、昔は一二〇軒あったのがへった、としていて、宝永年間（一七〇四～一七一一年）から享保年間（一七一六～一七三六年）にかけて開業した店を紹介している。

南禅寺門前に今もある『ミシュラン』三つ星の「瓢亭」は、四〇〇年ほど前に南禅寺境内の門番所を兼ねて、腰かけ茶屋として商売を始めた。料亭ののれんを掲げて高橋嘉兵衛が懐石料理を出し始めたのは、一八三七（天保八）年である。

京都に現存する老舗は他にもある。『京の味　老舗の味の文化史』（駒敏郎、向陽書房、二〇〇〇年）から拾ってみよう。茶懐石を掲げる丸太町の「柿傳《かきでん》」が一七二一（享保六）年、雛懐石を謳う四条大橋近くの「ちもと」が一七一八（享保三）年で古い。袋町「はり清《せ》」が明和年間（一七六四〜一七七二年）。有職料理を掲げる猪熊通出水《でみず》の「萬亀楼《まんかめろう》」が、嘉永年間（一八四八〜一八五四年）。

同書をみると、長い間文化の中心地だった京都だけあって、老舗が看板にしているジャンルが幅広い。湯豆腐、江戸時代に中国から入ってきた普茶《ふちゃ》料理、ハモ料理、ナマズ料理、料理旅館、卓袱《しっぽく》料理、水炊き料理、川魚料理、筍料理、牡丹鍋に摘草《つみくさ》料理もある。そういう江戸や明治に生まれた店が、今でも存続しているところに、京都の底力が見える。

◆北大路魯山人

料亭は、近代に文化人、政治家、商人たちが集まる場として成立し、発展した。幕末に黒船で来て開港を迫ったアメリカのペリー、ロシアのプチャーチンを、幕府がもてなす場としても活用したようだ。『八百善ものがたり』によると、日米和親条約の宴会料理を提供したのは八百善らしい。

工夫を凝らして出した日本料理はしかし、彼らの口には合わなかった。『日本食物史』によると、ペリー来航の際横浜で出した料理は、サザエなどの吸物、刺身、鯛筏・つくしからし漬け・自然薯蕷《じねんじょうよ》七代煮などが入った鉢もの、鴨大

北大路魯山人

身といった酒肴を出したのち、本膳料理を出した。かなりの費用を投じた饗応だったが、ペリーには料理が貧弱と不評で、先に寄った琉球の料理のほうがはるかによかったと述べている。

プチャーチンの饗応でも、長崎で本膳料理が供されている。薄造りの鯛、そぞろ麩とゴボウの煎りものなどと汁、飯、ウリとナスの漬けものなどだ。「ゴンチャロフは、黒い濃いスープ（おそらく味噌汁）はおいしかったと評価しているものの、魚のすまし汁は、ただの熱湯のようでおいしいとは思わなかったと述べている」。出汁の控えめなうまみは、理解されなかったのである。

本膳料理が西洋人に不評だったことから、一八六七（慶応三）年以降、欧米人をもてなす料理はフランス料理となる。交際も活発になることから、一八七一（明治四）年に明治天皇が肉食再開宣言を行い、食の洋風化が始まる。

時代の波を受けて、受難の時代が始まった日本料理の世界では、従来の枠組みを超える新しい潮流が生まれる。それは異端児、北大路魯山人による改革だった。以下、『知られざる魯山人』（山田和、文藝春秋、二〇〇七年）を手がかりに見ていこう。

今となっては、『美味しんぼ』の海原雄山のモデル、と言ったほうが通るかもしれない魯山人。料理人であるだけでなく、書家、篆刻《てんこく》家、陶芸家とマルチな才能を発揮する文化人だった。父は上賀茂神社の社家で神官職の代理や雑務、事務方をつかさどる「禰宜《ねぎ》」と呼ばれる位の家で貧しく、母は御所勤めをしていた。しかも、父は一八八三（明治一六）年に息子が生まれる前に自殺している。原因ははっきりしないが、母の登女《とめ》が浮気したと言われており、彼は実の父ではなかったのかもしれない。

寡婦となった母は息子を里子に出す。房次郎と名づけられた息子は、二度目の養家、木版師のもと、福田姓で育つ。成長した彼は、次々と名前を変えていくが、複雑になるので、成人後については魯山人と書かせてもらう。

養父母の歓心を買うため、幼い房次郎は料理に精を出したと言われる。人並外れたその執着心と観察眼は、『魯山人の料理王国』（文化出版局、一九八〇年）に収められた「猪の味」というエッセイからうかがえる。

養父母の命で、京都堀川の肉屋へ猪の肉を買いに行っていた房次郎。明治半ばの当時、肉屋では牛肉のほか、猪や熊、鹿の肉も扱っていた。五銭を持った少年に、肉屋の親父は適当な部位を選んで渡す。ある日渡された肉は、「四角のうち半分ぐらい、すなわち上部一寸ぐらいが真っ白な脂身で、実にみごとな肉であった。十ぐらいの時分であったが、見た時にこれはうまいに違いないと心が躍った。脂身が厚く、しっかりしている」と細かく観察し、「後にも先にも、猪の肉をこれほどうまいと思って食ったことはない。私は未だにそれを忘れない」と執着をみせている。

東京に出た母に会いたいと二〇歳で上京した房次郎は、やがて印刷原稿の版下書きで成功する。銀座や京橋で古美術を漁って審美眼を磨き、食べ歩いて舌を肥やしている。日清日露の戦争で勝利した日本には、中国や韓国の古美術が大量に流入していた。

明治末から大正初期にかけて、滋賀・長浜、京都、福井・鯖江、金沢に食客として滞在し、京都や東京に戻って篆刻や書で稼いだ。一九一六（大正五）年に母から乞われ北大路姓を継ぐ。

この頃、京都の豪商の出の内貴《ないき》清兵衛と知り合う。京都の内貴の別荘で、美食家の彼の指導のもと、出入りする画家たちに出す料理に精を出す。全国の珍味を覚え、素材の見分け方、盛りつけのセンスなども、教わっている。「料理も芸術やで」と語った内貴ののち、料理を教えてくれる人たちが次々と現れる。

食材に恵まれた金沢でも、有名料亭の「山の尾」を営む茶人、太田多吉と知り合うと、調理場に入れてもらって「加賀料理の真髄と料理の作法、すなわち器の使い方や演出法を習得する」。山の尾の調理場は、板の間の下にコンクリートを敷いた近代的で清潔なものだった。こうして魯山人は、日本料理の技術と精神を深く、幅広く学んでいくのである。

◆現代のひな型をつくった料亭

東京へ戻った魯山人は、幼なじみの田中傳三郎を通じて、彼の弟の中村竹四郎と知り合う。魯山人三三歳、竹四郎二六歳だった。意気投合した二人は一九二〇（大正九）年、一緒に「大雅堂」という古美術屋を開いた。

食べ歩く二人は、東京には京都のように満足できる店がない、京都のような店を開けばウケる、と盛り上がる。やがて売れない古陶に料理を盛れば売れるのでは、となじみの客に出すようになる。そして誕生したのが、谷崎潤一郎の小説にヒントを得た会員制の「美食倶楽部」である。

やがて「金に糸目をつけず、こだわりの食材のみを用いた美食倶楽部は、以前にもまして食通や政財界人に知られるところとなり（中略）、登録会員二百余名を数えることになる」。店が古美術商というより料理屋になってきた一九二三（大正一二）年、関東大震災が起きる。

古美術品を失った魯山人は、美食倶楽部会員で東京市電気局長の長尾半平の世話で、「花の茶屋」という店を開いて成功したところへ、赤坂山王台、日枝《ひえ》神社の杜にある旧華族会館の「星岡茶寮《ほしがおかさりょう》」再興の話が持ち上がる。もとは、西洋料理を出す鹿鳴館に対抗し、日本料理を出す社交場として一八八一年につくられた。再興した伝説の会員制料亭で出された料理が、日本料理に革新をもたらす。

開業は一九二五（大正一四）年三月。経営者は竹四郎、魯山人は顧問の形を取った。同時に魯山人は中国の文房具を東京で売りさばき、自ら食器を焼いて開業資金を調達。陶芸家としての自分に自信を持ち、夏には築窯《ちくよう》に乗り出す。

星岡茶寮で魯山人は、従来の日本料理店が膳ごとで出していた料理を、一品ずつ出す形式にする。食材の持ち味を生かす産地の食べ方を採用した「家庭料理」とし、本膳料理の形式から脱皮したのである。また、二〇坪と広く清潔で明るく機能的な「天下一の調理場」をつくる。魚介類と野菜を別々に大型の電気冷蔵庫に入れ、ニオイが移らないようにするなど、調理場も刷新した。

料理人は当時、江戸時代に発達した「口入れ屋」（京都では「部屋」）と呼ばれる職人の斡旋団体「調理師会」から紹介を受けて雇う形がふつうだったが、魯山人は公募で全国から料理人を集める。彼らに茶道を教え、白い清潔な衣服を身に着けさせる。給仕人たちは、色気で売る芸者ではなく、清潔感を売りにし茶道や華道を身に着けさせた素人女性たちだ。話に集中できるよう、音曲のサービスはなし。酌もしない。心づけも受け

明治時代の星岡茶寮

取らない。何もかも自分で考案した新しいスタイルにしたのである。

「食材は金に糸目をつけない。新鮮で最高の食材を全国から調達し、料理屋の料理でなく食材の持ち味を活かした家庭料理、つまり心の料理を新しい演出法によって供する」ものとした。全国から公募した料理人を通して、地方の郷土料理の知識を得、食材の調達ルートも確保した。食材は値切らず、常にいいものが手に入るように計らった。地方の食材は、飛行機を使って運ばせている。アユは京都に限ると考え、丹波から、同乗者がたえず氷で冷やした水を滝のように水槽に流し込むことで、生きたまま運ばせた。

やがて、魯山人の主導で大阪出店をして無理を重ね、疲労困憊《こんぱい》した竹四郎との間に行き違いが生じる。そして一九三六（昭和一一）年七月に竹四郎が出した内容証明一通で、魯山人は解雇されてしまう。魯山人はその郵便を怖れて竹四郎に直接抗議せず、両者は資産問題をめぐる裁判にもつれ込む。示談で解決したのは一九四五（昭和二〇）年春。そして、三つにふえていた茶寮はいずれも空襲で灰燼《かいじん》に帰し、星岡茶寮の歴史は幕を閉じたのである。

◆湯木貞一の「吉兆」

魯山人の料理に感銘を受け、日本を代表する料亭を開くのが、神戸出身の湯木貞一である。

湯木は一九二九（昭和四）年、二八歳の折に上京し、近々星岡茶寮から退職者が出るという噂を頼りに働く機会を待ったが、話は進まず断念した。後年、魯山人に話したところ、大変残念がってくれたと、『吉兆　湯木貞一』（末廣幸代、吉川弘文館、二〇一〇年）にある。

湯木が魯山人に憧れたのは、新しい日本料理の世界を切り開く資質を持つ同志だったからかもしれない。『和食とはなにか』は、魯山人と同じく料理を提供する空間や器を重視する湯木が、「方形の弁当箱の内部を十字に仕切り、そこに角皿や丸皿を入れて汁気の多い煮物を添える」松花堂弁当を考案したことが「茶の湯の伝統を最大限に生かしつつ、美的センスに富んだ新しい懐石料理の創作」を試みたことと評価している。湯木の懐石料理「吉兆」が開業したのは、一九三〇（昭和五）である。『吉兆　湯木貞一』によると、松花堂弁当を考案したのは、一九三三（昭和八）年に京都・八幡にある寛永年間（一六二四～一六四四年）に活躍した文化人、松花堂昭乗の遺跡を訪れた際、部屋の片隅にあった四角い盆を、「料理に使える」と分けてもらったことがきっかけだった。革新的なアイデアが生まれたのは、茶人の茶会記や江戸時代の料理本などを読み、評判のある店へは食べに行く、といった努力を重ねていたからだろう。

戦後になると、洋風食材を採り入れていく。総合商社の日商岩井社長を務めた高畑誠一が空輸で運ぶなどしてくれたキャビア・フォアグラ・牛肉・スモークサーモンなどを使っていた。高畑は「湯木の良き理解者であり、「いつか日本料理が、世界の人に判る時が来るだろう」と話して湯木を喜ばせ、鼓舞した」。高畑は欧米人に接するノウハウを伝授し、西洋料理の店にも湯木を連れて行っている。

一九五三（昭和二八）年には、バーナード・リーチ歓迎会で、リーチと柳宗悦、濱田庄司、河井寛次郎の民藝運動の仲間が来店した折には、「パンに川海老の真蒸《しんじょう》を巻いて揚げたもの」を出している。ほかにも、一九五五年前後の献立帳にアスパラガス、ベーコン、セロリ、エシャロットなどの西洋野菜が記録されている。

吉兆には、政財界の要人や文化人が多く訪れている。高い評判が昭和半ば、湯木とともに日本料理の双璧とされた懐石料理「辻留」の二代目、辻嘉一の発言にある。辻は『きょうの料理』にも出演し、数々の料理エッセイやレシピ本を刊行し、日本料理や和食の心得を幅広い人たちにわかりやすく伝えた料理人。グルメ雑誌『あまカラ』で湯木と一九五二年に対談した折、お互いの料理に共通する考え方を見出したうえで「この頃は、日本の料理界は『吉兆風』という風が吹いていています。それを私は尊敬しています」と語っている。

世界を意識し、茶の湯の世界観を表現しようと試みた湯木は、一九七九（昭和五四）年に日本が初めてのサミット開催地となった折、午餐会を担当したことで認められている。一九八六（昭和六一）年、一九九三（平成五）年の東京サミットの午餐会も担当している。欧米人を喜ばせる日本料理を出せたのは、高畑の支援に加え、辻調理師専門学校校長の辻静雄に誘われヨーロッパグルメ旅行へ行った経験があったからである。欧米の食文化を知り、日本料理を相対化する経験と技術が、湯木には身に着いていたのだ。

湯木の生い立ちをひも解いてみよう。生まれたのは一九〇一（明治三四）年。両親は神戸・花隈で鶏・鰻・川魚を専門とする料理屋「中現長《なかげんちょう》」を開いていた。長男の貞一は、学問よりできるだけ早く修業を始めるべきと考えるという父のもと、尋常高等小学校を出ると父の店で働き始める。料理を一生の仕事にしていいのか悩んでいた二四歳のとき、大名茶人だった松平不昧《ふまい》公の茶会記を読み、四季を表現する日本料理の魅力を見出す。宴会の添えもののような従来の料理ではなく、季節を折り込む。目標ができた湯木は、魯山人のもとで修業したい思いが芽生えた。父に内緒で上京したことから、中現長は辞めざるを得なくなる。そして、大阪の繁華な町だった新町に吉兆を開く。

店には、日本画家の上村松園といった文化人、船場の旦那衆などが訪れ繁盛する。第二次世界大戦では空襲で店が焼け、戦後は芦屋の自宅を拠点に再起していく。縁あって京都・嵯峨に店を開くのが一九四八（昭和二三）年、大阪・高麗橋に店を構えるのが一九四九年。大阪に三店、京都に一店、神戸に一店開いた後、一九六一（昭和三六）年、東京・東銀座に出店する。

東京には関東大震災後、大阪で最初にカウンター割烹を始めた「浜作」など関西料理が次々と進出し流行していた。浜作は、塩見安三が大阪・新町に、一九二四（大正一三）年に開業。『浜作主人が語る京料理の品格』（森川裕之、ＰＨＰ、二〇一七年）によると、「ご注文を受けてから、新鮮な材料を素早く、お客様にお出しする」新しいスタイルの「割烹」だった。東京進出は一九二八（昭和三）年で、現在は「銀座本店浜作」として三代目が継いでいる。塩見と調理場の名コンビとしてならした森川栄は、一九二七（昭和二）年に京都・祇園で「浜作」を開く。その際にカウンターのオープンキッチンで料理する形で大評判を取った。

こうした関西の店が東京を席巻していたところへ、戦後の吉兆進出が「関東料理にとどめを刺した」、と言われた。

吉兆は東京に進出したことで政治家の御用達になり、サミットの食事の場として選ばれ、日本料理を世界に伝えるきっかけをつくった。ペリーやプチャーチンをがっかりさせた和食が、一六〇年後にユネスコの無形文化遺産として認められるに至るレールは、湯木貞一が敷いたのかもしれない。

◆世界に羽ばたく日本料理人

湯木が活躍した時代、日本料理の世界に個性豊かな料理人たちが登場するようになる。『月刊専門料理』(柴田書店)二〇一六年七月号が「日本料理の50年」特集を組んでいるので、それを手がかりに、駆け足で日本料理の戦後史を辿ってみよう。

高度経済成長期になると、名料理人、名料亭がふえる。京都の瓢亭を一九六七年に継いだ髙橋英一は、「正統的な京料理を踏襲しながら、時代に合う料理表現の深さを追求する」人である。京料理を掲げて、関西から材料を仕入れる「京味」を西健一郎が開くのも同じ年。西はやがて、二〇〇九年二月二四日放送の『プロフェッショナル　仕事の流儀』に取り上げられ「和食の最高峰」と言われるまでになる。

自由なスタイルの料理人たちも登場する。『料理の鉄人』の鉄人として有名になる道場六三郎が、銀座に「ろくさん亭」を開くのは一九七一年。「アイデアに富んだ上質な料理、手頃な価格、カウンター割烹らしい活気、くつろげる雰囲気を揃えて人気に」なった。上野修三が、「浪速割烹　㐂川」を開き、洋風も加えた自由な料理を大阪で出し始めるのが一九七七年。鉄人挑戦者として知られた神田川俊郎が、「〝新日本料理〟を掲げて独自の世界をくり広げ」る「神田川」を大阪・北新地に開いたのは一九六五年だった。

小山裕久が徳島市で「青柳」を継いだのは、一九七六年。技術やレシピを秘伝としてきた日本料理界にあって、どんどんレシピを公開して一九八〇年代半ばから注目を集めた。一九九〇年代には、パリのプラザアテネやリッツなどで日本料理のイベントを開催し、西洋人に日本料理の魅力を伝える。一九九六年に「青柳」は東京へ進出。

料亭は戦後、企業や政治家の接待の場としても使われてきた。『食の文化フォーラム㉒料理屋のコスモロジー』（高田公理編、ドメス出版、二〇〇四年）によると、赤坂が「政治の奥座敷」になった基盤は、一九三六（昭和一一）年に永田町に国会議事堂ができたことにある。戦後昭和は、新聞などに「料亭政治」という言葉が踊った。しかし一九七〇年代にホテル建設ラッシュにより、政治の密談の場がホテルに移り、一九八二（昭和五七）年の赤坂・「中川」の廃業を機に「料亭の隆盛に深刻な影が差しはじめる」。そしてバブル崩壊後の一九九〇年代、赤坂を中心に多数の料亭が廃業をする。それは、料亭政治が世間の批判を浴びたことによる。

企業の接待需要もへり、料亭はプライベートで訪れる客を相手にするため、お得感のある価格設定のランチなどを提供し始める。フランス料理やイタリア料理がブームになった当時、人気を集めたのは「西洋野菜を自然に取り入れた料理を出す、大胆な盛りつけで驚きを演出する、洗練とボリュームを両立させた肉料理を提供する」など、洋風のアレンジを施した店だった。

一方で海外を意識する料理人たちがふえていく。松久信幸がニューヨークに「ＮＯＢＵ」を開いたのは一九九三年。「日本料理と西洋料理を融合させた」刺身のカルパッチョ風など、「エキゾチックさと斬新さを持ちながら、西洋人の味の嗜好にも合う内容は大人気を呼び、一気に有名店となる」。

二〇〇〇年代に入ると、「ジャンルを超えて料理を表現する動きが加速」。柚子、ワサビ、抹茶、昆布と鰹節の出汁などを採り入れる海外のシェフがふえた。日本料理自体も人気が高まり、ロンドンでは、「日本料理のスタイルを守りながら随所にアレンジを加えた「コンテンポラリー・ジャパニーズ」

が人気を博し、高級料理の一ジャンルとして定着した」。パリやニューヨークでは、「日本人から見てもハイレベルな日本料理を提供する店も評価を得ている」時代に突入する。パリの「あい田」「ＯＫＵＤＡ」がミシュランの星を獲得する。

西洋人が日本料理に関心を示すようになったのは、日本人の料理人が西洋人の好みを理解し、相手に合わせた料理を提供したからだ。もちろん、高度経済成長期から欧米に進出したキッコーマンなど、日本企業の売込みも影響していると考えられる。

◆「龍吟」の山本征治

近年世界における日本料理の地位を引き上げるうえで大きな役割を果たした、ミシュラン三つ星店の二人の料理人にスポットを当てたい。

一人は、日比谷「日本料理　龍吟」の山本征治である。二〇〇四年にスペイン、サン・セバスチャンで、世界中の料理人が料理技術を公開し合う「料理学会（サン・セバスティアン・ガストロミカ）」で日本料理のプレゼンテーションを行い、注目を集めた。その内容が、『すごい！　日本の食の底力』に書かれている。

山本はその際、鱧《はも》の骨切りをＣＴスキャンで映した。鱧は、小骨がたくさんある魚で食べにくいが、日本料理は皮一枚を残して骨を砕く骨切りの技術を編み出している。ＣＴの画像から、まっすぐに包丁を入れているため、骨が細かくつぶれて身の中に散らばっていることがわかる。山本は、この画像をもとに新しい技術を開発した。魚の身を二五度傾けて骨に直角に包丁が当たるようにすると、骨はきれいに砕けて粉々になり、口当たりが滑らかになる。それがプレゼンの内容だった。

山本はしかし、ここで日本料理の世界の狭さを実感している。『一流の本質』(クックビズ㈱Foodion編、大和書房、二〇一七年)のインタビューで、「伝統的な日本料理の技法を「どうだ」とばかりに自信を持って披露したんですね。その時に「なぜその技法なのか」「あなたのオリジナルなのか」と問われ、すごく戸惑ったんです。「こうしろ」と言われたからそうする、それ以外のことをやると怒られる、というのが当たり前の世界で生きてきた僕にとって、日本料理というのは「なぜ」を問うことができないものだったからです」と話している。

山本は一九七〇年、香川県に生まれた。四国の調理師専門学校を出て修業中、吉兆に入りたくて何度も門をたたいたが拒絶され続けた。有名料亭は、日本中の跡継ぎの修業希望でいっぱいだったからだ。「味吉兆」の中谷文雄から吉兆出身の小山裕久が開く「青柳」をすすめられ、手紙を書いて同店に入る。

小山について山本は「聞けば何でも教えてくれました。『見て盗め』なんて古いことは言いません。理路整然と明快に『言葉』で教えてくれます」と言う。山本が修業に入った頃はちょうど、小山がフランスのジャパン・フェアなどで料理を披露した時期で、山本もしばしば同行させてもらい、現地の技術も吸収している。

やがて、西洋料理の技法も料理に採り入れていく。『すごい! 日本の食の底力』に紹介されているものを拾ってみよう。「野鴨の炙《あぶ》り焼2012」では、バーナーで表面を炙り、液体窒素のスプレーで瞬間的に冷やすことをくり返す。医療器具を使うこの技法は、スペインの「エル・ブジ」が得意とした。また、サワラの西京漬けを、油の中でじっくり煮るコンフィで、「皮はカリッと焼けていて中はやわらかいという完璧な状態」にする。これはフランス料理の技術である。それでも、山本がつくっているのは日本料理だ。山本にとって、日本料理とは何だろうか。

『自遊人』(自遊人)二〇一九年一一月号のインタビューで、山本は「日本の自然環境の豊かさを料理で表現したもの」と答える。包丁で切ることが、「単にパーツを分けるのではなくて、包丁が通り過ぎている間に料理をして、切り終わった瞬間に、その〝素材〟が〝料理〟に変わっている。〝切る〟という動作が、そのまま料理の〝仕上げ〟になる」ことが、日本料理特有の表現だと言う。ほかにもさまざまな技法について、明快に言葉で説明する。海外で鍛えられ、言語化した理論を持つことが山本の強みだ。

龍吟では、これまで研修生だけでも四〇〇人以上が学んでいるが、その中には外国人もいるし、中国料理やスペイン料理の料理人もいる。その彼らが世界へと羽ばたいていく。龍吟は、二〇一九年G20大阪サミットの夕食会の料理を提供した。

◆「菊乃井」の村田吉弘

『きょうの料理』でもこの三〇年活躍し、二〇〇〇年から二〇〇一年にかけて、三度も調味料の「割合で覚える」基本料理の企画をヒットさせ、割合レシピ流行の発信源となった村田吉弘。和食の基本をわかりやすく説明できる、人気料理人だ。また、和食のユネスコ無形文化遺産登録に向けて動いた中心的人物でもある。一般の人に、あるいは世界に、和食や日本料理の魅力を伝えようとするモチベーションはいったいどこにあるのだろうか。朝日新聞夕刊の「人生の贈りもの」に連載された、二〇一三年二月二五日〜三月一日のインタビューから拾ってみよう。

彼が継いだ菊乃井は一九一二（明治四五）年、祖父が開いた店である。一九五一年生まれで、二男二女の長男。立命館高校でヨット部に入ると、「板子一枚下は地獄なのに大事な跡取りを船頭にしてどうする」と祖父が大反対。バイクも事故が危険、と免許を取らせてもらえなかった。内部進学で大学へ行ってゴルフ部に入り、スカイラインGT‐Rを買ってもらう。「跡継がずに仏料理のコックになる」と父に宣言、ヨーロッパで半年間遊んだ。

ソルボンヌ大学の学生から「仏料理は世界一」と自慢され、いつか日本料理を世界で有名にしようと大志を抱く。帰国後、父に「日本料理をやります」と言うと、半年で志を曲げた、と怒鳴られる。その後は他の料亭の厨房で三年修業し、一九七六年に実家へ戻る。

時間を見つけて、世界のレシピ本を読み、最新の真空調理法をフランスから取り入れ、スチームコンベクションオーブンや、フードプロセッサーをいち早く輸入した。日本料理の幅を広げたい一心だった。今も、古いものから学び新しい料理を生み出す、進化を志す。

飛行機の機内食や百貨店の総菜売り場への出店も行う。「99年に総菜事業に乗り出したのは、おからやひじきといった伝統食を家庭で食べなくなったから。店に設けたセントラルキッチンで、ちゃんと昆布からひいただしでつくったおかずを、子どもやお年寄りに食べてもらうねん」と語る。京都市内の小学校に出向く、食育事業にも取り組み活動の幅を広げている。

◆京都料理人たちの底力

村田吉弘は二〇〇四年、京都の日本料理人や調理学校関係者らと、日本料理アカデミーを立ち上げ、世界のシェフたちに日本料理の技術や文化を伝えるようになった。二〇世紀初め、池田菊苗が第五の味覚として発見した「うまみ」は当時、世界から認められなかったが、一〇〇年後の村田たちの取り組みは成果を上げ、「UMAMI」が世界共通言語になった。豚節をつくる、昆布の替わりになる海藻を見つけるなどして、ヨーロッパの料理人たちも、新しい出汁を開発している。

村田のネットワークは、京料理界の文化に支えられている。その世界を伝えるのが、老舗を代表する瓢亭の一四代目髙橋英一から一五代目義弘への橋渡しを中心に、京料理界を描いた二〇〇六年のドキュメンタリー番組『受け継ぐ 〜京都 老舗料亭の代替わり〜』(NHK)である。

東京の料理人は、以前なら築地へ、今なら豊洲へ自ら通い食材を吟味して、上質な料理を生み出そうとする。しかし瓢亭では、長年つき合いのある食材業者が毎朝品を見繕い、運んでくる。主人が市場へ出向くことはない。

一四代目の髙橋英一は、向付《むこうづけ》に毎日「明石鯛のへぎ造り」を出す。そのため、魚卸商の三代目、水口計則は、漁師や卸仲間のネットワークを駆使し、明石の市場から生きたまま鯛を仕入れ、時間を見計らって締める。鯛の大きさは一・八〜二・五キロ。仕入れる数は、水口が瓢亭の予約票を確認して判断する。栄一から水口へ、注文を伝えることはない。

老舗と言えども、時代に合わせて刷新を続けている。英一は店の味の決め手となる出汁を、昆布と鰹節だったのを、昆布と「上品な味になる」マグロ節に替えた。一三代目嘉一の急逝により、二八歳で跡を継いだ英一の相談に当時のってくれたのは、乾物屋の九代目、戸井田平一だった。義弘は、その出汁に改めて鰹節も加えようと試み始めた。

瓢亭の顧客は、店に来る客をもてなすだけではない。寺の茶会などの仕出しや弁当の配達もある。英一は全国の料理学校で講師も務める。番組では初めて義弘と一緒に辻調理師専門学校で教える場面を紹介する。

瓢亭の厨房には、他店の料理人たちも訪ねてくる。気さくにおしゃべりをし、相談をする。レシピも献立も隠さないで、教え合う文化があるのだ。村田も訪ねてくる。一回り年上の英一から村田はアドバイスをもらい、親の苦労を聞かされた。一方、英一は村田の先代に、相談にのってもらっていたらしい。

英一が最も長いつき合いの同世代は、左京区花脊《はなせ》「美山荘」三代目、中東吉次だった。しかし、一九九三年に他界。跡を継いだ久人を英一は気遣う。京都市内から約三〇キロの山間にある美山荘で吉次は立地を生かし、摘草料理を看板にした。番組の終盤、一三回忌の席で久人は、朴葉に載せた「銀杏味噌」や「子持ち鮎の味噌幽庵漬」など特徴のある料理を出す。京都の料亭が他店と助け合えるのは、このように、どの店も独自の路線を歩むことが当たり前で競合しないからではないか。

瓢亭は、南禅寺近くの茶屋として始まった。当時庭先で飼っていた鶏の卵を出していたことから、現在まで八寸の一品として半熟卵を出す。「鰆の味噌幽庵焼き」を魯山人の紅葉型小皿に盛るなど、懐石料理らしい芸術的な器を使う。個室も昔のままで、谷崎潤一郎が小説『細雪』の場面に使った部屋もある。

天正年間（一五七三〜一五九二年）に、比叡山山麓の若桜街道沿いに開いた左京区山端《やまばな》「平八茶屋」で、茶屋時代から続く看板料理は「麦飯とろろ」で、献立の中心をなす。創業当時から丹波産つくねイモを卸し、出汁と合わせてご飯にかけてきた。

二〇代目の園部武は、鯖街道とも呼ばれた若桜街道を通って小浜魚市場に通い、三年かけてグジ（アマダイ）の「若狭グジの細造り」を開発した。市場の加工場に、身が柔らかいグジの塩を打つ下ごしらえを頼み、完成した料理だ。跡継ぎの晋吾は、使う塩を替えようと考えている。

下京区仏光寺「木乃婦《きのぶ》」は、三代目の高橋拓児が、前沢牛ロースを柚子味噌に漬けて焙る「和牛の味噌幽庵焼き」や「フカヒレと胡麻豆腐の鍋」といった、洋食や中華の食材を組み合わせた斬新な料理を出す。

番組では、料亭が加盟する京都料理組合の活動も紹介する。組合の歴史は二六〇年もある。毎年三条の京都市勧業館で開く「京料理大展示会」は、一〇〇年以上も続く。

村田吉弘は、若手向けに「研鑽会」という勉強会を開いている。髙橋義弘、高橋拓児などの跡継ぎたちが主催者役を務め、フランス人シェフと京都料理人の交流会を一〇日間開いて、各料理人が各店で考案した新しい料理を披露する場面も紹介する。そのような密で深く幅広いネットワークが、京都の日本料理を特別なものにしているのだろう。

京都の人間関係は複雑で、難しいと言われる。しかし、こうしてその関係を具体的に観ていけば、それは互いに切磋琢磨し助け合う同業者づき合いの一つだとわかる。代々続く客や納入業者とのつき合いも、商売をしていれば当然生まれるネットワークでもある。ただ、一朝一夕にできたものではないから、そのつき合いの深さ広さが、異質に見えるだけだ。

そして、そうしたつき合いは今も全国で生まれ、育ち続けている。龍吟の山本の弟子が世界で活躍する。山本の前には青柳の小山がおり、その前には吉兆の湯木がいて、その前に魯山人がいる。それは、連綿と続いてきた縦の師弟関係と、横のネットワークという人々の複雑な鎖がもたらしたもので、その切磋琢磨が新しい料理の世界を生み出し続けている。

◆リーズナブルな若手の店

グルメ情報に敏感な友人が、「最近、和食でいいお店が結構あるのよ」と、池尻大橋の割烹へ連れて行ってくれたのは二〇一八年夏だった。和食は出身地によって好みが違うので、あまり友人と外食する際は選ばないのだが、うまくハマればホッとするなじみ深さがある。確かにその店は、一万円でお釣りがくる敷居の低い店で、東京生まれの友人たちと関西人の私は、同じ料理を「おいしい」「和食はいいねえ」と和んだのだった。

そうした敷居の低い店増加の傾向を概観するのが、『東京最高のレストラン2019』（ぴあ、二〇一八年）である。和食トレンドを解説した料理ライター、森脇慶子の記事は「去年から今年にかけては、まさに和食の当たり年。ざっと数えあげただけでも、青山「てのしま」、白金「あき山」、新富町「久丹」に麻布十番「あらいかわ」。更には、西麻布「大竹」や同じく「常《トワ》」、荒木町の「たつや」に「多仁本」etc. が雨後の筍の如く次々にオープン。そして、そのいずれもがミシュラン三ツ星店など名だたる名店の出身なのだから恐れ入る」と書いている。

同書座談会でも和食店で最初に話題になったのが、二〇一八年三月に開業したてのしま。一九七六年、香川県丸亀市生まれの店主、林亮平は、立命館大学を卒業後、菊乃井で一七年間も修業した後に独立している。その間、シンガポールエアライン機内食の開発や、国際会議などの晩餐会の料理も担当。日本料理を学びたい外国人のための制度づくりに、京都府と尽力した経験もある。

同書座談会では、ヨモギあんがかかったトウモロコシの冷やし茶碗蒸しや、キュウリの蓼《たで》おろしが添えられた稚鮎のコンフィ、赤タマネギの酢漬けを汁ごとかけたハモのフリットといった料理が紹介される。フランス料理の技法が入った斬新な和食である。

「タベアルキスト」を名乗るマッキー牧元が「この店のように、1万円くらいできちっとした料理を出す店が、もっと増えるといいなと思いました」「高級な割烹と居酒屋はあるけど、その間がなかったですよね。その間を埋め、質の高い料理を作る店として、こういう店が増えて欲しいです」と言うと、浅妻千映子が「キャビアもアワビもウニもいらないから、こういう真っ当な店がほしい」と言う。同感する人は多いのではないか。特に東京の高級店は、接待の場として、とても庶民には手が届かない高みに価格が設定されている。しがない物書きの私など、高級フランス料理なら気合を入れれば何とか行けるかもしれないが、高級和食の店は、一生縁がないのではないかと思ってしまう。

てのしまのウェブサイトに、「現代の民藝」をテーマに、「『みんなの和食』を目指して緊張を強いる印象の日本料理の敷居を下げて、世界中の方々にお料理を楽しんでいただきたいと考えています」とある。

『Ｗｅｂ料理通信』の『料理通信』二〇一八年九月号からの転載インタビューによれば、菊乃井でまかない用の食材だったいりこについて、「本来、日本人の生活に根ざしていたのはいりこじゃないか」と考えたと紹介されている。故郷の丸亀市はいりこ文化圏に属する。魚臭さを抜いて「クリアな中にも芯の太い旨味が貫くだし」を編み出した。

大学で料理サークルを立ち上げ、好きなことをやろうと卒業後に菊乃井に入った林。高卒たたき上げや専門学校卒が当たり前の職人の世界で大卒は不利なはずだが、運よく村田吉弘が和食を世界に発信することに力を入れ始めた時期と重なり、村田の秘書のような役割で、世界各国へ赴きイベント企画を考えた。

三つ星レストランから市場まで世界各国で体験したことで、日本料理の意味を考えた結果、「型を身につけるため、みな修業をする。でも、いつしか型が鎧になって、鎧と皮膚が一体化して、鎧を脱げなくなってしまうんです」と発見したことを語っている。

日本人が和食以外の料理に関心が高いのは、和食の世界に、こうした重すぎる伝統を感じ取ってしまうからかもしれない。そして、高級志向が庶民を遠ざける。ユネスコの無形文化遺産に登録することも、和食へ関心を向けたかもしれないが、本当に必要なのは、こうした手の届く上質をより多くの人が体験することではないか。その体験は、家庭の食卓にもやがて反映されるだろう。昭和ブームなど、二一世紀になって続く温故知新の傾向は、何やら正しくて敷居が高い和食とは縁遠い気がしていたが、こういう店がふえて私たちの食文化を活性化させてくれるとしたら、頼もしい限りである。

二　居酒屋の日本史

◆階級制度と飲食店

古今東西、社会に富は平等に行き渡ったことがない。生まれた格差は、食の世界にも階層をもたらしてきた。フランスなら、高級料理は、貴族のお抱え料理人が王政が倒された後にブルジョア階級のものになった、という時代の区切りがある。

日本では、士農工商で身分が分けられていた江戸時代に平和だったため、武士の経済力と権威が下がる一方で、商人たちが豊かになった。そのため、士農工商の身分はそのままで、商人が力を持ち始める。彼らは商談のために高級料理屋を必要とし、商人をパトロンに持つ文化人たちも高級料理を楽しむことができた。フランスでは、金と権力が集中していたが、日本では同じ時代にその二つが分かれていた。

江戸時代には、身分だけでなく財産や収入による格差も大きかった。下級武士と上級武士の間でも、地位と収入の違いがあった。農村でも、地主や庄屋たちと小作人たちの区別がある。

この経済的格差と身分の二つが存在する状態は、四民平等とされた近代になっても継続する。武士は士族、貴族は華族として特権を維持したからだ。ただし、身分や立場によっては、失業し苦労した武士も多かった。一方で移動が自由になったので、農家の息子が都会に出て立身出世をめざすこともできた。

しかし、「末は博士か大臣か」と騒がれた近代の夢も、バックにお金がなければ学業を継続できず、教育が開く可能性を信じる文化的環境がなければ、関係がなくなる。湯木貞一が独学で茶道を学ばざるを得なかったのは、親の理解がなかったからである。

全国の庶民たちは、高級料亭には縁がなかった。せいぜい働き手として入るぐらいである。そういう身分差、経済格差の影響に変化が出たのは、戦後に華族制度の廃止、財閥解体、農地解放などの政策が取られ、高度経済成長期に国全体が豊かになったからである。努力次第で成功できる、というイメージはこの頃形成されたのである。

しかし、格差は消えたわけではなかったことが、二〇世紀が終わる頃に明らかになる。二一世紀の今、東大に入る多数派は、高い所得がある家庭の子どもたちである。高度経済成長がもたらしたのは、現実の平等ではなく平等意識だった。しかし、この意識が浸透したおかげで、高い店へ入る気持ちのハードルは下がった。

一九七〇〜一九八〇年代、フランス料理店で食べ歩きを楽しんだ若い女性たちは、自分で稼いだ人が中心で、お金持ちの親がかりではなかった。一九九〇年代に敷居が低くなった料亭でランチを楽しんだ人たちも、必ずしも子どもの頃からそういう店に親しんでいた層ではない。

とはいえ、高級店に使えるお金がない人たちも、そもそも一万円札を何枚も食事代に使う気がない人たちも、世の中には大勢いる。ただ、おいしいものを食べたい庶民にとってうれしいのは、今はそれなりにグルメが楽しめる店の幅が、広がっていることである。

第二部では、一流の高級店と庶民の店をある程度分けつつ歴史をたどっていくが、そのはっきりあった格差が変化していくさまが、分野ごとに見えていくのではないかと思う。実はその変化が、絶対的な階級がなく階層が固定されずにきたこの国の歴史と関係があるように思われる。料理ジャンル別の歴史を辿る本章では、その検証もあわせて行っていきたい。

◆居酒屋の誕生

居酒屋は、使い勝手がいい店だ。職場やサークルの親睦会、コンパ、デート、仕事帰りの飲みニケーションの場に利用する人は多い。昼間にママたちが子連れで女子会を開いたり、外国人観光客が手軽に和食を楽しむ場として利用することもある。『孤独のグルメ』の井之頭五郎のように、酒ではなく料理を目当てにした客も入れるところが、居酒屋の魅力だ。そんな料理屋としての居酒屋は、いつ頃生まれたのだろうか。

始まりは、江戸時代である。その名も『居酒屋の誕生』(飯野亮一、ちくま学芸文庫、二〇一四年)によれば、居酒屋の名称が文献に表れるのは、寛延年間(一七四八〜一七五一年)。宝暦年間(一七五一〜一七六四年)には、ひんぱんに登場する。誕生の時期は料亭より早い。

宝暦年間は、九代将軍家重を経て家治の時代になっており、田沼意次が権力を握っていた。徳川吉宗が洋書の輸入制限を緩めたことから、古い体制から脱しようという動きが生まれた時代である。平賀源内が活躍し、藩校ができて寺子屋がたくさんつくられ、大坂では町人の出資で庶民の教育をめざす郷校の懐徳堂が生まれた。

文化活動が活発だったこの時代に、居酒屋や料理屋ができたのは、庶民が集まる場を必要としたからではないだろうか。この頃流行って定着した川柳や談義本は、「宝暦年間には居酒屋が江戸の人々にとって馴染のある存在になっていたことを伝えている」。

肴が充実した「煮売居酒屋」の記述が見られるのが、一八一一（文化八）年に江戸で行われた「食類商売人」数調査。一八〇八軒もあり、食類商売人の中で最も多く二三・八パーセントを占めるに至っている。

煮売居酒屋とは、それまでにあった煮売茶屋が居酒屋に転業して生まれた商売だったらしい。煮売茶屋は、一六五七（明暦三）年の大火直後から現れる。火事の復興事業に携わる人夫や職人が集まり江戸の人口がふえた結果、飲食店の需要が生まれたのだ。扱っていたのは、煮もの、焼きものなどで、うどんを売る店もあったらしい。

居酒屋で出されていた料理は、文化年間（一八〇四〜一八一八年）のものとしてフグやつみれなどの吸いもの、ショウサイフグのスッポン煮、アンコウ汁、ねぎま、マグロの刺身、湯豆腐、イモの煮ころがしなどがある。豆腐のおからを入れた味噌汁のから汁も多かったらしい。

『江戸の居酒屋』（伊藤善資編著、洋泉社、二〇一七年）によると、醤油と鰹節で味をつけた小鍋立ても多かったようだ。雁鍋、シャモ鍋、カシワ鍋は専門店もあったほど。サトイモの煮ころがしを出す店が、「いも酒屋」と呼ばれていたらしい。サバの味噌煮、いなりずし、焼き豆腐、煮豆などもある。

『居酒屋の誕生』によれば、刺身が出されるようになったのは、文政年間（一八一八〜一八三〇年）。『守貞謾稿』にはカツオとマグロの刺身を扱う「刺身屋」が登場する。『江戸の居酒屋』では、庶民は、江戸初期からカツオやヒラメの刺身を食べている。飲食店では、明和年間（一七六四〜一七七二年）にできた高級店の升屋が出したのが最初で、居酒屋では享保年間（一七一六〜一七三六年）から出ているとしている。

文化文政年間（一八〇四〜一八三〇年）を合わせて「化政期」と呼ぶが、この頃は町人文化が最盛期を迎えている。十返舎一九、小林一茶が活躍した。交通網の発達により、商人や文人が地域を超えた交流を活発に行う。芝居小屋がにぎわい、寄席が開かれる。伊勢参りが活発になったのもこの頃。緒方洪庵の適塾が大坂に、吉田松陰の松下村塾が萩に、シーボルトの鳴滝塾が長崎にできた時代でもある。人の交流がより活発になったからこそ、居酒屋の料理も充実していったのだろう。

居酒屋の客層は、駕籠《かご》かきや車引き、船頭などの労働者、百姓や町人出身者を含む武家奉公人、下級武士たちだった。士農工商の身分ではなく、所得レベルで飲食店の客層が決まっていたのである。

◆近代の酒場

酒を出す店での「外食」となると、範囲が広くなり過ぎてわかりづらい。高級店は料理技術が高く文化をけん引するので外せないが、スナックやバーなどは、外食文化全体の発展への影響が比較的少ないと思われるので、今回の検証対象からは外すこととしたい。

外食の日本史を辿ると、特に食の流行をつくるのは女性客たちだったことがわかる。まず男性たちが新しい枠組みをつくり、経営する。客も男性である。しかし時代が移り、女性客が入り込む。そのとき時代は動くのである。

近代に江戸時代との連続性のもとにあったのは、大衆酒場や居酒屋だ。『酒場の誕生』（玉村豊男：Takara酒文化研究所編、紀伊国屋書店、一九九八年）に収められた「江戸から明治へ」（神崎宣武）は、近代の居酒屋に関する資料がきわめて少ないことに言及したうえで、「江戸時代の煮売酒屋が一方で居酒屋に、そして、もう一方で飯屋に分化して発達した、という見方が可能であろう」としている。

今回私も資料を探したが、少ないながらも二つだけ食について書いた本を見つけた。

一つは、神崎も資料とした本で、明治時代に国民新聞社記者を務めた松原岩五郎が、日雇い労働者や車夫など東京の最下層の暮らしに入り込んで描いたルポ『最暗黒の東京』(民友社、一八九三年/講談社学術文庫、二〇一五年)である。「居酒屋の客」という項で、人力車の車夫が「浪費する第一の個所は飯屋を除いて居酒屋なり」としている。料理としてネギの汁と、サザエのつぼ焼きが出されていることが記されている。煮しめ煮魚が皿盛りで売られている。酒は冬は濁り酒、夏は焼酎だが「銘酒を飲みつけたる口にはとても堪えざるべし」としている。

それから約四〇年。古川緑波《ロッパ》の『ロッパの悲食記』(ちくま文庫、一九九五年)の「浅草を食べる」というエッセイに出てくるのは小料理屋。「昭和八、九年だ。新仲見世の、みやこという小料理屋、そこが、うまくて安くて、こたえられなかった。鍋ものがよかった。あんかけ豆腐が、十銭だった。僕は、三年間を三日にあけず、みやこへ通ったものだった。戦後は、浅草で再開せず、銀座へ出たが、もはや高級店である」

小料理屋は、ウェブ辞書の「コトバンク」には「精選版 日本国語大辞典」を出典として、「簡単な料理と酒とを供する和風の飲食店」と説明されている。人情本・英対暖語(一八三八)に記述があり、江戸時代には成立していたらしい。家庭料理が中心だが、品質が高く安定している料理を出す店、と考えておけばよいと思われる。

個人で一代限りの店が多いためか、こちらも資料はほとんどない。一店だけ、『銀座カフェー興亡史』（野口孝一、平凡社、二〇一八年）に紹介がある。俳人でもあった店主、長谷川金之助（春草）のもと、久保田万太郎、永井龍男、小林秀雄などの文化人やマンガ家が集った「はせ川」で、一九三〇年に銀座で開業した。店主の長谷川は、東京・芝で一八八九（明治二二）年に生まれ、成人するまでに家族を次々に亡くした苦労人である。

長谷川は四年後、急死。妻の湖代が継ぐ。同店は一九七七年「長谷川画廊」となっている。第二次世界大戦の末期、一九四四（昭和一九）年には東京に、国家総動員法のもと、休業を余儀なくされた民間の酒場に替わり、公営の国民酒場が誕生。一時は一二〇軒以上を数えたという。ほかの地方でも公営の酒場が生まれていた。

まとまって歴史を辿れるのは、洋風のカフェーやビヤホールなどである。『酒場の誕生』所収の「西洋に出会える場所」（渡辺武信）によると、最初に大衆的な人気を博したビヤホール「恵比寿ビヤホール」は銀座で一八九九（明治三二）年に開業。つまみは最初に大根の薄切り、やがて佃煮になったとある。これらは本当につまみ程度で、食事というには遠い。

もう少し調べると、恵比寿ビヤホール開業の二年前に、大阪・中之島に「アサヒ軒」という店が開いていたことがわかった。キリンビールのウェブサイト「酒・飲料の歴史」によると、出していたのは「ビールと洋食」。その後、ビールと食事を楽しめる食堂が、大阪のあちこちにできたらしい。ちなみに、恵比寿ビヤホールは日本麦酒（現サッポロビール）、アサヒ軒は大阪麦酒（現アサヒビール）が経営母体である。

「カフェー」と称する洋酒にコーヒーなどを出す店は、会員制の「カフェープランタン」が最初で、一九一一（明治四四）年四月。同年八月には「カフェー・ライオン」が開いている。どちらの店も銀座。カフェープランタンは洋食を出した。カフェー・ライオンの経営母体は当時「築地精養軒」だったので、おそらく西洋料理を出していたと思われる。

老舗といえば「ニユートーキヨー」もある。こちらも「ニユートーキヨー70話」と題する公式ウェブサイトがあった。函館の海産物問屋、森卯商店が前身で、最初の店は一九三三（昭和八）年に「新宿ヱビスビヤホール」として開業し、二年後に渋谷店を開く。月一回ファンが集まる「ヱビス会」は「飲み放題、食べ放題」とあるから料理も出ている。

ニユートーキヨーの開業は一九三七（昭和一二）年。ビヤホールでは、生ビール一杯につき、干し鱈もサービスで提供したとある。

『外食産業を創った人びと』にも、ニユートーキヨーの記事がある。それによると、森卯商店五代目の森新太郎が、海産物問屋からビヤホールへの転身を図り、東京に出てきた。新宿の店は大日本麦酒（現サッポロビール）の承認を得て開き、大成功して、渋谷、銀座へ進出していく。ビヤホール専業の会社としてはパイオニアである。一九三七年、数寄屋橋にできたニユートーキヨーの店は、一階がドイツ風ビヤホール、二階が和食、三階がすき焼き、四階はカフェ、五階屋上がビヤテラスで、いずれもビールが飲める。「白亜の殿堂」と呼ばれた日本初の総合飲食ビルだった。

◆闇市の酒場

カフェーや酒場が国民酒場に形を変えた戦争の時代が終わり、戦後は闇市から居酒屋の歴史が始まる。東京では新宿西口の思い出横丁や、大井町、蒲田、吉祥寺ほか中央線沿線などに、細い路地に間口の狭い店が密集した飲み屋街がある。地方都市でも残されている町がある。そうした街の多くは起源が闇市にある、と書くのが『居酒屋の戦後史』（橋本健二、祥伝社新書、二〇一五年）である。

思い出横丁は「両側にやきとり屋、小料理屋、バー、ラーメン屋などがびっしりと軒《のき》を並べている。北側の一部は火事で建て替えられたが、それ以外は一九四七年に建てられたバラックが、ほぼそのままである」。そんな戦後の風景は、闇市を舞台にした黒澤明の『酔いどれ天使』（一九四八年）などで観ることができる。

そうした酒場や飲み屋街の愛好者は多く、最近では京成線沿線の立石やＪＲ埼京線の赤羽が「居酒屋の聖地」とされ、通う人たちもいる。路地の再発見が始まったのは昭和が終わった一九九〇年代で、闇市後の風情をつくり込んで人気を得た新横浜ラーメン博物館が一九九四（平成六）年開業だった。二〇〇八（平成二〇）年には、恵比寿駅前の「恵比寿横丁」が、戦後にできたバラックから始まった山下ショッピングセンター跡をリニューアルし、レトロ横丁として再生させている。

闇市発祥の店の前身は、戦前の露店商だという。博多の屋台はこれらの露店にルーツを持っている。銀座では早くも「露店は一九五一年までに整理され、一部は代替地を得て飲食店街などを形成した」。ほかの町でも、次第に再開発で消えていった。

一方、静岡市の青葉通りは、戦後に屋台が立ち並び、「現在も営業を続ける店では、一九四八年に創業したというのがもっとも早いケースと思われ、最盛期には周辺も含めて一〇〇軒近くを数えた」。規制が厳しくなって一九六八（昭和四三）年に移転し、横丁居酒屋街になる。六カ所できたうち五カ所が存続中で、「それが、青葉横丁、青葉おでん街、青葉小路横丁、ちゃっきり横丁、いかずちおでん街である」。大規模小売店舗立地法が施行された二〇〇〇（平成一二）年以降、全国各地で郊外型大型店舗がふえて衰退した中心商店街が多数を占めるが、静岡市は「規制を続け、中心部の商店街を守った」からである。このように、一部の町では戦前から戦中、戦後、そして昭和と継続し、店主や店が入れ替わりながらも、昔ながらの居酒屋文化が受け継がれている。

◆居酒屋チェーンの誕生

長い歴史を持つ個人店に対し、一九八〇年代にブームとなったのがチェーンの居酒屋である。これは大学生の大衆化が背景にある。男子の四年制大学進学率が初めて四〇パーセントを超えたのは一九七五（昭和五〇）年、その後一九九四年まで四割弱を推移した後、上昇していく。女子の四年制大学進学率が一〇パーセントを超えたのは、一九七三年。二〇パーセントを超えるのは、一九九四年である。一九七〇〜一九八〇年代は、男女合わせて四分の一程度が四年制大学へ進学し、一九九〇年代半ば以降は三割を超えて上昇していく。

若者の四人に一人が大学に通う時代になり、コンパやデートのため、安くて気軽に入れる店を求めた。つまり、女性が抵抗なく入れる居酒屋が必要な時代に入ったのが昭和後期で、そういう変化に対応したのがチェーン店だった。

居酒屋チェーンの先駆者は、一九五六（昭和三一）年に神奈川県横浜市で「養老乃瀧」一号店を開いた木下藤吉郎（本名：矢満田富勝）だろう。『居酒屋チェーン戦国史』（中村芳平、イースト新書、二〇一八年）によると、養老乃瀧はのれん分けではなく、セントラルキッチンを持つフランチャイズチェーンを展開した点で新しかった。しかもそれをアメリカから導入したのではなく、自ら考案している。

昔ながらののれん分けは、商家が家業として商売を行い、丁稚奉公から育てた弟子に、商号やノウハウ、仕入先などを分け与えて独立させるもの。一方、フランチャイズとは、加盟店（フランチャイジー）が、本部（フランチャイザー）から、加盟金（ロイヤリティ）を払って商標の使用権や商品・サービスの販売権を得るしくみ。文書化されたノウハウなどシステムができあがっているので、研修はあっても修業期間はない。

養老乃瀧は高度経済成長の波に乗って急拡大し、一九七三年には一千店舗にまで広げている。この快進撃が、さまざまなチェーン店誕生を促すのである。

『居酒屋の戦後史』によると、居酒屋ブームに果たした役割が大きかったのは、「今あるチェーン居酒屋の原型を確立した」テンアライドで、一九六九年、西池袋に「天狗」一号店を開いている。『外食産業を創った人びと』によると、「明るく清潔な店造りや明確な料金体系、快活な接客サービス、商品の工夫などにより」男女の区別なく楽しめる新しいタイプの居酒屋ができた。

一号店は「約五〇坪八〇席、中型よりやや大きめの店舗で、内外装は白木を使った和風づくり、店内は一人客に対応した長いカウンター、大人数でも座れる大型テーブル、それに四〜六人のテーブル席などで構成され、非常に健康的で明るい雰囲気だった」（『居酒屋チェーン戦国史』）。お通しを廃し、ヨーロッパのワイナリーから直接ワインを輸入し、洋風の店内でやきとりやカツオのたたき、おでんなどの和食を出した。

私が一九八七（昭和六二）年に関西の大学に入り、サークル仲間に連れられて最初に通った居酒屋が天狗である。天狗の大阪進出はその二年前。全国の主要都市への展開を始めたところだった。アスパラベーコン、揚げ出汁豆腐、ホウレン草と卵を使った「ポパイ」など、母のレパートリーにはない料理に驚いた。外食といえばファミレスという環境で育った私は、居酒屋とは、昔からこのような清潔感があって明るいチェーン店だと思い込んでいた。

テンアライドの創業者、飯田保はなぜ、新しいタイプの店をつくれたのか。『外食産業を創った人びと』から拾ってみよう。一九二五（大正一四）年、東京・日本橋の酒類問屋「岡永」の次男として生まれた。兄弟には、スーパーのオーケーストア創業者の飯田勧《すすむ》、セコム創業者の飯田亮《まこと》がいる。家業を継いだ長男を手伝いながら、弟たちが成功していくのを観ていた飯田は、「自分ができるのは飲み屋」と思い定め、創業直後にはヨーロッパの酒場を視察して回っている。

「ジメジメとしていて、日本人特有の愚痴っぽさ」がある従来の居酒屋とは一線を画す、ヨーロッパの酒場のように酒の種類が幅広く、質の高い料理をつくり、すばやいサービスをする店をめざす。大きなテーブルは、グチっぽい雰囲気をつくらず、「知らないお客同士でも自然と会話が生まれるような、ヨーロッパ的な飲み方」にしたいと設置した。

料理も「割烹の味を居酒屋で提供する」チェーンを展開するために、板前の採用を早々に止め、自前で調理人を育てたうえ、一九七四年にはセントラルキッチンを導入している。チェーンストア理論から学んだ大量仕入れにより、コストも下げた。そして一九八六年、居酒屋としては初めて株式店頭公開をしている。

◆酎《ちゅう》ハイの誕生

居酒屋ブームに火がついたのは、酎ハイがチェーン店に取り入れられたことがきっかけだった。『居酒屋チェーン戦国史』は、「居酒屋史のなかで、酎ハイほど爆発的にヒットし、ビールに次ぐような大型定番商品に育ったケースは皆無である」と言い切っている。酎ハイを開発したのは、「村さ来」創業者の清宮勝一。

酎ハイ自体は戦後からあった。誕生の経緯を描くのは『居酒屋の戦後史』である。酎ハイとは、焼酎ハイボールの略であり、昭和初期にある程度普及していたウイスキーのハイボールが原型にある。

戦後、食糧難で日本酒を造るのが困難になっていた頃、甲類焼酎が普及する。続いて原酒をわずかに含む三級ウイスキーが開発され、売れた。そういうウイスキーを看板にしたサントリーのトリスバーが都心に大量にでき、安値でハイボールを出して大ヒット。

東京の墨田川東側の下町では、ウイスキーのハイボールではなく、酎ハイが人気になる。下町には、焼酎に混ぜて飲むための調味液製造工場があった。そこへ戦後、進駐軍が炭酸水を注文する。その中でハイボールに倣って生まれたのが、甲類焼酎に調味液を加えて炭酸で割った酎ハイだった。

『居酒屋チェーン戦国史』によると、村さ来創業者の清宮勝一は一九三五（昭和一〇）年、国後《くなしり》島の網元の家に長男として生まれた。戦後、家族に連れられて根室に移住。父は漁師をし、母は雑貨店を営んで八人の息子を育てる。勝一は大学受験のために上京するが、浪人中に父と弟が時化《しけ》の漁で遭難。苦学しながらトリスバーでバーテンダーとして働き、店長になる。短期大学に受かったが中退して二四歳で独立し、トリスバーを七店まで持つ。しかし時代の潮目が変わる。

養老乃瀧が、快進撃を始めたのだ。刺激されて将来は自分も居酒屋チェーンを開きたいと、一店を残してあとは閉める。そして、八年かけて独学でマーケティング論や経済学、飲食業関連の本を片っ端から読み、経営コンサルタントレベルの知識を身に着ける。

その頃、行きつけの居酒屋で、団塊世代の若者たちの楽しみ方が大人たちと異なることに気づく。彼らは酒だけでなく、食べることや仲間とのコミュニケーションを目的として、居酒屋に来る。そこで、「若者が大勢来たくなるような大衆酒場」（『居酒屋チェーン戦国史』）をつくろうと思い立つのだ。

料理は、一二〇～一三〇種類にも及ぶ串焼きなどを考案。次は酒だ。低価格で飲みやすいアルコールメニューは何か検討しているときに、国鉄（JR）総武線平井駅近くの酒場で、日雇い労働者たちが焼酎を氷と炭酸水で割って飲んでいる姿を見た。この酒をヒントに、甲類焼酎に柑橘系のシロップを加え、炭酸水で割る酎ハイを開発する。やがて果汁、カルピス、烏龍茶などを加えた一二〇種類もの酎ハイメニューを考案する。

「あえてビール用のジョッキを使用し、ガブ飲みしても大丈夫なアルコール濃度に設定して、「若者がファッショナブルに飲む」ことを意識した」（『居酒屋チェーン戦国史』）。原価率が非常に低く、けた外れに儲かる画期的な商品だった。

村さ来実験店の開業は、一九七三年一二月。一九八〇年代後半の全盛期は全国に九〇〇店舗以上展開している。

酎ハイの利益率が高いことから、一九八〇年代に居酒屋チェーンの出店競争へとつながり、空前の大ヒットとなる。チェーン居酒屋の大型店では大学生のコンパが開かれ、新入生歓迎会では「イッキ！イッキ！」のコールで一気飲みされ、一九八五年にはこの言葉が新語・流行語大賞の流行語部門金賞を受賞する。しかし、短時間の大量飲みで急性アルコール中毒にかかる、場合によっては亡くなるといった悲劇も相次いだ。

◆人気チェーンの交替

居酒屋ブームの折、「御三家」と呼ばれていたのは、村さ来、養老乃瀧、そして炉端焼きなどを展開していた「つぼ八」である。つぼ八は、のちに「居酒屋の神様」と異名を取る石井誠二が一九七三年に札幌で始めたチェーンで、一〇〇人が座れる大型カウンターなど、「アミューズメント・パークのような大人が楽しめる居酒屋」（『居酒屋チェーン戦国史』）だった。

『居酒屋チェーン戦国史』によると、石井は東京都目黒区で一九四二（昭和一七）年に五人兄弟の次男として生まれた。軍部と仕事をしていた父が戦後失業して両親は離婚。子どもたちを引き取った父は、誠二が中学三年生のときに他界。卒業後はいくつもの職を転々として、一九七三年に居酒屋開業に至っている。

一九九〇年代初頭にバブルが崩壊すると、居酒屋チェーンで最も勢いがあった村さ来が破綻。つぼ八も合弁相手の商社、イトマンが戦後最大の経済事件に巻き込まれたことで、フランチャイズ展開にブレーキがかかる。

替わって台頭したのが、「白木屋」「魚民」「笑笑」「山内農場」などを展開するモンテローザ、「三間堂」「いろはにほへと」「かまどか」などを持つコロワイド、そしてワタミだった。モンテローザ創業者の大神輝博、ワタミ創業者の渡邉美樹は、勢いがあった時期のつぼ八傘下で店を開いていた。

一時はカリスマ経営者と持ち上げられ、介護事業に手を広げて国会議員にもなった渡邉。つぼ八高円寺北口店のオーナーになったのは、一九八四年だった。

『居酒屋チェーン戦国史』によると、渡邉は一九五九年、テレビCM制作会社を営む父のもと、横浜市で生まれた。妹も生まれたが、母は小学校五年生のときに病気で他界。その七カ月後、父の会社が行き詰まる。苦しんでキリスト教系の新興宗教に入信し、やがて縁が切れた後も聖書は愛読し続ける。社長になって成功し、恵まれない人たちに貢献しようと考える。大学を卒業後、仲間とライブハウス居酒屋をつくろうとしていたところで、石井と出会う。そして、経営のノウハウを学ぶため、傘下に入ることをすすめられるのである。

渡邉がワタミを設立するのは、一九八六年五月だ。翌年二月に商号をワタミフードサービスにすると、自らが経営するつぼ八のチェーン店をワタミフードサービスへ移す。しかし、メニュー開発や店舗運営などのノウハウはなかったので、つぼ八を追われた後に東京・梅屋敷で「八百八町」チェーンを始めていた石井に協力を乞う。石井は、心よく和民から研修生を受け入れた。こうして、渡邉は「居食屋　和民」を一九九二年、笹塚に開店。

渡邉が構想した居酒屋チェーンは「時間と空間を楽しむ場所」で、ファミリー層も取り込んでいく。

モンテローザも、「居楽屋」という造語をつくり「白木屋」「笑笑」をそのカテゴリーに入れた。こうして、ファミレスと居酒屋チェーンの顧客争奪戦が始まる。二一世紀の居酒屋は、子連れママたちが昼間に女子会を開く、あるいは家族が夕食を楽しむこともできる店になった。それは少子化や若者の酒離れ、企業文化の変化も影響しているだろう。

変化したチェーン店の様子は、メディアも報道している。『AERA』（朝日新聞社）が「ママの飲み会いまオッケー」と題する記事を出したのは、二〇〇二年四月八日号である。天狗を展開するテンアライドの和食事業部長は「30歳前後の若い世代には、違和感がないようです。郊外店では、まわりのサラリーマン客も当たり前な感じに接してくださいます」とコメントしている。

二〇一二年二月二二日の朝日新聞は、ブーツを脱ぐ手間がかかる座敷が女性に敬遠され、和民やコロワイドの「甘太郎」が、テーブル席に力を入れ始めたと伝えた。二〇一四年一月三〇日の朝日新聞記事は、「はなの舞」を運営するチムニーが、ファミリールームの設置店をふやしていること、コロワイドが、シニアや主婦層を狙って「昼宴会」をPRしていることを伝えている。景気低迷で、居酒屋業界は売上の苦戦が続いているためである。

◆居酒屋新時代

チェーンの居酒屋はその後も新規出店や縮小など、悲喜こもごもの展開をしている。和民はブラック企業と批判され、二〇一三年には裁判になっている。『居酒屋チェーン戦国史』には、「はじめに」で、「居酒屋業界は浮き沈みの激しい業界だ」と明言する。リーマンショック後は、「鳥貴族」「串カツ田中」といった、安さを売りにし、看板にする食材や料理を明確にした居酒屋チェーンの躍進が目立った。

エー・ピーカンパニーは、二〇〇七年に一号店「宮崎県日南市　塚田農場」を、宮崎県の自社農場から直送する地鶏居酒屋として出す。急速に成長したが、二〇一八年三月一五日の東洋経済オンライン記事は、二〇一四年五月から四六カ月連続で既存店売上高と客数が低下し続けていることを報じている。

二〇一七年七月一三日の日本経済新聞電子版や、二〇一八年三月二〇日放送の『ガイアの夜明け』(テレビ東京系)で、好調が伝えられたのがSFPホールディングスが経営する海鮮居酒屋「磯丸水産」だ。一号店は二〇〇九年二月に吉祥寺。駅前の立地で二四時間営業を行い、煌々《こうこう》とつけた明かりで大勢の客を集めている。

その次の動向が、すでに居酒屋業界では表れている。その現場を伝えたのが、二〇二〇年二月二五日放送の『ガイアの夜明け』「〝外食王〟第9弾　居酒屋新時代!」だ。

エー・ピーカンパニーで塚田農場を躍進させた立役者で副社長だった大久保伸隆が新会社、ミナデインで試みるのは、一店ごとに異なる特徴を持つ店。二〇一九年九月にオープンした東京・新橋「烏森百薬」は、全国の隠れた名店の人気メニューの料理を冷凍で運び、店では仕上げだけをして出す「食のセレクトショップ」。厨房スタッフはたった二人。

そのすぐ近くで今年一月に開いた「新橋二丁目九番地　らんたん」は、スタッフの「おふくろの味」レシピで出す定番家庭料理。千葉県佐倉市ユーカリが丘の「里山トランジット」は、地元の生産者がつくった旬の野菜や豚肉を使った地産地消料理だ。

番組が伝える同社の取り組みは際立ったものだが、既存の他のチェーンも画一的な総合居酒屋脱皮を狙う。ワタミは二〇一六年に、若鳥のから揚げを看板にした「ミライザカ」一号店を新宿御苑前に、やきとりの「三代目鳥メロ」を東京郊外の国立、武蔵境、仙川の三カ所同時に開いた。二〇一八年にはから揚げと卵焼きの「から揚げの天才」一号店を東京・梅屋敷に開業。

社長の渡邉は、『週刊東洋経済』二〇二〇年二月二九日号のインタビューで「1つの業態が成熟すれば専門店化していくのは自然な流れで、総合居酒屋は今後それほど成長しない」と言い切る。同年一〇月六日の朝日新聞は、「和民」などの居酒屋を二〇二二年三月末までに、すべて「焼肉の和民」に切り替える方針だと報じている。

鳥貴族と串カツ田中については次章でくわしく紹介するが、リーマンショック後に表れた新しい居酒屋チェーンの特徴は、料理の質の向上を謳い専門店化する傾向で、それは舌が肥え定番では飽き足らなくなった消費者に応えようとする方針に見える。

こうしたチェーン店に対し、そもそも個人店として味で勝負してきたのが、地酒と特色ある料理を売りにする居酒屋だ。『居酒屋の戦後史』はこういった店を「名酒居酒屋」と名づけ、その発展を追っている。

料理が評判の居酒屋は、もちろん昔からあった。たとえば自由が丘の「金田」は一九三六（昭和一一）年創業である。しかし、酒の選択肢はビールと全国ブランドの日本酒だけ。料理はうまいが、酒に特徴がある店ではない。

名酒居酒屋の元祖かもしれない、と同書が突き止めたのは、阿佐ヶ谷「北大路」で一九五〇年創業である。それから、上質の鴨料理を出す池袋「笹周」が居酒屋になったのは、一九七〇年頃。名酒居酒屋を取り上げたさきがけのガイドブック『東京　美酒名酒の飲める本物の店』（穂積忠彦・水沢渓著、健友館、一九八四年）には、池袋の「あけぼ乃」「三春駒《みはるこま》」「傳魚坊《でんぎょぼう》」「味里《みさと》」「笹周」が挙げられており、池袋には名酒居酒屋の開店が相次いだ。その背景には、かつて池袋にあった酒販店「甲州屋児玉商店」の児玉光久の存在がある。

一九四四年生まれの児玉は、一九六六年に店を継ぐと地酒専門店とし、全国の酒蔵を訪ねて育てる。しかし時代に先駆け過ぎた店は理解されず、経営が苦しくなる。やがて児玉は病に倒れ、一九八七年に亡くなった。伝説の酒販店主については、平成初期の地酒ブームをけん引したマンガ『夏子の酒』（尾瀬あきら、講談社、一九八八～一九九一年）にも紹介されている。

同書に紹介されている店の一つで、やはり池袋にあった「うおや　坐《ざ》唯《い》杏《あん》」（二〇二〇年、新宿御苑に移転）を私は一時期、女子会に使っていた。大阪の秋鹿、香川の悦凱陣《よろこびがいじん》などが私たちのお気に入りの酒だった。料理はクリームチーズの粕漬け、野菜のグリルなどを覚えている。

改めて店のウェブサイトを見ると、「柿の白和え」「京芋の山椒焼」「若布とシラスの出汁巻玉子」「鯨の竜田揚げ」といった個性的な料理がたくさん並んでいる。オーナーシェフの武内剋己は土佐料理の第一人者のもとで修業し、一九九六年に東京・東長崎で割烹として開業後、二〇〇二年に池袋に移転した。めざしたのは「日本酒と料理のマリアージュ」。まさにそんな至福の時間を提供してくれる店だった。

近年は、日本酒だけでなく、クラフトビールや質を向上させた日本ワイン、自然派ワインなど、味を売りにする酒が次々と登場し、これらの酒を看板にする居酒屋が増加している。よい酒に合わせる肴は良質なものへ、とグルメ化が進んでいる。

また、高級料理店で修業した店主の店など、高級店と庶民の店の間を埋める居酒屋が増加。チェーン店が高品質を売りにし、個人店は高級料理の技術を出す。居酒屋は、なかなか厳しい戦いの時代に突入しているのかもしれない。

◆地方料理の魅力を伝える

東京には、北は北海道から南は沖縄まで、地方料理を掲げる和食の店もたくさんある。地方出身の人がたくさん住んでいて、故郷の味を求めているし、地元の魅力を伝えたい人たちもたくさんいる。東京で成功しようと、故郷を出てきた店主も多い。ドキュメンタリー番組『食彩の王国』（テレビ朝日）では、地方の食材を地元出身のシェフがいる東京の店に売り込む、という話がしょっちゅう出てくる。

最近では、そうした産地をアピールする居酒屋も出てきている。その一つが、緑提灯の店である。食料自給率がカロリーベースで四〇パーセントを切る日本で、国産の食材をもっと食べよう、と二〇〇五年に小樽の「かき料理おいーっす　開《ひらく》」から始まった。緑提灯を飾り、国産品を半分以上使っていることをアピールするのだ。

二〇〇八年一一月一五日の朝日新聞記事によると、発案したのは中央農業総合研究センター所長で、飲み仲間と議論するうちに思いついたという。緑提灯事務局のウェブサイトをみると、緑提灯を掲げる店は北海道から沖縄まで全国に渡り、二〇二〇年二月一九日現在で三七五六店に達している。営利目的ではなく、NPOにもなっていない。利益を求めるのではなく、社会的な志を同じくする仲間たちである。

また、地方をアピールする役割を果たす居酒屋も登場。二〇一四年四月一四日の朝日新聞夕刊によると、神田の居酒屋「なみへい」は、「毎月、全国の市町村から選んで地酒を出し、特産品を調理する」店だ。開業は二〇〇八年。二〇一四年には二号店の「フネ」もできた。同店のウェブサイトを見ると、二〇一九年に四七都道府県レストラン「箕と環」に転換している。

二〇一五年一〇月二七日の朝日新聞記事では、長崎県五島列島の小値賀町《おぢかちょう》公認の居酒屋「ご当地酒場　長崎県五島列島　小値賀町」が東京・日本橋に誕生し、観光客を呼び込む拠点をめざしていると報じている。居酒屋が、日本の食材の魅力や地方独自の食と酒を伝えるメディアになる時代が、到来している。

三　食事処の発展

◆江戸の茶屋

日本における飲食店の始まりを、『和食とはなにか』が伝えている。中世には、寺院や神社の祭りで人が集まる際、簡単な飲食が提供されていた。中世後期にはそれが屋台になり、簡単な道具を使って煮売り・焼き売りが行われる。これが金銭を払って食べる料理の始まりである。

『居酒屋の誕生』によれば、中世後期には、街道沿いの茶屋は定着している。連歌師の宗長が、一五二四（大永四）年に、静岡県宇津谷《うつのや》峠のふもとの茶屋に立ち寄ったときの様子を書きとめている。また、イエズス会宣教師らが編纂《へんさん》した『邦訳日葡《にっぽ》辞書』（一六〇三）に、茶屋の説明が出ている。

『日本食物史』では、『江戸名所記』（一六六二）が上野、浅草、芝に茶屋があることを記していて、『江戸雀』（一六七七）、寛永寺などの寺院とその周辺に茶屋があったことを書き、『紫の一本』（一六八三）が、市ヶ谷桔梗屋、海老屋などの店の名前を記述している。『和食とはなにか』では、貞享年間（一六八四～一六八八年）には、品川、目黒、堺町、駒形にも茶屋があったとしている。だんだん茶屋はふえて、江戸中心部から周辺へ広がっている。

そして元禄年間（一六八八～一七〇四年）に、浅草金龍山の門前に、「きれいな器を用いて奈良茶漬けを食べさせる茶屋ができた」。『江戸の食空間』に、一六五七年の明暦の大火後にこの店はできた。『守貞謾稿』（一八三七～一八五三年）にその記述があり、出したのは、茶飯、豆腐汁、煮しめ、煮豆などだったようだ。この店が「上方の茶飯の出し方をまねして始めた」とあるので、上方ではすでに茶屋があったのだろう。そして、こうした「いわゆる一膳飯」屋が料理屋に発展していったとある。近代以降に庶民に愛される、簡単な和食を出す低価格の一膳飯屋の原型が江戸時代初期にあった、と考えることもできる。

やがて飲食店は数も種類もふえていく。『日本食物史』によると、当時のガイドブックにあたる『江戸買物独案内』（一八二四）、『江戸名物酒飯手引草』（一八四八）、『江戸食物独案内』（一八六六）には、「食べ物屋の住所と料理店の種類を記した料理屋のリストがあり、計延《ママ》べ一一〇〇以上の店舗が掲載されている」。茶屋などが、商取引が活発だった「日本橋通りの町々や周辺の河岸に面した町、さらにその外の芝、麻布、赤坂、四谷、小石川、本郷、下谷、浅草、深川などの町」にできていった。

中には、やがて居酒屋に発展する煮売茶屋もあっただろう。前節二でも紹介したように、明暦の大火後の復興需要で煮売茶屋は次々とできている。

『居酒屋の誕生』によると、名物に挙げられるほど火事が多かった江戸では、寛文年間（一六六一～一六七三年）だけで、五回も奉行所が火の元となる商売の取り締まりのため、茶屋や煮売茶屋の暮六ツ（午後六時頃）以降の営業を禁じる禁止令を出している。この頃には大坂周辺で照明に使うナタネ栽培が盛んになっていて、庶民が夜の街を楽しむことが可能になってきていたのである。

しかし、何回禁止令を出しても、煮売茶屋の営業を止めさせることはできず、むしろ店はふえていったらしい。ついに一六九九（元禄一二）年に、「火の粉が飛び散り火元になる危険度が高い屋外での営業だけを禁止」するに至っている。

煮売茶屋がどんどんふえて、夜も営業するようになったのは、江戸が男性の独身者が圧倒的多数を占める町だったことが影響している。一七二一（享保六）年には、町人のうち、男性が三二万人あまりと一八万人弱の女性の倍近くいる。町人の家は長屋で狭く、火打石を使って火をおこすのが大変だった。そのため江戸は外食のニーズがずっと高く、さまざまな飲食の店が発展していく。

◆明治の残飯屋

明治半ばの東京庶民の飲食店について、『最暗黒の東京』が紹介している。ある程度豊かな商売人、職工が利用する店では、刺身、汁、煮魚などを出しており、有名な店は室町（日本橋室町）、芝宇田川町（浜松町）、牛込揚場町（神楽坂）にある。一人当たりの食事代は平均八～一〇銭程度。

車夫などが利用する「最下等飲食店」は、浅草や芝の場末に多い。ご飯に煮しめ、煮魚、刺身、鍋類を出す。一人当たりの予算は三銭以下。鮮度が悪い食材、魚のアラを使うなど安く工夫しているようだ。毒を持つフグを普通の人が敬遠するせいで、こういう店に意外とフグがある。

車夫の間で人気の料理として、「小麦の二番粉、蕎麦の三番粉」を混ぜた「丸三蕎麦」、青柳とネギを使った深川飯、馬肉飯、牛のモツを使った煮込み、鶏のモツのやきとり、小麦粉を使いはちみつまたはきな粉をまぶした「田舎団子」がある。

著者の松原岩五郎は、下層の人たちの生活に入り込むため、四ツ谷鮫ヶ橋のスラムにあった残飯屋で働いた。陸軍士官学校から出るタクアンの切れ端、食パンの屑、魚のアラ、ご飯のお焦げなどを料理する。人々はそれを、「一銭下さい」「三銭おくれ」と自分で調達した飯櫃《めしびつ》や丼で買った。大量調理を行う軍関係施設や料亭の残飯を利用し、最下層の人たちに売る残飯屋は、この時代ほかにもあったようだ。明治時代、近代化が進む都会には人が流入したが、彼らが安定した収入を得られるとは限らなかった。そうした実情を象徴するのが、残飯屋の存在である。

同書について記した『マイナビニュース』二〇一三年一〇月三一日配信記事では、明治初期、東京市内に約三〇〇〇戸の貧民長屋があったと記す。車夫や紙くず拾い、日雇い土工などの日給は「日払い家賃や食費でほぼ消えた。屋外労働者は、長雨の季節は仕事にありつけないことも多く、数日間、食事をとれないこともあった」という。

『胃袋の近代　食と人びとの日常史』（湯澤規子、名古屋大学出版会、二〇一八年）によると、残飯は学校、工場、弁当屋、劇場、料理店、貸座敷、病院などからも出された。利用する残飯屋は一九二二（大正一一）年の調査で、東京市内に一六業者、郡部に一〇業者が存在していた。しかし、それは一九一六年の三割にへっていて、三年以内に五店が廃業した後の数字だった。

昭和になると、残飯の産出元に百貨店も加わるが、大部分が養豚の飼料として利用されるようになっている。上野と銀座の松坂屋、日本橋三越から出る残飯はすべて飼料となった。

残飯を食べるのが人から豚へと替わったのは、第一次世界大戦の影響で労働需要が高まったこと、東京市内で養豚業を営む人たちがふえていったことが理由に挙げられている。大戦景気はまもなく縮小したので、残飯業の衰退は、労働者が豊かになったというより、養豚業者の増加により人がもらえなくなったと見たほうがよさそうだ。

◆池波正太郎も使った一膳飯屋

近代に、幅広い層の人たちが使った食事どころとしては、一膳飯屋がある。

下等社会の食物店（『最暗黒の東京』より）

『天丼　かつ丼　牛丼　うな丼　親子丼』(飯野亮一、ちくま学芸文庫、二〇一九年)によると、文化年間(一八〇四〜一八一八年)には、江戸にたくさんの一膳飯屋ができていた。『明治大正史　世相篇』(柳田國男、講談社学術文庫、一九九三年)によると、明治時代になると煮売茶屋も一膳飯屋に転換していく。

池波正太郎の『食卓の情景』(新潮文庫、一九八〇年)の「大阪から京都へ」というエッセイでは、仕事で以前はしょっちゅう滞在していた大阪へ久しぶりに行く。なつかしい道頓堀を歩くうちに、「戦前の気分にもどってしまった」。そして繁華街の千日前「だるま」に行く。

「中央のガラスケースへ、ぎっしりとならべられたタイの子の煮つけ・タコとフキのたき合せ・玉子やき・鶏の肝・ホタルイカ・竹の子とフキなど一皿百円の惣菜《そうざい》に、アワビのおつくり・タイのあら煮が最高の五百円。この中から好きな皿をとり出してきて、ビールか酒。そのあとで赤出しに名物の〔かやく飯〕を食べ、味も値段も腹ぐあいも、すべてがみち足りた思いで外へ出る」と描写している。別の席で、出勤前のホステスがかやく飯にタイのあら煮を食べている姿を見ながら選んだのは、タコと竹の子だった。

『胃袋の近代』によると、大阪の一膳飯屋については、概要がわかる。一九一八(大正七)年に、大阪市産業部が、産業化が進んで労働者が集まってくるのに対応して市営食堂をつくろうと、調査を行っているからだ。

一膳飯屋は、大阪市内に四五八戸もあった。一日に延べ五万一六〇〇人、一軒あたり一一三人が食事している。それは、当時の大阪市の人口の三分の一に相当する。ご飯は大中小、あるいは大小の盛り加減を選ぶことができた。副食として、野菜や魚・肉がある。副食物は一皿五厘〜二〇銭、皿や小鉢に盛られていて、客が好みの皿を選ぶシステムで、池波が再訪した店は一般的なスタイルだったことがわかる。

一膳飯屋に集うのは、労働者、行商人が中心だが、地域により客層は異なる。八割は労働者が主要客で、商人を相手にする店、軍人・官公吏・会社員・学生などを主とする店、旅人、雑種という内訳で多様だった。

林芙美子の『放浪記』に描かれる、大正時代の東京・新宿にあった一膳飯屋の情景。青梅街道入口で、一〇銭玉一枚しか持たない労働者が、ご飯と肉豆腐と味噌汁の朝食を喜んで食べる。

林自身も別の場面で、どんぶり飯、焼いたイワシ、小皿の菜っ葉の漬けものを食べている。箸立てに挿してある箸はハゲていて、ちゃんと洗っていないようだ。「汚いとも思わなくなって」くる状態に陥っている「私」。

時代をスケッチする考現学を提唱した今和次郎は、一九二七（昭和二）年に出した『モデルノロヂオ「考現学」』で、毎日通う食堂の茶碗をスケッチしている。「いかにも汚く、欠けている茶碗が多数であったため」である。縁全体が「鋸の歯」のように欠けたのや、猫の足みたいに深く欠けているものも多数あったようだ。しかも茶渋で汚れている。ただ食べられればよいという人々が乱暴な扱いをし

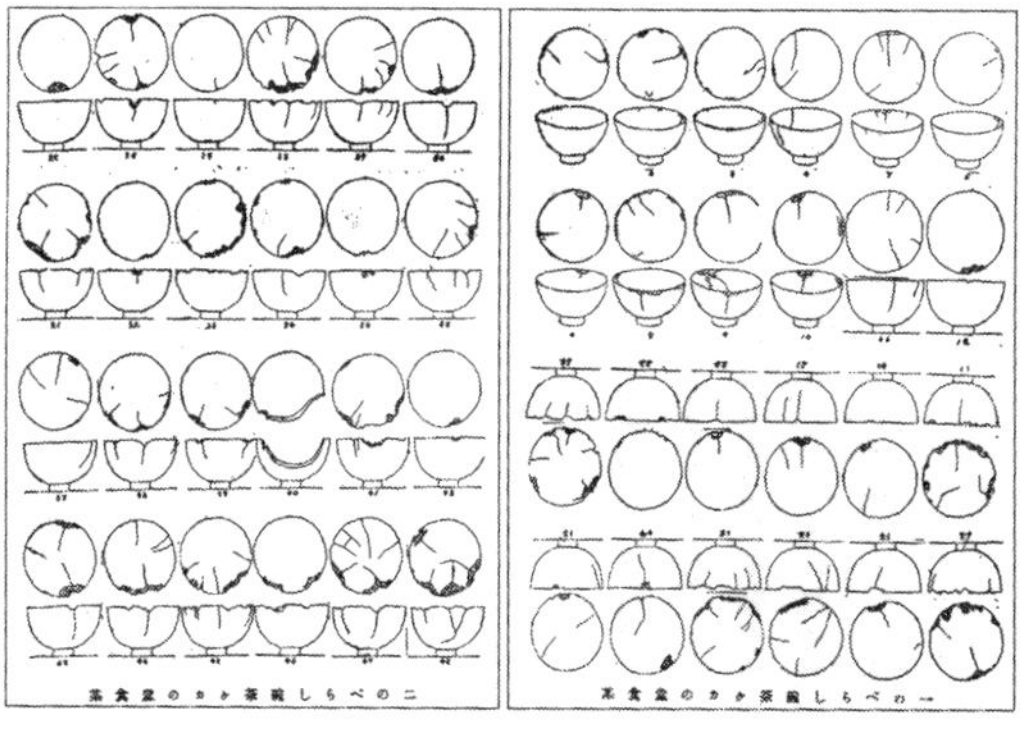

今和次郎による茶碗のスケッチ（『モデルノロヂオ「考現学」』より）

ているから、この状態になっているのである。

こうした引用を通して、著者は「当時の一膳飯屋という場所は、欠けた茶碗と、はげちょろになった竹箸が食卓に並び、その器でご飯、肉豆腐、ごった煮、香々などを食べる人びとがひしめく喧騒のなか、食べものにありつけたというその一瞬を喜ぶ朗らかさと同時に、日々どん底を実感せざるを得ないある種の憂鬱さが同居している空間であった」と結論づける。明治よりは豊かになったようだが、まだまだ上流階級と下層の格差が極端に大きい、大正時代の風景である。

明治末期になると、一膳飯屋が大衆食堂になり、あるいは和洋折衷の簡易食堂になる。食堂の中には、工場主が通う店、婦人同伴で入れる店がある一方で、無産階級を相手にする店もあった。長く浅草に住んで、貧民街のルポを書いた石角春之助の『浅草経済学』(文人社、一九三三)には、一九〇八(明治四二)年に開いた一膳飯屋「武蔵屋」の描写がある。朝は五時から夜は一〇時まで開いていて、五銭で炊き立てのご飯、大きな丼の味噌汁、漬けものの食事ができる。浅草には一〇銭均一の店が少なくなかったという。

◆百年食堂の昔

戦前の庶民が利用する食事どころについての資料は少ないが、歴史をうかがわせるのが、長年続いた食事処を取材したテレビ番組や書籍などである。二〇一五~二〇一六年に放送された『ニッポン百年食堂』(BS-フジ)は、全国にある一〇〇年続いた食堂を訪ねる企画だった。食随筆家の伊藤章良が名物メニューを食べ、店主たちの話を聞く。

『東京・横浜　百年食堂』（日本出版社、二〇一一年）は、明治時代から昭和初期に首都圏で創業した店五六軒を紹介している。最も古いのは、埼玉県飯能市の「住田屋」で、一八六三（文久三）年。こんなに古くからあるのは、この地の木材が火事に遭う江戸で使われたからで、飯能は街道筋の宿場町だったという。うどん屋から始まり、料理屋となり、先代の際に一膳飯屋になった。取材当時は、六代目がラーメンやカレーライスも出している。

次に古いのが、明治初期に創業した東京・大田市場「富士軒食堂」である。ただし当時は、神田須田町で「福寿」として開いた料亭だった。神田市場に支店を出し、戦後富士軒食堂と名前を変える。そして、一九八九年に神田市場が大田へ移転した際、店も大田市場に移転した。海鮮丼やエビフライ定食、うな丼などが人気の店だ。

東京・青物横丁で一九三五（昭和一〇）年に創業した「和光食堂」は、サバの味噌煮が人気。京浜工業地帯という場所柄、工員の客が多かったという。本郷で一九〇〇（明治三三）年頃に創業した「食堂もり川」は、東大生を狙って開いた定食屋だ。

興味深いのは、浅草で一九二二年に創業した「浅草ときわ食堂」の歩み。のれん分けで広がった大衆食堂なのだ。四代目の牧信真が「この店からも2代目の祖父の時代に20店舗前後、3代目で5店舗くらい暖簾分けしています。うちも、大正11年（1922）、ときわ食堂総本店の第5支店として、現在の業平に開店したんです」と語っている。浅草に移転したのは戦後。グループで東京ときわ会をつくり、営業方針を決め、情報交換を行ってきた。

現存する店の歩みをつないでいけば、明治、大正、昭和と時代が進み、経済活動が活発になるにつれ、仕事や学業で人が集まり、町に食堂ができてふえていったさまがうかがえる。

◆戦中戦後の雑炊食堂

最下層の労働者たちを支えてきた残飯屋が、昭和になるとアテにできなくなった。しかしこの頃になると、社会福祉的な意味合いの食堂が生まれる。『胃袋の近代』によると、大阪市が労働者を対象にした市営食堂を構想したのは、西成郡今宮村（現西成区天下茶屋）の「大阪自彊館《じきょうかん》」という民営食堂のモデルがあったからである。今も続く大阪自彊館は、一九一二（明治四五）年に、大阪府警察部保安課長だった中村三徳が開いた労働者のための宿泊救護および職業紹介部を併設した授産事業施設で、食事もできた。また一九一八年に日本橋に簡易食堂を開いて長蛇の列ができていた。土地は地元の有力者、井上重造から無償で借り受け、一食一〇銭食べ放題としていた。

公営の食堂は、東京でも検討されていた。一九一八年に東京市で平民食堂が設置され、その後大阪、神戸など各地で次々と設置。運営主体はさまざまだったようで、山形県本町の「本町青年簡易食堂」はおそらく、町の青年団が運営していた。一九二七年の六大都市の市営社会事業に関する調査では、簡易食堂が大阪市には五カ所、東京市には九カ所、名古屋市には二カ所、京都市には二カ所、神戸市には六カ所、横浜市には二カ所あり、直営と委託経営があったようだ。

第一次世界大戦が一九一八年に終わると不況へ突入。同年、コメ騒動が起こり、一九二三年に関東一円を襲った関東大震災で、生活に困窮する人は増加し、簡易食堂や市営食堂が活況を呈した。しかし、利用者は数年ほどでへり衰退する。安い公営食堂ができることで、既存の飲食店の営業が脅かされる問題も発生していた。

しかし、今度は国民全体の食糧難の時代が来る。日中戦争から始まる第二次世界大戦である。一九三八（昭和一三）年に国家総動員法が制定され、政府は議会の承認なしで、戦争遂行に必要な物資や労働力を動員する権限を得た。国民生活が全面的に統制下に置かれたことで、営業ができなくなった飲食店は多かった。

『近代日本食文化年表』（小菅桂子、雄山閣、一九九七年）によると、一九四〇年には、コメ、味噌、醤油などの食料が切符制になったことから、東京の百貨店や官庁、会社の食堂で昼食の米飯が全廃となり、うどんやパンに切り替えられた。

一九四一年にはコメが配給制になり、六大都市では米穀配給通帳制が実施され、米飯外食券が配られる。さらに需給状況が悪化して、食堂や旅館などの主食にも大幅な制限が必要になって生まれたのが旅行者外食券制度である。これにより、指定の外食券食堂でしか主食を食べることができなくなった。『世界大百科事典』によると、外での食事の総称として「外食」という言葉が使われるようになったのは、外食券食堂の表示が見られるようになってからである。

そうした時代に登場するのが、外食券なしにコメを食べられる「雑炊食堂」である。『近代日本食文化年表』によると、東京都が「ビヤホール、百貨店、大喫茶店などを利用して」雑炊食堂を開設したのは、一九四四年二月。中身は「玄米のおかゆに野菜、魚肉などが入った」ものだった。規格がなかったため、重湯のように薄い雑炊を出す店もあったという。一九四四年一一月には「都民食堂」と改称された。それでもコメが足りないので、翌年二月からはうどん専門になる。また、一九四四年三月には、東京にある二七〇〇軒の大衆食堂が外食券専門食堂になり、翌年六月には都民食堂約六〇〇軒が外食券食堂に切り替わっている。

都会の人々が、さらに食糧難に陥るのは戦後である。配給の遅配・欠配も相次ぎ、人々は闇市や、農村へ行って着物などを食料と交換してもらって、何とか食いつないだ。

こうの史代のマンガ『この世界の片隅に』(下巻、双葉社、二〇〇九年)には、主人公のすずが義姉と闇市で行列に並び、占領軍の残飯雑炊にありつく場面がある。煙草のパッケージまで混じり、何が入っているかわからない雑炊だったが、一つの丼を分け合った義姉と思わず、「うまー」と感動してしまうのである。家族を喪い、右手を失い、コメの代用食や野草で食べつないできた身に、具材がたっぷり入った残飯雑炊は、憎い米軍の残りものという先入観を超えて沁み渡る味だったのだろう。

◆チェーン店の時代

戦前から継続している大衆食堂とは異なる新しいタイプの店として最初に登場したのは、ドライブインである。自動車産業が発展し、高速道路が登場してふえるといった環境整備が進む中で、ドライブインがロードサイドにできていく。次に登場するのがファミリーレストラン。一九七〇年以降、すかいらーくやロイヤルホストといったさまざまなチェーン店が産声を上げる。

ロードサイドの店は、当初は洋食を売りにする店が中心だった。和食の店が登場するのは、一九八〇年代である。なぜ洋食が先かというと、この頃の日本人は欧米に憧れていたからだ。戦後、占領していた進駐軍兵士がかっこよかった。アメリカの映画やテレビで紹介される食事がおいしそうだった。

東京オリンピックや大阪万博で憧れた。そして明治以来、目標にしたのは長らく欧米である。食べ続ければ彼らのような立派な体格になれる、と思われていた。

しかし、一九六八年にはGDP（国民総生産）が世界第二位の経済大国となり、豊かになった人々の関心は、次第に日本文化へも向けられていく。一九七〇年に国鉄（現JR）が始めたディスカバー・ジャパンキャンペーンなど、日本を再発見するムーブメントもあった。一方で、家庭で食べるご飯は和洋折衷スタイルとなり、和食の文化を親から受け継いでいない女性もふえていた。「外で和食を食べたい」、と思った人々の欲求をつかんだ企業が現れたのだ。彼らが狙ったのは、高度経済成長で急拡大した中流層である。

いち早く登場したのは、高めの価格帯を狙った京懐石のチェーン店「美濃吉」である。もとは腰かけ茶屋として一七一六（享保元）年に京都・縄手三条で開業し、やがて川魚料理店となっていた。ところが一九五八年に大阪・梅田の阪神百貨店が最上階に名店のれん街をオープンするにあたり、頼まれてうなぎ店を開業。名店のれん街が大ヒットして手応えを得、大衆化路線に転換。一九六七年に本店を、富山県五箇山《ごかやま》から移築した合掌造りの古民家で「民芸お食事処・美濃吉」にリニューアルして再出発。モータリゼーションの時代をにらんで駐車場も広く取った。

狙いは当たって大繁盛し、アンノン族の間で新しく開発した京風弁当のブームが起きた。大転換を図った九代目の佐竹宰始《さいじ》は、商工省（現経済産業省）から一九五七年、阪神百貨店に転職していた。家業に籍を移したのは一九六九年である。

定食的な食事も提供する最初のチェーン店は「木曽路」で、和風のファミレス一号店を開いたのは一九八一（昭和五六）年、名古屋市星崎。すかいらーくグループの「藍屋」が一九八三（昭和五八）年、埼玉県与野市。続いて一九八五年に「サト」（のちの「和食さと」）が奈良県橿原《かしはら》市にできた。次が一九八六年、千葉県新松戸の「華屋与兵衛」。

「和食さと」については、『外食産業を創った人びと』に紹介されている。

和食さとを経営するSRSホールディングス創業者の重里進は、一九三四年、大阪・天王寺の酒問屋で、男五人兄弟の四男として生まれた。兄の重里善四郎は、関西のファミレス「フレンドリー」を興している。

最初の店は一九五八年、大阪・法善寺横丁に開いた「すし半」。やがてチェーンビジネスのコンサルタント第一人者、渥美俊一が主宰する経営研究会「ペガサスクラブ」に入り、チェーン店を始めようと思い立つ。手はじめに洋食店を展開し、和食店を開いたのが一九八五年だった。

◆平成の定食屋

平成の時代も、和食を提供する店は個人店もチェーン店も次々とできた。二〇〇〇年前後にブームとなったカフェも、白いご飯か雑穀米を選べる和テイストの定食を出す店が多かった。二一世紀に入ると、オーガニック食材を使うなど、ヘルシーさを売りにする店がふえていく。

チェーンの定食屋も人気がある。近年何かと取沙汰されるのが、大規模展開する「大戸屋」と「やよい軒」である。二〇一六年一一月一三日には、『東洋経済オンライン』で「「大戸屋」はなぜ「やよい軒」に勝てないのか？」という記事が出ている。

やよい軒は、創業が一八八六（明治一九）年と古く、東京・茅場町に西洋料理店としてスタートしている。二〇二〇年二月現在「サバの塩焼定食」税込み六七〇円など比較的リーズナブルな価格設定で、焼き肉やハンバーグなども出す。先の記事によれば、客単価は七五〇円ほど。二〇一六年は全国に二九七店（二〇二〇年八月は三七四店）を展開し、直営店が主体。アジアを中心に海外へも出店している。

一方、大戸屋の客単価は約八五〇円で、「勝てない理由」はセントラルキッチンを採用せず、「店内調理に〝こだわり過ぎている〟点」にある。店舗数は二〇一五年度で国内三四二店、海外九四店（二〇一九年三月末で国内三五三店、海外一一〇店）。大戸屋は、実質的な創業者の三森久実《みつもり》が二〇一五年七月に急逝してからお家騒動が勃発。長男の三森智仁は追い出された。『ガイアの夜明け』で、ブラック企業になっている実態が報道されたのが、二〇一九年一二月一〇日だ。二〇一九年九月の中間決算では、二〇〇一年にジャスダックへ上場して初めての赤字を出し、二〇二〇年九月一六日には外食大手のコロワイドが敵対的な株式公開買い付け（ＴＯＢ）に成功。同年一〇月六日放送の『ガイアの夜明け』によると、同社株式をコロワイドに売ったのは三森智仁だった。

智仁が同チェーンの歴史を描いた、『創業家に生まれて』（日経ＢＰ社、二〇一七年）から、大衆食堂の戦後史がうかがえる。最初の店は三森栄一が一九五八年、池袋に開いた「大戸屋食堂」である。三森家はもともと、江戸時代に現在の山梨市で「大土屋」という旅籠を開いていた。

栄一は、甲府市で焼き鳥屋を開いていたマコトと駆け落ち同然で一緒になり、東京へ逃げる。やがて池袋東口にあった大衆食堂の「丸善食堂」を任される。高齢だったオーナーから譲渡され、開いたのが大戸屋食堂だ。資金は実家に頼っているから、この頃には関係が改善していたのだろう。栄一には子どもがおらず、甥の久実を一五歳のときに養子として迎え入れる。

栄一には商才があり、「全品50円均一」の安さで店を大繁盛させていた。久実は高校を卒業した一九七六年に、新宿の洋食店で働き始める。栄一が知人を介して帝国ホテルの村上信夫シェフに頼り、紹介してもらった店だ。栄一は、久実がフランス料理人になり、開業することを望んでいたのである。しかし半年後に栄一が倒れ、久実は店を手伝わざるを得なくなる。そして三年後に栄一が永眠。

当時はファミレスが次々と誕生し、チェーン店が脚光を浴びていた。久実は大戸屋のチェーン店化を考え始める。海苔の佃煮のボトルキープを行い大好評を得る、食器のグレードを上げるなど、サービスに力を入れ店をさらに繁盛させる。一九八三年に株式会社化し、翌年に高田馬場に二号店を、一九八六年には吉祥寺店を開く。

ところが一九九二年、吉祥寺店が社員の不始末で全焼。久実は大戸屋の今後を熟考し、「お客様の心と体の健康を促進する」という理念を持って、家庭食の代行をめざすのである。

母親がいない、あるいは単身世帯の人たちに、母親のように料理を出す。その考えの底にあったのは、実の両親と別れた久実の孤独な心があるのではないか、と著者は推測する。「実母からしてほしかったことを、自分が他人に提供してあげようとした」とある。

久実は以前、モスバーガーのフランチャイズ加盟者だった時期がある。吉祥寺店をリニューアルする際、「モスバーガーの定食屋版」をイメージし、「白を基調に清潔感と温かみのある空間」にリニューアルする。前から女性客が訪れていた同店を、もっと女性が来やすいよう、煮ものなどの小鉢料理を充実させ、低農薬米のご飯にするなど健康志向の店として成功した。

開店してからも、客からアンケートを集め、『オレンジページ』『レタスクラブ』、一流シェフのレシピ本などに目を通し、メニュー開発のヒントにする。素材や調味料の質にもこだわる。そうした努力が実り、大戸屋は女性たちに人気の定食チェーンとなる。一九九〇年代は、働く女性がふえた時代だ。オフィスで忙しく働きながら健康に気を使う女性たちのニーズに、大戸屋は合致していた。

セントラルキッチンに頼らず、できたてを提供するのはコストがかかる。そのため、人件費が高い職人には頼らずパート・アルバイトを使う。彼らに心を合わせてお客様のためになる料理を提供してもらおうと、久実は毎週店舗を回り、店主と対話していた。個人の力量に頼る要素が大きいだけに、創業者から直接思いを伝えてもらう機会は大事だったに違いない。そのしくみに、チェーンの要だった経営者の久実を亡くした店の穴が見える。

二〇二〇年一一月四日の朝日新聞デジタル記事によれば、大戸屋は外食チェーン大手のコロワイド傘下に入り、社長を解任して智仁が取締役に入る。そしてセントラルキッチンを導入することが決まっている。

◆子ども食堂の始まり

地域で暮らす人たちを支える食堂の役割に注目が集まり始めたのは、二〇〇〇年代に入ってからだ。最初に生まれたのは、コミュニティー・レストラン。朝日新聞では二〇〇三年七月八日に「満腹ニッポン　第7部・食べる力」シリーズの一つとして、コミュニティーレストラン（コミレス）を取り上げた。

二〇〇〇年代初頭、地域の力が弱くなったことが社会問題になり始めていた。晩婚化・少子化や高齢化で、シングルや二人世帯もふえていた。一九九五年に起こった阪神淡路大震災で亡くなったり家を失った高齢者が多かったこともあり、高齢者の孤独は注目を集めた。農山漁村では限界集落がふえ、町では商店街が寂れ、団地や郊外の高齢化や過疎化も進む。

そんな中、地域で暮らす人たちの居場所をつくるため、食堂を始める動きが各地で相次いだのだ。同記事によると、石川県加賀市の山代温泉では、二〇〇二年に完成した市の複合施設「はづちを楽堂」で、子どもと高齢者が通常の半額で利用できる「朝食クラブ」を始めた。

東京都国分寺市に拠点を置くNPO研修・情報センターがコミレスの普及・啓発活動を始めた。阪神淡路大震災をきっかけに成立したNPO法により、二〇〇〇年代に入るとNPOが次々にでき、非営利の社会活動が活発になっている。同NPOの尽力で三重県では商店街の空き店舗を利用、北九州市では遊びスペースを設けた子育て支援のコミレスもつくられている。

二〇一二年には、子どもが格安または無料で食べられることを主眼に置く、「子ども食堂」が誕生した。最初にできたのは東京・大田区「だんだん　こども食堂」だ。やがて報道が相次ぎ、子ども食堂をつくる動きはあっという間に全国に広まる。二〇一五年からは「子ども食堂サミット」が開かれ、二〇一九年六月二七日の朝日新聞は、全国に少なくとも三七一八カ所、年間利用者数は推計延べ一六〇万人にのぼることを発表した。調査を行ったのは、支援と普及に取り組むNPO法人「全国こども食堂支援センター・むすびえ」。

週一回または月一～二回程度の食堂が多いが、中には毎日三食出すところもある。子どもだけでなく誰でも使える食堂や、家族を亡くすなどして自身の心の支えとして食堂を始める人、プロの料理人が料理を提供する店、外国人家族との交流の場となる店、学習支援の場も設けるなど活動が広がる食堂もある。寺が行う、コンビニのファミリーマートも参入など、多様な食堂が生まれている。報道も積み重なるにつれて深度を増し、運営資金を自治体が補助する、クラウドファンディングで集めるなどの事例も紹介している。

子ども食堂が生まれ、急速に広がったのは、相対的貧困率や子どもの貧困率のデータが公開され、子どもの貧困問題の深刻さが幅広く共有されているからだ。民主党政権だった二〇〇九年、当時の長妻昭厚生労働大臣が、「日本の二〇〇六年時点での貧困率が一五・七％であると公表し、記者会見で貧困率の改善に取り組むと宣言した」(『〈格差〉と〈階級〉の戦後史』橋本健二、河出新書、二〇二〇年）のがその始まりだ。

相対的貧困とは、その国の文化水準、生活水準と比較して困窮した状態で、テレビや携帯電話などの必需品は持っていても食事が満足にできないなどの問題を抱える人たち。子どもたちの進学も困難だ。日本の子どもは、少なくともこの十数年、六人に一人、七人に一人がこうした貧困の中にいる。

東日本大震災をきっかけに、助け合いの大切さを実感する人たちがふえ、担い手のすそ野が広がっていることも、子ども食堂の拡大につながった。食事を提供する場所は、人との触れ合いの場所であって、そこから何かが生まれることもある。何より、食べて命をつなぐ場所である。食堂を通して生まれた関係や、守られた命が、新しい何かを生み出していく時代は、もう始まっているのかもしれない。

四 江戸のファストフード

本節では、江戸時代に生まれた和のファストフード発展の歴史を紹介する。特に江戸の町は、町人の三分の二を男性が占めた。彼らの多くが単身者で、台所の条件も悪かったから、彼らを対象にした外食文化が発達しやすかった。庶民の毎日を賄《まかな》うものは、安くて手軽に食べられるものが望ましい。そうしたファストフードとして生まれ、定着した料理はたくさんある。

◆おでんはいつ生まれたのか？

織田作之助の名作『夫婦善哉』（新潮文庫、一九五〇年）に、主人公夫婦が大阪でおでん屋を開くくだりがある。

蝶子は、貧しい家の出で芸者となり、女房持ちの安化粧品問屋の跡継ぎ、柳吉と駆け落ちする。行った先の東京で関東大震災に遭って二人は大阪へ戻ったが、柳吉は家から勘当され、やがて妻が亡くなって二人は夫婦になる。

柳吉は、生計を立てるためにいろいろ仕事をするが、どれも長続きせず、蝶子は苦労する。二人で始めた商売の一つが、関西で「関東煮《かんとうだき》」と呼ばれていたおでんの店である。柳吉はもともと「銭のからぬいわば下手もの料理」が好きで、蝶子を大阪ミナミの湯豆腐屋やおでん屋、豚の皮を味噌で煮詰めたドテ焼屋などに連れて行っていて、味のセンスが期待できた。

ちょうど花街の飛田大門通りの店が売りに出ていた。二人は他の店を食べ歩いて味や商売のやり方などを調べる。人通りが多い角地だったこともあり、始めてみると「夫婦だけで店を切り廻したので、夜の十時から十二時頃までの一番たてこむ時間は眼のまわるほど忙しく、小便に立つ暇も」ないほど繁盛した。働き者の蝶子は、味噌汁、煮豆、漬けもの、ご飯の朝食も出したところ、朝帰りの客がビールなども注文してくれ、「結構商売になった」。その儲けをやがて柳吉は、浮気して使ってしまうのだが。

同書からうかがえるのは昭和初期、大阪にはおでん屋がすっかり定着していたことである。柳吉と蝶子がデートした店の一つ、道頓堀の「たこ梅」は大阪の老舗おでん屋で、創業は一八四四（弘化元）年。蝶子たちが味わった「たこ甘露煮」は、創業当初から現在まで受け継がれている名物である。

おでんのルーツは豆腐田楽で、室町時代からあった。屋台で売るおでん屋が現れたのは江戸時代。『江戸の居酒屋』に「江戸時代の居酒屋では、豆腐や芋、コンニャクの味噌田楽が人気であった。やがて、野菜やハンペン、油揚げを開いて具材を巻いた信田《しのだ》巻きなどを醬油と味醂《みりん》で煮込んだものを「おでん」と呼ぶようになり、田楽に取って代わった」とある。『日本の食文化⑤酒と調味料、保存食』（石垣悟編、吉川弘文館、二〇一九年）によると、調味料として味醂が使われ始めるのは、宝暦天明年間（一七五一～一七八九年）以降なので、おでんが成立するのもこの時代以降とみてよいだろう。

『江戸の居酒屋』によると、関西では田楽がお座敷で出された。昆布出汁で煮、甘味噌をつけるものだったので、醬油で煮た江戸のものを関東煮と呼んだのである。この呼び方が近代にも受け継がれていたから、蝶子たちは関東煮の店として開いたのだ。私が子どもだった一九七〇年代にも、この呼び方をする大人たちがまだいた。

二〇一九年一二月二三日の朝日新聞記事「文化の扉」はおでんがテーマで、明治時代には苦学生が屋台を引いていたようだ。

小津安二郎の映画にも、おでん屋は登場する。『小津安二郎の食卓』(貴田庄、ちくま文庫、二〇〇三年)によると、最初に登場したのが一九五三年公開の『東京物語』で、場末の店だ。次が『早春』で一九五六年。主人公の実家が東京・荏原中延でおでん屋を開いている。

おでんは全国各地で多様な発展をし、近年はそのローカルな違いが注目される。東京では小麦粉を水で練ったちくわぶが入る。関西では牛スジが入る。静岡は汁が真っ黒で、削り粉をかけながら食べる。金沢ではメスのズワイガニを加工した香箱ガニが名物。名古屋は味噌おでん。長崎は、イワシのすり身でゆで卵を包んだ竜眼が入る。沖縄では、豚が主役。多種多様なご当地おでんがある。

紀文のウェブサイトに平成史がある。一九九〇年におしゃれな懐石風おでんが登場している。一九九八年には、銀座のおでん専門店「よしひろ」が初めてトマトを入れ、以来野菜を入れるおでんが流行る。二〇一〇年代になると、フランス料理やイタリア料理の手法を取り入れた自由なおでんを出す店が出現。二〇一七年には『居酒屋・ビストロ・バルのおでん料理』(旭屋出版編集部、旭屋出版)が出て、鶏出汁やポルチーニ茸を使うおでんなど、斬新なレシピが紹介されている。

◆うどん・蕎麦の発展

うどんや蕎麦の店が都市に登場したのも、江戸時代だ。『居酒屋の誕生』によると、井原西鶴の『好色一代女』(一六八六年)で、数寄屋橋の河岸端にある煮売屋に男女二人が入る場面の絵があり、店先でうどんを煮ている。この頃の江戸に、うどんを売る店があった証拠だ。『関西と関東』（宮本又次、文藝春秋、二〇一四年）によれば、寛永年間（一六二四〜一六四四年）から元禄時代（一六八八〜一七〇三年）にかけて、江戸と上方ではうどんも蕎麦も菓子屋で売っており、どちらも「うどん屋」と呼ばれていた。『コムギ粉の食文化史』（岡田哲、朝倉書店、一九九三年）によれば、やがて、各地にうどんの仲間が生まれていく。群馬県・桐生名物として知られるひもかわは、『和漢三才図絵』（一七一三年）に記述があり、名古屋名物きしめんは、『料理山海郷』（一七四九年）につくり方が載っている。すいとんやほうとうも生まれる。

讃岐うどんについては、『【さぬきうどん】の真相を求めて』（吉原良一、旭屋出版、二〇一八年）に紹介がある。動物性食品を食べられなかった寺院では、大豆を挽いてつくる豆腐や湯葉、小麦粉を使った麩《ふ》などを使う精進料理が食べられていた。その粉を引く水車や石臼が寺院の周辺に設置され、周りにうどん屋や蕎麦屋が生まれるのだ。

香川県の金毘羅《きんぴら》神宮近くでうどん屋がふえていくのは、庶民の参詣ブームが起こる一八世紀から。象《ぞう》頭山《ずざん》松尾寺金光院での一七四七（延享四）年の食事の記録には、「寺院の供食として小姓頭《こしょうがしら》や寺社奉行、用人に出される、正式な食事の後の軽い食事」として、湯だめうどんを、辛子とコショウと汁につけて食べたことが記録されている。江戸時代にコショウはご飯にも使われているが、うどんでも代表的な薬味だった。神社仏閣の参道は大勢の人が通るので、うどんや蕎麦を出す店がふえるのも当然の展開である。

『和食とはなにか』は、蕎麦粉を麺にする蕎麦切りの発祥は中世末期以降だが、諸説あるため発祥の地は「信濃か美濃かの断定は難しい」としている。

江戸時代になると、江戸に蕎麦屋が登場する。武蔵野台地に近い新宿に一六七四（延宝二）年、板橋に一六八九（元禄二）年に粉屋が水車を設置し、精米、精穀業を始めていたことが、うどん、蕎麦の店ができる背景にある。『すし　天ぷら　蕎麦　うなぎ』（飯野亮一、ちくま学芸文庫、二〇一六年）によれば、蕎麦粉にはグルテンが含まれていないので、小麦粉より麺に加工しにくいが、うどん打ちの技術が応用されたのではないかとある。

関西はうどん文化、関東は蕎麦文化と言われるが、それは小麦と蕎麦の産地がそれぞれ背後にあることと、味にクセがなく薄口醤油とカツオ昆布の出汁が合ううどんと、香りが高く濃口醤油とカツオ出汁が合う蕎麦の違いが影響しているのではないだろうか。

同書によると、江戸でうどん屋が優勢だった一七三五（享保二〇）年に書かれた江戸の地誌『続江戸砂子』に、五店の蕎麦切り名店が紹介されている。その中の雑司谷の茶屋は、現在「かんだやぶそば」など、評判が高い「藪」の元祖。『蕎麦の事典』（新島繁、講談社学術文庫、二〇一一年）には、「雑司ヶ谷鬼子母神の東の方の藪のなかにあった百姓家の「爺が蕎麦」が藪そばの元祖」とある。一七九八（寛政一〇）年版『若葉の梢』（下）にもその評判が記され、店の人気にあやかり「藪蕎麦を名乗る店が方々にあらわれた」。

蕎麦の老舗といえば「砂場蕎麦」もある。こちらは『蕎麦の事典』に、開業時期は明確でないが、享保年間（一七一六～一七三六年）には「和泉屋」と「津国屋《つのくにや》」の二軒の蕎麦屋が営業していたとある。場所は大坂新町遊郭近くの小浜町で、俗に「砂場」と呼ばれていたところにあった。和泉屋がやがて「砂場そば」と呼ばれるようになる。

砂場系の店が有名になったのは、江戸・薬研堀《やげんぼり》の大和屋が寛延年間（一七四八〜一七五一年）頃、「大坂砂場そば」の看板を掲げていたことから。この店で修業した人たちが店を開き、砂場蕎麦は江戸に根を下ろし現在に至っている。

『すし　天ぷら　蕎麦　うなぎ』によると、ざるそばの発祥は深川洲崎《すさき》にあった「伊勢屋伊兵衛」で、一七四六（延享三）年の『俳諧時津風』の記述が最も古い。

江戸の町が蕎麦屋優勢になるのは、安永−天明（一七七二〜一七八九年）頃で、同書によると、蕎麦の値段が安定したことや、夜蕎麦の店がふえてなじみやすくなったことなどが要因だ。蕎麦に使う調味料は味噌→薄口醤油→濃口醤油と変化し、濃口醤油が江戸で優勢になる一九世紀後半に現在のスタイルになっている。蕎麦屋で「そば前」と呼ばれる酒と肴を楽しむ姿は、『評判龍美野子《たつのみやこ》』（一七五七）に描かれている。

◆材料にこだわるうどん・蕎麦屋

蕎麦屋は昭和後半、一部の店で材料や水にこだわり、打ちたてを提供するグルメ化を果たす。流れをけん引したのはおそらく「翁」で、東京・目白から山梨・長坂へ移転した。この店、私は二〇〇〇年代初頭に二度も入り損ねている。店の名声は巷で話題になっていたが、残念ながら長坂へ行った二度とも休日だった。

そのこだわりは、店主の高橋邦弘による『そば屋　翁　僕は生涯そば打ちでいたい。』（河出書房新社、一九九八年）にある。手打ち蕎麦の店として知られた栃木・足利「一茶庵」で修業し、独立開業は一九七五年、山梨移転は一九八六年。一九七九年から四年間、自ら長野県で蕎麦の栽培までしていた。通ううちにその土地が気に入って移転先を探し、縁があったのが山梨県長坂町。

移転の理由は、石臼で自家製粉するスペースが欲しかったことである。毎日蕎麦を打つうちに、蕎麦粉の品質が気になり始めたのだ。良質な殻つきの玄蕎麦を仕入れ、自分で挽こうと考える。

しかし、高橋は納得がいく玄蕎麦を見つけるのに苦労している。北海道、東北、茨城、長野など全国の産地を巡ることは高橋のライフワークのようになっている。執筆時は、茨城のものを中心に、福島、長野、北海道へ自ら出向いて仕入れていた。蕎麦粉は使う前日に自分で挽くが、製粉作業に働く時間の三分の一を取られる。

店主のこだわりは、きつねうどんを考案したうさみ亭マツバヤの二代目、宇佐美辰一による『きつねうどん口伝』にも書かれている。同書では、第三章で材料について、第四章で道具のこだわりを伝えている。

一九一五（大正四）年生まれの著者が店を継いだのは、一九五一（昭和二六）年。材料に気をつかい出したのはいつからか、同書から拾ってみよう。

小麦粉は、一九八六年頃まで日本で一か所だけ石臼挽きをしている茨城県真壁町の製粉所から仕入れていた。執筆時は機械挽きだが国産小麦を使っている。塩は一九六五年頃まで、伊豆の天然塩を使っていたとあるので、自然塩を使ってきた歴史は長い。こうしてみると、できる範囲でずっと、材料にこだわってきたのだ。

彼らの精神は脈々と受け継がれ、今も自家製粉する大阪のうどん屋、東京の蕎麦屋がいくつもある。志摩観光ホテルで、地元産の食材だけを使った料理を出し始めたのが、一九七一年。その数年後に翁が、それより前にうさみ亭マツバヤが、原材料にこだわり始めている。高級料理と同じような時代に、庶民のファストフードとして始まった蕎麦とうどんでも、材料の質へ目を向ける職人が現れている。日本の外食グルメ化の歴史は案外長い。

庶民の蕎麦・うどんと言えば、立ち食い店がある。興味深いのが、近年駅の立ち食い蕎麦の店で、生麺を出す店が現れていることである。『東西「駅そば」探訪』(鈴木弘毅、交通新聞社新書、二〇一三年)によれば、真岡《もおか》鐵道の栃木県真岡駅の「カウベル」は、手打ちでつゆも自家製だ。「関東においては、すでに生麺の普及がだいぶ進み、実感としては3割から4割くらいの店(事業者)が生麺を使っています」という状態になったのは、手軽な飲食店の多様化に加え、首都圏でJRと私鉄、地下鉄の相互乗り入れが進み、乗換駅で蕎麦を食べる人がへることへの危機感があったという。

「進化系そば」と表紙に書く『極上　東京立ち食いそば2019年』(リベラルタイム出版社、二〇一九年)によると、斬新な蕎麦を出す立ち食い蕎麦の店が次々と誕生している。ミニトマトを浮かべバジルを入れたつゆを出す店、つゆのベースが鶏がらスープの店、麻婆豆腐が入った汁蕎麦や、高品質の蕎麦粉を使用する店などがある。フランス料理のシェフが始めた店もある。

チェーンの立ち食い蕎麦屋も進化している。一九六六年開業の「名代富士そば」は、フィリピン・台湾への出店を除けば首都圏のローカルチェーンだが、立ち食い蕎麦の割においしいことで定評がある。蕎麦は生麺を使用。二〇一九年八月には大ブーム中のタピオカを使った「いくら風タピオカ丼」

を三光町店限定で出す。同年一〇月からは、シンガポール・マレーシアのソウルフードで近年人気がある「肉骨茶《バクテー》」を汁に使った「肉骨茶そば」を採用し、注目を集めた。

◆すしは芸術なのか?

アメリカのオバマ大統領が来日した二〇一四(平成二六)年、急に行きたがった店として注目を集めたすし屋が、銀座の「すきやばし次郎」である。アメリカで有名になったきっかけは、二〇一一年にアメリカで、その後世界で公開されて大ヒットし、日本でも二〇一三年に公開されたドキュメンタリー映画『二郎は鮨の夢を見る』である。

店はその頃すでにグルメの間では有名で、『ミシュラン』では毎年三つ星がつくし、グルメ評論家の山本益博や、ジョエル・ロブション、ハリウッドスターなどが愛用していた。「エル・ブジ」のフェラン・アドリアも来たことがある。

映画は、生の魚を載せただけに見える握りずしに、いかに手がかかっているかを伝える。この映画を観て、すしの世界の奥深さを知った欧米人は多かったのだろう。

スタイリッシュな映画の描写だけではよくわからないので、「次郎　よこはま店」を取材した『江戸前ずしの悦楽』(早川光、晶文社出版、一九九九年)から拾ってみよう。

生の丸ごとタコは、塩は使わずひたすら手で揉んでぬめりを取り、茹でてから室温で冷ます。アワビは酒を入れたお湯で、アクをすくいながら三、四時間煮る。カツオは藁を使っていぶす。クルマエビは竹串に挿してさっと茹で、流水に晒した後に冷ます。殻は握る直前にむく。穴子はつゆの中で煮る。コハダは小さな鱗をかき取り、骨を取って塩水に漬ける。

店によって方法が違うところもあるだろう。しかしいずれにせよ、個性がさまざまな魚介類に一つ一つ異なるていねいな処理を行う。そうした繊細な仕事があって初めて、すしネタは完成する。ただ生の魚を、ちょっと握ったご飯にのせるだけでは江戸前ずしにならないのだ。ご飯の炊き方や炊く量、使う調味料にも、店のこだわりがある。

すきやばし次郎の店主、小野二郎の経歴は、長男で一緒の店で働く小野禎一に取材した『すきやばし次郎　小野禎一　父と私の60年』（根津孝子、CCCメディアハウス、二〇一九年）と『AERA』（朝日新聞社）二〇〇一年三月五日号の「現代の肖像」から拾うことができる。

生まれは一九二五年、静岡県二俣町。父は天竜川の材木や鉱石を運ぶ川舟の船頭だったが、体を壊し母が家計を支えていた。七歳のときに近隣の割烹旅館「福田屋」へ奉公に出され、一三歳の頃には、出前先で法事や宴会の懐石料理を一人で準備していた。

戦時中の徴用、召集を経て、一九五一年に東京・京橋のすし屋「与志乃」に入る。「与志乃」からは、なかなか独立させてもらえず、ようやく店を持てたのは、一九六五年。山本益博に連れられてジョエル・ロブションが初めて訪れたのは、一九八六年だった。息子は二人で、次男は六本木店を開いている。

苦労人で、抜群の舌とセンスを持ち、多くの人から尊敬されている。『AERA』では、「ひと口にコハダといっても、体の大きさから脂の乗り具合まで、一匹一匹違いますでしょ。どれもこれも一緒くたにしないで、手間ヒマを惜しまず、それぞれに合う塩加減、酢締めをすればいいことなんです」

とさらりと語っている。

店は二〇二〇年版の『ミシュラン』には、一般客が入れなくなったことを理由に掲載されなかった。通常は不掲載の理由まで発表しないミシュランが、わざわざその意図を報道陣に明かしたのは、小野二郎とその店に敬意を払ってのことである。

すし屋はどのように発展してきたのか。その現代史がわかるのは、小野二郎と両雄と言われる金沢の「小松弥助」店主森田一夫の『小松弥助　心のすし　森田一夫と仲間たち』（北國新聞社出版局編、加賀屋発行、北國新聞社発売、二〇一九年）である。

森田の仕事ぶりは、MRO北陸放送の「こころのすし～ある日の小松弥助～」で二〇一九年一一月二七日に放送された後、二〇二〇年一月一一日にBS-TBSでも放送された。番組を見ると、森田は踊るような手つきで握り、そっと客の掌にすしを差し出す。家族連れの客も多く、和やかな店の雰囲気は「緊張する」と言われるすきやばし次郎と対照的だ。森田の名物は、イカの握り。イカを三枚におろし、細切りにしてふんわりと山にしてシャリに載せる。「口に入れた途端にほどけて絶妙な塩梅になる」。

森田は一九三一年、大阪箱ずしの店を開く両親のもと、神戸市須磨町（現須磨区）で生まれた。父は地元で知らぬ人がいない名人だった。食糧統制が厳しかった第二次世界大戦敗戦後は、客がコメを持ち込み加工賃を払うやり方が認められ、営業を再開する。

中学を卒業すると、修業を始めた一夫。まず、すし職人をあっせんする口入れ屋に入り、神戸、大阪のすし屋で修業する。「これからは江戸前ずしの時代が来る」と一九五〇年に上京し、別の口入れ屋に所属。銀座を中心にあちこちの店で修業し、「特定の店や職人にとどまらない多様な技術を身につけることができた」。

修業先の中には、一九三五年創業で、北大路魯山人が高く評価した銀座「久兵衛」もあった。同店創業者の今田壽治《ひさじ》は、ウニやイクラの軍艦巻きを考案している。

二四、五歳になる頃、父から帰郷を求められるが、箱ずしの世界とはもう相容れなかった。また、東京の一流店で仕事をした身に、地元客中心の父の店は物足りなくなっていた。そして再上京。

一九五七年、石川県小松市の精進料理店「米八《よねはち》」から、「すし部門をつくるのでそこで腕を振るってくれないか」と依頼され、迷った末に行く。するとすぐに地元の名士がファンとしてつく。小松空港が近いこともあり、時間調整に訪れる地元や遠方の客も多かった。

独立したのは一九六七年。小松市内で「小松弥助」を開業。すぐに人気店となり、常連客には経団連会長も務めた土光敏夫もいた。一九六八年には兼六園が近い金沢市本多町に、一九七二年には金融機関が集まるビジネス街の金沢ニューグランドホテル内に支店を開く。どちらも大盛況となり、美空ひばりやテレサ・テンなども通う。しかし若手に活躍の場を広げようと開いた支店は、神経を行き届かせられないこともあり、数年後に閉店する。

一区切りつけたいと小松市の店を閉店したのは一九九六（平成八）年、六五歳のときだった。じっくり充電したうえで二年後、金沢市池田町で再出発。技に円熟味が加わって余裕ができ、子連れ客がふえた。森田は子ども向けに小さく握るなど工夫をして、三代四代で訪れる客がふえていく。

こうした現代の江戸前すしの世界を切り開いた職人を取り上げたのが、二〇一八年一月一七日放送

『究極の鮨（すし）～職人・藤本繁蔵の世界』（NHK‐BSプレミアム）である。

番組によると、江戸前ずしの職人、藤本繁蔵は、白身など淡い味のすしから、アナゴなど濃い味のすしに至り、巻物で締めるお任せコースを考案した。器に凝り、しつらえに気を配り、白木のカウンターがある、純粋にすしを楽しめる空間をつくり上げた江戸前ずしを、世界から注目される芸術に高めたのは、藤本である。

現役時代「すしの神様」と異名を持った藤本については、ほとんど記録が残っていない。藤本について調査する映画監督で先に引用した『江戸前ずしの悦楽』著者の早川光とNHKが調査した限りでわかったのは、以下のプロフィールである。

一九〇二（明治三五）年、東京生まれ。一〇歳ぐらいで修業を始め、「二葉鮨」一九二四年、「なか田」一九五〇年、「すし春」一九五三年、「にし木」一九六一年、「きよ田」一九六三年。自らの店は持たず、一職人として七〇歳を前に引退し、弟子たちの指導を続けて、一九八七年に八四歳で亡くなった。

すしを芸術の域まで持っていけたのは、握り方だけでなく、歌舞伎から空間演出を、絵画から色彩バランスを、陶芸から盛りつけをイメージするなど研鑽を怠らなかったからである。今、料理人が多彩な芸術に触れて学ぶことは珍しくないが、すし職人では、そうした試みをした先駆的な存在だったのかもしれない。

藤本の店には、ファッションデザイナーの朝倉摂、評論家の小林秀雄や青山二郎、獅子文六や山崎豊子、武者小路実篤などの作家が訪れた。中でも大佛《おさらぎ》次郎は、三日に一度は訪れるほど愛好した。自宅へもすしを提供しに行き、大沸没後は墓参りに毎月訪れるほど親交を深めている。

◆回転ずし誕生

すし職人が目の前で握る江戸前ずしは、さっぱりしていてすっと舌でなじみ、印象的な味がする。そういう店の魅力は捨てがたいが、庶民には別のすしもある。そもそも江戸前ずし自体、庶民の食べものとして江戸時代に生まれている。もともとすしは、魚を長期保存する漬け床としてご飯を使っていた。『すし　天ぷら　蕎麦　うなぎ』によると、『邦訳日葡辞書』（一六〇三年）には、ご飯も一緒に食べる「生なれ」が紹介されている。一七世紀に酢を加えて一晩漬ける「早ずし」となり、箱ずしに発展する。その伝統が、大阪では長く続く。

江戸にすし店が表れたのは一七世紀後半。『江戸鹿子』（一六八七年）で二軒のすし屋が紹介されている。これはなれずしと生なれ。

早ずしは、一八世紀中頃に料理茶屋やすし屋で売られるようになる。屋台の店も、振り売りのすし屋も登場。コハダずしも流行る。『日本の食文化1食事と作法』（小川直之編、吉川弘文館、二〇一八年）によると、一八三〇（文政一三）年に「松が鮓」という高級すし店も登場。同店は、ワサビを添えるなどの工夫を行っている。

『すし　天ぷら　蕎麦　うなぎ』によると握りずしは、文政年間（一八一八〜一八三〇年）の初め頃、両国の「與兵衛鮓《よへえずし》」の初代、華屋與兵衛「によって工夫されたとする説がある」。ただし同書は、同店が『江戸名物誌』（一八三六年）にこの頃開いたばかりとあるが、握りずしは一八二七（文政一〇年）には誕生しているので、「與兵衛鮓は、松が鮓同様、押しずしの店としてスタートした可能性がある」とする。一八五八（安政五）年には握りずしを出しており、その後は握りずしの店として発展していく。『日本の食文化1食事と作法』によると、食材の色つやのよさや、魚の種類によってシャリにかんぴょうやシイタケのみじん切りを混ぜるといった、独自の工夫で進物品にもなったという。
「押しずしはテイクアウトする時代から立食いする時代へと変化していた。そして、こうした屋台の押しずし売りのなかから、すしをその場で握って食べさせるアイデアマンが現れた。それが文政十年頃のこと」(『すし　天ぷら　蕎麦　うなぎ』)。その後、握りずしの屋台が江戸っ子の人気を博して、どんどん増加していくのだ。

現在、庶民のすしといえば回転ずしである。元祖は一九五八年、大阪府布施市(現東大阪市)に開業した「廻る元禄寿司」。朝日新聞二〇一七年二月一五日の「あのとき／それから」によると、創業者の白石義明は、戦後まもなく立ち食い握りずし店を始めて繁盛させるが、人手不足で合理化を迫られる。たまたま見学したビール工場でビンがベルトコンベヤーで運ばれる様子を見てひらめき、「近所の町工場の協力を得て、すし皿を回すベルトコンベヤーを開発した」。

『回転寿司の経営学』(米川伸生、東洋経済新報社、二〇一一年)によると、コーナー部分の開発に苦労し、ベルトコンベヤーが完成したのは一〇年後だった。開業した店はあっという間に人気を集め、次々と店舗を拡大する。大阪万博にも出店して注目を集めている。一九六八年、白石のもとを江川金鐘が訪れて、名古屋以北の販売契約を結び、同年八月、仙台市に「元禄寿司　大町店」を出店する。

先の朝日新聞記事によると、やがて金沢の店から、「席でお茶が出る装置」を依頼された市内の石野製作所が一九七四年に「自動給茶装置付寿司コンベア機」を開発。

再び『回転寿司の経営学』から。一九七八年に白石が「所持していたコンベア式旋回食事台の特許が切れると、新規参入業者が雨後の筍のごとく続出」。一九七八年に「くるくる寿司」が金沢市に、翌年には「かっぱ寿司」が長野市に、一九八〇年に「アトムボーイ」が岐阜県羽島郡に、一九八四年に「回転寿司くら」（現「無添くら寿司」）が大阪府堺市に、「すし太郎」（現「スシロー」）が大阪府豊中市に、と次々と開業していく。

一九九八年には高級回転ずし店が登場し、二〇〇一年頃になると、高級路線と一〇〇円ずしの二極化が進む。かっぱ寿司、スシロー、無添くら寿司の一〇〇円チェーンは、ハイテク化とIT化を進めたことが功を奏して躍進する。

合成着色料や化学調味料などの食品添加物不使用を謳う無添くら寿司は、加工の際に出るアラを養殖魚のエサにする、今まで捨てられてきた未利用魚を商品化するといった取り組みも進めている。安さが売りの回転ずしの世界も、社会貢献を意識する時代が到来している。

回転ずし屋が環境問題に意識的になるのは、漁獲高がへっている魚介類が多いからである。漁獲枠の国際的な取り決めがあるマグロやサンマはもちろん、国内のアサリやハマグリも減少、ホッケやサケの不漁が伝えられることもある。また、江戸前ずしの本来の姿を取り戻そうとすると、種類も漁獲高も豊富だった江戸時代にたどり着く。すると、周辺に京浜工業地帯ができて海が汚れ、資源がへった歴史に気がつくのだ。

回転ずしが世界に広がり、すしがローカルな料理でなくなったこともあり、世界で水産物の消費はふえている。FAO（国連食糧農業機関）の調査によれば、世界の一人当たりの食用水産物の年間消費量は、一九六一年には世界平均で一〇キロ弱だったが、二〇一三年には一八キロ程度、と過去半世紀で二倍に増加している。

一方日本では、漁業者の高齢化による減少や、消費者の魚離れの問題も抱えている。長く肉食を禁止してきた日本では、漁業技術が発展し処理の技術もきめ細かく発達した。そんな自国の現状に危機感を抱くのは、築地市場や豊洲市場、あるいは各地の魚市場に足を運んできた職人たち、企業の担当者たちなのだろう。

◆天ぷらとウナギ

ウナギも資源減少が深刻な魚で、近年はウナ重の価格も高騰し、すっかり高級料理の仲間入りをした。代替料理としてイワシなど、別の魚を使ったかば焼きも登場している。世界には炒めものやスープなど、さまざまなウナギの料理法があるが、日本人は基本的にかば焼きとその周辺で満足している。それほどかば焼きの誕生は大きかった。

『すし　天ぷら　蕎麦　うなぎ』によると、「かば焼き」という言葉は室町時代末期には登場しているが、もともと魚を串に挿して焼いたものを指していたようだ。「鰻を背や腹から裂いて串を打って焼くように」なったのは江戸時代。ウナギのかば焼きを扱う振り売りが最初に登場する文献は、京都で出版された『噺物語』(一六八〇年)だ。

五代将軍綱吉が、一六八七(貞享四)年に生類憐みの令を出した折は、魚鳥を生きたまま売買することを禁じ、一七〇〇(元禄一三)年にはウナギとドジョウを名指しして商売を禁じる。そして、一七〇七(宝永四)年には、禁止しているにもかかわらず「所々の茶屋」でウナギを穴子と偽って売っている、

「そのような者を見つけたら逮捕せよ」と命じる触れを出している。それほど、ウナギは人気だったのだ。その二年後、綱吉が逝去し、生類憐みの令が廃止の方針となって、ウナギの売買禁止令も廃止されている。

「江戸前」という言葉が使われるようになる一八世紀前半の享保年間には、ウナギのかば焼きが江戸前の名物とされている。その頃のウナギ屋は粗末な店構えだったが、一八世紀後半になると、本格的な店構えのウナギ屋が登場する。白焼きにした後に蒸してからタレをつけて焼く、東京スタイルが確立するのは、大正時代だった。

屋台や粗末な店構えで庶民向けにやっていた商売が、時代が進むに連れて高級店が現れる、というパターンはどうやら多い。その意味で最近はすっかり高級店が目立つのが、天ぷら屋である。池波正太郎がひいきにした近藤文夫の銀座「てんぷら近藤」など、築地市場や豊洲市場に自ら通って仕入れ、食材に合わせて最高の状態で客に出す店は少なくない。『ミシュラン』二〇二〇年の東京版にも天ぷら店が二〇店ピックアップされていて、てんぷら近藤をはじめとして三店が二つ星に選ばれている。

天ぷらの誕生も、江戸時代。『すし　天ぷら　蕎麦　うなぎ』によると、天ぷらの名前が最初に登場する文献は、京都の医師奥村久正が書いた『料理食道記』(一六六九年)で、一六

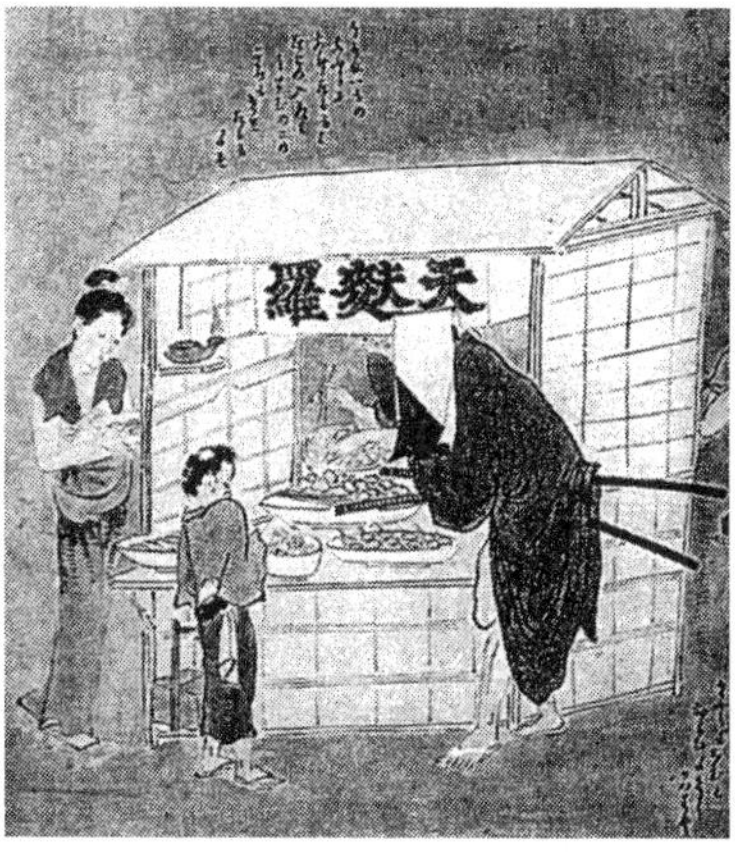

天ぷら屋台の店(『近世職人尽絵詞』所収、『すし 天ぷら 蕎麦 うなぎ』より孫引き)

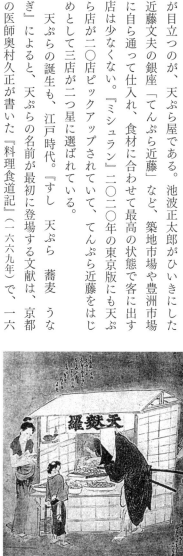

九三（元禄六）年の尾張藩士・朝日重章の日記には食べた記録が出てくる。その頃の天ぷらが、現在と同じかどうかはわからないが、一八世紀中頃の料理書に出ているつくり方は現在に通じている。一方、上方はすり身と小麦粉を練り合わせて揚げる天ぷらが発達する。関西では、天ぷらといえば、このさつま揚げを指した。

天ぷらの屋台が登場するのは、安永年間（一七七二〜一七八一年）である。一七七一（明和八）年に、隅田川と箱崎川の分岐点を埋め立てて中洲がつくられ、やがてそこが盛り場となって、屋台村の様相を呈するようになる。そこでまず、「胡麻揚」の名で売られるようになる。江戸の天ぷらは、ゴマ油を使うからだろう。「天麩羅」の看板を掲げた屋台が登場するのは、天明年間（一七八一〜一七八九年）。その後ふえていき、「文化年間には天麩羅の屋台が至るところに出ていた」。

天つゆの記述は、料理書の『黒白精味集《こくびゃくせいみ》』（一七四六年）にある。大根おろしは、屋台ですでに添えられている。油に慣れない江戸時代の人には、消化を助ける大根おろしが必要だった。

享和年間（一八〇一〜一八〇四年）頃、吉兵衛が出した高級屋台が登場する。初ガツオ、鶏卵、セリと鴨、白魚といった高級食材を揚げていたようだ。江戸時代に天ぷらでよく使われていたのは、穴子、芝エビ、コハダ、貝柱、スルメ、ハゼ、コチなどである。絵入り川柳句集の『柳樽二篇』（一八四三年）には、客が蕎麦屋から蕎麦を買ってきて天ぷらをトッピングする光景が描かれている。

天ぷら専門店が続々と登場するのは明治に入ってからで、明治時代中頃には名店とされる店も登場している。昭和産業のウェブサイトによると、東京のローカルフードだった衣をつけて揚げる天ぷらが全国区になったのは関東大震災がきっかけで、職人が全国に散らばったためである。

◆何でもご飯に載せて丼に

『居酒屋の誕生』などを書いた食文化史研究家の飯野亮一は、丼ものの歴史も書いている。『天丼　かつ丼　牛丼　うな丼　親子丼』(ちくま学芸文庫、二〇一九年)。表題の料理についても掘ってみよう。

丼もの登場の背景には、コメの流通が盛んだった江戸という特殊事情がある。農民は年貢として納めるためめったにコメを食べられなかったが、そのコメは換金されて都市に出回った。精米屋も発達し、出たぬかでたくあんが生まれる。白米を食べてビタミンB_1不足になると、脚気《かっけ》になる。原因がわからなかった当時は、「江戸患い」と恐れられた。「大坂腫れ」という言葉もあったから、白米を日常的に食べる都市民特有の悩みだったのである。

同書によると、江戸にはご飯ものを食べさせる店がたくさんあった。『茶漬原御膳合戦』(一八〇五年)という絵入り物語では、一膳見世グループと茶漬見世グループが対戦している。そこから江戸の町に、一膳飯、茶漬飯、鯛飯、茶飯、蓮飯、菜飯などのご飯もの屋があったことがわかる。

ウナギのかば焼きに飯をつける店が現れたのは、一八世紀後半。ご飯と一緒に盛るウナギ飯が登場するのは、文化年間(一八〇四～一八一八年)で、考案したのは、大久保今助。常陸国の農民だったが、江戸に出て金融業で成功して水戸藩士に取り立てられる。財を成して芝居のスポンサーになった大久保は、「焼きざましにならないように、丼の飯の間に蒲焼を挟ませて芝居小屋に届けさせていた」のが広まった。ただ、今助の前にもウナギを飯に載せていた人たちはおり、その記述は、『損者三友』(一七九八年)などにある。

ウナギ飯は上方でも広まり、江戸では「どんぶり」、上方では「まぶし(まむし)」と呼ばれた。明治時代になると、うな丼という言葉が登場する。明治半ばにはウナギの養殖が始まる。うな重は、一八六五（慶応元）年に最初の記述があり、明治時代の終わり頃にはかなり普及する。名称が定着するのは、大正末である。

一度丼ものが生まれると、次々と登場する。天ぷらの活用が先にある。蕎麦屋が天ぷら蕎麦を出すようになるのが天保年間（一八三〇〜一八四四年）で、嘉永年間（一八四八〜一八五四年）に天ぷら茶漬け店が定着する。天ぷら茶漬けは明治初期にも食べられていた。明治期、たくさん登場した天ぷら専門店の中から、天丼を考案する店が現れる。元祖は、商人や職人が多い神田鍛冶町の「仲野」で、一八七四（明治七）年か一八七五年とされている。

蕎麦屋が天丼を出すようになったのは、一九一二（大正元）年頃からである。そしてチェーン店の「てんや」が開業するのはずっと下って一九八九（平成元）年。一号店は東京・八重洲地下街にできた。

親子丼の誕生は、明治初期。記録に残っている確かなものは、一八八四（明治一七）年の大阪朝日新聞に出ていた神戸元町の「江戸幸」といううなぎ屋の広告。親子丼が成立するのは、鶏肉の消費量がふえ、養鶏業が出てきた結果である。東京でも出す店が出てきて、「明治二十二、三年頃には親子丼が出前されるほどよく知られた食べ物になっていたようだ」。

牛丼の誕生は、もちろん肉食が解禁された明治以降だ。牛鍋屋ではご飯も出されたので、その中から生まれる。一八八七（明治二〇）年頃には売られ、四年後には朝野新聞で牛飯屋の増加が報じられている。大正時代には、屋台で東京のいたるところで売られるようになっている。

下層階級が食べるイメージだったが、関東大震災がきっかけで、牛丼ブームが起こってイメージが変わる。「牛丼」という言葉が広まったのも、大正時代である。

代表的なチェーン店、吉野家は一八九九（明治三二）年に個人店として日本橋魚河岸に誕生。関東大震災で、魚河岸が移転して築地市場が生まれるのに際し、吉野家も一九二六（大正一五）年に移転した。株式会社化したのが一九五八年。二代目の松田瑞穂が経営研究会のペガサスクラブに参加して多店舗化を考え始め、二号店を出したのは一九六八年、新橋だった。

『外食産業を創った人びと』によると、松田はチェーン店にして規模を拡大しても安定的に牛肉を確保するため、一九七三年にアメリカへ行き、現地法人を立ち上げる。ところが同年、日本政府が国内の畜産業保護を名目に牛肉の輸入を禁止して会社が立ち行かなくなり、一九八〇年に会社更生法の適用を申請する。

業界の地位を高め、経営支援もできるようにと、不二家など他業種の外食企業にも声をかけて業界団体のフードサービス・チェーン・アソシエーション（現日本フードサービス協会）を設立。牛肉を共同仕入れするなどの仕組みをつくった。しかし、吉野家再生は自分が育てた部下たちに託して去る。

アメリカでのBSE（牛海綿状脳症）発生で、アメリカ産牛肉輸入停止などの困難を乗り越えた吉野家も、近年は新たな危機に直面している。朝日新聞二〇一九年八月八日「けいざい＋」によると、顧客開拓に苦しみ、二〇一九年二月期決算で、純損益が六年ぶりの赤字に転落している。

女性客の取り込みを狙い、おなじみのオレンジの看板ではなく、黒を基調としたカフェのようなスタイリッシュな内装の恵比寿駅前店を開いたのは、二〇一六年だ。以降、次々と改装を進めている。

かつ丼は牛丼より誕生が遅い。豚肉を食べる習慣が普及するのは牛肉より遅く、とんかつが誕生する必要があるからだ。とんかつが普及するのは大正時代である。時を待たずして、かつ丼も誕生する。元祖については諸説ある。『天丼　かつ丼　牛丼　うな丼　親子丼』は、関東大震災後の東京をスケッチした『新帝都看板考』にあることから、大正時代の終わり頃までに生まれていたと推測する。描かれている店は大衆食堂らしい。昭和初期になると、百貨店食堂でも出されている。

◆お好み焼きとたこ焼き

和のファストフードといえば、粉ものは外せない。古いもの順で紹介すると、最初に誕生したのはたこ焼きである。それは今、「明石焼き」の名称で知られる出汁につけて食べるタイプのもので、地元の兵庫県明石市とその周辺では「玉子焼き」と呼ばれていた。

明石市のウェブサイトによると、発祥は江戸時代の末期。明石の地場産業に、人工サンゴに使う「明石玉」製造があり、その際に卵の白身を接着剤に使ったため、余った黄身でつくられた。一九一九（大正八）年、タコを加えて商売にしたのは、現在の樽屋町に住んでいた向井清太郎。屋台で売り始めると評判となり、大阪から業者が見学に来た。だから、大阪のたこ焼きのルーツは明石焼きだった可能性がある。

二〇一四年二月一五日の朝日新聞「あのとき／それから」によると、江戸時代の大坂には「ちょぼ焼き」と呼ばれる粉ものが屋台で売られていた。阪神百貨店の地下で今も売られている、弾力があって素朴な味わいのスナックだが、記事に「はがき大のテッパンに、たこ焼きより小さな半円のくぼみがいくつかあり、水に溶いた小麦粉を流し、コンニャクやエンドウ豆、刻んだタクアンなどを入れる」

と説明がある。

また、大阪では大正末期から昭和初期に縁日や歓楽街の屋台で、「ラヂオ焼き」が売られていた。コンニャクやエンドウ豆などが入り、塩や醤油で味つけする。命名の由来は諸説あるが、一九二五年にラジオ放送が始まっているから、この頃に生まれた食べものだったのだろう。

一九三三年、大阪市内でラヂオ焼きの屋台を始めた遠藤留吉が、大人向けにコンニャクを牛すじ肉に替えて売っていたところ、客の一人から「ここは肉かいな、明石はタコやで」と言われ、タコを入れるようにしたのが一九三五年。現在その「会津屋」は大阪市玉出にあり、三代目が継承してラヂオ焼きも復活させている。

『たこやき』（リブロポート、一九九三年／講談社文庫、一九九八年）で、こういったたこ焼きの歴史を発掘した熊谷真菜の『「粉もん」庶民の食文化』（朝日新書、二〇〇七年）によると、ソースをつける形になったのは、一九四八年にオリバーソースからとろみをつけた濃厚ソースの「とんかつソース」が売り出されたことがきっかけだ。一九五四年の朝日新聞記事には、大阪市内に五〇〇〇軒もできていたとあり、たこ焼きは戦後大阪のブームだったようだ。

今は、すっかり全国区になった。その経緯に注目したのが『AERA』（朝日新聞社）二〇〇一年六月一八日号「たこ焼き全国制覇の謎」である、たこ焼きが全国に広まったきっかけは、一九九三年九月、渋谷に「京たこ」「京風たこ焼亭」ができたこと。開業当時は、両店とも長蛇の列ができた。一九九〇年代後半には関西ブームで勢力を広め、京たこはピーク時の一九九七、一九九八年に関東・中部で一五〇店を展開した。築地銀だこの都内一号店は、一九九八年で中野。一九九六年にはたこ焼きが焼けるホットプレートが登場している。

戦後の焼け跡からブームになった粉ものといえば、お好み焼きもある。こちらの歴史を発掘したのは、『神戸とお好み焼き』（三宅正弘、神戸新聞総合出版センター、二〇〇二年）。もともとは神戸で「にくてん」、大阪で「洋食焼き」と呼ばれており、発祥は東京で昭和初期とする。この頃、「どんどん焼き」と東京で呼ばれていたものだ。

池波正太郎もエッセイで書いたこの呼び名は子どものもので、大人は「お好み焼き」と呼んでいた、とするのが『お好み焼きの物語』（近代食文化研究会、新紀元社、二〇一九年）だ。多数の文献に当たった結果、昭和初期に子どもだった大正生まれが主に「どんどん焼き」と呼び、明治生まれは「お好み焼き」の名称を使っていたことがわかったという。

同書はお好み焼きのルーツを、文化文政期（一八〇四〜一八三〇年）に子ども向けに成立した、「文字焼き」とする。文字焼きとは「水溶き小麦粉を焼くことで、動物などの形態を模写する」もので「大道芸的な屋台」で売られていた。「明治期に駄菓子屋が文字焼をとりこみ、火鉢に焼板を載せ子供に文字焼きを焼かせる商売を始める」。それがお好み焼きやもんじゃ焼きに発展していく。

東京では、明治末期から大正初期にかけて大人の間でお好み焼きがブームになり、大正時代半ばから昭和初期にかけて、群馬、埼玉、神奈川、愛知、福井、京都、大阪、兵庫、鳥取、広島、福岡、鹿児島へ伝播する。神戸に店舗形式の「にくてん」屋が生まれたのは昭和初期、広島で「一銭洋食」の店舗が生まれたのは、その約一〇年後。

一銭洋食の呼び名は、小麦粉を水で溶いたものに、ネギなどを載せたもので、主に西日本の呼び名である。「洋食」と呼んだのはおそらくウスターソースを塗って食べたからで、戦前はウスターソースをつければ何でも洋風と思われていた。そうした感覚は、昭和時代まで残っていた。

そういえば埼玉県行田市に「ゼリーフライ」という粉ものがあったと思い出し、調べてみると行田市観光協会のサイトに紹介されている。小麦粉を水で溶き、ネギ、豚肉を加えて鉄板で焼く「フライ」は、昭和初期に地元の足袋工場で働く女工たちに人気で、大正末頃には店があったと言われている。ゼリーフライは、小麦粉、ジャガイモ、おから、卵を混ぜ、ニンジンなどの野菜を加えて小判型に整え、油で揚げたもの。こちらは日露戦争に従軍した「一福茶屋」の大澤常八が、中国東北地方の野菜まんじゅうをアレンジしたという。フライのほうはもしかすると、東京から伝わったお好み焼きが始まりかもしれない。

『神戸とお好み焼き』によれば、大阪市では一九三七年に北新地近くに「以登家《いとや》」が登場。場所柄、花柳界の人々が利用したと考えられる。

中に入れる野菜は、ネギから次第にキャベツへと替わり、それは大人向けにボリュームを出すためだったのではないかとしている。もともと野菜をのせて焼いていたが、やがて混ぜて焼く形へと変化する。

大阪でお好み焼きが名物として認知されるのは、昭和四〇年代。大阪には老舗お好み焼きチェーンの「ぼてぢゅう」がある。ぼてぢゅうグループのウェブサイトを見ると、創業は一九四六年大阪市玉出。コメの代用食材として支給されていた小麦粉を使って市民を元気づけようと創業者の西野栄吉が考えた。大阪のお好み焼きにはマヨネーズをつけるが、その発案も西野。一九六三年に住吉に支店を開いて多店舗化を開始。一九六五年に東京・渋谷へ進出する。焼きそばを加えるモダン焼きも、同社が考案した。

キャベツの千切りをのせるスタイルを守る、広島のお好み焼きが知られるようになったのは、お好み焼きソースを店に卸し、開業支援なども行うオタフクソースの貢献が大きい。創業は一九二二年、当初は広島市横川町で酒・醤油卸業だった。一九三八年には醸造酢の製造を始める。しかし、原爆投下で会社は全焼。「洋食の時代が来る」、とソースをつくって売り始めたのは、一九五〇年。お好み焼き用ソースを売り始めたのは、一九五二年である。

ちなみに、今やB級グルメで横手焼きそば、富士宮焼きそばなど、ローカルな文化がたくさんあることが知られている焼きそばは、戦後の占領期発祥と言われている。

粉ものは、日本の近代化と切り離せない歴史を持つ。鉄板は、鉄鋼業の発展なしには生まれないし、ソースも西洋料理が流入したことで定着した。小麦粉は江戸時代から使われていたが、全国でお好み焼きとその仲間が発展するためには、戦後の代用食としての小麦粉配給が大きな役割を果たしている。

近代で大きく変わったといえば、肉を大っぴらに食べられるようになったことである。次章はそんな肉食の外食史を描く。

第二章　和食になった肉料理

一　牛肉を受け入れるまで

◆日本人の鍋もの好き

本章では、和食の肉料理の歩みを取り上げる。肉食をほかの和食と分けたのは、表向き禁止された期間が長かったため、独自の歩みをたどったからだ。本節では、明治初めの肉食解禁初期までの歩みを確認したい。

肉食解禁後、最初に流行ったのが牛鍋であるが、鍋料理が誕生したのは、それより一〇〇年ほど前の江戸時代だった。『居酒屋の誕生』によると、それまでそういう食べ方がなかったのは、身分制社会のあらゆる場面で身分による差別が行われ、食事の際の座る位置も身分によって決められていたからだ。家庭でもそれは同じで、人々は一人用の膳で食事をした。

だから一つの鍋を少人数で囲む「小鍋立て」という料理が生まれたのは、一般社会と異なるルールを持つ遊郭だった。一七六三（宝暦一三）年の公募した川柳を刷った「万句合」で、小鍋立てを楽しむ川柳が出ている。家庭にも入り広く流行するのは、安永年間（一七七二〜一七八一年）。そして一七九七（寛政九）年頃に出た国語辞典の『俚言集覧《りげんしゅうらん》』には、鴨などの切り身にセリ、クワイ、麸、かまぼこ、レンコンなどを醤油の汁で煮る「鍋焼」という料理が紹介され定着していることがうかがえる。

外食の場でも、「江戸後期にはがん鍋屋、しゃも鍋屋、獣鍋屋などが出現した」。特に繁盛したのが雁鍋屋だった。幕末になると、豚鍋、そして牛鍋へと流行が替わっていった。牛鍋はいきなり現れたのではなく、その前史があったのだ。

江戸時代の鳥鍋は当初、野鳥が使われていたが、八代将軍吉宗が一七一八（享保三）年、「鳥類減少のため、向こう三年間、鶴・白鳥・雁・鴨を贈答や食料にすることを禁止し、江戸の鳥屋を一〇軒に限定する触れを出している」。たんぱく源を求めた人たちが乱獲したのだろうか。替わって普及したのが鶏肉。人々が最初に食べ始めた家畜は、鶏だった。

小鍋立ては近代になってさらに広がりを見せたようで、柳田國男も『明治大正史世相篇』（講談社学術文庫、一九九三年）で注目している。同書によると、昔は調理に使う火を清いとする信仰があったため、火を移すことが考えられなかった。しかし、温かいものを出そうという心づかいから、鍋や行平が生まれ、やがて鍋料理が流行ったと書いてある。

特に若い女性が興味を抱いたらしい。江戸時代の女性を戒める「女訓の書」の類は小鍋立てを慎むよう諭していたが、明治大正になると、その料理がふつうのこととなり、ときには温かいまま出すことが女性の気働きと認められるに至った。「われわれの食物の温かくなったということは、いわば料理の女性化の兆候である」と予言的な言葉で、柳田は小鍋立てに関する項を締めている。近代以降、生活の場で少しずつ女性の力が強くなっていったことが、料理の世界にも変化をもたらしたのである。

小説家の内田百閒《ひゃっけん》と、教師時代の教え子との交流を描いた黒澤明監督の遺作『まあだだよ』（一九九三年）に、鍋を囲む第二次世界大戦中の場面がある。座敷にずらりと並んだ七輪の上でグツグツと煮えるのは、馬肉と鹿肉を入れた鍋。牛は手に入りにくいが馬や鹿は手に入る、と教え子が自慢する。鍋ものを愛した文人は多く、内田百閒もその一人だった。

◆**肉食の歩み**

このように、日本人は明治になっていきなり肉を食べ始めたわけではない。肉食解禁以前の肉食史の概略を紹介しておこう。

『天丼　かつ丼　牛丼　うな丼　親子丼』（飯野亮一、ちくま学芸文庫、二〇一九年）によると、豚は弥生時代から飼われていた。しかし、元正天皇が七二一（養老五）年に禁止し、奈良時代に養豚は廃れてしまう。

『和食とはなにか』によると、牛と馬は五〜六世紀に持ち込まれている。その後長い間、牛は田畑を耕す大切な相棒として、主に西日本で使われてきた。東日本では、その役割を馬が果たした。馬はもちろん軍事用でもあった。

鶏は『天丼　かつ丼　牛丼　うな丼　親子丼』によると、天武天皇が飛鳥時代の六七五（天武四）年に最初の肉食禁止令を出した折、鶏肉も対象にしたことから、古代には既に飼われていたようだ。鶏は時を告げる大切な役割も、持たされてきた。

肉食禁止令を発令したのは、仏教思想の影響と言われてきたが、このとき禁止した対象は鶏のほか、牛、馬、犬、猿である。『和食とはなにか』は、肉食の禁忌が身近で暮らす家畜や人間に形状が近い動物が選ばれたことと、禁止期間が四月~九月であることを根拠に、「肉食を抑制することで、稲作を順調たらしめるための殺生禁断令とみなすべき」とする。

農業生産を安定させるためと思われる殺生禁止は、沖縄にもあって、それは琉球が行った漁業抑制政策である。

『琉球の風水土』(木崎甲子郎・目崎茂和編著、築地書館、一九八四年)によれば、王府が年中行事の再編成を強力に推進した時期の一七〇三年に、沖縄で食べられるアイゴの稚魚、シュク(スク)を獲って行う豊漁祈願行事のシュク祭りが禁止されている。

一七四九年には、傑出した政治家で総理大臣の役割を果たした蔡温が『平時家内物語《チネー》』で、「海辺の百姓が終日海に出て魚、貝をとるということは家業をおろそかにすることであり、その家は衰微する」と主張している。

一方で、琉球では豚や山羊を飼育して食べる文化が発達した。養豚は、王府が農民に奨励している。沖縄に豚が伝わった時期ははっきりしないが、一四世紀後半から一五世紀の初め頃と、『琉球の風水土』は推測している。

おそらく、日本では農作物の生産を安定させるために狩猟が禁じられ、琉球では同じ理由で漁業が禁じられた。その結果、日本はたんぱく源を確保するための魚食文化が発達し、琉球では豚肉食の文化が発達していったのだと思われる。

狩猟は中世以後、鍛錬を兼ねて武士が積極的に行うようになった。『日本食物史』によると、肉を干し、戦陣食としても用いていた。また、人々に肉食を止めさせることが難しかったらしく、殺生禁止令は鎌倉幕府成立後もたびたび出されているが、中には肉を購入してまで食べる人たちがいた。

戦国時代の武士は、南蛮人から肉食を教わっていたようだ。『戦国、まずい飯！』（黒澤はゆま、集英社インターナショナル、二〇二〇年）によると、キリシタン大名の高山右近が、一五九〇（天正一八）年の小田原の陣で、陣所に訪ねてきた蒲生氏郷と細川忠興に牛肉をふるまっている。その味が気に入り、二人はたびたび右近を訪ねるようになった。イエズス会の宣教師も牛肉食を奨励していた。そうした南蛮人の影響力が、時の支配者に危機感を抱かせる原因にもなる。

『拙者は食えん！』（熊田忠雄、新潮社、二〇一一年）によると、キリスト教と肉食が広まることで国の統治が難しくなることを恐れた豊臣秀吉や徳川家康は、牛馬屠畜と肉食を禁止している。そして徳川幕府は、「肉を最下等の食物と見なし、肉を扱う者を士農工商の枠外へ追いやり、厳しく差別した」。江戸時代には特に獣肉食へのタブー色が強くなり、現代につながる根深い差別が生まれる。

『日本食物史』によると、江戸時代の料理書で肉料理が紹介されているのは、『料理物語』（一六四三）ぐらいで、ほかは中国料理を紹介したものを除くとない。しかし、医師で本草学者の人見必大が庶民の日常食について解説した『本朝食鑑』（一六九七）には、ときには牛肉も体に必要と述べ、「何時間も牛肉をゆでて油を除き、味噌汁として就寝前に飲ませる」薬としての料理法を伝えている。

また、彦根藩井伊家では、元禄年間（一六八八〜一七〇四年）には牛肉の味噌漬けが評判になっている。『天丼　かつ丼　牛丼　うな丼　親子丼』によると、『井伊家御用留』に記された井伊家の贈答先一覧表に、一七八一（安永一〇）年〜一八四八（嘉永元）年にかけて、将軍家や老中、諸侯へ、薬用や寒中見舞い、相手の所望によって「味噌漬牛肉、干牛肉、粕漬牛肉、酒煎牛肉」などがしばしば贈られている。

豚肉は、おそらく南蛮人が持ち込んで飼育が再開され、江戸時代になるとところどころで飼われるようになる。外科医が解剖用に飼うことがあったようだ。

『拙者は食えん！』によると、薩摩藩では豚肉に対する禁忌がなく、領民の間で「歩く野菜」と呼ばれるほど親しまれていた。「幕末、江戸の薩摩藩邸でも豚が飼育され、屋敷内で食べていたとか、西郷隆盛は無類の豚肉好きで、しかも脂身部分をことのほか好んだ」などの逸話が残されている。

水戸藩主の水戸斉昭は牛肉好きで、牛肉食を禁じて牛肉献上も廃止してしまった彦根藩主の井伊直弼と対立するほどだった。斉昭は薩摩藩主の島津斉彬から贈られる黒豚の塩漬け肉も喜んで食べていたらしい。斉昭の七男で後に将軍となる慶喜は、父親に輪をかけた豚肉好きで、家臣から「豚一殿」と呼ばれ、将軍になると世間から「豚将軍」「豚公方」と呼ばれたそうである。

◆江戸の獣肉店

『居酒屋の誕生』によると、江戸時代の町民も、獣肉を「薬喰《くすりぐい》」と称して、保温や栄養補給のために食べることがあった。四ツ谷御門外には獣肉を売る市が立ち、一八世紀初めには近くの麹町に常設店ができる。俳諧・俳文集の『類柑子《るいこうじ》』（一七〇七）には、イノシシ、鹿、カモシカ、ムジナ、ウサギを商い、猿の塩漬けもあったと記されている。四ツ谷は八王子・甲府に通じる甲州街道に直結しており、武州（埼玉）や甲州（山梨）の山で獲れた獣類を売りに来るには格好の場所だった。

一八世紀後半になると、川柳では、麹町というだけで獣肉を売る獣店を表すほど、浸透している。獣肉は符丁で呼ばれ、「紅葉《もみじ》」は鹿肉、「牡丹《ぼたん》」はイノシシ肉を指した。馬肉は「桜《さくら》」である。

こうなると、獣肉を食べさせる店が登場するのは、時間の問題だった。洒落本『一事千金』（一七七八）など一八世紀後半の書物に、ぼたんやもみじの吸いものを出す店が紹介されている。『神代余波《かみよのなごり》』（一八四七）には、明和・安永年間（一七六四〜一八七一年）は食べる人がまれで恥を感じていたが、天明・寛政年間（一七八一〜一八〇一年）には、「ややよろしき人」も食べるようになり、今や自慢になっているると記している。その間に獣肉食の店もふえて、獣肉を「山鯨」、獣肉食の店を「山奥屋」「ももんじ屋」と称するようになる。

吸いものではなく、小鍋立てにして食べさせる店が文献に現れるのは、一九世紀になってから。『江戸繁昌記』初篇（一八三二）や『守貞謾稿』（一八三七〜一八五三）にその記述がある。絵入りの『たねふくべ』三集（一八四五）には、障子に「御ぞんじ」と当時の流行語が書かれていて、獣鍋屋は「皆さま御ぞんじの獣鍋」といった扱いだったらしい。

嘉永年間（一八四八〜一八五四年）には、豚肉が売られるようになり、一八五九（安政六）年の横浜開港後には、豚鍋屋ができて流行したようだ。豚鍋は「琉球鍋」とも呼ばれている。

◆「牛鍋」食わねば開けぬ奴

豚鍋の流行が、牛鍋に取って替わられるのは、肉食が公に解禁された明治初期。この後しばらく、肉食といえば牛肉をイメージさせるほど広がる。

一八七一(明治四)年一二月に明治天皇が肉食再開宣言を行ったのは、西洋諸国の人々との会食の際に不便が生じるようになったからである。福沢諭吉が牛肉食や牛乳の飲用をすすめ、一八七一年刊行の仮名垣魯文の小説『牛店雑談　安愚楽《あぐら》鍋』は牛鍋屋を描写し、「牛鍋食わねば開けぬ奴」と挑発する。

しかし、江戸時代から一部で牛肉食があったとはいえ、多くの人は、急に奨励されても、抵抗を感じたようである。鍋もの好きだった内田百閒も幼少期、牛肉を恐れる家庭で育った。内田は一八八九(明治二二)年、岡山市の生まれである。

エッセイ集の『御馳走帖』(中公文庫、一九七九年)に二カ所、牛肉食についての記述がある。「薬喰」のエッセイでは「私の家は造り酒屋だつたので、酒倉が穢れると云つて、子供の時は牛肉を食はして貰へなかつた。四脚の食べ物は、一切家に入れなかつたのである。だから本当の味は知らないけれども、大変うまいものだと云ふ話は、学校の友達などからも度度聞いて居り、又たまに夕方など、人の家の前を通り過ぎる拍子に、何とも云はれないうまさうな、温かい匂が風に乗つて流れて来ると、ひとりでに鼻の穴の内側が、一ぱいに拡がる様な気持がした」とある。

「牛カツ豚カツ豆腐」というエッセイでは、「母に連れられて親戚へ行き、そこで禁断の牛肉のすき焼を初めて食べた。子供心にも非常にうまかつたが、後で家へ帰つてから、その事がばれては大変である。子供の口の中にお酒をふくませ、それでガラガラとよくうがひをして吐き出し、その後へ蜜柑を食べさし、さてハアと息を吐いて母に吹き掛け、もうにほはない様だ、大丈夫だらうと云ふので家へ帰つて来た」と、念には念を入れて息子の口臭を消そうとする、母親の様子が描写されている。

今まで食用を禁じられていた牛肉である。人々の心理的抵抗もさることながら、まずインフラを整えなければならなかった。その際東京で大きな貢献を果たしたのが、屠畜場と牛肉屋を開いた中川嘉兵衛だった。

『天丼　かつ丼　牛丼　うな丼　親子丼』によると、生まれは一八一七（文化一四）年、三河国額田郡伊賀村（現愛知県岡崎市）。外国人相手の商売をしたいと開港後の横浜に来ると、アメリカ人医師シモンズの使用人となる。まず牛乳の需要がふえると見て、一八六五（慶応元）年に横浜に搾乳場を設けて外国人に売る事業を始めたが、翌年火災に遭ってすべて焼失。ひるむことなく、今度は食料品店を始めてパンやビスケットを売る。次に目を向けたのが牛肉ビジネスだ。一八六七（慶応三）年、東京の泉岳寺前にあるイギリスの公使館近くに牛肉店を開く。

開業に先立ち、中川は「今里」と呼ばれた港区白金台に江戸で初めての屠畜場を開く。『横浜もののはじめ物語』（斎藤多喜夫、有隣新書、二〇一七年）によると、横浜では一八六〇（万延元）年、アイスラー&マーティンデル商会が食肉業を始めており、一八六五年には横浜北方村小港に日本初の公設屠牛場が設立されていた。中川の屠畜場は、明治政府が一八六九（明治二）年に牛馬会社を設立して私設屠場を廃止させたので、廃業に追い込まれる。

中川は、東京・芝露月町《ろうげつちょう》（現新橋）に一八六八年頃、牛鍋屋「中川屋」を開き、堀越藤吉に店を譲っている。なかなか客がつかず苦労したようだが、まもなく神楽坂「鳥金」、蠣殻町「中初」、小伝馬町

「伊勢重」など、牛鍋店が次々とできていく。わずか七年後の『東京牛肉しゃも流行見世』（一八七五）には、五八軒もの牛鍋店が記されていて流行ぶりがうかがえる。

◆西洋料理の牛肉

牛鍋の呼び名が「すき焼き」に替わったのは、関東大震災をきっかけに関西のすき焼き屋がふえ東京に定着したからとされてきたが、『天丼　かつ丼　牛丼　うな丼　親子丼』によると、明治初めから、東京の牛鍋店のメニューに「すき焼」はあったようだ。

味つけは「醬油味の焼鍋（すき焼）と味噌味の並鍋（牛肉鍋）があったが、味噌味で食べるのが一般的だった」。具材は、獣鍋のやり方を踏襲してネギが入っていたようだ。牛肉を受け入れるのに、日本人は臭みを消す醬油や味噌を使い、食べ慣れた鍋ものとして料理したのである。

難しかったのは、西洋料理として食べる場合だった。何が問題だったのかは、開国の頃に欧米へ渡った武士たちの日記からうかがえる。

『拙者は食えん！』には、日米修好通商条約の批准書交換のため、ワシントンに派遣された遣米使節団の人々の日記が紹介されている。

一八六〇（安政七）年一月にアメリカ海軍の蒸気外輪フリゲート艦ポーハタン号に乗り、アメリカへ渡った武士たちは、現地の食になじめなかった。それはパンやコーヒー、肉など食べたことがないものに対する不安感が理由の一つ。

二番目の理由はニオイで、主に肉を焼く際に使うラードやバターの香りが臭いと感じたことだった。

三つめは塩味が物足りなかったことである。一方で、日本人が積み込んだ味噌やたくあんのニオイにアメリカ人たちが廃棄を要求し、積み込み許可をもらうのに苦労している。近年ブームになったパクチーを苦手な人たちは、その理由にニオイを挙げる。特有の香りは、新しい食べものへの抵抗感の大きな要因となりやすいのではないだろうか。

受け入れ方には個人差があり、西洋料理を気に入った人もいたようだ。事務方のトップ、勘定方組頭の森田清行は『亜行日記』に、ハワイで食べたソーセージやケーキがうまかったと書き、ビスケット、鶏肉、アヒル肉、豚肉、牛肉、羊肉などを食べ、特にレタスの葉と刻んだ鶏肉を混ぜた料理がうまかったと記している。

ポーハタン号より三日早く日本を出た咸臨丸では、乗組員らが米飯と味噌汁、干もの、漬けもののワンパターンの食事に飽きた頃、木村図書喜毅《よしたけ》提督が積み込んでいた豚をアメリカ人に屠畜させ皆に振る舞う。木村の従者、斎藤留蔵と長尾幸作はその味を称賛している。

二人に肉体験があったかどうかは定かではないが、同じく従者として乗り組んでいた福沢諭吉は緒方洪庵の適塾の塾生だった頃、大坂の牛鍋屋へしばしば足を運んでいた。また、その前に長崎で食べていた可能性もある。それは「一八世紀後半以降、蘭学を学ぶため長崎に遊学した者たちの中には、オランダ人との交流を通して牛肉や豚肉を食べた者が少なくなかったからである」。

慣れと意欲は、抵抗感を少なくする。遣米使節団が帰国して二年後、幕府がヨーロッパに派遣した第一回遣欧使節団の日記には、「遣米使節団のメンバーに比べると、洋食に対し、嫌悪感や忌避感を示した者が少ないように思われる」。それは、アメリカへの渡航経験者や長崎で西洋料理体験がある者、

「開明的、合理的な考えをもつ者たち、さらに海外の見聞を広めたいと諸藩から志願して使節団に加わった者などが含まれていたことによる」。また、早い時期に現地の食へ切り替えたことや訪問先で必ず米飯や魚料理も提供されたことから、抵抗感が少なかったのだと同書は分析している。

こうして、戦国時代から肉食との出合いを追っていくと、日本人が肉の味に慣れるのは、案外早かったかもしれないと思われる。日本人がアメリカへ渡るときに乗ったポーハタン号は、ペリーが来航した折の旗艦だった。『日本食物史』によると、ペリーがポーハタン号で開いた饗応では、船で飼っていた牛やヒツジ、鳥、「ハム、舌肉、大量の魚、野菜、果物を用いて、山のようなご馳走をつくり、ワイン、シャンペンも惜しみなく出された」。すると「日本人たちはおおいに酔い、食べきれなかった料理を懐紙に包んで持ち帰った」のだと、ペリーが後に『ペリー提督日本遠征記』で記しているからだ。

やがて明治になり、町にはホテルや西洋料理店ができていく。欧米人たちと交流を持ち、あるいは留学し、対等なつき合いができるようになろうと、上流階級の人たちから西洋料理の味に慣れていくのである。

二　とんかつ誕生

◆江戸時代の豚肉食

豚は弥生時代の遺跡から骨が発掘され、養豚が行われていたことがわかっている。日本養豚協会のウェブサイトに、『日本書紀』に渡来人が飼養していると記述があり、豚の飼育や食べ方は渡来人が伝えたのではないかと推測している。

『天丼　かつ丼　牛丼　うな丼　親子丼』によると、古代には朝廷に献上する豚を飼養する役割の部民もいた。ところが奈良時代、元正天皇が七二一（養老五）年に鶏と豚を野に放てと命じて養豚を禁止する。それが徹底されなかったらしく、聖武天皇も七三二（天平四）年に、豚を買い取って山野へ放った。仏教の慈悲の教えに従うためである。

再び豚が文献に登場するのは、室町時代。南蛮人が飼っていたと考えられる。そして江戸時代になると、どぶの汚れや台所から出る汚水処理のためや、外科医の解剖用として飼われるようになる。一九世紀になると、豚肉を食べる人の記録が出てくる。本草学や蘭学も学んだ農政学者の佐藤信淵《のぶひろ》による『経済要録』（一八二七）には、ほかの獣肉が及ばないほど上品な味で、体を温め強くすると記されている。外国文化に通じた漢学者、蘭学者、儒学者などの間で、豚肉は食べられていた。『とんかつの誕生』（岡田哲、講談社、二〇〇〇年）によると、福沢諭吉が、築地牛馬会社の依頼で一八七〇年に真っ先に肉食を奨励するが、それは適塾時代や渡米の折に牛や豚を食べた下地があったからなのだ。

ヨーロッパや中国の食事には豚肉が欠かせないので、長崎のオランダ人や中国人は豚を飼って食べていたと思われる。日本養豚協会のウェブサイトは、一七世紀に中国人が輸入した記録があると書く。江戸時代に長崎で生まれた卓袱《しっぽく》料理には、中国料理の東坡肉《トンポーロー》から生まれた豚の角煮がある。

薩摩藩でも豚は飼育された。鹿児島県黒豚生産者協議会のウェブサイトによると、鹿児島では四〇

○年ほど前に、藩主の島津家久が琉球王国から黒豚を移入している。
本格的に養豚が再開されるのは、明治になってから。『とんかつの誕生』に、一八六九年に明治政府が、牧牛馬掛《がかり》を設けて種豚を中国から導入したとある。日本養豚協会のウェブサイトによると、その後一八七二（明治五）年に内藤新宿（現新宿御苑）に観察寮出張所が設置され、お雇い外国人のH・ホールの指導で、西洋式の養豚が始まっている。

◆豚肉の需要が高まる

明治初期、肉食が解禁されて大っぴらに食べられるようになると、人々は幕末に琉球鍋と呼んだ豚鍋より新奇な牛鍋に飛びつく。『とんかつの誕生』によると、牛肉は軍隊でも必要な食料で、乾燥牛肉、缶詰などの携行食としても重宝される。軍隊生活を通して牛肉の味を知り、やがて復員してから故郷にその魅力を伝えた人は多い。

しかし、軍隊で必要ということは、戦争になると需要が一気に増すということでもある。日露戦争の際はそのために牛肉価格が高騰。このとき再発見されたのが、豚肉だった。折よく、豚肉は供給体制もでき始めていた。『オムライスの秘密　メロンパンの謎　人気メニュー誕生ものがたり』（澁川祐子、新潮文庫、二〇一七年）によると、明治政府は一九〇〇（明治三三）年から富国強兵政策の一環として、養豚事業に力を入れ始めている。農商務省が広島県北部の七塚原に種畜牧場を設置、イギリスからヨークシャー種、バークシャー種を導入して繁殖させたのち、民間に払い下げた。

もともと、豚肉がなかなか広まらなかったのは、当時のエサが「食品産業から出る廃棄物や家庭から出る残飯が多かったので不浄感が強かったから」（『やきとりと日本人』土田美登世、光文社新書、二〇一四年）だった。脂分が多いことも、油脂に慣れない日本人にとってハードルが高かった。しかし、肉を食べ始めた日本人は、牛肉が高騰すると豚肉に目を向ける。

牛肉不足で豚肉食へとすんなりと移行したのは、おそらく人々が肉食に慣れてきていたからだ。この頃には明治初期の人々が臭いと嫌がった、バターの香りの洋菓子も売れるようになっており、世代交代による嗜好の変化がうかがえる。

また、一八九四（明治二七）年〜一八九五年に起こった日清戦争、一九〇四〜一九〇五年の日露戦争、一九一四（大正三）年〜一九一八年の第一次世界大戦と、一〇年ごとに起こった戦争で中国の戦場へ赴いた人たち、商用で中国と交流を深める人たちが、中国料理を通して豚肉の味を知った。外国との接点が増し、日本人の食の好みも変わったのだ。

家庭にも豚肉料理が入ってきた。それは、流行に乗りやすい新しいライフスタイルの人々がふえていたからだ。この頃は産業革命の時代でもある。対外戦争を通じて産業化が進み、近代企業が次々と生まれて大きくなったことから、企業に勤めて給料を得るサラリーマンという新しい職業の層が厚くなる。彼らと公務員が中流層を形成し、父親が一家の大黒柱で母親が家事育児に専念する、核家族を築くようになっていた。この人たちが流行の担い手になる。

二〇世紀になると、家庭料理のレシピ本が登場し、大正時代になると主婦向けの雑誌が生まれる。一九一三（大正二）年創刊の『料理の友』、一九一七年創刊の『主婦之友』である。一九一四年には、読売新聞に家庭面が誕生している。こういったメディアが伝える家庭料理の中に、豚肉料理もあったのだ。

読売新聞家庭面の歴史を追った『こうして女性は強くなった。』（読売新聞生活部編、中央公論新社、二〇一四年）によると、一九一五年に豚肉とタマネギを甘辛く煮て一人前ずつまん中に卵を落として蒸す「田毎煮《たごとに》」や、醤油・酒・みりんで味つけした「豚のソボロ」のレシピが載っている。どちらもまず下茹でをしていて、脂を苦手とした時代がうかがえる。

親しんでこなかった豚肉を、どのように食べるか。いつの時代も新しい食材を食べこなすうえでは、レシピを開発する人たちの力が大きい。『戦国、まずい飯！』によると、牛肉は、江戸時代の『料理物語』（一六四三年）から受け継がれた肉の味噌汁の味噌が、牛鍋の臭み消しのヒントになった。豚肉は、独自のレシピを開発した人がいたと伝えるのが『オムライスの秘密　メロンパンの謎』である。

一九一三（大正二）年に、『田中式豚肉調理二百種』（博文館）、一九一九年に『田中式豚肉料理』（玄文社出版部）といったレシピ本を出した田中宏がその人。東京帝国大学（現東京大学）教授で、豚の解剖学の権威。二冊目の本は、「豚肉を普及させた料理書として名高い」。田中は、中国や沖縄の料理を研究したうえで、これらのレシピを考案している。

田中がレシピを考えて、日常食になった料理の一つに、豚肉のしょうが焼きがある。一九一三年刊行の本で、「生姜炒《しょうが》」という料理名で紹介している。ロース肉を細切りして、ショウガとともにラードで「炒り揚げ」、醤油とみりんで味つけする。それが昭和初期のレシピ本では、醤油にすりおろしショウガを加えた中に肉を漬けてから焼く現在の方法に発展している。料理名も「豚肉の生姜焼」となっている。

◆描かれたとんかつ

豚のしょうが焼きが生まれた時期は、洋食が人気になった頃と重なる。当時ブームになった料理の一つがとんかつで、カレー、コロッケと並んで「三大洋食」と呼ばれた。今はとんかつを「洋食」と言うと、違和感があるかもしれない。何しろとんかつ屋は和風の店構えで、カウンターとテーブルのしつらえがある店も少なくないからだ。そして、ご飯と味噌汁がついて箸で食べる定食スタイルだ。とんかつは、いつの間に和食の仲間入りをしたのだろうか。時代を映す映画やエッセイから、とんかつの位置を確認しよう。

『小津安二郎の食卓』(貴田庄、ちくま文庫、二〇〇三年) によると、小津安二郎監督はとんかつが好物で、何度も作品にとんかつを登場させている。

一九六二(昭和三七)年公開の遺作『秋刀魚の味』は、成人した子どもたちを持つサラリーマン、平山周平(笠智衆)一家を中心にした物語。長男の幸一(佐田啓二)が、妹の路子(岩下志麻)が好意を持つ三浦(吉田輝雄)に、結婚の可能性があるか探りを入れるため誘う店がとんかつ屋だ。客席は畳敷きの一部屋でビールを飲む二人。幸一は割箸でとんかつをほおばる。ここで、とんかつ屋はすでに和風になっている。

その一〇年前に撮られた『お茶漬の味』は、佐竹茂吉(佐分利信)と妙子(木暮実千代)の夫婦を中心にした物語。茂吉が若い友人の岡田(鶴田浩二)ととんかつを食べに行く。茂吉の紹介で就職が決まった、と岡田がおごるのだ。

同作で店内のシーンはないが、店についての情報から推測してみる。店名は豚の絵の看板を出す「カロリー軒」。天津丼もうまい、と岡田が言う。専門店ではなく、何でも出す大衆食堂的な店らしい。名前は戦前の洋食屋のようでもあり、とんかつの立ち位置がまだ和食、と定まっていない時代を思わせる。

一九二三（大正一二）年生まれの池波正太郎の『むかしの味』（新潮文庫、一九八八年）には、「ポークカツレツ」と「ビーフカツレツ」が出てくる。前者は東京、後者は大阪の話である。まず前者。「豚肉にコロモとパン粉をつけ、油で揚げたポークカツレツは、子供のころの私たちにとって最大の御馳走《ごちそう》だった」と始め、しばらく思い出を書いた後、時代背景を解説する。「豚肉をカツレツにすることが日本に流行したのは大正の関東大震災以後のことで、それまではビーフカツレツが主導権をにぎっていたようだ」。ここで紹介される店は、薄切り豚肉を何枚か重ねて叩いてから揚げる浅草の洋食屋「美登広《みとひろ》」、分厚い最上のロース肉をじっくり揚げる上野の「ぽん多」、からりと揚げる目黒の「とんき」と、いくつもあるが、郷愁を誘うのは煉瓦亭だという。ラードで揚げてあり、ナイフを入れて食べる。煉瓦亭は洋食屋である。

替わってビーフカツレツ。難波新地の老舗洋食店「ＡＢＣ」のものは、雌牛のヒレでレアに揚げてもらう。「つけ合わせの野菜ひとつにも、丹念な仕上げ」とあるから、添えてあるのは温野菜かもしれない。大阪のビフカツといえば、一九三七（昭和一二）年生まれの小林カツ代のエッセイにも確かあった。

『小林カツ代の「おいしい大阪」』（文春文庫、二〇〇八年）に載っていたのは、ビフカツサンドで、難波千日前の喫茶店「アメリカン」のものだった。「カツサンドいうても、分厚いトンカツがパンの間にはさまっているのとはちがいます。上等のビーフカツが、薄く上品に焼かれたトーストにはさんである、それは繊細なサンドイッチですの」とある。

『秘密のケンミンSHOW』では、神戸人はとんかつでなくビフカツを食べると紹介されていた。関西は肉と言えば牛肉で、関東は豚肉。その文化の違いもあるかもしれないが、池波正太郎のエッセイから類推すると、昔ながらのカツレツが関西には一部残っているということかもしれない。もちろん関西でもとんかつは食べられる。私の外食とんかつのデビューは、神戸だった。

　さらに古い情報を、再び内田百閒の『御馳走帖』「牛カツ豚カツ豆腐」から。「カツレツと云ふのはビーフカツレツで、当今の様なポークカツレツ、豚《とん》カツではない。大正始め頃の話で、豚肉が一般の食用になつたのはその後の事である」。御用聞きから家の者が受け取ると「ちよいと、その辺へ、少し離して置いて行つてくれと頼む。そこいらの外の物に触れれば、きたない様な気がした」とある。内田の子ども時代は一九世紀末、豚肉に不浄感を持たれていた時代である。

　明治になって人々はまず牛肉に飛びつき、豚肉は敬遠していたが、牛肉が品薄になった明治も終わり頃から豚肉に親しみだした。カツレツもそうした変化とともに、使う肉がビーフからポークへと移る。そしてその後、洋食屋から和風の専門店へと出される店が変わっていく。

　とんかつが和食化したのは、専門店からではないかと思われる。専

映画『秋刀魚の味』より

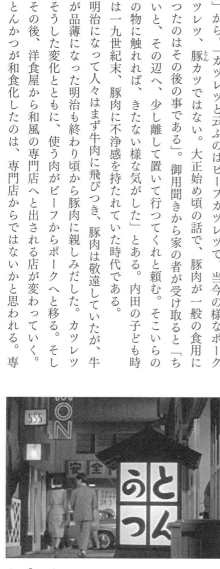

門店が生まれた時期を、『とんかつの誕生』から読むと、どうやら三大洋食と呼ばれた昭和初期だ。『食道楽』一九三〇年一一月号に、「カツは上野か浅草か」という記事があって、「喜多八」「花鶴」「双魚」「蓬莱《ほうらい》」「楽天」「ポンチ軒」などのとんかつ屋が紹介されている。現存する老舗を調べると、元祖と言われる上野広小路「ぽん多本家」は一九〇五（明治三八）年だが、銀座「梅林」が一九二七（昭和二）年、上野「井泉」が一九三〇年創業、目黒とんきが一九三九年などとやはり昭和初期である。

では次に、この料理の誕生の経緯を辿ってみよう。

◆カツレツからとんかつへ

とんかつのルーツは諸説あるが、おそらくフランス料理のコートレットがカツレツとなり、牛肉ならビフカツ、豚肉ならとんかつと呼ばれるようになった可能性が高い。西洋料理には、フランスに限らずあちこちに似た料理がある。私はウィーンで名物ヴィーナーシュニッツェルを食べたことがあるが、パン粉の衣をつけて揚げ焼きした薄く平べったい肉料理は、確かにルーツの一つと思われた。

『オムライスの秘密　メロンパンの謎』によると、一八七二（明治五）年に発売された仮名垣魯文の『西洋料理通』に「ホールクコットレッツ」のレシピが紹介されている。

鍋にバターを入れ、豚のあばら肉と刻んだネギを入れ、ほかの材料を入れて一〇分間ゆっくり煮る。小麦粉をまぶし、塩とコショウと辛子を混ぜた酢で味つけしてあるようだ。これは、確かに西洋料理の揚げ焼きだ。

しかし明治の流行はビフカツ。『オムライスの秘密　メロンパンの謎』は、チキンカツも人気だったとしている。根拠として女性誌『女鑑《じょかん》』一八九五年一二月二〇日号に載っているカツレツのレシピが、牛肉か鳥肉を使う指定があること。ベストセラーになった村井弦斎の料理小説『食道楽』（一九〇四）にも、「カツレツの材料として鳥や牛、羊は出てくるが、豚は登場しない」。明治時代には、鶏肉も人気だから、チキンカツ人気はうなずける。そして料理書にポークカツレツが改めて登場するのは、豚肉が普及した大正時代だ。

しかし、この西洋風の揚げ焼き料理は、脂っこくて日本人にあまりウケがよくなかったらしい。料理に最初のアレンジを施したのは、煉瓦亭の創業者、木田元次郎。一八九五年の創業から四年後、木田は「てんぷらをヒントに、小麦粉、溶き卵、生パン粉をつけ、たっぷりの油を用いてからっと揚げることを思いついた」。一枚一枚ソテーしてオーブンで焼く王道のカツレツと比べて手間も省ける。そして、温野菜の替わりに刻んだ生キャベツを添える。

『読売新聞家庭面の100年レシピ』（読売新聞生活部編、文藝春秋、二〇一五年）には、その際にソースも、デミグラスソースからウスターソースに替えたとある。コッテリしたカツレツに水分を抜いた温野菜、濃厚なソースだった西洋料理を、サクサクのカツレツ、みずみずしいキャベツ、さらさらのウスターソースと、日本人好みの淡白な料理に大きく変えたのである。

ポークカツレツを箸で食べる現在の形に整えたのは、一九〇五年に上野で創業した「ぽん多本家」の島田信二郎という説と、島田が指導した上野御徒町「ポンチ軒」で、一九二九年頃に売り出したという説がある。島田は元宮内省の大膳職《だいぜんしき》だった。箸で食べやすくするため「改良を重ね、脂肪を取り除いた3センチ近くもある分厚いロース肉に、じっくりと時間をかけて火を通す調理法を編み出した」

(『オムライスの秘密　メロンパンの謎』)。ここにも天ぷらの技術が生きている。時期を同じくして「とんかつ」の名称も誕生。箸で食べさせる店が主流になった時点で、とんかつは和食になったのだと言えるかもしれない。

◆ウスターソース物語

第二部第一章四のお好み焼きの項でも登場したが、ウスターソースとそのバリエーションは日本人の食を外国の食文化となじませるうえで欠かせない調味料である。ソースをかけることで、人々は今やなじみとなった食べものを「洋食」として受け入れ、やがてその料理を日本食化していったのである。お好み焼きやたこ焼き、焼きそばが庶民の日常食になったのも、日本人好みのソースという相棒あってこそ。ソースはいつから、食卓に上るようになったのだろうか。

イギリス生まれのウスターソースが、日本に持ち込まれたのは開国期。『ブルドックソース55年史』(ブルドックソース株式会社社史編集委員会編、ブルドックソース株式会社発行、一九八一年)によると、最初にソースをつくろうと試みたのはキッコーマンで、なんと一八五四(安政元)年。しかし時期が早過ぎた。

次に挑戦したのは、ヤマサ醬油。成功したのは、ニューヨークでソース製造技術を学んだヤマサ醬油の七代目、浜口儀兵衛に同行していた通訳の高島小金治。浜口はアメリカで客死した。『オムライスの秘密　メロンパンの謎』によると、一八八五(明治一八)年に発売したが、売れ行きは芳しくなく、こちらもわずか一年で撤退。まだ時期は早かった。醬油メーカーが再参入するのは、大正時代だ。

三番目に挑戦したのは、大阪の越後屋産業。一八九四(明治二七)年にカラメルで甘みを加えた「三ツ矢ソース」が成功し、関西でソース製造が盛んになる。どうも豚肉、バターを受け入れた一九〇〇年前後が、日本人の好みが洋風化した第一段階のようである。

二年後には、大阪の山城屋（現イカリソース）が創業して「錨印《いかり》ソース」を発売。翌年頃、大阪の野村洋食料品製造所の「白玉ソース」、神戸の安井商店（現阪神ソース）の「日の出ソース」が生まれる。東京・日本橋の三澤屋商店（現ブルドックソース）は、一九〇五年に「犬印ソース」を発売。日本で初めてトマトピューレを開発し、トマトケチャップを売り出したカゴメも、一九〇八年に「カゴメウスターソース」の製造を開始している。

先の社史から、ブルドックソースのソース誕生史を確かめてみよう。創業は一九〇二年で、和洋酒・缶詰、食料品の卸から始めている。創業者の小島仲三郎は、西洋料理が親しまれるようになった時代を背景にソース事業に乗り出す。東京市内の洋食店を食べ歩き、料理人からソースのつくり方を聞いたうえで、商品開発を行っている。

初期のソースは、「玉ねぎ、にんじん、にんにく、唐辛子、こんぶ、煮干し、スパイス類などを一緒に煮沸して仕込樽に移し、食塩を適量入れて朝夕攪拌し、3～4カ月の熟成期間を待って古いものから順次絞り、砂糖・カラメルの溶液および酢と若干の氷酢酸を加え」る。

中小企業ビジネス支援サイトの『J-Net21』に紹介されている「あの人気商品はこうして開発された！」のブルドックソース（ウスターソース）の記事によると、イギリスのソースは塩気やスパイスが効いた味で料理の味つけに使われるものだったが、小島は洋食にかけることを想定し、日本人の口に合うよう野菜や果物を使ってうま味と甘みを強調した。好みに合ったソースができて、日本人は洋食になじんでいったようだ。

戦前はソースといえば、さらりとしたウスターソースが定番だったが、第二次世界大戦後に、とろみのある濃厚ソースが生まれる。一九二三年創業の神戸のオリバーソースが、コーンスターチを使って粘りを出した「とんかつソース」を売り出したのは、一九四八年。ブルドックソースも、一九四九年に後に「とんかつソース」となる「ボーアソース」を投入。一九四九年にウスターソースの製造を始めた広島のオタフクソースが、お好みソースを売り出したのは一九五〇年である。

先のブルドックソース社史によると、「各社ほとんど一斉に、ウスターソースに澱粉あるいはパルプなどを使用して粘着性をもたせ、甘味を強くし、濃度のあるソースを製造した」とある。とろみは日本人の好みで、親子丼にもカレーライスにもとろみがある。ご飯に合う粘りを獲得した料理が、新しい味として受け入れられる。そう考えると、ソースにとろみがついたことが、まもなく訪れる全国的な洋食ブームの下地を用意したのではないだろうか。

◆人気の串カツ

ソースの話をしたので、ウスターソースをつけて食べる串カツの歴史も紹介しておこう。串カツは大阪の文化として知られる。

私は大学生の頃、社会人のお兄さま方に梅田第三ビルの地下にある串カツ屋へ連れて行ってもらったのが初体験。その後社会人となり、梅田の取引先での打ち合わせ後、お腹が空いて地下街からＪＲ大阪駅へ昇る階段手前の串カツ屋に吸い込まれたことがある。ソース二度漬け禁止のマナーも心得えたもので、おじさんたちに大歓迎され二～三串楽しんだ。しかし大阪下町育ちの夫は、「串カツなんて、一部エリアの文化で大阪の人が誰でも食べるわけじゃない」と力説する。

コロナ・ブックスシリーズの『あのメニューが生まれた店』（菊地武顕、平凡社、二〇一三年）によると、元祖は通天閣が目印の新世界にある一九二九年創業、「串かつだるま」。社長の上山勝也へのインタビューによれば、もともと串カツは、肉体労働者の食べものとして誕生した料理だ。新世界は、日雇い労働者が多く住む西成区のあいりん地区（通称釜ヶ崎）が近い。

二〇一九年一〇月二八日の朝日新聞が「文化の扉」で串カツを特集している。吉本新喜劇の内場勝則も、私の夫と同じように、西成で育ったが串カツを食べる習慣はなかったと話し、「酒を飲みながら食べる『おっちゃんのもの』」と説明する。

近代食文化研究会は、明治末期の東京下町が発祥で、「肉フライ」「串フライ」と呼ばれて、「大正初めに東京中に屋台が並んでいた」とコメントする。池波正太郎の『食卓の情景』（新潮文庫、一九八〇年）にも、縁日の食べものとして登場する。

大阪名物として知られるようになったのは、二〇〇八年一二月に世田谷区で創業した「串カツ田中」の存在が大きいようだ。二〇一八年に全国二〇〇店を超えた同チェーンについては、『居酒屋チェーン戦国史』にくわしい。

社長の貫《ぬき》啓二は一九七一年、大阪府三島郡生まれ。高校卒業後、運送会社に就職し、二七歳で脱サラしてショットバーを始める。店は鳴かず飛ばずで撤退するが、常連客だった現副社長の田中洋江をパートナーに得て、デザイナーズレストランなどを開くがリーマンショックで壊滅的な打撃を受ける。

七〇〇〇万円もの借金を抱え、大阪へ引き揚げようとしたところへ、田中から串カツ屋を提案される。田中は西成の出身で、串カツが好きだった父が研究開発したレシピを持っていた。時機を得て一号店が大成功し、躍進を始めるのである。

ソース共用の串カツは、確かに労働者の食べものの名残をとどめている。串にさし衣をつけて揚げれば、何でも串カツになる。その味が大阪庶民のものとして発展したせいか、あまり関西で発達しなかった庶民の肉料理がある。それはやきとりである。本場は東京。次はやきとり誕生の物語をひも解いていこう。

三　庶民の味になった鶏肉

◆鶏をペットにした日本人

江戸時代初期の人々にとって、鳥肉といえば白鳥や雉、雁、ウズラ、ヒバリ、スズメといった野鳥の肉を指していた。鶏は、天武天皇が六七五(天武天皇四)年に最初の肉食禁止令を出した際の対象に入っており、日本人は長く鶏肉を食べずにきた。それでも飼うことは止めず、その目的は闘鶏や時を告げさせることだった。

『天丼　かつ丼　牛丼　うな丼　親子丼』によると、安土桃山時代に来日した宣教師、ロドリーゲスは、娯楽のためと証言している。鶏はペットだったのだ。

卵すらあまり食べなかった日本人が卵好きになったのは、西洋人の影響を受けたからだった。一五六三（永禄六）年に来日し、三四年も布教活動にいそしんだルイス・フロイスは、一五九三（文禄二）年頃に、日本人が嫌悪していたはずの卵を食べるようになったことを、感慨深く観察している。

江戸時代の人々は卵を愛好し、『万宝料理秘密箱』（一七八五）という料理本には、別名「卵百珍」と呼ばれる「卵之部」に卵料理のつくり方が一〇三種類も載っている。一七八二（天明二）年に出た『豆腐百珍』が大ヒットした後で、百珍ものと呼ばれる一つの食材で百通りのつくり方を紹介する料理本が次々と出ていたのだ。

野鳥がへった江戸時代後期になって、鶏鍋が登場する。『やきとりと日本人』によると、『守貞謾稿』に「1804（文化元）年以降、鶏肉のことを京都や大阪では「かしわ」と呼んでねぎ鍋として食し、江戸では「しゃも」と呼んで同様に食べられていたとある」。同書は、卵を産ませていた鶏を廃鶏にする際、固い肉を柔らかくして食べるため鍋料理にしたのではないかと推測している。動物は飼えばやがて死ぬ。その肉をもったいないから食べよう、と考える人が出てくるのは自然なことだ。

親子丼で知られる東京・人形町「玉ひで」はもともと、鶏鍋の店だった。創業は一七六〇（宝暦一〇）年。当初は「玉鐵《たまてつ》」というシャモ料理店だった。他に鶏鍋の老舗として、東京・両国「かど家」の一八六二（文久二）年、京都・木屋町「鳥彌三《とりやさ》」の一七八八（天明八）年創業が挙げられている。『天丼　かつ丼　牛丼　うな丼　親子丼』によると、江戸時代の鶏があまり産まなかったため卵は高級品だったが、幕末になると養鶏業が勃興してくる。オランダから輸入したポーリッシュ種が導入されたのが、安政年間（一八五四〜一八六〇年）。明治になるといろいろな品種が入ってくる。

やきとり工場のトーコー食品のウェブサイトに掲載されている「焼き鳥と鶏の歴史」によれば、養鶏への挑戦はもっと前から始まっていて、水戸光圀（一六二八〜一七〇〇）などが挑戦し、八代将軍吉宗の時代に、下級武士が家計の足しに採卵養鶏を始めたと言われている。仙台藩の伊達政宗や、尾張藩士が取り組んだ話まで読んだところで、「名古屋コーチン」「比内鶏」「薩摩鶏」の三大地鶏の歴史からわかるかもしれないと気がつき、調べてみる。

尾張藩士の話は、名古屋コーチン協会のウェブサイトで確認できる。尾張藩でも、武士が卵や肉を売って家計の足しにするために、鶏を飼うことはあったらしい。そして名古屋コーチンは、明治維新で職を失った藩士の海部壮平と海部正秀の兄弟が、血のにじむような努力の末、開発した品種だった。明治初期、武士の仕事をつくる公共の取り組みはいろいろあって、あんぱんの銀座木村屋の創業者、木村安兵衛は失業武士のための東京府の授産場でパンと出合っている。尾張の海部兄弟も、転業支援の講習の中にあった養鶏部門で学ぶ。粗食に耐え、多産で強健、しかも性格は穏やかな中国のバフコーチンを尾張の地鶏と交配させて新品種をつくったのが、一八八二（明治一五）年頃。

名古屋コーチン

比内鶏は、『うまい肉の科学』（肉食研究会著、成瀬宇平監修、SBクリエイティブ、二〇一二年）によると、縄文時代以前からいた在来種で、一九四二（昭和一七）年に天然記念物に指定された。現在流通しているのは、体が大きく繁殖力が強いロードアイランドレッドと掛け合わせた、一代限りのF１種である。

三代地鶏の三つ目、薩摩鶏は鹿児島県地鶏振興協議会のウェブサイトに紹介がある。ルーツはおよそ八〇〇年前の薩摩藩祖の島津忠久の時代まで遡る。気性が激しく、鑑賞だけでなく闘鶏用として飼育されていた。

『うまい肉の科学』にはこのほか、江戸時代に中国から入り、一九四三年に天然記念物に指定された烏骨鶏《うこっけい》、江戸時代初期にタイから入ってきて一九四一年に天然記念物となったシャモが紹介されている。長く鑑賞用、闘鶏用として愛されてきた日本在来種は、繁殖力や体の大きさに難があり、単独では肉用として向かないようだ。

◆高級料理の鶏鍋、庶民のやきとり

明治に肉食が解禁されると、牛肉とともに鶏肉の消費もふえていく。しかし養鶏勃興期ともいえるこの頃はまだ、鶏は貴重な肉だった。『やきとりと日本人』によると、養鶏業は育ちつつあったが、需要を十分に満たせるとはいえなかったのは、育てる側にも「卵を産ませてから」という思いが根強かったからだ。

そのため鶏鍋は高級料理とされたが、明治になって新たな店が次々と生まれていく。現在も続く店として東京・茅場町「鳥徳」と東京・神田「ぼたん」が一八九七（明治三〇）年、東京・湯島「鳥栄」の一九〇九（明治四二）年創業が挙げられている。『京の味』には、明治一〇年代創業の「西陣鳥岩楼」が水炊き料理店として挙げられている。当時は醬油だれの鶏のすき焼きが流行していた。『京の味』によると、江戸時代に創業した鳥彌三でも、もともとはすき焼き風で、明治末期に水炊きを始めている。

新橋の花街でも鶏鍋が出された。

水炊きは恐らく、博多から流入している。発祥とされる店は、福岡市平尾の「水月」。店のウェブサイトによると、初代料理長の林田平三郎は長崎生まれ。一八九七年に一五歳で香港へ渡り、イギリス人の家庭に住み込んで料理を学んだ。西洋料理のコンソメと、中華料理の鶏を炊き込む技術を融合できないかと考え、帰国後に試行錯誤の末に一九〇五年、生み出したのが博多水炊きだった。

一方、庶民はやきとりを食べた。始まりは江戸時代。全国やきとり連絡協議会のウェブサイト「やきとりの歴史」によると、江戸時代にはスズメなどのやきとりが神社の参道で売られており、京都の伏見稲荷や東京・雑司ヶ谷の鬼子母神のものが評判だった。

『やきとりと日本人』によると、明治期には牛、豚、鶏のモツが「やきとり」と称して売られ始めている。一八九三年の『最暗黒の東京』に車夫の食べものとして「鳥の臓物」のやきとりが紹介されているほか、一九〇四年に出た『實業の栞《じつぎょうしおり》』はやきとりの項目に肝、はらわた、骨が使われていることを紹介している。店によっては馬肉や犬肉、「牛の切り出し」を使うところもある。明治生まれの角田猛が一九五六年に出した『東京の味』(白光書林)は、明治末期頃にやきとり屋台がふえたと書いている。

また、角田の『いかもの・奇味珍味』(ダヴィッド社、一九五七年)は、「牛豚のもつ」をやきとりとして売る店を紹介している。東京ではやきとり屋が豚肉を使うこともあり、「やきとん」「モツ焼き」屋でもあることは少なくない。それは、鶏肉が庶民にとって憧れの高級食材だった時代の名残りなのである。

鶏肉は鍋として高級店に、モツはやきとりにして庶民へ、という住み分けが明治の東京では行われていた。

◆昭和のやきとり屋

鶏肉の消費拡大を受けて、鶏の生産もふえた。『やきとりと日本人』に、一八八八（明治二一）年の農商務省の記録に、養鶏が推進され九一〇万羽以上飼われていたとある。

昭和になると、高級やきとり屋が出現する。銀座や人形町、渋谷で展開していた「喜太八」では、鶏のほか、ツグミなどの小鳥や鴨も扱っていた。同じく銀座の「ドン」も小鳥も売っていた。鳥全般を食べていた江戸時代の名残りがある。鶏だけでは店を回せないものの、モツではなく鳥の肉を使うところに、店の矜恃《きょうじ》があったのだろう。野鳥の小鳥も、よく食べられていたと思われる。

やがて、養鶏の拡大を反映して、鶏肉専門の店も出現する。一九一七（大正六）年創業の東京・入船「さくら家」は、まず鶏肉卸として営業を始め、やがて店の前に屋台を置いて売るようになり、一九三九年に木挽町《こびきちょう》で店舗を構えた。創業者の実家が千葉県佐倉市で養鶏と料理屋をしていて、そこから生きたまま鶏を運んで絞めていたという。戦後しばらくして、卸は辞めやきとり屋専業になった。

京橋の「伊勢廣《ひろ》」は、日本橋蛎殻町《かきがら》の鶏肉卸の伊勢廣からのれん分けされ、一九二一（大正一〇）年に開いた。農家で絞めた鶏を解体して販売し、やがてやきとり屋も開業する。同店が画期的だったのは、やきとりのコース料理を開発したことだ。

「初代は鶏肉ばかりでなく、ねぎやしいたけ、ししとうといった食材も高品質なものを仕入れた。鶏肉には自信があるので、それ以外のものを加えて付加価値をつけ、満足してもらおうと考えたからだ」と同書にある。

東京では今も、商店街に鶏肉専門店があり、店先でやきとりや鶏肉を使った総菜などを売っている。もも肉で野菜を巻いたロール焼きなども見かける。関西では、鶏肉屋は「かしわ屋」と呼ばれた。そういえば、数年前に京都へ行った折、鶏肉屋の隣が料理屋になっていてランチに入ってみたことがある。ふわふわの卵をかけた親子丼とからあげ丼が売りの店で、肉もよく締まっていておいしかった。こうした今は貴重になった鶏肉屋の中には、戦前から商売を続ける店も含まれているのだろう。

戦後の闇市でも、やきとり屋が生まれた。新宿の思い出横丁では一九四七年に創業した「宝来家」（現第二宝来家）と、一九四九年創業で豚や牛がメインの「鳥茂」がある。一九四九年にできたばかりの渋谷・のんべい横丁で営業を再開したのが「鳥福」。創業者は牛や豚のモツを「やきとり」と呼ぶことに抵抗があり、鶏問屋へ仕入れに行ったという。雉、鴨、シギ、スズメなども仕入れて出していた。鴨とスズメも出す「渋谷森本」は一九四八年創業。銀座は「鳥政」が一九四六年、「武ちゃん」が一九四八年創業で、両店とも屋台から始めている。

現在の新宿思い出横丁

◆チェーン店とブロイラー

戦後、浅草の千束《せんぞく》で惣菜屋兼やきとり屋として、のちにチェーン展開する「鮒忠《ふなちゅう》」がオープンする。『居酒屋チェーン戦国史』を手がかりに、戦後鶏肉史を象徴するチェーンの歩みを追ってみたい。

創業者の根本忠雄は一九一三（大正二）年、東京・深川生まれ。四回も召集されて戦地へ赴いている。酒販店を営んでいた父が免許取り消しとなって行方不明になり、一八歳のときに母と精米店を始める。しかし、コメが配給になって廃業せざるを得なくなり、川魚屋を興す。戦後はウナギの屋台から再起するが、仕入れが安定しないことから鶏肉に目をつける。しかし売り上げははかばかしくなく、鶏肉を仕入れて夫婦でやきとりを売ったところ人気を博す。一九四九年に酒類販売が自由化されると、バラックを取り壊して店を建てる。一階をバラック時代から始めていた惣菜屋、二階をやきとり酒場にした。

一九五〇年に朝鮮戦争が勃発すると、米軍の鶏肉需要が発生する。このとき、GHQの指導でブロイラーの生産を始める農家が出てくる。しかし、一九五一年五月に休戦交渉が始まると、余って大幅に値下がりする。根本はこのブロイラーを大量に仕入れ、戦地の中国で食べたものをヒントに、「ひな鳥の丸蒸し焼き（ローストチキン）」にして売り出し大ヒット。これがやきとりに次ぐ看板商品となる。

根本は鶏を安定的に確保するため、一九五一年にブロイラー仕入部を設立し、生産者から仕入れた鶏を加工して販売する流通ルートをつくり、全国各地のやきとり屋に卸すようになった。こうしてやきとり屋ブームが生まれる。

鮒忠は一九六八年からフランチャイズ展開を始め、一九七八年には一〇〇店舗を達成している。

『やきとりと日本人』によると、ブロイラーが本格導入されたのは一九六〇年代。アメリカは機械化が進んで生まれた国内の余剰穀物の販売先をアジアに求めていて、日本は大量の小麦粉などを輸入するようになった。それが給食のパンになり、インスタントラーメンの誕生をうながし、飼料として日本の畜産を後押しした。その一つが養鶏である。

「商社は養鶏場を用意し、アメリカから肉用鶏、飼料、食鳥処理機械などをセットで輸入してブロイラーの生産を後押し。またたく間にブロイラーは増えていったという」。鳥類保護法が一九六三年にでき、規制の対象となる野鳥がふえたこともあり、この頃から野鳥のやきとりは姿を消していった。農家は庭先で飼って卵や肉を売るのを止めるか、養鶏専門農家として成長していく。

◆デートで使える高級やきとり店

ブロイラーの生産に後押しされて、鶏肉は安くなった。また、多産な白色レグホン種の導入で採卵用の養鶏も大幅に伸びたことから、卵も「物価の優等生」と言われるほど安く安定的に買える食品になった。高度経済成長により人々の生活も豊かになり、やがてグルメブームが始まっていく。

そんな一九八〇年代、発見されたのが地鶏である。やきとり業界でブームに火をつけたのは、一九八七(昭和六二)年に開業した阿佐ヶ谷「バードランド」。創業者の和田利弘は出身地、茨城県の「奥久慈しゃも」を使ってメディアで注目される。「そしてほぼ同時期にほかのやきとり屋でも、レストランで使うような比内地鶏、名古屋コーチン、伊達鶏などを使うようになった」。

和田は当初ブロイラーを使っていたが、週刊誌で奥久慈しゃもを知り、仕入れるようになった。ももつけ根の骨のくぼみについている小さな部位「ソリレス」を使った「ソリ」やレバーパテを出す、ワインを置くといったおしゃれなやきとり店のパイオニアだと、『やきとりと日本人』は位置づける。

ブロイラーと違い、料理人の腕次第で味が変わる地鶏を扱うこれらの店は、高級やきとり屋となる。昭和初期に生まれた高級店も産地と結びついたが、鶏肉専門というだけで差別化できた。しかしブロイラーの普及で鶏肉専門は当たり前となり、昭和が終わる頃には、鶏の種類が差別化要因になったのである。

フランス料理と結びついたやきとり屋も登場した。

一九九五年、東京・中目黒にオープンした「鳥よし」はワインを置き、デートに使われる人気店となった。店主の猪俣善人は、「マキシム・ド・パリ・イン・トウキョウ」を日本に持ってきたレストラン企業のミヨシコーポレーションから、パリで一〇年間やきとり屋を任されていた。二〇〇八年、大阪・都島に開業した「うずら屋」は、フランス料理の「ブラン」のオーナーシェフ、宮本幹子が開いていた店だ。

二〇一〇年代になると、バルブームに乗っておしゃれなやきとり店も注目を集める。ワインも充実させた店として『やきとりと日本人』が紹介するのは、二〇〇三年開業の麻布十番「鳥善　瀬尾」、「フレンチ焼鳥とワイン」を掲げる「Ｓｈａｊｉ」。バジルシードやスパイスを味つけに使うＳｈａｊｉの開業は二〇一〇年。二〇一二年には料理家の平野由希子がプロデュースした根津の「76ｖｉｎ」ができ、どれもおしゃれな内装となっている。

今では、『ミシュラン』もやきとり屋を取り上げる。二〇二〇年京都・大阪版では、京都で一軒、大阪で一一軒が紹介され、多くはリーズナブルな位置づけのビブグルマンだが、大阪の三軒は一つ星。東京版では、一七軒が選ばれ、そのうち六軒が一つ星である。阿佐ヶ谷と銀座のバードランドも星つきで紹介されている。

◆やきとりチェーン「鳥貴族」

チェーン展開するやきとり屋も、再び登場した。一九八五年創業の「鳥貴族」だ。売りは、近年これでお金を取られることに抵抗を感じる客がふえたお通しをなしとし、全品二九八円均一にした会計の明朗さである。しかも「多くの安いやきとり屋は、中国産だったり、工場で串が打たれたりしたものを店で焼いて販売している」(『やきとりと日本人』)中、国産の鶏肉を使い店で串を打つ。

創業者の大倉忠司は一九六〇年、大阪府東大阪市で生まれた。生家は町工場で、両親と兄の四人家族。高校時代にビヤガーデンでアルバイトして、飲食業の面白さに目覚める。その店で、やきとりを焼く仕事も任された。

高校を卒業して辻調理師専門学校に入り、卒業後は大阪の一流ホテルのイタリア料理店で働く。この頃、地元の「全品二三〇円均一」で、お通しなしの炉端焼き屋に通い、開業のヒントをもらう。三年でレストランを辞めると、知人が始めた「焼鳥道場」で三年働いて、多店舗化のノウハウを学び独立。最初のやきとり専門店は、東大阪の近鉄大阪線俊徳道《しゅんとくみち》駅前商店街に開いた。

差別化を図るため、ターゲットは若者に定め「明るくオシャレで、お客様を貴族のようにおもてなしする」(『居酒屋チェーン戦国史』)店をめざした。店名は一般的な居酒屋の「〇〇助」「〇〇兵衛」などと違う響きの「貴族」をつけた。赤提灯は使わず、ユニフォームを従来型のハッピなどではなくTシャツにする。サラダ料理を充実させて女性客の取り込みも図る。新メニューも積極的に入れた。価格は当初二五〇円均一とした。しかし、価値を高めるため、国産で新鮮な鶏を使い、店内で串打ちするやり方に決める。

開業翌年に法人化し、多店舗化を進める。最初は年に一軒ほどのペースで郊外に展開していたが、開業一八年目の二〇〇三年に大阪・道頓堀のかに道楽が入るビルの隣の建物に物件が出た。大阪の超一等地で勝負をかけると、開業二日前に阪神タイガースが一八年ぶりの優勝していたことから、道頓堀界隈は人であふれ、戎橋から道頓堀川へ飛び込むファンが続出。トラブルを避けて臨時休業する店が多い中、鳥貴族はオープニングセールを行い、チェーン始まって以来の売り上げを記録した。この成功が、名前を広めるきっかけになった。

二〇〇五年には東京へ進出。中野北口店が東京一号店である。リーマンショックを乗り越え、二〇一四年には東証ジャスダックに上場している。

◆から揚げ専門店の人気

和の鶏肉料理といえば、から揚げも人気だ。

日本唐揚協会のウェブサイトによると、から揚げが外食店で出された最初は一九三二年頃で、銀座「食堂・三笠」(現三笠会館)だった。同店は一九二五年に京橋木挽町でかき氷屋として開業したが、カレーやサンドイッチなどを扱う食堂となり、一九三二年に鶏料理専門店の支店を開く。しかし、その店が営業不振で本店にまで影響を与え、打開策として考案したメニューが、若鶏のから揚げだった。

店が追い込まれて必死で考えたものが大ヒットして、定着したといえば、カレーパンもそうだ。関東大震災で打撃を受けた深川「名花堂」(現カトレア)の店主が考案したのが日本初の惣菜パンで、今やカレーパンはパン屋の定番アイテムである。

から揚げの店が発展するのは、戦後に国策で推進されて養鶏場がふえる中、特に養鶏場が多かった大分県北部の中津市、宇佐市などで、中津市は現在、六〇店以上の専門店が並ぶから揚げの聖地となっている。チェーン展開を始めた最初は宇佐市の「庄助」。昭和三〇年代に近所の「来々軒」から受け継いだつくり方でチェーン展開を始めている。

また、愛知県では県民が愛好する手羽先を看板にしたチェーン居酒屋「風来坊」が、一九六三年に名古屋市比々野で開業。もう一つの愛知県を代表するチェーン店「世界の山ちゃん」は、一九八一年に名古屋市新栄で一号店を開いている。

鶏を揚げた料理といえば、圧力鍋でスパイスをつけた鶏を揚げるケンタッキーフライドチキンも忘れてはならない。開業は一九七〇年で、大阪万博に出店した後、一号店を開いた。しかし当初は苦戦したという。『外食産業を創った人びと』によると、大阪万博では大繁盛したが、一一月に開いた名古屋名西店では、従業員が売れ残りを食べる毎日。

一九七一年四月に神戸三宮の繁華街ど真ん中、トアロードに四号店を開いてから初めて黒字になり、東京・青山に五号店を出してから行った、クリスマス企画が当たった。一九七四年には火がつき、以来クリスマスがＫＦＣ最大の稼ぎ時となった。

二〇一六年からＫＦＣは、バルスタイルの店を開く、割安感がある五〇〇円のランチセットを売り出す、テイクアウト専門店を開くなどして、再び注目を集めるようになっている。

から揚げ専門店は、二〇一〇年代に東京に次々とでき、ブームになった。それは二〇〇九年に大分県中津市「もり山」、宇佐市「とりあん」が東京に進出したのがきっかけだ。

日本で生まれたから揚げは、醤油が基本の味。肉にもみ込み、味をなじませてから、小麦粉や片栗粉をまぶして揚げる。このとき、ニンニク他の調味料や薬味で、独自の味を出すことができる。日本人好みのこの料理は、食事としてもおやつとしても食べられる便利さが魅力だ。手早くできて高カロリーの肉料理は、食べ盛りの子どもにもぴったり。一男一女の子育てを描いた西原理恵子のエッセイマンガ『毎日かあさん』（毎日新聞社、二〇〇四〜二〇一七年）でも、くり返し登場する。

二〇一〇年代の東京で、テイクアウトを含めてから揚げ専門店がヒットしたのは、ライフスタイルの多様化が進んでいたからではないだろうか。家族が縮小し、共働き世帯もふえた。昭和と異なり食卓を囲む人数がへった家庭では、一人分から対応できる専門店が便利なのだろう。

KFC の１号店名西店（日本 KFC ホールディングス株式会社提供）

四　肉食のニッポン

◆沖縄の食文化

幕末に流行った豚鍋は、「琉球鍋」と呼ばれた。また、田中宏が考案した豚肉料理のベースには、沖縄料理もあった。それは日本で肉食のタブー化が進んだ頃、琉球王国では豚肉食が発達していたからだった。琉球（沖縄）は、九州以北と密接なかかわりを持ち、互いの食文化に影響を与え合った。そんな琉球（沖縄）の豚肉史を、簡単におさらいしておこう。

『詳説日本史B』（笹山晴生・佐藤信・五味文彦・高埜利彦、山川出版社、二〇一六年）によると、沖縄で統一を成し遂げ、琉球王国を建国したのは尚巴志《しょうはし》で、一四二九年だった。琉球は明や日本などと国交を結び、東アジア諸国間の中継貿易に活躍する。

一六〇九年、島津家久の軍に征服され薩摩藩の支配下に入る。琉球の国王の代が替わると謝恩使を、幕府の将軍が替わると慶賀使を、幕府に派遣するようになった。しかし薩摩藩は、中国との朝貢貿易は、独立した王国として継続させている。

明治になり、一八七一年に台湾で琉球漂着民が殺害される事件が起こると、日本は台湾に出兵する。間にイギリスが入って、清は日本に賠償金を払い、日本は一八七九（明治一二）年、一八七二年に置いた琉球藩および琉球王国を廃止させ、沖縄県の設置を強行した。

『日本の食生活全集㊼聞き書　沖縄の食事』（農文協、一九八八年）によると、四五〇年続いた琉球王国では、豪華な宮廷料理が発達している。琉球は、王が交代すると中国皇帝からの使者、冊封使《さっぽうし》の訪問を受けた。規模は「約四〇〇〜五〇〇人、滞在期間は半年以上にも及んだ」。そのもてなしのため、琉球は中国料理を習得させる包丁人を、中国へ派遣している。

薩摩の支配下に入ると、今度は奉行所役人の接待が必要となり、包丁人を薩摩にも送り日本料理を学ばせた。二つの国の料理が宮廷に伝えられたことで、それが上流階級、そして一般家庭へと広がっていったのである。

城が置かれた政治の中心地、首里では、宮廷から伝わった儀式料理や法事料理を、男性の包丁人が守ってきた。港がある商業の中心地、那覇では女性たちが料理をつくってきた。那覇は薩摩奉行所の駐在地でもあり、役人の接待が必要だったと考えられる。

那覇の辻《チージ》には遊郭があり、料理の中心地だった。三〇〇年余りの歴史を持つ辻遊郭の料理文化については、琉球料理家の山本彩香がくわしい。『肉の王国　沖縄で愉しむ肉グルメ』（仲村清司・藤井誠二・普久原朝充、双葉社、二〇一七年）のインタビューによると、山本は一九三五年、東京生まれ。両親が貧しかったため、二歳で沖縄に住む実母の姉に預けられた。その伯母、崎間《さきま》カマトは辻遊郭の尾類《ジュリ》（遊女のこと）だった人である。

「辻の芸妓は舞踊や音楽で男性を楽しませるだけでなく、料理でもてなす文化があった」。季節風の影響で半年間船を出せない冊封使は、那覇に滞在して辻にも通った。そのため、首里城内の料理人が辻に出向いてジュリたちに料理を教えている。つまり、辻の女性たちは首里城内の料理を自分のものにしていた。

沖縄には、肉や内臓を使った料理がいろいろあったが、焼く料理は少なかったという。内臓はしっかり洗い、小麦粉でもんだうえで米ぬかを入れる。そのうえで、味噌味にすることで肉の臭みは取れる。煮るときは、煮立たせないで「泡がポッコンポッコンとするぐらいの湯加減」にする。沖縄料理には、脂っぽさや臭みを抜く知恵が含まれていた。

こうした辻の料理技術が家庭にも伝わって琉球料理が育ち、やがて近代化や占領などによって、私たちの知る現代の沖縄料理へと発展していく。

◆生活に密着していた豚肉

『肉の王国』によると、黒豚は一四世紀に中国から到来し、薩摩侵攻で薩摩へ渡った。豚の生産がふえたのは、一六〇五年に中国からサツマイモがもたらされたからだ。それまで琉球の人たちは、田イモ、サトイモを食べていたが、サツマイモで飢えの心配がへり、蔓や皮などを豚のエサにすることができた。年二回サツマイモを収穫する栽培法が確立したのが、一八世紀半ば。『沖縄の人とブタ』(比嘉理麻、京都大学学術出版会、二〇一五年)によると、その頃に牛から豚へと、肉食の中心が転換したようだ。

サツマイモはやがて、薩摩を通じて日本へも伝わり、多くの人々を飢えから救い、人口増加に貢献した。しかし、一九六〇年代になると、味の評価は高いが生産性が低いとされた在来豚は、沖縄で淘汰されていく。

沖縄・中城に残されている重要文化財の中村家住宅には、裏庭に豚小屋がある。日本で牛や馬が土間で飼われていたように沖縄で豚は飼われ、鶏のようにどの家にも一〜二頭いた。しかし、二〇世紀半ばの経済成長の波はアメリカ占領下の沖縄へも押し寄せ、多頭化飼育が必要になって郊外に畜産団地が形成される。今やアグー豚の名称で有名になった黒毛の島豚は、一九八〇年代から復活に取り組む人たちが登場する。

『琉球の風水土』に、沖縄の豚肉食文化が紹介されている。世界各地の豚肉食文化と同じように、沖縄でも豚肉料理はハレのものだった。冠婚葬祭すべてで出され、正月にも必要なので、年末には家庭ごとに豚の屠畜《とちく》や肉の処理で忙しかった。解体は海辺や川原で行う。

伝統的な料理も紹介されている。「ミミガーサシミ」は、「耳・面皮をゆでて細切れにした酢のもの。キュウリの細切り、モヤシを和える」。「ソーキ骨の汁」は「骨つきバラ肉を昆布・シイタケとともに長時間煮こんだもの」。血イリチーは、「おもに正月につくる。ブタの血液と野菜の炒め煮」、足ティビチは、「足の先端を骨ごと切り、昆布とともに長時間煮こんだもの」、「ミヌダル」は「ロースに黒ごまだれをまぶした首里独特の料理」である。ほかにも、四〇種類ほど豚肉料理があるが、多くは王府の宴会料理で庶民は盆や正月にしか食べず、「残った肉は塩漬し、ラードは油壷に貯え、クズ肉はデンブにして保存した」。

中国と日本の影響を受け、知恵を働かせて長い間かけて洗練されたのが、沖縄の豚肉料理だった。米食文化圏のアジアの他の地域でも、農耕民が豚を飼ってきた。もし日本で肉食が禁じられていなければ、こうなっていたかもしれない食文化が、沖縄では育まれてきたのである。

◆日本へ渡ったコリアンたち

焼き肉といえば牛肉。焼き肉屋や韓国料理店の無煙ロースターの下で、タンだのカルビだのといった部位を網でジュウジュウ焼いて食べ、締めは冷麺。こういった食べ方が定着したのは、それほど遠い昔ではない。豚肉の食べ方は主に沖縄と中国から学んだ日本人だが、牛肉の部位ごとの味わいをシンプルに楽しむ焼き肉は、在日コリアンたちから学んでいる。

韓国料理として広まった焼き肉を和食の項で扱うのは、とんかつと同様、焼き肉も独自の発展を遂げて日本人の食生活になじんでいるからである。韓国では、焼き肉は牛とは限らず、部位ごとに店が分かれていることもあり、肉に合わせる食材や調味料も違う。醬油ベースのたれで、生のキャベツをつまみながら食べるスタイルは、日本で独自に発展したものである。

庶民が肉を気軽に食べるようになるのは、畜産が盛んになった戦後である。焼き肉も広まったのは戦後だが、もっと前の記録があるらしい。『焼肉・キムチと日本人』（鄭大聲、PHP新書、二〇〇四年）によると、それは江戸時代。一七一一（正徳元）年の『信使通筋覚書朝鮮人好物附之写』に記録がある。

李氏朝鮮の国王即位や徳川将軍の代替わりの折、朝鮮通信使が日本を訪問している。それは、一六〇七～一八一一年の一二回にわたり約五〇〇人もの使節団で、日朝の儒学者や医者、画家などが交流する機会を持った。その際、朝鮮料理を学んで、串に挿した薄切り肉に油と醬油をつけて焙った、現在と同じような料理法の「カルビ」を出している。

『焼肉の文化史』（佐々木道雄、明石選書、二〇一二年）によると、朝鮮料理が入ってきたことは、『料理珍味集』（一七六四）に、醬油に肉を漬けておいてから焼く「朝鮮焼」という料理が掲載されていることからわかる。朝鮮焼は明治以降の料理書にも出てくる。

『焼肉・キムチと日本人』によると、朝鮮料理店は戦前もあった。東京・上野広小路に一九〇五年、李《イ》人植《インジク》が開いた本格的な料理を出す「韓山楼」、その後にできた東京・麹町「明月館」などである。『和食とはなにか』では明月館は神田猿楽町にあったとする。ただ、焼き肉についての情報はない。『焼肉・キムチと日本人』によれば戦後は、戦前の店と同じかどうかわからないが新宿西口に明月館が一九四六年に開業。同年、大阪・難波に開いた「食道園」が草分けである。

韓国・朝鮮料理を出す在日コリアンの店が多くなったのは、日本が朝鮮半島を植民地化していたからである。『韓国近現代史』（池明観、明石書店、二〇一〇年）によると、一八九七年に国号を大韓帝国（韓国）にした朝鮮半島には、日本が一八七六年に日朝修好条規を結んで以来、銀行を筆頭に多くの商工業者が進出した。

日清戦争、日露戦争の勝利に伴って、日本は朝鮮半島への侵略の度合いを高め、一九一〇年に植民地化する。それは朝鮮半島における権益を、ロシアに脅かされることを恐れたためだった。

植民地となった朝鮮半島からは、大勢の人が日本へ渡った。『焼肉の文化史』に、「内務省の統計によると、１９２４年に10万人を超え、以降は加速度的に増加して、１９４０年には１１９万人に達したとある。しかし、実際はもっと多かったと思われる」とある。

植民地下の朝鮮半島から日本へ渡った一人が、岩手・盛岡に冷麺を伝えた楊龍哲《ヤンヨンチョル》である。『盛岡冷麺物語』（小西正人、リエゾンパブリッシング、二〇〇七年）によると、一九一四年、東北部沿岸の咸興《ハムン》で、リンゴ農園を経営する父の三男として生まれた。家には日本人が多く出入りし、隣には日本軍の駐屯地があった。

父が親日派だったこともあり、日本に憧れていた龍哲は、二〇歳を過ぎると家を飛び出し、「大学に入る」という口実のもと東京へ行く。大都会の東京で映画などにハマるうち、大学進学は断念する。一九四〇年には創氏改名のため日本名を名乗らされることになり、青木輝人の名前になる。

一九四三年、戦火を避けて二年前に結婚した日本人の早苗と、盛岡へ疎開する。鉱山会社で働いて事務や現場監督に携わったが、現場の労働者たちは「侵略された土地から来た人たちだった」。一九四五年に日本が負け、祖国が解放されると在日本朝鮮人連盟（朝連）の盛岡支部の仕事を手伝い、大勢の同胞の帰国を手助けするが、青木自身に帰国の意志はなかった。

料理と接点を持ったのは、GHQの指令で朝連が解散し、仕事を求めて一九四九年に東京へ出たときが最初である。銀座・数寄屋橋にあった知人の朝鮮料理店「食道園」でフロアの仕事を得るが、数カ月後に朝鮮戦争が勃発。もともと報道関係の仕事をしていた店主が、取材で戦地へ赴き閉店する。

盛岡には一九五三年に戻り、友人に誘われて「食道園」の名前で朝鮮料理店を開く。そこで故郷の味を思い出しつつ、日本人好みに麺の材料を蕎麦粉から小麦粉に替えた麺料理が、やがて盛岡冷麺として根づく。青木の故郷、北朝鮮の咸興は冷麺の本場として知られている。

◆焼き肉店の発展

『焼肉・キムチと日本人』によれば、大阪で焼き肉と冷麺の店として開業した「食道園」は当初、牛肉が統制品のため使えず、鶏肉を使用したが、二年後に食肉の統制価格が撤廃されてからは牛肉を使っている。

敗戦後の栄養不足の時代、焼き肉は日本人の間でもまたたく間に人気となる。やがて焼き肉店が次々とできていくが、そのほとんどが在日コリアンの店だった。メニューは、焼き肉にキムチ、ナムル、クッパ、ピビンバ、そして「ランクが高い店」は冷麺を出す。このラインナップは定番家庭料理で、店が狙った顧客は在日コリアンだったろうと、同書は分析する。

食道園のウエブサイトと焼肉ビジネスフェア事務局のウエブサイトに載っている二代目社長、江崎政雄のインタビューから、同店の歩みを確認してみよう。

創業者の江崎光雄は平壌《ピョンヤン》出身。昭和初期、東京でタクシードライバーをしていたが、紆余曲折の末、一九三八年に日本軍の司令部が置かれていた中国・太原で軍御用達の精肉店を開く。そしてすき焼き店「松喜」、冷麺店「食道園」を開き、またたく間に支店を二軒持つ。

一九四五年、家族を連れて日本に引き揚げた江崎は、東京で生活した後、大阪・難波千日前の歌舞伎座前で一九四七年に食堂を開く。『焼肉・キムチと日本人』には、一九四六年に東京で食道園を共同で始めた翌年に、大阪へ引っ越したとある。もしかすると、その店は楊（青木）が働いた店だったかもしれない。共同経営者が朝鮮半島へ赴いたことで、大阪に移ったのだろうか。

大阪の店はすぐ人気となり、二年後には株式会社化する。一九六八年には、万博のための道路拡張で近くの宗右衛門町に移転を強いられるが、立ち退き料で六階建ての本社ビルを建てる。四〇〇人も収容する大広間、高級感のある和風個室を設けるといった高級路線に舵を切る。そして、大阪万博で同店は韓国館の食堂部を任される。その売り上げ高は、ソ連館に次いだ。そして、多店舗化に踏み切る。ここでも大阪万博は、食文化発展に貢献している。

もともと大阪・鶴橋の在日コリアンたちは、地べたに七輪を置いて肉を焼き、売っていた。しかし焼肉ビジネスフェアのインタビュー「焼肉業界　次の一手」によると、江崎の「父は、テーブルとイスを置くレストランの体裁にこだわ」った。『焼き肉の文化史』によると、そのスタイルにしたのは一九四九か一九五〇年頃。そこから人気が出たと江崎は証言している。ここで生まれた自ら焼くスタイルが、日本人が肉を食べる入り口としてきた鍋ものに通じることから、焼き肉が定着したのではないかと考えられる。

このスタイルは、植民地時代の朝鮮の冷麺屋で始まった「カルビ屋（カルビチプ）」のもので、それが戦後日本に持ち込まれたと『焼き肉の文化史』は推測する。

人々が豊かになり始めた一九六〇年代後半になると、焼き肉ブームが起こる。この頃、農村で使われていた役牛が、耕運機の普及で大量に売られたため、牛肉が割安だったことも影響しているだろう。庶民のごちそうがすき焼きだった時代である。

一九六八年、エバラ食品から焼き肉のたれが発売される。家庭では、在日コリアンの店のように肉にたれをもみ込むのではなく、フライパンで焼いた肉にたれをつけて食べるやり方が広まる。テーブルの真ん中で肉を焼く家庭がふえるのは、一九七四年にホットプレートが発売されてからである。

焼き肉店が人気になるきっかけは、無煙ロースターが開発されたことである。焼き肉店では、テーブルごとに火を使うのでたくさんの煙が出る。ニオイも染みつく。その両方を吸い込む最初の商品は、一九七九年に名古屋のシンポが開発した機種で、その後他社も続く。

『焼肉・キムチと日本人』によると一九七六年、六本木で開業した「叙々苑」は、一九八〇年代に入ると二号店に無煙ロースターをつけて高級路線にしたところ、女性にもてる店として評判が高くなった。バブルへ向かう時期で接待料理としても人気となり、地方から出てくる家族をもてなす場としても使われるようになる。

◆コリアタウンと焼き肉

大阪・鶴橋周辺は、在日コリアンの多い地域として知られる。『「移民列島」ニッポン』（藤巻秀樹、藤原書店、二〇一二年）によると、鶴橋駅から徒歩一〇分ほどの距離にある、御幸《みゆき》通商店街・御幸通中央商店会・御幸通東商店街から成る東西六〇〇メートル、約一三〇店は、一九九三年から韓国風に楼門を立て、「コリアタウン」をアピールするようになった。

私が二〇一八年九月に訪れた折は三度目の韓流ブーム真っただ中で、若い女性であふれていた。焼き肉を出す韓国料理店が軒を連ね、おいしそうなキムチの店が並ぶ。韓流スターの写真を並べた店やコスメの店もあった。韓流の原宿・竹下通りといったところか。

その頃、東京最大の移民街でコリアタウンとしても名高い大久保エリアも大混雑し、狭い山手線のホームと改札口が人であふれて入場制限がかかるほどだった。そんな風に、在日コリアンたちが韓国文化をアピールして、日本人たちが観光で訪れ、韓国にもショッピングやグルメの旅行を楽しむようになったのは、二一世紀になってからである。一九八〇年代後半から韓国系の店がふえた大久保の歴史については、『パクチーとアジア飯』（中央公論新社、二〇一八年）でたどったので、今回は割愛する。

大阪のコリアタウンの歩みを、『「移民列島」ニッポン』と『大阪「鶴橋」物語』（藤田綾子、現代書館、二〇〇五年）でたどってみよう。御幸通東商店街を抜け、平野川沿いを北上すると猪飼野《いかいの》と呼ばれた地区に行き当たる。ここに朝鮮半島からやってきた人たちが集まったのは、一九一九年に平野川改修工事が始まり、働きに来る人がふえたからだと言われている。

一九二三年には大阪・築港と済州島の定期連絡船が就航し、大阪に来る人がさらにふえた。当時、東京を追い抜き日本一の規模を誇った大阪市で、仕事はたくさんあった。そして日韓併合ののち、日本は労働者不足を朝鮮各地から来る出稼ぎ労働者で補おうとする。

昭和初期、御幸通商店街の商店は日本人が営み、韓国人たちは裏路地で同胞向けの店を開いていた。しかし、第二次世界大戦が始まり空襲が激化すると、日本人たちは疎開して去る。残った空き家を戦後、在日コリアンたちが入手して、キムチなどの韓国食材を売る同胞向けの商店街にする。一九七〇年代以降時代が変わり、衰退し始めた危機感から観光客を狙うコリアタウン構想が生まれた。

コリアタウンへの玄関口、ＪＲと近鉄、地下鉄千日前線と三つの線が交差する鶴橋駅前のガード下とアーケードの商店街も、焼き肉店やキムチ店、チマ・チョゴリ店、食材店などさまざまなコリアン系の商店が多い。鮮魚やかまぼこなど、昔の日本人向けの店のものと思しき看板も多く残る。映画のセットかと見まがう、迷路のような広い商店街である。

広い土地は第二次世界大戦末期、全国の都市で行われた建物疎開が、鶴橋駅周辺でも実施されて生まれた。もとは民家や寺院、小さな工場が立ち並ぶ静かな場所。路面駅だった近鉄の駅が移転して高架化したのは、国鉄（現ＪＲ）駅開業の翌年で、一九三三年だった。高架下には小さな市場ができた。

建物疎開で大きな空き地ができたが、このあたりは空襲を免れている。

戦後、その空き地が闇市となる。近鉄線は当時、大阪から奈良を経て三重県の伊勢中川を結び、伊勢神宮の入り口の宇治山田駅、そして愛知県名古屋市への線と接続していた。沿線には農業、漁業の産地がある。鶴橋駅は、タケノコ生活を送る大阪市民や担ぎ屋が利用した。闇市には、料理、生鮮食品も、農村から逆流した着物も並ぶ。そのほか、生活用品、農具など多種多様なものが集まり、「鶴橋に行けば何でもそろう」と言われた。

鶴橋の闇市は戦後しばらく、大阪で中心的な役割を果たす市場となる。それは大阪天満卸売市場など主だった商店街が大空襲を受け、十分な機能をなかなか果たせなかったからである。罹災した大阪各地の商人たちに「加えて、外地からの引揚者や、旧植民地の朝鮮・台湾出身者もこの地に集まってきていた」(『大阪「鶴橋」物語』)。

戦後の混乱が収まると、鶴橋は卸売市場としての機能を備えるようになる。伊勢周辺の鮮魚を届ける行商人専用列車が誕生したのは、一九六三年。沿線の鮮魚店から黒門市場の商店まで利用した専用列車は、二〇二〇年三月までその命脈を保った。

焼き肉店がふえ、コリアタウンと化していくのは昭和後半。最初のきっかけは一九七七年、この地で焼き肉店を構える「鶴一」にラジオ番組『ごめんやす馬場章夫《ばんばふみお》です』(MBS)から取材依頼があったことだった。店主の米野照雄は鶴橋西商店街のメンバーに集まってもらい、取材を受けた。オンエアされた番組は、鶴一とともに鶴橋の商店街一帯のチョゴリ店の華やかさや、キムチ店の品ぞろえの多彩さを紹介する。

一九八一年、客足が伸びた鶴一は店を広げ、そこへさまざまなメディアが取材に来る。しだいに遠方からも客が集まって、行列ができるようになる。そして鶴橋は、コリアタウンとして認知されるようになっていくのだ。

鶴一は、一九四二年頃に済州島から大阪へ渡って不動産業や養豚業を手がけた米野の父、新井辛鶴が、近鉄鶴橋駅のガード下付近で一九四八年に同胞の結婚式で使う蒸し豚屋として始めた店である。一九五三年頃から精肉とモツの焼き肉を七輪で出し始める。

一九五〇年には、現在の鶴橋高麗市場に韓国料理店「かどや」も開業する。一九六〇年代になると、ほかにも焼き肉店ができ始める。一九七四年には、鉄筋コンクリート四階建てビルの焼き肉店「アジヨシ」が開業。焼き肉店がふえてから出てきた、革靴店からの転身組だった。一九七〇年代後半になると、鶴橋の商店街から生活雑貨を売る店がへり、飲食店街としての様相を呈し始める。

キムチ店は一九五四年頃、このあたりでキムチを行商していた女性、太萬廉《テマンニョン》の商売が最初である。その頃から次第に、法事のチェサに必要な乾物、鮮魚、青果、蒸し豚を扱う在日コリアンの店が鶴橋にでき始める。やがてキムチの店も周囲にふえ、一九七一年頃からチヂミを売る店もできていく。そして新聞で、韓国・朝鮮の民族色が色濃い商店街として紹介されるようになる。

一九八八年にソウル・オリンピックが開かれると、テレビの取材が一気にふえ、鶴橋は御幸通商店街などとともに、コリアンタウンとして知られるようになった。

◆ホルモンは好きですか？

ホルモン好きの女性がモツの店を訪ね歩く『悶々ホルモン』（佐藤和歌子、新潮社）が出たのは、二〇〇八年。リーマンショックによる不況と重なり、巷にモツ好きの「ホルモンヌ」があふれた。

ホルモン焼き店へ通う女性たちの存在が、流行現象として注目されたのは、この料理が長らく、肉体労働者を中心とした男性たちのものだったからである。それは「ホルモンの聖地」とされる店が、大衆酒場が林立する町の一つ、東京・立石にあることからうかがえる。同書で著者が訪ねる店は下町、あるいは都心のガード下などにある。

ホルモンとは、動物の内臓その他の希少部位を指す。内臓は処理に手間がかかるうえ鮮度が落ちやすいので、通常の流通にのりにくい。スーパーにもあまり並ばない。牛肉の一頭買いをしても内臓は含まれていないと、精肉店「サカエヤ」の新保吉伸が書いた『どんな肉でも旨くする　サカエヤ新保吉伸の全仕事』（世界文化社、二〇一九年）にある。

『被差別のグルメ』（上原善広、新潮新書、二〇一五年）によれば、江戸時代、田畑を耕す牛馬が死ぬと解体する権利を持っていたのは、「穢多《えた》」とされた人々だった。「特に近畿以西では牛がよく使われていたため、牛肉料理が路地の中で独自の発展を遂げてきた」。「路地」とは被差別部落のことである。軍備上必要な皮は、なめして甲冑などの皮革製品にし、精肉や内臓は自分たちで食べてきた。

「江戸時代後期になると、大阪でも屠殺が徐々に行われるようになり、また食肉の先進地域だった近江では、地理的に近い京都にまで売りに行くようになっていく」。嘉永年間（一八四八〜一八五四年）には枝肉を神戸の市場まで運ぶほどになり、大坂にも進出する。一八三四（天保五）年頃の福岡の秋月藩の記録には、文化年間（一八〇四〜一八一八年）には穢多に頼むと持ってきてくれるようになり、文政年間（一八一八〜一八三〇年）には向こうから持ってくるようになったと記されている。

もともと牛が多かった近畿地方では、江戸時代の後半になると、次第に牛肉食の禁忌が緩んでいくことがわかる。開国期に西洋人が「神戸ビーフ」を評価したのは、こうした肉食の蓄積があったからではないだろうか。

近代になると、内臓は庶民料理の食材として定着していく。明治半ばの最下層の人たちの暮らしをルポした『最暗黒の東京』に、モツが登場する。屠畜した際に出るモツを買ってきて、串に挿して醤油・味噌で味つけして煮込み、道端で売る人たちがいる。一串二厘の格安だが、血が混じり不潔なのでニオイがきついようだ。使う部位として、舌、膀胱《ぼうこう》、腸《はらわた》、肝臓などなどが挙げられている。

『やきとりと日本人』によると、大正時代末期、東京にはモツ焼きやモツ煮込みの店がふえる。一九二三年に南千住「大坪屋」、門前仲町「大坂屋」が翌年、森下「山利喜」がそのまた翌年に開業している。関東大震災で被災した東京では、手っ取り早くできる屋台や露店で、安価に手に入るモツの店が始めやすかったのだ。こうして大衆酒場での定番料理、モツ煮込みが広まっていく。

昭和になると、「ホルモン」という言葉を使った料理が登場する。それは、大阪・難波の洋食店「北極星」が一九三六年頃に出したホルモン料理である。『焼肉の文化史』によると、創業者の北橋茂男はフランスの内臓料理を研究している。

北橋のホルモン料理がどういうものだったかわからないが、戦後の北極星産業の系列店で出されていた料理をもとに、タンシチューやタン・ハツ・レバーなどのカツレツ、鉄板焼きなどだったのではないかと同書は推測している。

一九三六年には、「ホルモン・ビタミン展覧会」が東京・芝公園の赤十字博物館で開かれ、ホルモン料理のレシピ本『長寿料理』（魚谷常吉、秋豊園出版部）が出版されている。『料理の友』でもレシピが紹介される。百貨店食堂などでも出されていたようだ。

栄養価の高さに注目した、この二度目のブームは戦争によって消える。しかし、戦後になるとやきとり屋でも出るし、大阪では「ホルモン焼き」の名称で売られるようになる。

闇市でもホルモン料理が流行った。『焼き肉の文化史』によると、韓国・朝鮮人が終戦をきっかけに大量帰国したため、ダブついた内臓が闇市に流れ、広まった。戦前にその味を知っていた人や、戦時中に軍隊その他で接した人たちなどが食べた。食べるものさえ選べなかった食糧難でもあった。そして出した中には日本人もいたが、在日コリアンたちもいた。やがて「ホルモン焼きと言えばもっぱら朝鮮系内臓焼きを指すように変わる。これは、朝鮮料理が滋養強壮や勢力増進というイメージに勝っていたことによる」（『焼肉の文化史』）。闇市を起点に三度目のブームが起こり、全国に広まる。

四度目のブームは、かなり時間が経ってからで、それは一九九二年のモツ鍋ブームである。バブルが崩壊し、急速に財布の紐を締める人たちがふえたこの年、東京に博多風モツ鍋店が開いたことがきっかけ。『ファッションフード、あります。』（畑中三応子、紀伊國屋書店、二〇一三年）によれば、渋谷・公園通りにモツ鍋屋が林立して、「渋谷モツ鍋ストリート」と呼ばれた。

この頃、大阪で働いていた私も、仲間と連れだって大阪のモツ鍋屋へ行った。梅田の飲み屋街には、いつの間にかたくさんのモツ鍋屋ができている。ニラとモヤシがたっぷり載って、ニンニクと唐辛子を効かせた料理は、お腹いっぱい食べても二〇〇〇円でお釣りがきた。

そして二〇〇八年、リーマンショックで人々の懐が寒くなった頃に、五度目のブームが起こる。これは部位ごとの味わいや食感の違いを楽しむ焼き肉だ。

バブル期には、男性たちが通う居酒屋に進出した均等法世代の女性たちが「オヤジギャル」と呼ばれた。あの頃より働く女性はもっとふえている。長らく男性のものだったホルモンの多彩な味に目覚めたホルモンヌたちは、きっと大勢いただろう。

そのブームは、豚肉王国沖縄まで広がったらしい。食べ歩きルポに歴史を組み合わせた『肉の王国』では、部位を分けずに煮込む文化だった沖縄の食に、この一〇年で次々とホルモン焼き店ができているさまを伝えている。

◆しゃぶしゃぶとジンギスカン鍋

しゃぶしゃぶとジンギスカン鍋も、日本で独自に発達した鍋の肉料理である。『オムライスの秘密 メロンパンの謎』によると、しゃぶしゃぶが生まれたのは一九四六年。料理を開発した吉田璋也《しょうや》は、地元の鳥取県で民藝運動の礎《いしずえ》を築いた医師である。

第二次世界大戦に軍医として召集された吉田は、任地の北京で「涮羊肉《シュアンヤンロウ》」という、薄切り羊肉を湯にくぐらせ、たれにつけて食べるモンゴルにルーツを持つ料理に出会った。

『中国くいしんぼう辞典』(崔岱遠《さいたいえん》著、川浩二訳、みすず書房、二〇一九年)で、涮羊肉を調べる。すると、イラストで描かれた鍋は、まさにしゃぶしゃぶ用の逆円錐形の胴を持つ銅鍋だ。たれは醬油・酢・ラー油に小エビの魚醬の調味料に、練りゴマ、豆腐の麹漬けと花ニラのみじん切り、ネギ、ショウガ、ニンニク、パクチーなどの薬味を好みで組み合わせる。

戦後京都に二年ほど住んだ吉田は、京都・祇園「十二段家」の主人、西垣光温《みつはる》に調理法を教えた。羊肉は手に入りにくいため、牛肉を代用し、日本人の好みに合わせて昆布出汁を加え、和風のたれに替える。そして「牛肉の水だき」として売り出した。

「しゃぶしゃぶ」という呼び名を考案したのは、大阪の「永楽町スエヒロ本店」店主の三宅忠一で一九五二年。三宅も民藝運動家の一人である。三年後には、東京・赤坂で日本料理店「ざくろ」が開業して、しゃぶしゃぶをメニューの中心とした。

羊肉を使うジンギスカンは、戦前に誕生。『焼肉の文化史』は、これが日本人にとって肉を焼きながら食べる料理の先駆けで、焼き肉の発展に影響を及ぼしたとしている。

一九三七年二月発行の『料理の友』にジンギスカンが好んだといわれが載っているが、これは間違っていると同書は指摘する。北アジア研究第一人者の加藤九祚《きゅうぞう》が、モンゴルでは煮る料理が主体だからと述べているからだ。それは沖縄の豚肉料理やモツ料理と共通する。焼く料理はうまみを肉汁として逃してしまうため、世界各地で古くからある料理はスープや煮込みなどの煮る料理である。手間がかからないうえ、うまみも栄養分も逃しにくい。そういう意味で、一三世紀初頭にモンゴル帝国を治めたジンギスカンことチンギス・ハンが、焼いて食べたとは確かに考えにくい。

『世界の食文化③モンゴル』(小長谷有紀、農文協、二〇〇五年)にも、「モンゴルにないモンゴル料理」として挙げられている。モンゴル人にとって、「高い付加価値が与えられている脂肪分を、ジンギスカン鍋では食べることができない」、と同書はありえない理由を説明する。脂を落とす鍋がわざわざ開発されたのは、確かにこれが油脂を苦手とする日本人による、日本人向けの料理であったことを示している。

では本当の始まりはどうだったのか。まず『焼肉の文化史』によると、一八七五年から下総《しもふさ》御料《ごりょう》牧場で始まり、翌年に札幌牧羊場で本格化する養羊が背景にある。当初の目的は軍需品の羊毛を自給するためだった。

ジンギスカン鍋は、一九一八年頃から札幌・月寒《つきさむ》羊ヶ丘の種羊場でつくられるようになる。動物性たんぱく質の資源確保に熱心だった政府は、羊も食用として活用するために普及活動を推進し、一九三六年に札幌市狸小路のおでんとやきとりの店「横綱」で試食会を開いたが、客はさっぱりこなかったという。

東京では、一九二九（昭和四）年に陸軍省管轄の糧友会が主催した食糧展覧会で、羊肉調理法を実演した中心がジンギスカン鍋だった。昭和初期は健康促進のための博覧会が活発に開催された。一九三五年にも中央畜産会主催の全国食肉博覧会が開かれ、ジンギスカン鍋の試食会が行われている。博覧会の効果か、東京には一九三六年創業の高円寺「成吉思荘《じんぎすそう》」など専門店がいくつもできたようだ。ジンギスカン鍋は、戦後全国に広まっていく。

鍋で焼く羊料理の発想のもとは、北京料理の「烤羊肉《カオヤンロウ》」にある。冬に冷凍した生肉を薄く切り、焼いてから味をつけるものだったが、一九二〇年頃からタレに肉をつけてから焼くようになったそうだ。

◆肉の背景への関心

二一世紀になり、肉料理店は何度も受難の時期をくぐり抜けてきた。二〇〇一（平成一三）年には日本でBSE（牛海綿状脳症）が発生し、焼き肉店が客離れに苦しむ。二〇〇三年には、主要輸入先のアメリカでも発生して輸入が停止される。アメリカ産牛肉にこだわってきた吉野家は、豚丼などの代替商品を出す。BSE問題がきっかけで、二〇〇三年に食品安全基本法が施行されて食品安全委員会が設置される。生産から流通のプロセスを追える、食のトレーサビリティシステムもできた。

二〇〇〇年代は、他にも食品偽装事件など食の安全性を脅かす事件が相次ぎ、食べものがどのようにつくられ食卓へ届けられるのか、関心が高まった。『〈メイド・イン・ジャパン〉の食文化史』（畑中三応子、春秋社、二〇二〇年）によると、二〇〇一年一〇月からBSE対応のため全頭検査が実施されたが、その前に処理した牛肉を買い上げた際、雪印食品などが、外国産牛肉を国産と偽って申請し、補助金を受け取った事件がある。二〇〇七年には、食肉加工会社によるミンチ肉の表示偽装も起こった。

畜産農家を襲う家畜の病気もたくさんあった。世界で流行した鳥インフルエンザは、二〇〇四年以降日本でもくり返し発生している。二〇一〇年に宮崎県で大量発生した牛や豚の口蹄疫《こうていえき》。どちらも多数の家畜を殺処分しなければならなかった。そして二〇一一年三月には東日本大震災をきっかけに、福島第一原発事故が起こった。関東、東北には酪農や畜産が盛んな地域があり、多くの家畜、生産者の生活が犠牲になった。自殺した生産者もいる。

その後も食の安全にかかわる事件は続く。肉については、二〇一一年四~五月に起きたユッケ食中毒事件が大きい。焼き肉チェーン店で富山県、福井県、神奈川県で起きた集団食中毒では、死者も出た。

ユッケは韓国料理の一つで、生の牛肉赤身を細かく叩いたりせん切りにして、醤油やニンニクなどで味をつける。その処理が的確でなかったらしい。『満腹の情景 〝日本の食〟の現在』（木村聡、花伝社、二〇一九年）によれば、事件を受け、厚生労働省は「加熱と殺菌」の方法を指定した「生食」用食肉の規格基準を決めた。そのため「売れ筋だった生の牛肉やレバーを扱えなくなり閉店に追い込まれた飲食店が相次いだ」。

日本人はまだ、肉の扱い方がわかっていないのか。もっと肉について知りたい。そういう気持ちを抱く人がふえたのか、二〇一〇年前後から、畜産、狩猟、屠畜の現場に関する映画の公開や書籍の刊行が相次いだ。

映画では、妻夫木聡主演で二〇〇八年公開の実話に基づく『ブタがいた教室』、二〇一三年公開の代々屠畜を行ってきた一家を描いたドキュメンタリー映画『ある精肉店のはなし』がある。

ノンフィクションでは長年狩猟現場を取材してきた田中康弘の『マタギ：矛盾なき労働と食文化』（枻出版社、二〇〇九年）などの著作、二〇〇八年の『ぼくは猟師になった』（千松信也、リトルモア）、『牛を屠る』など。マンガでは、『ネイチャージモン』（原作：寺門ジモン、マンガ：刃森尊、講談社、二〇〇七〜二〇一二）、『山賊ダイアリー』（岡本健太郎、講談社、二〇一一〜二〇一六年）、『罠ガール』（緑山のぶひろ、KADOKAWA、二〇一七年〜）、『ゴールデンカムイ』（野田サトル、集英社、二〇一四年〜）などと枚挙にいとまがない。

急速に作品がふえたのは、日本人もいよいよ本格的に肉食民族になろうとしているからかもしれない。いくつかの象徴的な肉ブームが、二〇一〇年代半ばに起こっているのだ。

◆羊肉、ジビエ、熟成肉

一つが羊肉である。日本人にとって長らく、羊肉の食べ方といえばジンギスカン鍋ぐらいだったが、平成になるとインド料理、フランス料理その他の西洋料理でも親しまれるようになった。二〇一〇年代半ば頃から、中国東北部からの移民が急速にふえたこともあり、彼らが開いた中国料理店の羊肉料理も親しまれるようになった。

選択肢が広がった外食事情を反映して、『dancyu』は二〇一八年六月号で羊肉特集を組んでおり、柴田書店からは二〇一九年に『羊料理：世界のレシピ135品と焼く技術、さばく技術、解体』が出ている。『料理王国』でも、二〇二〇年三月号で羊肉料理特集をしている。

ジビエも脚光を浴びた。背景には平成以降、深刻になった地方の獣害がある。イノシシや熊、鹿、猿が農地を荒らし、住宅街にも出没する。山が荒れて食料が少なくなったことから、里へ降りてくる動物がふえた。山里でも高齢化と過疎化が進み、動物をからかう子どもたちの脅威もない。そして人間の食料に病みつきになった獣たちは、植えたばかりの種、新芽、そして収穫間近の農作物を食べてしまう。

二〇一五年には鳥獣保護法が改正され、必要に応じて捕殺する「管理」や、捕獲できる認定鳥獣捕獲等事業者を新たに設定するなどして、国は、鳥獣被害をへらす方向に舵を切った。狩猟が奨励されるようになったのである。

獲ったイノシシやシカを上手に料理する技術で一日の長があるのは、ジビエ料理の伝統があるフランス料理だ。ドラマ『グランメゾン東京』でも出てきたが、ジビエ料理の専門店もある。日本では、モツを含む肉料理は山村でも受け継がれてきたが、その多くは鍋料理でバリエーションがなかった。これもモンゴルの羊、沖縄の豚と同じで、煮る料理だ。

ジビエの供給増加は法改正前から始まっており、いち早く反応したのは、チェーン店だ。二〇一三年一〇月一九日の朝日新聞記事には、「カレーハウスＣｏＣｏ壱番屋」や「ベッカーズ」がシカ肉料理を出したと出ている。同年二月には夢屋が「焼ジビエ罠」の一号店を神田に開業する。ぐるなび総研が選ぶその年流行った「今年の一皿」に「ジビエ料理」が選ばれたのは、二〇一四年だ。

長時間寝かせてうま味を引き出す「熟成肉」が流行したのも、二〇一〇年代半ば。『どんな肉でも旨くする』には、サカエヤの新保が二〇一〇年頃からクレームを受けてもめげずに営業を重ね、取引する飲食店が東京にもふえていったと書かれている。

骨がついたままの枝肉の状態で冷蔵庫に数週間置き、熟成させるには技術が必要で、設備投資その他のコストもかかる。しかしブームの中、安易な参入がふえたのだろう。食中毒の原因菌が検出される事態となり、朝日新聞は二〇一八年六月一九日、安全な調理を呼びかける記事を掲載した。ぐるなび調査で、熟成肉を扱う飲食店は二〇一三年から一年で二・五倍にふえている。

同記事によれば、熟成肉ブームのきっかけは赤身肉人気の高まりで、赤身の熟成肉を扱うアメリカのステーキ店が出店したことだという。

近年の数々の肉ブームは、日本人の肉の好みが大きく変わったことを示している。もともと日本で肉牛として主流になった黒毛和種は、サシ（脂肪）が入りやすい体質だ。しかし、北海道や岩手県で飼育される日本短角種は赤身が中心。しゃぶしゃぶやすき焼きは、脂のうまみと柔らかさが身上の上質な霜降り肉こそふさわしい。しかし、肉を常食するようになると、脂の多さは胃の負担になりやすい。

赤身肉や、赤身肉のたんぱく質を熟成で分解した熟成肉は、肉そのもののうま味を楽しむもの。ジビエやホルモンは、従来の肉とは異なる味や食感を楽しむもの。すっかり肉になじんだ日本人が、新たな味を求めて積極的になっているからこその流行である。

第三章　私たちの洋食文化

一　定番洋食の始まり

◆ロイヤルホストの高級路線

ファミレスチェーンは数あるが、その中でロイヤルホストは特別な存在らしい。食の仕事に携わる福岡出身の人から、誇らしげにロイヤルホストの話をされたことがある。おいしいもの好きの仲間にも、「ロイホは特別だよね」と語る人がいる。飲食ビジネス経営者であり、プロデューサーでもある稲田俊輔の『人気飲食チェーンの本当のスゴさがわかる本』（扶桑社新書、二〇一九年）は、ファミレスが「少しおめかしして連れてってもらうレストラン」だった初期の「佇まいを今に伝えている気がします」と書く。

私はファミレスが広がり始めた一九八〇年代初めに、行き始めている。ついに車を買った父が家族を連れて行ったのは、「神戸屋レストラン」または「フォルクス」だった。大人になり、仲間とよく行ったのは、フレンドリーやすかいらーく。東京に来てから近所にあったのは、「ジョナサン」と「サイゼリヤ」。私の行動範囲になかったことから、ロイヤルホストは縁がなかった。そこで、子どもの頃からロイヤルホストに親しみ、今も近所の店の常連で店員とも顔見知り、と言うフードプランナーの渥美まいこさんに解説してもらいながら、ロイホディナーを試すことにした。

渥美さんがなぜひんぱんに使うのか聞くと、「ほかのファミレスより、席がゆったりしていて居心地がいい。BGMもいい。最近高級路線に舵を切ったこともあり、特別なときに行く店という感覚が好き。私にとっては、資生堂パーラーやホテルのラウンジのような感覚で使える場所です」と言う。

後日インターネットで調べると、「高級路線のロイホに行ってみた」という近年の記事がいくつかあったほか、二〇一三年四月一七日配信の『東洋経済オンライン』の記事がヒットした。品質を高める路線に舵を切ったのは、二〇一一年一月に社長に就任した矢崎精二。

外食市場は、一九九七年をピークに縮小が続いている。ロイヤルホストも例外ではなく、一九九八年の三七七店をピークに店舗数は減少していた。しかし、二〇一二年一二月期は一六年ぶりに既存店売上高が前年を超え、客単価も過去最高に達した。

ロイヤルホストは第一部第二章ーで紹介したように、最初期に生まれ

ロイヤルホスト1号店（ロイヤルホールディングス株式会社提供）

たファミレスチェーンの一つで、セントラルキッチンをつくった時期も一九六二年と最先端を行った。だから、当然今もセントラルキッチンで一括調理しているのかと思いきや、各店の厨房にシェフがいて大半の料理をつくっているのだという。事業を再編したうえで、「家庭では作れないコックの味」をキャッチフレーズに、効率化や商品力アップに力を入れた結果、客の満足度が高まり客単価上昇に結びついたのだ。

人気メニューをシェアしながら食べてみる。定番人気のオニオングラタンスープや「オマール海老のクリームスープ（ビスク）」は、どちらも洗練されたキレのよい味。インドカレーのブームにさきがけて一九八三年から始めた夏のカレーフェアで、定番になった「カシミールビーフカレー」も試してみる。さまざまなスパイスが入ったカレーは、控えめながらエッジが効いたスパイシーさで上品な味わい。チキン、エビ、栗が入った定番「コスモドリア」も、さらっとしたホワイトソースで食べやすい。

確かにこの店は、「なめたらあかん感じ」がする。去年の秋にこの取材で訪れた神戸のグリル十字屋のタンシチューや、上野精養軒のオムライスを思い出す。キレがよい上品な味は、そういえば今はない自由が丘凮月堂で味わった「明治時代のシュー・ア・ラ・クレーム」とも共通する。それでいて、ファミレスなのであちこちにあり、割高とは言っても、カシミールビーフカレーは税別一三三〇円、オマール海老のクリームスープは税別六三〇円だ。ちなみにこのスープ、志摩観光ホテルの高橋忠之が人気メニューにしたフランスの古典的な料理である。フランス料理を六三〇円で食べられるとは、ものすごくお得だ。

令和を生きる私たちには、すっかり日常食で人によっては「おふくろの味」「おばあちゃんの味」になっている洋食。日本人にとって異質で遠かった西洋料理が身近になったときが、グルメ化の第一歩だったのではないだろうか。そこでまず、おなじみの洋食の起源を確かめていきたい。

◆ナポリタン物語

洋食と言えば必ず出てくるナポリタン。二一世紀に入って間もない頃の昭和ブームや昭和レトロの喫茶店ブームに乗って再発見され、今や専門店まで登場したパスタ料理だ。その歴史には、日本の洋食史で重要な横浜のホテルニューグランドが含まれている。

同ホテルの看板メニューの一つ、「スパゲッティ　ナポリタン」は私も食べたことがある。トマトソースの酸味が効いたおしゃれな料理で、昭和の頃母がつくったトマトケチャップ味のものや、喫茶店などで食べたトマトケチャップ味でソーセージやハムが入った柔らかいパスタとは別物だった。ホテルニューグランドのナポリタンは、洋食というよりイタリア料理だ。

二代目の総料理長、入江茂忠がこの料理を生み出したのは、第二次世界大戦で敗戦しＧＨＱに接収されていた頃。『オムライスの秘密　メロンパンの謎』によれば、進駐軍兵士が軍用食として大量のスパゲッティとケチャップを持ち込み、「茹でたスパゲッティにケチャップを和えて食べる」さまを見かねて、「ケチャップの代わりに生のトマトとタマネギ、ニンニク、トマトペースト、オリーブオイルを使ったトマトソースを考案。ハムとマッシュルームを炒めてスパゲッティに加え、先のトマトソースを和えて、パセリのみじん切りとパルメザンチーズをふりかけた」。確かにこれはイタリア料理で、なつかしのナポリタンではない。

西洋料理だったナポリタンのルーツを、同書はイタリアからフランスに伝わったトマトソース・パスタの「スパゲッティ・ナポリテーヌ」ではないかと推測する。入江の師匠はフランス料理人のサリー・ワイル。師匠からその料理を教わっていたからこそ、アメリカ兵がケチャップでパスタを和える様子を見たときに、本物のトマトを使ったパスタとして料理したのではないか。

さらに、同書は古川緑波《ロッパ》による『古川ロッパ昭和日記　戦前篇』の一九三四（昭和九）年の日記に三越の食堂でナポリタンを食べている記述を発見している。手元の本にないので、青空文庫で検索すると確かにあった。一二月二二日「三越の特別食堂てので、スパゲティを食ってみた、淡々たる味で、（ナポリタン）うまい。少し水気が切れない感じ」。

同じ料理かどうかはわからないが、ナポリタンという料理は戦前からあったのだ。三越食堂はお子さまランチを考案した店だが、公開されたその再現料理の写真に、その後お子様ランチの定番となるケチャップで和えたパスタが入っている。このスパゲッティは、駅弁などでも現存している。だからもしかすると、ロッパが食べたナポリタンは、ケチャップパスタだったかもしれない。

ホテルニューグランドが本格派として出した料理を、再びケチャップで和える庶民的な料理に戻したのは、横浜桜木町「センターグリル」だ、と書くのは『東洋経済オンライン』二〇一九年一二月一九日配信の記事だ。創業は一九四六年で、創業者の石橋豊吉はワイルの弟子。同店ウェブサイトによると、生のトマトは高くて手が届かなかったため、当初からケチャップを使用したとのこと。パスタは茹でて一晩寝かせてから使う。町場の洋食店ならではの知恵を加えたからこそ、ナポリタンは広まったのだと考えられる。

一九五五年には、日本マカロニ（現マ・マーマカロニ）、日本製粉による日粉食糧（現オーマイ）が創業し国産パスタが出回ったとき、普及を後押ししたのがナポリタンだった（『オムライスの秘密　メロンパンの謎』）。

同店に取材した『食楽ｗｅｂ』二〇一八年二月二二日配信記事の再現レシピでは、寝かせたパスタにタマネギ、ピーマン、ロースハム、マッシュルームと、トマトケチャップが入った同店オリジナルのナポリタンソースを投入している。トマトケチャップを使い炒めることで、焼きそばのような香ばしい味わいになり、日本人好みの洋食になったのである。

◆トマトケチャップの始まり

ここで、トマトケチャップの歴史について確認しておきたい。何しろ、トマトケチャップはナポリタンだけでなく、ウスターソース（とんかつソース）と並んで、日本人が洋食に親しむカギになった調味料だ。プロローグで紹介したオムライスにはトマトケチャップを使うし、次に紹介するハンバーグも、家庭ではハンバーグを焼くときに出た肉汁に、ソースとトマトケチャップを加えてハンバーグソースとするスタイルが家庭で定着した。

スパゲッティ・ミートソースもトマトケチャップ味だったなど、トマトケチャップを使った母親の洋風料理を食べた昭和世代は多いはず。トマト缶もトマトソースもなじみがなかった昭和の人々にとって、ケチャップのトマト味が新しい世界だったのだ。そして、その新しい味は、明治生まれの当時のおばあさん世代が苦手としていることも少なくなかった。

トマトケチャップの故郷は、アメリカだ。『トマトが野菜になった日』（橘みのり、草思社、一九九九年）によると、発想の大本は東南アジアの「ケチャップ」。インドネシアでは「ソース」を意味する。魚や香味野菜、フルーツなどの原料を使った発酵調味料の「醬」が原型である。

一八世紀初め、マレー半島でケチャップと出合ったイギリス人が本国に持ち帰り、アンチョビやマッシュルーム、木の実などのアレンジレシピが誕生する。トマトを加えた最古のレシピは、ニューヨーク州歴史協会に残されている一七九五年の料理写本にある。スパイスとトマトを使ったレシピに酢が加わり、一九世紀半ばに砂糖も加わる。老舗のハインツは、一八七六年の創業年にトマトケチャップを売り出している。

アメリカではやがて、トマトケチャップがどこの台所にもある国民的調味料に発展する。そしてトマトケチャップを使ったパスタも人気。一九五〇年代にイタリア移民の兄弟が開いたレストランを描く映画『シェフとギャルソン、リストランテの夜』（一九九六年）では、アメリカ人たちが兄弟自慢のイタリア料理ではなく、ミートボールスパゲッティばかりを食べたがるさまが描かれる。進駐軍の兵士たちが横浜で、トマトではなくトマトケチャップのパスタを食べていたのは、それが彼らにとってなつかしい味だったからだろう。

日本で最初にトマトケチャップをつくったのは、清水屋だ。横浜の子安村（現横浜市神奈川区）で西洋野菜の生産を始めた農家の清水與助が一八九六（明治二九）年に創業し、トマトケチャップを売り出している。

外国人居留地があった横浜では、幕末に西洋人が野菜栽培を始め、やがて日本人の間にも広まっている。『横浜もののはじめ物語』によると、最も早いのが鶴見村（現横浜市鶴見区）で、一八六三（文久三）年に畑仲次郎がキャベツの種子を得て翌年栽培に成功。その一八六四（元治元）年には、小松原兵左衛門が現神奈川区の慶雲寺で菜園をつくっていた「長沢屋某」の依頼でトマト栽培を始めている。

トマトケチャップ製造に乗り出したトマト栽培者で有名なのは、カゴメの創業者、蟹江一太郎である。『食を創造した男たち』（島野盛郎、ダイヤモンド社、一九九五年）によると、蟹江は子どもの頃、佐野市太郎という名前だった。一八七五（明治八）年、愛知県知多郡名和《なわ》村（現東海市名和町）の農家の生まれ。一八九三年、一九歳で養蚕やミカン栽培を手掛ける蟹江家の婿養子になると、学問を教わりつつ農業に携わる。まもなく軍隊に入り、中隊で一緒だった西山中尉から、「これからは西洋野菜だ」と言われ、除隊すると養父に相談し、西洋野菜の栽培を始める。

トマト、キャベツ、レタス、パセリ、白菜、タマネギなどを育て始めたのが、一八九九年。しかし、「酸っぱいような、甘いような、青臭い、なんとも言えない妙な味」のトマトだけは売れなかった。四年後、得意先の西洋料理店「勝利亭」の主人、平野仲三郎から、今のトマトピューレに当たるトマトソースがよく売れると聞き、つくり始める。その注文が来るようになって、工場を建てたのが一九〇六（明治三九）年。

二年後、蟹江はアメリカではトマトケチャップのほうが需要が多い、と製造をすすめられる。トマトピューレにタマネギ、塩・砂糖・酢、シナモン・トウガラシ・ニンニク・コショウ・ナツメグ・ローリエなどのスパイスを加えて、トマトケチャップをつくり売り出した。同時並行でウスターソースも売り出している。

しかし、トマトケチャップは人気がなかった。『にっぽん洋食物語大全』によると、ウスターソースは発売した年にトマトソースの四倍も売れているが、トマトケチャップは大正の初めまで売れた様子がない。NTTコムウェアのウェブマガジン『COMZINE』の二〇〇六年一二月号「ニッポン・ロングセラー考」Vol.43「トマトケチャップ」の記事によると、一九一〇年代半ば頃から徐々に売れるようになり、一九三〇（昭和五）年に生産量がトマトソースを上回り、一九三九年にはトマトソースの六倍近くに達する。昭和初期には、中流家庭がふえて食の洋風化が進んだ。オムライスなどの洋食がつくられるようになったことが、普及を後押ししたのである。

◆ハンバーグの謎

ハンバーグの日本史については謎が多い。洋食を代表する人気料理なのに、『にっぽん洋食物語大全』にも、『オムライスの秘密　メロンパンの謎』にも、『あのメニューが生まれた店』にも、ハンバーグの項はない。その元祖はどこで、それはいつなのか。

『伝説の総料理長　サリー・ワイル物語』（神山《こうやま》典士《のりお》、草思社文庫、二〇一五年）で、東京オリンピック選手村の総料理長を務めた馬場久が、一九二八年に「ハンバーグステーキ」をワイルから習ったと証言している。

牛のもも肉を挽いて脂肪を混ぜる。バターで炒めたタマネギ、卵、塩、コショウ、ナツメグ、エバクリームを混ぜたパンを加えて混ぜ、丸めて焼く。当時は、「ハンブルグ風ビーフステーキ」「ドイツ風ビフテキ」「ハンブルグ・ビスマルク」などいくつも種類があったという。名称の多様さは、ハンバーグがまだ定着していなかった印なのだろうか。ホテルニューグランドは、ハンバーグも元祖なのか。

ハンバーグはもともと、ドイツの町のハンブルグが語源だ。『日本の洋食』（青木ゆり子、ミネルヴァ書房、二〇一八年）のドイツ料理の項をみると、ドイツから渡った移民を通じて、アメリカにハンバーグが伝わったとあった。

同書は、一七世紀末からドイツのさまざまな地方にミートボール料理があり、「平べったくやや大きめにして焼いたものがハンブルクステーキ、すなわちハンバーグと呼ばれるようになったのです」と書く。日本へ伝わった経緯はないが、フランス料理の大御所、エスコフィエのレシピにもあると書いてある。エスコフィエは、日本の洋食のベースを支える巨人である。

近代の西洋料理人たちに大きな影響力を持った天皇の料理番、秋山徳蔵は、エスコフィエのもとで働き、エスコフィエのレシピ本を翻訳出版している。彼を通じてホテルや西洋料理店、洋食屋に少しずつ、その存在が、広まったかもしれない。大正時代には、町の洋食店の定番料理となっている。

日本ハンバーグ協会ウェブサイトによると、日本で最初にハンバーグとその調理法を公開したのは、初の女性向け料理学校を開校した赤堀料理学園の開校披露の場で、一八八二（明治一五）年。文献としては一八九五（明治二八）年発行の雑誌『女鑑』一二月号が最初。中流以上の家庭にも、明治時代の後半には入っていったようだ。

大正時代には定着し、戦後に大衆化時代が訪れる。私が子どもだった一九七〇年代、しょっちゅうテレビで流れていた「マルシン、マルシン、ハンバーグ」のCMを思い出して、歴史を調べてみた。ウェブマガジン『ニッポン・ロングセラー考』シリーズの二〇〇七年一二月号に、マルシンハンバーグの発売は一九六二年と紹介されている。

興味深いのは、売る側もハンバーグをよく知らなかったとあることだ。築地などの市場経由で流通させたが、マルシンフーズの営業マンは市場で働く人々から「それ何？　さつま揚げのオバケかい？」とからかわれた」。ハンバーグを知っていたのは、都会のごく限られた層だったことがわかる。営業マンたちは、全国で実演販売を行い広める努力をしたそうだ。

『きょうの料理』でも、一九五七年からくり返しハンバーグが紹介されている。テキストに掲載されているハンバーグは、一九七〇年まで一三年間で二二回。なぜか最初のうちは「トマトハンバーグ」などのアレンジレシピが多く、正統派ハンバーグは、一九六五年以降で「ハンバーグステーキ」と紹介されるのが五回、「ハンバーグ」で紹介されるのはたった一回。その一回は一九六八年四月一九日で、帝国ホテルの村上信夫が教えている。

それは恐らく、初期の放送を観た階層の人たちにとっては、なじみの洋食だったからアレンジの提案がされた。しかし、一九六〇年代後半になると番組も、そしてハンバーグも大衆化したので、改めて基本が必要になった、ということではないだろうか。

マルシンハンバーグのCMは、発売数年後から開始しているので、『きょうの料理』で定番タイプが紹介された時期と重なる。こうしてハンバーグがすっかり家庭に定着した一九七一年、マクドナルドが日本に上陸する。

◆今日もコロッケ

コロッケ誕生に関しては、資料も多いが謎もある。コロッケの流行は、一九一七（大正六）年、東京・帝国劇場で上映された喜劇「ドッチャダンネ」で歌われた「コロッケー」という歌が、浅草オペラの「カフェーの夜」にも使われヒットしたことで盛り上がった。新婚の妻が毎日コロッケばかりつくるので参った、という歌詞である。

このコロッケは、フランス料理のクリームコロッケだろうか、それとも庶民のポテトコロッケか、と真面目に考えたのが、『にっぽん洋食物語大全』。「大正コロッケ」なるものを出す屋台まであったことを突き止める。材料ははっきりしないが、イモかおからだったらしい。

現存するコロッケの店ではこの頃、横浜市鶴見区の洋風揚げ物店「改良軒」が開業。一九二七年に、洋風惣菜店の銀座「チョウシ屋」が開き、その翌年に資生堂パーラーが開業。チョウシ屋の創業者、阿部清六の証言が同書にある。

歌が流行した頃、阿部は「長楽軒」という洋食店で働いていて、ビシャメルソース、つまりホワイトソースの俵型クリームコロッケをつくっていた。中にバター、ネギなどを入れる。子どもは好んだが、二〇銭と高価だった。あんパンが一個二銭の時代である。

そこで阿部は独立してから、ホワイトソースをジャガイモに替え、タマネギや肉なども加えて小判型に丸め、一個五銭で売り出した。同店については、『日本の洋食』に「町の精肉店で売られるラードで揚げたコロッケの元祖といわれている惣菜店です。精肉店にとっては、売れ残った肉やラードを有効利用できるため積極的に販売されて、コロッケは全国的に広まっていった」とある。

資生堂パーラーにも、「ミートクロケット」という人気クリームコロッケがある。『ニッポン洋食物語大全』は考案者のシェフ、高石鍈之助に取材している。「クロケット」はコロッケのフランス語。高石は、一九二一年に赤坂離宮で開かれた皇太子（昭和天皇）の渡欧の歓送晩餐会でボーイを務めた折、輸入フォアグラを使ったクリームコロッケに出合い衝撃を受けている。

資生堂パーラーで、一九三一（昭和六）年にコロッケをメニューに入れようとしたところ、重役たちに渋い顔をされた。重役たちがイメージしたコロッケは、庶民の惣菜のポテトコロッケだったからだ。

高石が考案したコロッケについては、『東京・銀座　私の資生堂パーラー物語』（菊川武幸、講談社、二〇〇二年）に紹介されている。それは、仔牛肉骨で出汁のフォン・ド・ヴォーをつくってホワイトソースに使い、部位ごとに焼いたり煮込んだりした肉とハムにからめてまとめ、衣をつけ俵型にして揚げる、という手の込んだもの。これを試食した重役たちは、またたく間に笑顔になって了承した。客の間でも大評判となり、資生堂パーラーを代表する料理の一つになった。

コロッケは、日本にどのように入ってきたのだろうか。日本エスコフィエ協会のウェブサイトによると、ホワイトソースを使うフランス料理のクロケットはエスコフィエのレシピにもあるから、西洋料理を学ぶ過程で、料理人たちが導入したのだろう。

『オムライスの秘密　メロンパンの謎』によると、一般に公開されたレシピでは、『女鑑』一八九五年一一月九日号に、牛肉または鳥肉とジャガイモを混ぜた「コロツケ」のレシピが紹介された後、一二月五日号で、芝エビをバター、小麦粉、牛乳でつくったソースと和えた「仏蘭西《フランス》コロツケ」のレシピが紹介されている。

ホワイトソースのレシピが「仏蘭西」と銘打たれていることから、同書は先に広まったのは、ジャガイモのコロッケでホワイトソースの代用ではなかったのではないかと推測し、他のレシピを探す。そして、前年に出た『独習西洋料理法』に、「チッケンクロッケット」として、ホワイトソースのコロッケが紹介されていることを発見する。

同書によると、日本で最初に紹介された西洋料理レシピ本の一冊、一八七二（明治五）年刊の『西洋料理指南』以降、一般に公開されたコロッケのレシピはどれも、ジャガイモを使用している。

ではなぜ日本では、ポテトコロッケが最初に紹介され、クリームコロッケがフランス流と言われたのか。同書は慶長年間（一五九六〜一六一五年）に日本へジャガイモを伝えたとされる、オランダとポルトガルについて調べている。オランダは「クロケット」の名称で、「ジャガイモをクリーム状になるまで煮込んだ」クリームコロッケが定番だが、ポルトガルには干しダラとジャガイモの「クロケッテ」があることから、ポルトガル説を推す。

明治時代はイギリスの影響力も強かったから、イギリス経由の可能性もある。西洋料理が入ってくるルートには、船もあった。飛行機がなかった当時、人々は船で何日も何カ月もかけて外国と行き来した。代表的な船会社、日本郵船にはイギリス人の乗務員が多く、イギリス料理が日本人の料理人にも伝わっている。

悩んでいたある日、私はイギリスの人気料理研究家による『メアリー・ベリーの失敗しないレシピ』（ディーライフ）をテレビで観ていて、「フィッシュケーキ」という、ジャガイモとサーモンを混ぜてまとめ、フライパンで焼く料理を紹介していた。そこで『ホントはおいしいイギリス料理』（エリオットゆかり、主婦の友社、二〇一二年）を観ると、衣をつけて揚げる鮭とジャガイモの「サーモンのフィッシュケーキ」のレシピが、「イギリス風コロッケ」と紹介されている。

ついでにイギリスと影響を与え合っている隣国アイルランドのレシピ本も観てみる。『家庭で作れるアイルランド料理』（松井ゆみ子、河出書房新社、二〇一三年）には、鮭とジャガイモ、長ネギなどをまとめて小麦粉をつけ、フライパンで焼く「フィッシュケーキ」のレシピがあり、アイルランドにはほかの魚を使う、衣をつけるレシピなどがあることを紹介している。

日本がつき合ってきたヨーロッパにはどうやら、クリームコロッケ、ポテトコロッケそれぞれ主流の国があるようだ。念のために『フランス料理ハンドブック』で「クロケット」を探してみた。すると、なんと「ジャガイモのピュレにパン粉衣をつけて揚げる」「ジャガイモのクロケット」があるではないか。フランス料理にも、ポテトコロッケはあった。ちなみに「〜のクロケット」は、「かためのカスタードクリームや栗のピュレなどにパン粉衣をつけて揚げる」となっている。

確かにホワイトソースは、「ベシャメルソース」というフランス料理のソースではあるが、ホワイトソースのレシピを「フランス風」と書いてあったから、話が複雑になったのではないか。どちらのコロッケも、フランス料理から入ってきたのかもしれない。そして、より手間がかかり技術を要するホワイトソースはプロの世界で広まり、手軽なポテトコロッケのレシピが、一般の人に向けて、先に公開されたのではないだろうか。

◆人気者のエビフライ

洋食の定番揚げものといえば、特に昭和時代、大人気だったエビフライも忘れてはなるまい。他にもほとんど和食と化したアジフライや、タルタルソースをつける白身魚のフライもある。

江戸時代に定着した天ぷらは、水と小麦粉を混ぜて衣にするもので、江戸時代末期に卵を衣に加えるようになったが、いずれにしても、衣は材料を全部混ぜて使う。しかしフライは、小麦粉、卵、パン粉の衣を順につけるため手間がかかる。パン粉を使うにはパンが必要だ。日本でパンは南蛮貿易とともに入ってきたが、オーブンが入ってこず鎖国もしたため、オランダ人が住む出島でほそぼそとつくられていたに過ぎない。オーブンとともにパンが普及するのは、開国以降である。だから、江戸時代にフライが定着することはあり得なかった。

フライは、いつどのように入ってきたのだろうか。先の『西洋料理指南』のコロッケのレシピを再確認すると、小麦粉、卵、パン粉の順につけるよう指示している。ということは、明治とともにフライの衣は入ってきている。その中に食材を複数使うコロッケではなく、単品を使う発想はどこで生まれたのか。

『あのメニューが生まれた店』では、とんかつを考案した煉瓦亭が発祥とする。フランス料理を学んだ創業者の木田元次郎は、ポークカツレツがヒットしたことに気をよくして、「様々な食材をフライにしてみようと思い立ったのだ」。

いろいろな食材を試した末、エビフライを一九〇一（明治三四）年に出す。前後してメンチカツ、カキフライを完成させている。

『日本の洋食』によると、すき焼きの店として知られる浅草「ちんや」に昔、洋食部があってエビフライなども出していた、と六代目の住吉史彦社長が証言している。ちんやの創業は、一九〇三年である。煉瓦亭がヒットさせて広まったのだとすれば、ちょうど時期が合う。

この元祖話に待ったをかけるのが、『オムライスの秘密　メロンパンの謎』。一八八八年にフランス人教師の口述で書かれた『軽便西洋料理法指南』で、伊勢エビもしくはクルマエビを使った「海老のフライ」がタルタルソースのような「エッグソース」つきで、紹介されている。その頃からエビフライが登場し、「おそらく本に登場する以前からエビフライは存在していた」と推測するのだ。

また、それより前の西洋料理のフライ用食材としては、魚がポピュラーだったという。『時事新報』に一八八五年から翌年にかけて掲載された東京・八丁堀の料理店「松の家」の広告で、「魚のフライ」がひんぱんに登場する。最初の西洋料理レシピ本『西洋料理通』『西洋料理指南』に紹介されているフライが、魚を使うことを前提にしているからだと思われる。

煉瓦亭の木田は、レシピ本を読んでいないかもしれない。しかし、江戸時代から江戸前の魚介の天ぷらに親しんできた日本人が、フライという魚介の調理法を知れば、遅かれ早かれエビフライはつくり始めた、と言えるかもしれない。

◆スパゲッティ・ミートソース

一九七〇年代に子ども時代を過ごした私は、スパゲッティといえばナポリタンかミートソースしか知らなかった。ボンゴレだのカルボナーラだのといったさまざまなパスタがあると知ったのは、パスタが流行った一九八〇年代半ばだった。私より少し上の一九六三年、東京生まれの女性から以前、「スパゲッティ・ミートソースは後から出てきたよね。あの頃は肉屋さんで「ミンチにしてください」とわざわざ頼むものだった」と聞いたことがある。ミートソースは新しい料理だったのか。

その仮説をあっという間に否定したのが『日本の洋食』で、一八八一年に創業した新潟市の「イタリア軒」(現ホテル イタリア軒)が発祥とする。実はナポリタンより古かったのだ。なぜ東京や横浜、神戸や長崎でなく新潟なのか。それは、新潟が幕末の開港地の一つで「日本海の物流の要衝であり、東京と大陸を結ぶ最も短い中継地でもあったから」だ。しかし残念ながら、新潟で貿易は盛んにならなかった。

同店は、一八七四(明治七)年にフランスの曲馬団とともに来日したイタリア・トリノ出身のピエトロ・ミリオーレが開いた。曲馬団で大けがを負い、置き去りにされたミリオーレに同情した日本人に助けられ、心得があった料理で身を立てようと店を開いたのだ。

その名物料理が、スパゲッティ・ミートソースだった。イタリア料理の「ラグー・アッラ・ボロネーゼ」をもとに、ソースをパスタに載せる定番のミートソースのつくり方ではなく、イタリア料理らしくソースを和えて提供する。イタリアでは平打ち麺、タリアテッレを使うことが多いが、同店ではスパゲッティを使っている。

ソースを載せるつくり方は、煉瓦亭や宝塚の一九四六年創業、「アモーレ・アベーラ」のスタイルを踏襲したのではないかとしている。

ホテル・イタリア軒のウェブサイトを確認すると、ミリオーレを支援したのは当時の県令楠本正隆で、最初は牛鍋屋を開いて成功する。そして曲馬団に雇われていて、ケガを介抱してくれた日本人女性のおすいと結婚。しかし、一八八〇年の大火で店は焼失。周囲の励ましで新潟市西堀にイタリア料理店を開いている。ホテルになったのは、一九七六年である。

◆愛されるカレーライス

日本には、さまざまなカレーがある。近年人気が高まるのは、大阪で生まれたスパイスカレー。インドのカレーも定着している。家庭にはルウやレトルトのカレーがあるし、昭和初期には「三大洋食」の一つで、「ライスカレー」と呼ばれた。ホテルや洋食レストランで、高級感がある銀の容器に入れられ、皿盛りのライスとらっきょその他の薬味と供されるカレーもある。カレーは最初、西洋料理として入ってきた。

カレールウが生まれたのは戦後。戦前の主婦たちはカレー粉と小麦粉を合わせてルウを自作し、カレーをつくった。国産カレー粉が誕生したのは明治末期の一九〇五年。発売したのは大阪の薬種問屋だった大和屋（現ハチ食品）の今村弥兵衛だった。それまで日本人が使っていたカレー粉は、ロンドンのC&B（クロス・アンド・ブラックウェル）社のもの。一九世紀初頭に、同社が独自にブレンドしたカレー粉ビジネスを成功させる。それはインドを植民地にしたイギリスでは、元駐在員たちが現地のスパイシーな料理をなつかしみ、本国に帰ってもその味を求めるようになっていたからだ。

日本にカレーが伝わったのはイギリスからと言われており、一八七二年に刊行された『西洋料理指南』『西洋料理通』の二冊にレシピが出ている。

カレーはもしかすると、最初に日本人が親しんだ西洋料理だったかもしれない。『日本人はカレーライスがなぜ好きなのか』（井上宏生、平凡社新書、二〇〇〇年）に、東京の「凮月堂」で「ライスカレー」があったとしている。凮月堂とは、江戸時代に創業した現在の「上野凮月堂」か、一八七二年に米津松造がのれん分けで開き「米津凮月堂」と呼ばれた、現在の「東京凮月堂」か。

東京凮月堂の沿革をウェブサイトで調べると、一八七七（明治一〇）年にフランス料理を始めてカレーライスをメニューに入れたとある。他にオムレツ、ビフテキが挙げられている。凮月堂は松平定信から名前をもらった由緒ある菓子屋だったが、米津凮月堂は精力的に西洋菓子、西洋料理の分野を開拓して大きくなった。ビスケット、チョコレート、といった洋菓子を最初に売り出した店であり、フランス料理店でもある。今も銀座中央通りに面したビルで、洋食とケーキ、お茶が楽しめる本店を営業している。

『神戸と洋食』（江弘毅、神戸新聞総合出版センター、二〇一九年）には、一八九七年の神戸のオリエンタルホテルのメニューに「ヴィール・カリー（仔牛肉のカレー）」が入っていて、「「カレー」はこの時代にポピュラーな料理で、また「オリエンタルホテル」の名物料理だったのがうかがえる」としている。

昭和初期になると、庶民にも親しまれるようになった。大衆食堂として一九二四（大正一三）年に開業した東京・神田須田町の「須田町食堂」（現浅草聚楽《じゅらく》）でも、一九二九（昭和四）年に開業した大阪の阪急百貨店の食堂でもカレーは人気メニューだった。

向田邦子は『父の詫び状』（文春文庫、一九八一年）の中の「昔カレー」というエッセイで母がつくったライスカレーや下宿先のカレーの思い出を書いている。

池波正太郎も『食卓の情景』（新潮文庫、一九八〇年）の「カレーライス」と題したエッセイで、母のライスカレーや、外食のカレーライスの思い出をつづっている。池波より二〇歳年上で一九〇三年生まれの古川緑波も、『ロッパ食談　完全版』（河出文庫、二〇一四年）の「洋食衰えずV」というエッセイで、関西のライスカレーが甘くて驚いた話を書いている。織田作之助の『夫婦善哉』で生卵を混ぜ込むカレーが有名になった、大阪・難波の西洋料理店「自由軒」が、一九一〇年創業である。

こうしてカレーは、戦前すでに国民的人気の洋食だった。それがさらに発展する戦後については、第五章で紹介する。

◆ハヤシライスとドミグラスソース

カレーを語るなら、ハヤシライスも忘れてはなるまい。ハヤシライスの起源については、諸説ある。よく言われるのが、英語のハッシュド・ビーフがなまったという説と、丸善（現丸善ジュンク堂書店）創業者、早矢仕有的《はやしゆうてき》が考案したという説、そして林さんという精養軒のシェフが考案したという説だ。『あのメニューが生まれた店』は、丸善説を採って取材している。丸善創業は一八六九年だが、「ドミグラスソースが日本に入ってきたのは、明治二〇（一八八七）年代以降。有的が活躍していた頃には、まだなかったんです。醤油味か味噌味だったかもしれません」と、広報担当者が語っている。早矢仕は福沢諭吉の門下生で医師だった。丁稚奉公の少年たちの夜食に、「肉と野菜のごった煮を御飯にかけて提供した」という。

『オムライスの秘密　メロンパンの謎』は、精養軒の林さんは実在かどうか定かでないと却下。丸善説についても資料がないとする。確かに、ごった煮がドミグラスソースを使った洋食と結びつくのは、どうか。ただ、ビーフシチューが肉じゃがにアレンジされたという説もあるので、和風のごった煮にドミグラスソースが加わる可能性は、ないとは言えない。

同書は一九〇七(明治四〇)年三月一〇日付の東京朝日新聞に、東京・神田の岡島商店の「固形ハヤシライスの種」の広告を発見している。気になるのは、丸善のドミグラスソースは明治二〇年以降に入ってきたという話である。

庶民の洋食店や家庭では、ウスターソースやトマトケチャップでよく代用された。おしゃれな店へ行くと、ドミグラスソースが使われている。オムライスにかけるのは、トマトケチャップもしくはドミグラスソース。家庭でウスターソースとトマトケチャップを加えるハンバーグのソースも、店ではドミグラスソースがかかっている。いかにも洋食らしいビーフシチューもハヤシライスにも、必ず使われている。いわば、洋食の要というか象徴のような存在のソースである。

フランスでいつ誕生したのかをたどってみよう。『フランス料理ハンドブック』は、エスコフィエの『料理の手引き』をもとにつくり方を解説している。「ソース・エスパニョルのアクをできるだけていねいにとり、肉や鶏のグラスを加える。用途に合わせたワインで風味をつける」。グラスは、「フォンを弱火にかけ、アクをとりながら長時間煮詰めた液体」。フォンとは、「ソースや煮込み料理のベースに用いる出し汁」。ソース・エスパニョルのつくり方は、「茶色いフォンに茶色いルーを加えて煮る。炒めた塩漬け豚バラ肉と香味野菜を加えてさらに煮る。濾していったん冷まし、トマトを加えてさらに煮る」。すね肉やガラなどで出汁をとり、小麦粉とバターでつくったルウや香味野菜などを加えてさらに煮る。とにかく煮詰める時間が長いソースだ。

ドミグラスソースの技術を確立したのがエスコフィエで、彼の料理は日本の西洋料理に大きな影響を与えている。『神戸と洋食』はしかし、エスコフィエが『料理の手引き』を書く一九〇二年より早い一八八七（明治二〇）年頃にフランス人シェフのルイ・ベギューが、神戸のオリエンタルホテルで料理を確立していて、その中にはドミグラスソースも入っているとする。ならば、日本にドミグラスソースが入る明治二〇年とは、ベギューの料理なのか。しかし、ベギューは神戸に行く前も横浜にいた。

確立した人はどちらなのか。『フランス料理の歴史』（ジャン＝ピエール・プーラン、エドモン・ネランク著、山内秀文訳、角川ソフィア文庫、二〇一七年）で調べてみる。

ドミグラスソースのもとになる「ソース・エスパニョール」は、一六九一年に生まれている。「すべてのソースの母となるソース」だそうだ。一七世紀は、肉汁などを煮詰めたソースに小麦粉を加えてとろみをつける技術も登場している。私たちが、カレーのルウやホワイトソースで親しんでいる技術である。

一九世紀には、さまざまなソースのバリエーションが生まれる。フランス料理の質を高め外交の席での料理に腕を振るった料理人として名高いアントナン・カレームなどが、その分類を行っている。その後に登場したエスコフィエは、より複雑にしたと同書は伝える。『フランス料理ハンドブック』によると、エスコフィエのソースは、「ともすればベースとなるグランド・ソースの味で画一化されがちだったフランス料理の風味を、主材料の持ち味を生かす方向へと転換させている」。ソースの種類はふえたが、それは料理に合わせるために生まれた複雑化だったのだ。

つまりエスコフィエは『料理の手引き』で、自分が創作した料理技術を紹介したわけではない。もともとあったものを改良し、体系化したのである。だから同時代のベギューが、自分のドミグラスソースレシピを持っていてもおかしくない。彼のソースも、日本へ伝わったのだろう。

ハヤシライスと似た料理に、ハッシュ・ド・ビーフとビーフ・ストロガノフがある。ハッシュ・ド・ビーフはドミグラスソースを使って、牛肉の薄切りとタマネギなどを炒めて煮る。しかし、発祥のイギリスではドミグラスソースを使うとは限らない。ロシア生まれのビーフ・ストロガノフは、生クリームやサワークリームを加える。ただし、どれもつくり方はひと通りではない。そして、ヨーロッパの料理は多かれ少なかれ、フランスの影響を受けているから、似た料理は珍しくない。ちなみに、イギリスのビーフシチューも似た料理と言えるが、塊の野菜が入っていることで区別されている。

いくつもの料理が日本に入ってきて混ざり合い、混同されて、やがて日本人が発音しやすい「ハヤシライス」に落ち着く。そして洋食の王道であるドミグラスソースを使って、カレーのようにご飯にかけて食べるスタイルになる。誰がこの料理を思いついたというより、おそらく何人もの手を経て、次第にこういう形にまとまったのではないだろうか。日本で生まれたこの料理は、まさに西洋料理を受け入れて洋食化した日本の食文化の象徴と言えるかもしれない。

ところで『神戸と洋食』は、手間がかかるドミグラスソースは、現代のフランスでは廃れた、と辻調のリヨン校で教えていた須山泰秀に聞き取ったうえで「けれども神戸では、そのデミグラスソースがしっかりと受け継がれ、洋食の主役として君臨している」と誇らしげに書いている。本国では廃れた古典的ソースは、神戸などで日本人が守り伝えているらしい。

二　ファミリーのレストラン

◆洋食の誕生

洋食も和食と同じく、庶民が気軽に楽しめる店と、割高の店や高級レストランの世界がある。そして高級な店の料理は昔、「西洋料理」と呼ばれていた。庶民向けの店は、昔から「洋食」である。西洋料理が、誰もが身近に感じる洋食になったとき、日本はグルメ大国への道をひた走り始めたのではないか、という仮説のもと、本節では、西洋料理の洋食化を進めた、外食の歴史をたどりたい。

まず、大まかな流れを確認する。幕末明治に西洋諸国から入ってきたさまざまな料理を、日本人はイギリスのものも、フランスもイタリアもロシアも一緒くたに「西洋料理」と理解した。それはおそらく、個別の違いを感じるより、まず全体として異なる食文化と理解したからである。

和食には、煮る、蒸す、焼く、揚げる、下処理や包丁技術を使って生《ナマ》で、といった調理法がベースにある。主な調味料は塩と、醬油・味噌・酒などの発酵調味料、味醂など。使う食材は、野菜や魚介類、卵で、肉はめったに使わない。揚げる技術は、南蛮貿易の時代に入ってきた天ぷらとして和食化した。

西洋料理は、煮る、焼く、揚げるなどは同じ。オーブンなど、かまどの中でじっくり加熱する技術が特徴的。一方で、蒸す技術は、ヌーベル・キュイジーヌ以前は使われておらず、オーブンや鍋の中に水を入れて行うことが一般的なようだ。蒸す技術は、中国にもある。中国の蒸すまんとう類は、パンに例えられることがある。西洋と東洋の違いは、ざっくり分けるとパンをオーブンで焼いてつくる文化と蒸してつくる文化、と理解することができる。

西洋料理で使う食材は、肉や乳製品が多く、魚介料理は日本に比べると発達していない。チーズなどの乳製品を、調味料としても用いる。野菜の種類も違う。明治初期の日本の料理には、今やおなじみのキャベツもタマネギも一般的でなかった。味つけは塩が基本で、ハーブやスパイスをよく使う。日本ではショウガや山椒などはあるが、西洋のハーブやスパイスの多くはなじみがなかった。

バターやラードなどの動物性油脂も使う。江戸時代の日本と比べると、かなり使う油脂の量が多い。日本は水を使ってゆでたり蒸したりするところを、西洋では油脂で煮たり焼いたりする。パンやジャガイモなどの炭水化物は食事に添えるが、日本のご飯のように、中心的な位置づけとは言えない。

このように、西洋料理は和食とまるで違う考え方、技術、食材の文化だ。その料理を自分たちの生活になじませるのは、難しかっただろう。今は箸の替わりにナイフやフォークを使い、浅い皿で供する西洋料理の文化がすっかり定着した。一方で、西洋料理の技術や食材を和食に加える、あるいは西洋料理をアレンジして新しい料理にするといった試みは続いている。一方洋食は、西洋料理をご飯に合うよう日本化したものだ。箸で食べるようになったものもある。

和食へのアレンジも、洋食としての歩みも、料理人や料理研究家たちの試行錯誤と発想の転換があってこそ。外食店はもちろん、家庭料理としても、アレンジは行われた。手の込んだ西洋料理を家庭でつくるのは難しかったが、特別な道具や材料を使わない洋食は導入しやすかった。ウスターソースなどの便利な調味料もできて、外食が日常的でなかった人も、洋食に親しむことができた。だからこそ、カレー、コロッケ、とんかつは三大洋食と呼ばれるほど人気を博したし、戦後の食卓の洋食化も可能になったのである。

試行錯誤の過程では、現代人が奇異に感じる料理も生まれている。昭和初期の『主婦之友』（主婦之友社）に載った不思議な和洋折衷料理をつくって試食する『温故知新で食べてみた』（山本直味、主婦の友社、二〇一三年）を読むと、それがよくわかる。

一九三二年七月号付録の「マカロニと烏賊《いか》」は、せん切りしたイカ、ゆでたマカロニを塩コショウをかけてバターで炒め、好みでおろしチーズとトマトケチャップをかけて食べる。

一九三一年一一月号の「豚肉の芋クリーム和へ」。酒・塩・ショウガの調味液に浸しておいた豚肉、ニンジン、タマネギをゆでる。大和芋をゆでて裏ごしし、火にかけて牛乳とサラダ油を加えてよくかき混ぜ塩を加えて、ホワイトソースもどきにする。豚肉・野菜を盛った上にソースをかけ、炒ってから塩水で茹でた銀杏を散らす。

一九三一年八月号の「胡瓜《きうり》のコロッケ」。キュウリを筒切りし、芯を抜いて軽く塩ゆでし、水気を切る。タマネギのみじん切りとひき肉を炒めて塩コショウで味つけし、つなぎに小麦粉をかける。このひき肉をキュウリの中に詰め、小麦粉、卵、パン粉の衣をつけて揚げる。

このようないろいろな料理を試した中で残ったのが、私たちがなつかしむハヤシライスやコロッケなどの洋食なのである。

◆よそ行きで行く百貨店食堂

外食の場面で、最初に庶民が気軽に入れるようになった店は、百貨店食堂だ。上流階級が中心だった顧客が関東大震災後に大衆化した、とするのが論文「外食の大衆化と飲食空間のジェンダー化」(福田育弘、二〇一四年)である。

顧客大衆化のきっかけは「震災後に打撃を受けた多くの百貨店が仮営業所で生活必需品の販売を行い、好評を博したことだった。その後、各百貨店はこの経験を生かし、従来からの高級品だけでなく日用品もあつかうようになり」、中流の人たちが使う店になっていく。日本の百貨店は女性や子どもを顧客として狙っている。家族でよそ行きを着て訪れる彼らの目的地の一つが、食堂だった。

『百貨店の誕生』(初田亨、三省堂選書、一九九三年)で確認してみる。最初に食堂を設けたのは、東京・日本橋の白木屋で一九〇三(明治三六)年。既存の店が出店し、おしるこ、蕎麦、すしの和食を出した。一九一一年の増築で、一〇〇人収容の自前の食堂を開いて、すしや和菓子などのほか、洋菓子やサンドイッチも提供している。それは、松屋が一九〇七年、大丸がその翌年、建物の新築に際して食堂を設置するなど、自前の店をつくる競合他社がふえたからだろう。

東京・日本橋の三越は一九〇七年、食堂を設けている。一九二一(大正一〇)年の西館増築の際、六〇〇人収容の大食堂をつくり、ウナギ飯、日本食、すし、サンドイッチ、和菓子、洋菓子、アイスクリーム、コーヒー、紅茶、蕎麦など四〇種類もメニューを置いた。

本格的な西洋料理を置き始めたのは東館を増築した翌年で、三〇〇人収容の洋食部として、西洋料理の定食、グリル、サンドイッチ、菓子、コーヒー、紅茶などを置いた。第一食堂と第二食堂は「花部温室」でつながっていた。見る見るうちに百貨店が大きくなったさまが見て取れる。しかし当時はまだ和食七、洋食三で、和食のほうが人気が高かった。

関東大震災後、三越は子どもを意識した食堂づくりを行う。震災で火災を受けた三越は改修工事を行い、一九二五年に西館が完成したが、その際子ども用のいすを用意した。食堂を拡張した一九二七年に、「お子様献立」をつくる。その内容は、「御子様ランチ」、オムレツ、チキンライス、ハヤシライス、「御子様弁当」、「御子様寿シ」、「子供パン」、「赤ちゃんの御菓子」などである。もしかすると、子どもたちのほうが親より早く、洋食になじんだかもしれない。

『外食の大衆化と飲食空間のジェンダー化』によれば、百貨店食堂では、和洋中の料理が蠟細工の食品サンプルで表示されていた。食品サンプルは、関東大震災後の東京で生まれたものだったのである。注文は、店員にとっては効率的で、客はメニュー名を覚えなくて済む食券で行う。今も続く食堂のスタイルは、この頃完成した。

子どもが重視されたのは、社会の変化もあったと考えられる。中流層が拡大した大正時代は、大人とは異なり守り慈しんで育てるべき「子ども」が発見された時代である。中流の人たちは、上流階級のように子どもに遺す財産もなく家業も持たないため、教育にも力を入れた。一方で彼らは庶民のように労働力としてアテにしないため、子どもたちは遊びと勉強に専念できた。

子ども向けの雑誌もふえた。童話童謡雑誌の『赤い鳥』を鈴木三重吉が創刊したのは一九一八年。川端康成、吉屋信子などが執筆した『少女の友』(実業之日本社)は、一九〇八年。『少年世界』(博文館)が一八九五年、『日本少年』(実業之日本社)が一九〇六年。『少年倶楽部』(大日本雄弁会講談社、現講談社)は一九一四年で、同社の『少女倶楽部』は一九二二年。

家族連れが楽しめる遊園地も、この頃各地にできた。『日本の遊園地』(橋爪紳也、講談社現代新書、二〇〇〇年）によると、東京・浅草には一九一〇（明治四三）年、日本初の遊園地「ルナパーク」が誕生するが翌年に火事で焼失。同じ頃、大阪・新世界に通天閣が建設され、アトラクションを並べた「ルナパーク」が誕生している。その後、阪急の小林一三が、一九二四年に「宝塚ルナパーク」（のちの「宝塚ファミリーランド」）を、一九二八年に阪神電鉄が「甲子園娯楽場」（のちの「阪神パーク」）をつくったのをはじめ、飛行塔やメリーゴーランドなどの電動式の遊具を備えた遊園地が、中流層が家を構えた郊外にふえていくのである。

子どもの娯楽が充実した時代に、百貨店食堂も子ども向けの料理を提供していった。そして、百貨店に行くことで、中流の女性たちも外食の習慣を身に着けていったのである。

◆洋食チェーンの元祖

百貨店はドレスアップして、家族で出かけるハレの場所だったが、一九七〇年代以降に全国へ広がったファミレスは、しばらくするとふだん着で行ける気軽な店となる。ファミレスがあるのは都心ではないし、乗り物は他人の目がある電車よりその頃には珍しくなくなった自家用車が選ばれる。人々はやがて気楽な服装をして、出かけるようになっていく。

チェーン展開するファミレスには、前史がある。最

通天閣とルナパーク（『日本の遊園地』より）

初にできた店は、東京・神田須田町の須田町食堂。『日録20世紀 20世紀「食」事始め』（講談社、一九九九年）によると、一九二四年三月、「簡易洋食」を売りに二五席で開業。カツカレーやライスカレーを、三銭、五銭、八銭と格安で提供した。当時、コーヒー一杯の相場は一〇銭である。

明治末期に市電網が整備された東京の須田町界隈は、市電の交差点で屈指の盛り場になっていた。初日は客席が空くことがないほど大盛況。半年後の一〇月には京橋支店、翌年二月には日本橋、そして銀座、上野、浅草に支店を開き、昭和に入っても年平均五店を出店する。この頃、自動車はまだ高級品で、発達した市電で人々は移動したから、公共交通が使える便利な立地が求められた。

一九三四（昭和九）年には、新宿駅前にエレベーターつきの「本邦初の食堂デパート」と銘打った「新宿聚楽」を開く。八五〇席で五階建て、地下一階は喫茶ランチ室、五階は和洋中宴会場、そして屋上の展望台まであった。百貨店が人気の時代ならではのビルである。

最大六九店まで展開するが、第二次世界大戦の空襲を受け、戦後は五店舗から再出発することになる。

現在、飲食店ビジネスやホテルを展開する聚楽の創業者は、加藤清二郎。一八九八（明治三一）年に新潟県中蒲原《かんばら》郡白根町（現白根市）で、材木商の次男として生まれた。海産物問屋で奉公して相場で失敗し、親や親類に負担を負わせてしまう。それでも事業欲は衰えず、一九二二年に上京し何ができるか探り始める。

ある日、一膳飯屋に行き「衛生的で、しかも縄暖簾の値段で洋食店が作れないか」と思いつく。樺太で出稼ぎして資金を貯め、関東大震災後の東京に戻る。原価を抑えるために仕入れ本部で食材を一括購入するなど、チェーンビジネスならではの発想をいち早く持っていたのである。

加藤は故郷新潟への思いが強く、東京の玄関口となる上野駅周辺での営業にこだわる。新潟出身者の歌手や関取などが店に足しげく出入りし、従業員も新潟県出身者で固めた。社会福祉への関心が高まった時代を背景に、社内診療所を置くなどして従業員の健康管理にも気を配った。

主に菓子店として全国に展開する不二家も、家族で入れるレストランチェーンを展開したさきがけの企業である。創業は一九一〇年、横浜・元町に開いた洋菓子店「FUJI-YA」だった。同社に取材した『はまレポ.com』二〇一三年四月一〇日配信の「不二家レストランの1号店は、伊勢佐木町にある?」によれば、一九二三年に開いた銀座店で、初めて洋食レストランを併設した。その後一九三〇年開業の新宿店、一九三一年開業の大阪・心斎橋店、一九三七年に再建された伊勢佐木町店(現横浜センター店)などでレストランを展開していく。

不二家を創業したのは、藤井林右衛門。一八八五年に愛知県の農家、岩田家で生まれ、六歳で鉄道職員だった藤井善弥の養子となる。一五歳の一九〇〇年に横浜へ出て、杉浦商店という銅鉄商で働いた後、食料店を開く義兄の世話で不二家を創業する。関東大震災や第二次世界大戦を乗り越え、現在レストランは全国三九店で展開している。

『東京名物食べある記』(時事新報家庭部編、正和堂書房、一九三〇年)の「銀座不二家」には、「エスカロープ・ド・ポー・サンジヤツク」六〇銭、サーロインステーキ八〇銭、ビーフサラダ七〇銭などと紹介されている。今のような気軽な店というより、西洋料理を出す高級レストランだったようだ。

私が子どもだった一九七〇年代半ば、ピアノの発表会の後で三宮にある不二家レストランへ連れて行ってもらったことがある。そのとき食べたハンバーグは、きめが細かく中がほんのり赤くて、こんな上等なハンバーグがあるのかと感動したのを覚えている。

◆ドライブインという家業

高度経済成長期、日本にはアスファルトを敷いた道路が次々と建設されていく。産業が発達すると物流も発展する。鉄道の貨車も利用されたが、鉄道駅から目的地までは道路を使う。出発地と目的地をダイレクトに結ぶのは道路で、やがて物流の中心は貨車からトラックへと移っていく。

自動車産業も発展し、一九六〇年代半ばになると、カラーテレビ、カー、クーラーの「3C」を揃えることが理想とされるようになった。車が手に入れば、ドライブや旅行を楽しみたくなる。そんなドライバーや旅行者を目当てにロードサイドに開業したのが、ドライブイン・レストランだった。出す料理は洋食とは限らず、和洋中いろいろで、蕎麦やラーメンが主体の店もあるが、ファミレスへ至るステップとして見逃せない存在だ。ドライブイン時代になって、車で出かけてもどこかで食事ができる、と弁当を用意しないで旅に出ることが可能になったのである。

『懐かしの昭和ドライブイン』（越野弘之、グラフィック社、二〇一九年）によると、「モータリゼーションの発達により都市と都市の間に、食事をしたり、休憩したりする施設の需要が生まれた。国道などの幹線道路沿いや峠道の前後、観光地へ向かう道路にドライブインがどんどん登場してくる」。最盛期には行列もできる。

一九七〇年代になると、自動販売機を並べた「オートレストラン」「コインスナック」と呼ばれる、自動販売機で料理を買う店も登場する。

しかしやがてサービスエリアに食堂や売店を持つ高速道路が発達し、国道沿いのドライブインの利用者はへる。一九八〇年代には広い駐車場やトイレを完備したコンビニ、ファミレスも全国に広がる。一九九一年に試験的開設、一九九三年から本格始動した道の駅も登場する。ライバルがふえるに従って、ドライブインは減少していく。山間部や海岸沿いでは、台風や地震などの災害で、被害を被ることもあった。

全国のドライブイン経営者たちに話を聞いたルポが『ドライブイン探訪』(橋本倫史、筑摩書房、二〇一九年)である。

日本におけるドライブインの源流は、伊勢参りなど徒歩の旅が活発になった江戸時代、街道沿いにできた茶屋だ。そうした茶屋をルーツとするドライブインがある。静岡県掛川市の「小泉屋」がそれで、約二六〇年の歴史を持つ。その歩みは、東海道の歴史を反映している。

もとは日坂宿近郊で宿屋を営んでいたが、一七〇七(宝永四)年の宝永地震で倒壊し、久延寺の隣に峠の茶屋を開く。一八八〇(明治一三)年に、東海道が険しすぎることから新設された中山新道沿いに移転。その後、一九三二(昭和七)年に恐慌による失業対策で国道一号線が建設されて移転。最盛期の一九六〇年代は「ドライブイン銀座」だった、元東海道の国道一号線に現存する希少な店の一つだ。蕎麦やうどん、静岡おでんが食べられるほか、店の名物はモチ米と麦芽を六、七時間かけて煮詰める子育て飴。現在は一〇代目が営む。

四国には遍路宿を兼ねたドライブインもある。高知県唐浜駅近くの「ドライブイン27」はそうした店の一つ。

道路ができ需要が見込める、と商売に乗り出した人たちは多いようだ。同書には、夫がある日突然ドライブインをやると言い出し、妻が料理を担当することになった展開が目立つ。その過程で調理師免許を取ったり、他店で修業したりする。そうした店の一つが、奈良県の名阪国道沿いの「山添ドライブイン」だ。

名阪国道は、戦時中に名古屋と大阪を結ぶ「弾丸道路」、現在で言う高速道路を建設する計画で上がっていた候補のルートである。しかし最終的に採用されたのは、一九六三年に完成した京都経由の名神高速道路だった。

産業化が進んだ当時、農作物や材木を都会へ売り出し工業団地を誘致するには整備された道路が必要になっていたが、奈良県を走る国鉄(現JR)関西線はさびれていた。道路建設に及び腰だった奥田良三奈良県知事の尻を叩いたのは、当地を視察した建設大臣の河野一郎である。

山添ドライブインを夫と営む吉田富美代の両親は、桜井市生まれだったが、父が林業に携わるため山添村に引っ越した。母は主婦だったが、ある日父が「店を始める」と言い出し、母は料理屋を営む伯父に習い、調理師免許を取った。最初はお好み焼きやうどんを出す食堂を開いていたが、名阪国道の計画が持ち上がり、山添インターチェンジの近くに一九六四年、ドライブインを開いたのだ。道路開通はその翌年。料理は五種類の焼き魚、エビフライやアジフライ、から揚げなど多種類の料理を出す。伝票はなく、自己申告で精算する。

奇岩や断崖が続く能登の景勝地「能登金剛」がある石川県志賀町近くには昔、観光バス客を目当てにたくさんのドライブインが開業した。一九五九年の松本清張のベストセラー小説で二年後に映画化された『ゼロの焦点』（光文社）の舞台となり、能登金剛には観光客が押し寄せた。ドライブインの一つ「女《め》の浦亭」を営んでいた知人が郷里に帰ることになり買い取った、岡本澄子に取材している。現在の店の名前は「ロードパーク女の浦」。買い取ったのは夫の護で、澄子はそれまで飲食店の経験はなかった。見よう見まねで魚のさばき方から覚えた。今の看板商品は海鮮丼。

ほかにも、トラックの運転手が多く立ち寄るモツを使ったスタミナ定食が人気の店、地元の常連客が主体の店などがある。素人から始めた店が多く、子どもが跡を継いだ店もある。日本全国が道路でつながっていく時代に商売を始めた人たちの人生が、ドライブインには込められている。

◆ファストフードの時代

参考にした二冊に登場する店に、チェーンのハンバーガー店があった。マクドナルド上陸にさきがけて、アメリカ占領下の沖縄でチェーン展開を始めたA&Wである。ルートビアと、パテにクリームチーズ、ベーコン、オニオンリングに黒コショウが効いた「The A&Wバーガー」が看板商品。ルートビアはサルサパリラやリコリスの根、バニラなどのハーブやスパイスが入ったノンアルコールの炭酸飲料で、好き嫌いがわかれる。現在、A&Wは沖縄で二七店舗展開しているが、他の都道府県にはない。

もともと、アメリカのファストフードチェーンである。同社ウェブサイトによると、創業はカリフォルニア州で、禁酒法時代の一九一九年。薬局店員だったロイ・アレンが病気の友人のため、薬草や根のエッセンスなどでドリンクをつくり、大変好評だったことからジューススタンドで販売を始めた。それが大きくなって現在はアメリカのほか、沖縄、インドネシア、マレーシア、タイなどに展開する。沖縄では、一九六三年に開いた屋宜原《やぎばる》店が一号店。開業したのは、フィリピンから来たバーンズとアダムスという二人のアメリカ人。在沖アメリカ人たちの間で大繁盛した。

このとき工事を担当した建設会社の平良幸雄が、二号店開店時に共同経営者となった。『ドライブイン探訪』によると、バーンズとアダムスは、一九七一年に沖縄返還協定が結ばれて帰国し、平良が経営権を譲り受けてエイアンドダブリュ沖縄を設立した。

丘の上にある一号店は、ウエイトレスが車まで料理を届ける典型的なアメリカのドライブイン形式だった。同社経営企画部部長の伊波弘次は、高校三年生で免許を取った友人と行ったときのことを「ドライブインに行くことが一つのステイタスだった時代があるんです。（中略）本当に大人っぽい味がしましたね。ホットドッグもハンバーガーも、今とレシピが違うわけじゃないんですけど、最初に食べる味は印象に残るから、すごく感激しました」と語っている。

◆マクドナルド誕生

東京・銀座の三越で一九七一年、一号店を開いて大盛況となったマクドナルドは、ファストフードというジャンルを定着させた会社である。何が画期的だったのか。『ザ・フィフティーズ・上』（D・ハルバースタム、金子宣子訳、新潮社、一九九七年）で、アメリカでの創業物語からたどってみよう。

ニューハンプシャー州生まれのディック・マクドナルドとモリス（マック）・マクドナルドの兄弟が、

カリフォルニアへ移ったのは一九三〇年。会社員だった父のパットがあっけなくリストラされた過去から、起業しようと話し合った二人は、まず映画館を設立。大恐慌のため失敗するが、より大きな町のサンバーナディーノへ移り、何とか銀行融資を取りつけて一九四〇年、小さなドライブインを開いた。

店は大盛況となったが、若者のたまり場となってしまったのは、痛しかゆしだった。兄弟は、客たちが早く料理を出して欲しがっていること、工夫したバーベキューやほかの料理は売れないで、ハンバーガーが売り上げの八割を占めることに気づく。そこで一九四八年の秋、いったん閉店して調理場の刷新を図る。

パテを焼くグリルを、保温性に優れて掃除しやすい特注製に替え、皿は紙製にする。メニューはハンバーガー、チーズバーガーなど九品目にへらし、調味料や野菜の取り合わせもシンプルにした。キャンディー用の円盤型の小型機械を導入して、パテを均等に成型できるようにする。機械工具店を開く友人に頼み、二四個の「ハンバーガーバンを調味料つきで温められるステンレス製回転テーブル、従来品より頑丈で大型のステンレス製フライ返し。ぎゅっと押すだけで適量のマスタードやケチャップが出せるステンレス製容器」などの特注品をそろえた。

ハンバーグの調理担当者三名、ミルクシェイク係二名、フライドポテト係二名、包装係二名、とすべての作業を分業にした。注文を受けつけるカウンターも置く。時間がかかる作業を逐一検討し、業務を徹底的にシステム化して効率化を図ったのだ。

店は爆発的な成功を収め、一九五一年には機械化前の四割増しの売り上げとなる。一九五二年にレストラン誌に取り上げられると、大量の手紙が押し寄せて起業家から相談を受けるようになった。兄弟はこの成功に、十分満足していた。二人とも子どもがいないので、財産を遺す必要もない。しかし、あまりにも人気なので、兄弟はフランチャイズ権を売らざるを得ないと考えるようになる。

そこへ現れたのがレイ・クロックだった。高校をドロップアウトし、ありとあらゆる仕事をしてきた。父が土地投機で大もうけしたが大恐慌で全財産を失い亡くなった、という過去を持つ彼は、金と成功を求める野心家になっていた。

一台のモーターで五つの回転軸を持つ「マルチミキサー」を開発して販売していた折、注文数がやけに多いマクドナルドというハンバーガー屋が気になり、店まで出かける。その行列と店の清潔感に驚き、マクドナルド兄弟の話を聞いてますます興味を持つ。一九五四年、クロックは五二歳になっていた。

すでに九店のフランチャイジーを抱えるマクドナルド兄弟のマネージャーを申し出ると、翌年自分で経営する店をシカゴ郊外のデスプレインズに開く。その店を繁盛させつつ、クロックはフランチャイズ化を始める。一年目は二店、翌年は一二店と最初は慎重に。やがて出店を加速させ、一九六〇年には全部で二二八店にし、年間一〇〇店の出店を計画する。この頃になると、マクドナルドはレイ・クロックの店として有名になっていた。

一九六一年から、クロックはマクドナルド兄弟から全店のフランチャイズ権を譲り受ける交渉を始める。両者の関係は悪化し、クロックは二七〇万ドルの法外な譲渡金で会社名と会社本体を受け取り、兄弟の店から、マクドナルドの看板を下ろさせる。

この物語をフィクション化した映画が、二〇一六年公開の『ファウンダー　ハンバーガー帝国のヒミツ』である。マイケル・キートン演じるレイ・クロックは、フランチャイジーをふやす過程で、経費がかかり過ぎることに気がつく。銀行からの融資も受けづらくなり困っていた彼に声をかけたのが、財務畑のハリー・ソナボーン。

帳簿を一通りチェックしたソナボーンは、土地と建物をオーナーが取得する方法では、問題があると指摘する。

「あなたは今やっているビジネスがわかっていない。これは不動産ビジネスです。一・九パーセントの分け前だけで帝国は築けません。築くなら土地を所有しなくては」。土地を買い、オーナーにリースすれば安定した収入源となる。やがて豊富な資金源となって加盟店をコントロールでき、マクドナルド兄弟より権力を持てると伝えるのだ。映画がどこまでが事実かわからないが、兄弟を大切なビジネスパートナーと見なしていたクロックが、悪魔の誘いを受け動揺する姿と、その道へ進むときの表情の変化が見ものだ。冷酷なビジネスの論理と、誠実な商売をしたい兄弟、その間で何かを失う主人公を鮮やかに見せる。

ともかくマクドナルドは世界企業になり、日本へもやってくる。

◆マクドナルドがやってきた

一九五〇年に輸入雑貨販売の藤田商店を創業し、クリスチャン・ディオールなどの海外高級ブランド品を、日本人好みにアレンジして百貨店に売り、「銀座のユダヤ人」の異名を取っていた藤田田《でん》。開業の経過をたどってみよう。

藤田がシカゴ支店長から、「レイ・クロックが会いたがっている」という連絡を受けシカゴへ赴くと、クロックとすぐに意気投合した。

「ダイエーの中内㓛など多くの関係者が日本でのマクドナルド経営を希望して訪ねてきたが、「マクドナルドを任せようと思った日本人は藤田が初めてだ、お前がやれ」といわれたという」（『企業家活動でたどる日本の食品産業史』宇田川勝監修、生島淳・宇田川勝編著、文眞堂、二〇一四年）。

一九六九年の外食業資本の一〇〇パーセント自由化を受け、レイ・クロックは日本進出を探っていた。しかし、大手スーパーや有名商社は、本社との稟議《りんぎ》を経なければならず時間がかかるので辟易《へきえき》する。創業者の一人、ジューン・マルティーノの隣家に藤田商店アメリカ支社長のユダヤ人、ダグ・マイコラスが住んでいたことから、藤田につながった。

藤田はしかし、最初は安いハンバーガーの商売に乗り気ではなかったようだ。「合弁会社の出資比率は五〇%対五〇%だが、経営権・人事権はすべて藤田に帰属する。米本社からアドバイス（助言）は受けるがオーダー（命令）は受けない。ロイヤリティは一%。収益はすべて日本での再投資に回す。契約期間は三〇年とし、満期時の再契約に際して選択権（オプション）は藤田個人にある」（『外食産業を創った人びと』）という破格の条件を突きつけたのだ。

するとクロックはそれを受け入れ、日本で必ず成功させると約束させた。結果はご存じのとおり。郊外のドライブインとして展開するマクドナルドを、都心から始めることをクロックは嫌がったが、藤田は「日本のモータリゼーションはいまだ端緒に着いたばかり。外来文化というのは、その国の中心から入っていかないと普及しない。常識を逸脱したモノでも、銀座でヒットさせれば全国が注目する」（『外食産業を創った人びと』）と考える。

藤田は一計を案じ、一号店は茅ヶ崎、とクロックに打電する。そして日本に着いたクロックに、「茅ケ崎店は致し方のない事情でキャンセル、実は銀座だ」（『外食産業を創った人びと』）と明かす。しかも、七月二〇日の開店二日前なのに店は影も形もない。クロックは絶望するが、藤田はきっちり予定通りに開店のテープカットを実行する。そうしたトリッキーな手法は、藤田が得意とするところだった。

準備ができていなかったのは、三越から日曜日の午後六時閉店から月曜日の休業日を挟み、火曜日の開店時間までに工事を完成させよ、という厳しい条件が提示されていたからだ。藤田は模型店をつくって練習させたうえで、工事を時間内に終わらせたのだ。

銀座店は注目を集めたが、四日後、五日後に開いた代々木店、大井町店はまったく売れず、当初は苦戦する。

快進撃は翌年から。一九七二年七月、京都・藤井大丸で関西一号店。一〇月一日には、銀座店が日商二二二万円の世界新記録を樹立。一九七三年六月、名古屋に中部一号店を開業。一九七五年に年商一〇〇億円を突破。日本法人の創業者、藤田はどんな人物なのだろうか。

生まれは大阪市城東区で一九二六年、五人兄弟の次男だった。田という珍しい名前は、クリスチャンだった母の睦枝が、「口の中に十字架が入っている」から神に守ってもらえるように、とつけた名前だ。父の良輔はイギリス系企業に勤める電気技師で、家には外国人の来訪が絶えず、田も幼少期から英会話力と国際感覚を身に着けていく。学業も優秀でわんぱくな少年だった。

旧制の松江高校へ進学し、松江に進駐していたGHQで通訳のアルバイトをする。一九四八年に東大法学部に進学後もアルバイトを続け、「親しくなったユダヤ人軍曹から利殖術とビジネス哲学を」学んだ学生起業家だった。マクドナルドは、歩きながら食べるファッションを生み出し、若者が気軽に外食する入り口をつくった。日本的なビジネス慣行に囚われず、新しい文化を創り出した藤田は、昭和のホリエモンだったのかもしれない。

◆和製ファストフード

マクドナルド以外のブランドも、次々と日本に進出した。『いつからファーストフードを食べてきたか』（佐藤昂《あきら》、日経BP社、二〇〇三年）によれば、バーガーキング（二〇〇七年に再上陸）、ハーディーズ、アービーズなど、ほとんどが成功しなかった。アメリカからやってきて成功したのは、KFCとウェンディーズぐらいだろうか。

一九七〇年代に開業した、ほかのファストフードチェーンといえば、一九七二年に東京・日本橋高島屋で始めたロッテリアと東京・成増に一号店を開いたモスバーガー。そして一九七七年に東京・池袋の東武百貨店に一号店を開いたファースト・キッチンだ。ロッテリアは韓国系のロッテグループ、ファースト・キッチンはサントリーが始めた。

ウェンディーズは、一九八〇年に銀座でダイエーがアメリカから持ち込んだが、他のチェーンほど存在感は大きくなかった。ダイエーの経営が危機に瀕したことから二〇〇二年にゼンショーへ売却され、二〇〇九年に一度撤退している。ダイエーの中内㓛はもともとマクドナルドと契約したかったがうまくいかず、自社でドムドムハンバーガーを一九七〇年に始めている。

マクドナルドに対抗する存在感を持つチェーンは、モスバーガーだろう。特別な思い入れを持つ人も多い。私は今まで何人も、目をキラキラさせてモス愛を語る人に出会ってきた。「一〇代の頃、ふだんはマクドナルドを使っていたけれど、特別なときはモスだった」「モスは日本人がつくったんだよね」「モスは微妙な立地で攻めてくるよねー」といった感じだ。

モスバーガーは、日興証券で働いていた櫻《さくら》田《だ》慧《さとし》が、同僚と始めたハンバーガーチェーンだ。『外食産業を創った人びと』によると、最初は三人で皮革問屋に転職したが、業界の古い体質に疲れ、起業することにした。

一九七一年にまず、おにぎりの実験販売を行ったが道路交通法に引っかかり失敗。そのとき、マクドナルド一号店が好調と聞き、櫻田が証券会社のロサンゼルス支店にいた一〇年ほど前、アメリカのハンバーガーがおいしかったことを思い出した。

銀行に融資を頼みに行くと嘲笑までされて断られ、家財を売り払った金と知人友人から借りた金で、三人でアメリカへ渡る。本場でハンバーガーを食べ比べ、「トミーズ」のジューシーな味をモデルに研究を重ねる。「パサパサし過ぎる」と感じたアメリカのハンバーガーより野菜を多くし、ソースをふやす。注文を受けてから調理するなど、手間をかけてよりおいしいものをめざす。だから価格は高め。当時、「普通のハンバーガーの値段が八〇円だったのに対し、「モスバーガー」は一二〇円」もした。一九七三年には、ヒット商品のテリヤキバーガーも誕生する。ライスバーガー誕生は一九八七年。

立地については資金源も少ないことから、路地裏の零細小売店を参考に、「あえて二等地、三等地を選び、その小さい店で格別においしい商品をいい雰囲気で提供しよう」と決めたのである。

◆ファミレスが変えたこと

ファミレスも、一九七〇年代に登場している。

日本人の外食への態度を変えさせたファミレスが最初、洋食レストランとして始まったことは重要だ。それは和食中心の生活をしていた中流層に、ちょっとだけ非日常を味わわせてくれたからである。同時に、食文化の洋風化を進める推進力になったと考えられる。

高度経済成長で広がった中流層は、もしかすると都会生活に背伸びをしながら、ファミレスデビューを果たしたかもしれない。ファミレスは、それまで敷居が高かった洋食レストランをリーズナブルに楽しませてくれた。

やがて人々は慣れ、車で気軽に行けるファミレスがよそ行きを着ていなくても歓迎してくれることに気づいただろう。近いし割安だから、毎月、毎週だって行ける。夫たちは、家事を任せきりの妻を料理から解放し、機嫌よく過ごしてもらうためにも、重宝しただろう。遊園地など人が多くてお金のかかるレジャーよりラク、と子どもたちを喜ばせるためにも行くだろう。ファミレスは、夫たちが言う「家族サービス」の目的で、ひんぱんに使われるようになったのである。

外食慣れした主婦や子どもたちは、やがてファミレス以外の外食店へも目を向ける。経済的にゆとりがある層の女性たちは、フランス料理のブームに乗って、友人たちとフランス料理店でランチするようになったかもしれない。週末は家族でファミレスへ行く生活で育った子どもたちは、一〇代になるとファストフードの店に友だちと出入りし、二〇代になると友だちや恋人と、雑誌やガイドブックを片手に、フランス料理やイタリア料理を食べに行ったかもしれない。そうした大勢の人たちが、一九九〇年代に本格化するグルメブームを支えたのである。

◆兄弟経営のすかいらーく

ファミレス創成期の両雄は、ロイヤルホストとすかいらーくである。ロイヤルホストについては、第一部第二章二でも取り上げたので、ここではすかいらーくの誕生と発展をみていきたい。

すかいらーくグループを立ち上げたのは、四人の兄弟である。『外食産業を創った人びと』とウェブマガジン『フーディスト・メディア』二〇一八年三月二〇日〜四月一七日に配信された横川端《ただし》のインタビューから紹介する。端と茅野亮《たすく》、横川竟《きわむ》、横川紀夫の四人は、長野県諏訪郡四賀村（現諏訪市）の出身。士族出身の祖父、庸夫は諏訪郡北山村（現茅野市）の村長を務めていた。父の正二は教員。一九四一年、兄弟は妹の永子とともに、両親に連れられて満蒙開拓団に身を投じた。父の正二は満州で腸チフスにかかって他界し、一家は長野に戻る。

端は旧制中学を中退して、大和工業（現セイコーエプソン）に就職。亮は母の姉の養子となり、農業に携わるが、農閑期は東京の海苔店で働く。竟は中学を卒業後、東京へ出て築地の乾物問屋へ。紀夫も中卒で東急電鉄に就職したが、ほどなく退社して飲食店などでアルバイトをする。東京へ出た三人が集まり、将来を話し合ううちに、四人で一旗揚げようという話になる。三人は保谷町（現保谷市）のアパート一室で共同生活をして、昼も夜も働いてお金を貯める。

一九六二年、亮の海苔店、竟の乾物問屋のノウハウを持ち寄り、保谷町のひばりが丘団地前で八坪の乾物屋「ことぶき食品」を開く。乾物だけでなく、アジやサンマの開き、塩鮭、かまぼこ、缶詰、コーヒーなども並べた。

毎日、築地市場へ仕入れに行き、客が欲しがるものを何でも揃え、少量から量り売りに対応、配達も行う、客が途絶えるまで店を開くなど、顧客優先を貫く新しいスタイルの店だ。ヒット商品は、セロハンの小袋に包んだしらす干し。通常一〇〇グラム単位のものを一〇グラムにし、「育ち盛りの子供にカルシウムを」と呼びかけると、飛ぶように売れた。

四年間で周囲に支店をふやし、端も会社を退職して合流する。しかし、一九六八年に近くに西友ストアがオープンすると、売り上げは下降を始める。スーパーが台頭する時代が到来していたのだ。

ペガサスクラブに所属していた兄弟は、アメリカ視察ツアーに参加する。アメリカでは郊外にショッピングセンターや外食チェーン店があって、栄えている。遠からず日本も同じ道をたどるだろう、と外食産業に目をつけてマクドナルドとの提携を探ったが、フランチャイズ権が高過ぎて断念。

次はデニーズやビッグボーイ、ハワード・ジョンソンなどのロードサイドのコーヒーショップに目をつける。一品の商品力で勝負するファストフードに対し、コーヒーショップはサービスや店舗の環境、商品力といった総合力で勝負する。四人でやるなら総合力だ。

アメリカのコーヒーショップはビジネス客が多いが、日本の郊外でこれから求められるのは家族が楽しむ場所だと目をつけ、亮と日経流通新聞の記者が相談して「ファミリーレストラン」と命名した。一号店「スカイラーク」は府中市で一九七〇年開業。ひらがな表記は二号店からである。

自己資金と亮の義父の出資、そして田無農協（現東京みらい農業協同組合）に土地を見せ、ビジョンを必死で説明し半ば同情から融資を取りつける。店は、夜でも明かりがついて人を呼び込めるようガラス窓を大きくし、遠くから見えるように高いポールで看板を設置する。主力商品はハンバーグやステーキ、パスタ、ピザなど。日替わりランチは四八〇円に設定した。イタリア料理人も雇った。

ファミレスのハンバーグのつけ合わせは、ニンジン、インゲンマメやコーン、ジャガイモ、ホウレンソウなどの温野菜が定番である。そのニンジンを特注した物語が、『食と農の戦後史』（岸康彦、日本経済新聞社、一九九六年）に紹介されている。子どもに嫌われがちなニンジンのクセをへらし、捨てる部分をへらすため、種苗会社に依頼して新品種を開発してもらい、その品種を栽培してくれる農協と、全量一定価格で引き取る契約を結んだのだ。

こうした外食チェーンと生産者の契約スタイルは定着していく。規模が大きいファミレスは、全国どこでも同じ味、同じサービス、同じロゴと店舗デザインで客を待つ。それは高度経済成長で広まった大量生産システムの一つに、外食も加わったということだろう。利用者の中心は、ベッドタウンに住むサラリーマンの家族。ファミレスが栄えた昭和後期は、こぞって「人並み」の暮らしを求めた大量消費の時代だった。

一九七〇年にはほかに、大阪市中津にフォルクス一号店ができた。一九七一年にロイヤルホストが北九州市に一号店、一九七四年にデニーズが横浜市上大岡に一号店、と次々とファミレスが誕生し、一九八〇年代には全国に広がっていく。

すかいらーくは、一九七二年に国立店で二四時間営業を始め、一九七五年に東京都立川市に、一九七七年に埼玉県東松山市にセントラルキッチンを建て、翌年に株式店頭公開を果たす。立地を選んだら地主負担で店を建ててもらい、すかいらーく側が投資に見合った家賃を払うリースバック方式を選び、躍進を続けたが、バブル崩壊で客離れが起こる。

一九九二年には、一九八〇年に始めたジョナサン、一九八六年に始めたバーミヤンなどグループで一〇〇〇店を突破したのがピークだった。すかいらーく最後の店が二日後に閉じることを報道する二〇〇九年一〇月二七日の朝日新聞記事は、客単価約一〇〇〇円のすかいらーくから七五〇円のガストへと、軸足を移し、創業社長の横川竟も解任されたと報じる。

『ファミリーレストラン』によると、一九九二年に一号店を開いたガストは、呼び出しボタンやドリンクバーを設置した最初のファミレスである。横川兄弟のうち、亮は二〇一〇年に亡くなったが、ほかの三人はそれぞれの舞台で活躍している。竟は高倉町珈琲を設立し、新たなチェーン店経営に取り組む。兄弟たちの二代目も、ディーン&デルーカを運営するウエルカム社長の横川正紀、亜細亜大学教授で『東京最高のレストラン』シリーズの採点者を務める横川潤と、飲食業界で活躍している。

東京・府中市にできたすかいらーく1号店
（すかいらーくホールディングス提供）

◆究極のファミレス

大量生産システムというファミレスビジネスを、とことん追求したのは、バブル崩壊後に存在感を増した低価格路線のサイゼリヤだった。

同社のウェブサイトによると、同チェーンが大事にしているのは、毎日食べて飽きないこと。味つけをシンプルにしてよい食材を使う。味のベースがオリーブオイルで統一されているので、好きなようにメニューを組み合わせられる。そしてリーズナブルにする。おいしくて飽きず、安いことが売りである。

『人気飲食チェーンの本当のスゴさがわかる本』は、第二章以降は、テーマに合わせてさまざまなチェーン店を紹介しているのに、第一章をまるまるサイゼリヤの解説に当てている。それだけサイゼリヤには、語るべきことがあるようだ。同書がほめる最大のポイントは、平均客単価七三〇円と安く、一五〇〇円も出せばフルコースも楽しめる点だ。しかも、安かろう悪かろうではない。

「直輸入されるイタリア食材を中心に良質な材料を使い、その持ち味をそのまま生かすようなシンプルで「上げ底」のない調理を行うものが多い」。ファミレスだから日本人好みにアレンジするのではなく、本場の味を妥協なく出している。たとえば、「生ハム」はパルマ産のブランド「プロシュート」で、スーパーならグラムあたり一〇〇〇円を超えるところを、プチフォカッチャつきで三九九円。モッツァレラチーズも、通常日本では牛乳が原料のものなのに、イタリア直輸入の水牛乳を使ったバッファロー・モッツァレラチーズになっているなど、イタリア料理通が驚く高品質の食材が紛れ込んでいる。日本人好みにオリーブオイルは控えめに調理しているが、イタリアのようにたっぷり使いたい人は、テーブルにあるナポリの老舗メーカーから直輸入したオリーブオイルをかけ放題にできる。

低価格で本物志向の高品質。それが実現できるのは、効率化を徹底しているからだ。

創業者で会長の正垣泰彦が書いた『サイゼリヤ　おいしいから売れるのではない　売れているのがおいしい料理だ』（日経ビジネス人文庫、二〇一六年）と『ファミリーレストラン』から、サイゼリヤ物語を編んでみよう。

正垣が千葉県市川市で「サイゼリヤ」を開業したのは一九六七年。最寄りはＪＲ本八幡駅で八百屋の二階。大学時代に新宿にあった「渋谷食堂」でアルバイトしていたが、卒論を書くために辞めようとすると、若い従業員がついていくと言い出す。そこで父に頼んで物件を探してもらい、レストランを始める。客が来ないので深夜営業をしていたところ、客のケンカで店が全焼。移転しようとすると、母から「あの場所はおまえにとって最高の場所だ」と諭される。

そこで客を引き寄せるため、メニューの価格をどんどん下げた。七割引きまで下げたところで一気に客がふえ、一日二〇回転もする。それができたのは、条件の悪い物件で家賃が安かったこと、朝一番に仕入れ業者のもとへ行き、品質のよい食材を選んだことなどによる。食材の温湿度管理や運搬時の振動を少なくするといった品質管理にも気を配り、食材へのコストは惜しまない。それは、「食材に

サイゼリヤ１号店跡地。「教育記念館」として保存されている（株式会社サイゼリヤ提供）

十分なコストを掛けることで、粗利益率を過剰には取らず、お客様に還元するからこそ、店は長く続けられる」(『サイゼリヤ〜』)と考えているからだ。

最初の店は「フルーツパーラーというかスナックのような店だった」(『サイゼリヤ〜』)。一九七三年、イタリア料理店に切り替えたのは、世界で最も消費されているのがトマトと小麦で、オリーブオイルも大量につくられていることから。正垣自身も、イタリアへ旅行した折、「毎日食べて嫌にならず、食文化の豊かさを感じた」(『ファミリーレストラン』)。パスタの価格は三九九円が多いが、それは週刊マンガ誌が二〇〇円前後だったことを目安にした。週刊誌の二倍ならきっと出しても惜しくないはず、と計算したのだ。安くすれば、客はいろいろな料理を組み合わせることができる。正垣がイタリアで感じた、「自由に選べるという「幸せ」」(『サイゼリヤ〜』)を提供したのである。

一九七五年に二号店の市川南口店、一九七七年に市川北口店を開き、セントラルキッチンも設けた。一九八一年には船橋ららぽーとショッピングセンター、一九八七年に本八幡駅ビルに出店する。ロードサイドへの出店は、一九八九年の柏水戸街道店が最初だ。

◆喫茶店のモーニング

ファミレスは最初、家族がそろって出かけるハレのレストランだった。それが間もなく「お母さんを休ませる」サービスの場となる。その後は、使い方が多様化する。同じ味で安心したい人は、見知ったチェーンに行く。ドリンクだけでも文句を言われないので、学生たちのたまり場となる。深夜、時間をつぶしたい人たちも来る。打ち合わせする人も、一人で仕事する人も来る。一九八〇年代には、

「ユーミンが会話を盗み聞きして歌詞の参考にする」、などと言われたものだった。

そういった食事以外の目的で昔から使われてきたのは、カフェや喫茶店である。そうした店にも洋食メニューをそろえ、食事に来る客を待っているところが多い。ナポリタンもカレーも、ミックスサンドも、喫茶店のメニューとして定着している。

「喫茶店」「カフェ」の名称に決まった定義はないので、本書では適宜使い分ける。最近では、無国籍な料理を出す店がカフェで、昭和に流行った木目調のインテリアで、コーヒーに力を入れているレトロな店を喫茶店とすることが多い。

喫茶店をコーヒーを出す店、とすると、日本最初の店は一八五八（安政五）年または一八七四（明治七）年に開業した茶商で、コーヒーを出した神戸・元町の「放香堂」である。喫茶店単独で開いた最初の店は、一八八八（明治二一）年に東京・下谷黒門町（現上野）で開業した「可否茶館《かひちゃかん》」だ。『日本カフェ興亡記』（高井尚之、日本経済新聞出版社、二〇〇九年）によれば、開業したのは中国語を通訳する長崎の唐通詞出身の鄭《てい》永慶。アメリカ・エール大学で学んだ後、外務省などに勤めた。社交場を想定して、ビリヤードやトランプ、囲碁や将棋などの娯楽品、書籍などもそろえたが、時期尚早で経営がふるわず、五年後に撤退している。

その後、一八九七年に神田にできた店をきっかけに、学生街に広まったミルクホールがある。一九一一年に銀座で開業したカフェー・プランタン、カフェー・ライオンは洋食も出した。庶民は同じ年にできたパウリスタを利用した。

一九〇二年に開業した資生堂のソーダファウンテンも、ソーダ水やアイスクリームを出している。不二家も一九一四年に横浜・元町店隣にソーダファウンテンを開いた。二〇世紀初頭に次々とできる百貨店食堂でも、コーヒーや紅茶、アイスクリーム、洋菓子などを出した。大正時代には、女給のサービスが売りのアルコールを出すカフェーが流行る。

『喫茶店と日本人』（赤土亮二、旭屋出版、二〇一九年）によれば、現存するチェーンの喫茶店ができるのは戦後。銀座ルノアール一号店が一九六四年に東京・日本橋で、コメダ珈琲店が一九六八年に名古屋市菊井で一号店を開いている。一九七〇年、東京・神田神保町に珈琲館一号店、一九七二年、神奈川県川崎市にコロラド一号店ができ、一九八〇年にドトール一号店が原宿にできる。スターバックスの一号店は、一九九六年に銀座。

料理の歴史をみていこう。ドトールのジャーマンドック、コメダ珈琲のシロノワールやモーニングなど、軽食を出すチェーンもあるが、洋食メニューの存在感が強いのは、個人の喫茶店である。『コムギ粉の食文化史』によると、ホットケーキを最初に出したのは、日本橋三越の百貨店食堂で一九二三年だった。

『喫茶店と日本人』によると、一九五〇年頃から「純喫茶」を名乗る店がふえる。それは、風俗営業的な要素を持つ「カフェー」と区別するためだった。コーヒーや紅茶、ソフトドリンクのほか、トースト、ホットドッグ、サンドイッチ、ホットケーキ、アイスクリーム、プリン、パフェ、ケーキなどをそろえる店が多かった。

高度経済成長へ向かうと喫茶店が次々とでき、差別化のためにナポリタン、ピラフ、カレー、ハンバーグなどの食事メニューを揃える店がふえていく。喫茶店に洋食メニューがあるのは、これらの洋食が広まった高度経済成長期に、喫茶店がふえたからなのだ。

ピザトーストは一九六四年、東京・日比谷「紅鹿舎」で生まれている。『あのメニューが生まれた店』によれば、現在の代表取締役・村上節子が喫茶店を経営する夫から、二店目を出すにあたり新しいパンのメニューを相談されたことが誕生のきっかけだった。村上が思いついたのは、当時「ピザパイ」と呼ばれ流行していたアメリカンスタイルのピザ。パンの厚さや焼き加減などを試行錯誤したという。ピザトーストも、日本生まれの洋食なのである。

パンや卵料理などをつけたモーニングの発祥は、広島説と愛知・一宮説がある。広島説は、ウェブマガジン『Ｙａｈｏｏ！ライフマガジン』二〇一八年三月一四日配信記事によると、広島市の「ルーエぶらじる」という店の、一九五六年の外観写真に「モーニング」の文字が見られることを根拠とする。

同店は帰還兵の末広武次が一九四六年、広島駅近くで開いた食堂が始まり。区画整理に伴い一九五二、三年頃に鷹野橋へ移転し、「朝食をしっかり食べて欲しい」と始めたサービスで、パンとコーヒー、卵料理だった。

一宮説は、愛知県の一宮市観光協会のウェブサイトに紹介がある。一九六〇年創業の「サンパウロ」が、コーヒーにゆで卵とピーナッツをつけていた。そして、マスターが開業する四年前に働いていた「三楽」でも、「よその店でやっとるモーニングをウチでもやろうと。それが昭和31年だよ」と証言している。一宮市は当時盛んだった繊維業に携わる人が昼夜を問わず、喫茶店を訪れていた。

どちらも昭和三〇年代初めにスタートしている。人々はまだ貧しく、国を挙げて復興しようと働く人たちが都会にあふれていた。そんな頃に次々と喫茶店ができたのは、休憩や打ち合わせ、食事の需要がふえたからだ。パンなどの洋食の朝食も流行していた。どちらの店もおそらく、働く人たちの助けになりたい、と発案したのだろう。もしかすると証言がないだけで、他の都市でもモーニングサービスは始まっていたかもしれない。だからそれはきっと、時代に応えて同時多発的に生まれたものなのである。

◆「朝活」で何を食べますか？

ホテルやベーカリーカフェその他の朝食を、わざわざ食べに行くことが流行り始めたのは、一〇年あまり前から。勉強会や趣味など、仕事前の時間を利用する「朝活」が流行ったことも人気を後押しした。朝活ブームは、ウェブ辞書のコトバンクによれば、二〇〇八年頃からだ。

ボリュームがあっておいしいモーニングが食べられるカフェの第一弾は、シドニー発「世界一の朝食」が売りの「bills（ビルズ）」で二〇〇八年に、鎌倉七里ヶ浜へ日本初出店。その後、東京都心にも進出した。二〇一〇年には、千駄ヶ谷に「グッドモーニングカフェ」も開業。

その頃から台湾ブームが始まり、台湾の安くておいしい朝ご飯も人気になった。二〇一〇年代後半から、台湾から豆腐の仲間の「豆花《トウファ》」「鹹豆漿《シエンドウジャン》」などを看板にした店が次々と出店しており、行列ができる店もあるなど人気になった。名古屋の喫茶店モーニングが脚光を浴びたのも、この頃である。

そうした流れを受け、シティホテルなど既存店もモーニングを打ち出すようになった。

ブームを盛り上げたもう一つの要素が、『月刊コミック＠バンチ』（新潮社）で二〇一二年に始まった人気連載マンガ『いつかティファニーで朝食を』（マキヒロチ）である。二〇一九年に終了し、単行本は一四巻出ている。

二八歳、アパレル本社で働く佐藤麻里子と同世代の友人たち、職場の仲間などの群像劇として物語は進む。朝食シーンを軸に、等身大のアラサー女性たちの仕事や恋の悩みが綴られていく。時間が経つにつれ、周りの仲間は結婚、転職などの変化を経験する。麻里子自身もいくつかの恋が終わり、転職する。夢を求めてニューヨークへ旅立つ友人も、会社を辞めて故郷で本屋を立ち上げる元同僚もいる。麻里子と仲間の楽しみは、外でおいしい朝食を食べに集まること。終業時間がバラバラで、子育てに忙しい人もいるなど、ライフスタイルが異なる友人たちと集まりやすいのが、朝食だからである。

麻里子が、全国に出店するアパレルメーカー勤めという点がミソで、出張先のモーニングも登場する。引っ越していった仲間の、現地での朝食場面もある。台湾など旅行して楽しむ朝ご飯もあり、無理なくさまざまな朝食を登場させている。

例えば、一巻で別れた彼氏、創太郎の車で七里ヶ浜のビルズへ行く麻里子。麻里子は、看板メニューの「リコッタパンケーキ」と「パイナップルキウイミントのスムージー」を頼み、フワフワの食感と味に感動する。幸せそうな麻里子に、創太郎はヨリを戻そうと提案するが、麻里子はきちんと終わら

『いつかティファニーで朝食を』

せようと会ったことを話し、二人は別れる。

話はだいぶ進んで、八巻では気になる同僚の菅谷と福岡市に出張し、人気ナンバーワンの箱崎のパン屋「パンストック」で看板商品の「明太フランス」「小豆練乳」「キビック」を買い、駅のベンチで食べる。小豆練乳は「パンはハードでカリッとするんだけど　練乳がクリーミーで小豆がフカフカして絶妙だ〜〜」、明太フランスは「明太子が上にのってるだけじゃなくて中にも沢山！　バターと一緒にパンの生地にしみこんでてかむほどにじゅわっとあふれてくる！」と大喜び。シングル生活に虚しさを感じていた麻里子は、インフルエンザになった担当者の代わりに、と前夜出張を頼まれ疲れていたのだ。パンに癒される麻里子を見て、安心した顔をする菅谷。いい感じの二人が、物語の次へと読者を進ませる。

築地の定食など和食も出てくるが、作品に登場する朝食はパンなどの洋食が多い。七年間一度も同じ店を登場させることなく連載を続けられたのは、それだけ朝食を出す料理自慢の店がふえているからで、そのバラエティの豊かさも、確かに日本がグルメの国になったことを気づかせる。

洋食の歴史を観ていくと、それは西洋から入ってきた料理が、家庭や外食店でアレンジされて定着し、庶民の日常に入り込んでいく歩みだったことがわかる。そして目新しいモノだった洋食が流行の発信源となり人々を外食へと連れ出す。グルメ化を促したのは、やはり洋食だったのだ。

では、そのオリジナルとはどんなものだったのか。次節は洋食のもとになった西洋料理の歩みをたどってみたい。

三　西洋料理から洋食へ

◆西洋人と会食したパイオニア

西洋料理はどのように入って定着したのか。始まりはもちろん、幕末開国期である。日本は一八五八（安政五）年にアメリカ、続いてオランダ、ロシア、イギリス、フランスと修好通商条約を結んだ。そして箱館（函館）、横浜、長崎、新潟、兵庫を開港場とし、市街のみを開く町として江戸、大坂が選ばれた。貿易はまず、一八五九年に横浜、長崎、箱館で始まっている。

初期の主力輸出品は、絹と茶だった。茶貿易を最初に手がけたのは、長崎の女性商人、大浦慶。彼女は坂本龍馬らの海援隊も支援した。いわば、明治維新のパトロンである。慶を主役にした小説『グッドバイ』（朝井まかて、朝日新聞出版、二〇一九年）に、貿易商人たちによるガラバア（トーマス・グラバー）宅でのウイリアム・オルトの送別会に、慶が唯一の日本人として出席する場面がある。

オランダを介しての貿易から始めた慶は、各地の港が開いて自由貿易ができるようになった頃、すでに西洋人商人たちと渡り合い、茶葉の商売を軌道に乗せていた。西洋料理のマナーを心得、英語もある程度理解できるようになっている。

「今日のソップは鶏肉で出汁を取ったらしき羹《あつもの》で、小さく賽《さい》の目に刻んだ大根と人参、そして香りの強い異国の香草を微塵《みじん》にして散らしてある。洋皿には、深い藍《あい》と渋い柿色で花鳥や雲水が描かれている。形こそ洋式だが佐賀藩有田で焼かれた色絵皿で、伊万里焼《いまりやき》だ。大浦屋の蔵にも何組かあるが、ことに欧羅巴《ヨーロッパ》の王侯貴族に珍重され、阿蘭陀商館を通じて随分と移出されてきたらしい。

屋敷の使用人らは主であるガラバアのとっておきのイマリを使う日は特別の宴であると心得ているらしく、それは丁重な手つきで給仕する」

「近頃はさすがに慣れたものの、西洋流の食べ方はなかなか面倒だ。背筋を立てて緩やかに肘を張り、小刀《ナイフ》と三叉《フォーク》を遣いながら誰かの話にうなずき、優雅に笑むのが会食の作法らしい。羹や煮物の汁を零《こぼ》すと粗相になるのは東西いずこも同じで、だが西洋式では器を手で持ち上げることができない」

江戸時代に唯一港を開いていた長崎には、オランダ人や中国人が住んでおり、オランダ料理と中国料理の要素が入った卓袱《しっぽく》料理がある。肉やキノコなどを詰めて焼いたパイのパスティ、豚の角煮などをテーブルにずらりと並べ分け合って食べる。慶も、そうした異文化の要素を含む料理にある程度親しんだ下地があったから、本格的な西洋料理を受け入れやすかったのかもしれない。

◆日本最初の西洋料理店

先の小説で、慶がオルトたちに紹介され、西洋人商人たちとの会食でよく使うようになる店が、日本人が開いた最初の西洋料理専門店、自由亭である。その主人、草野丈吉について「船の中でも相当腕を磨いたのか、狭い店で供される西洋料理は本式で、ガラバア邸の料理人が出す品々にまったく引けを取らない」と紹介し、「しかもどういう案配か、西洋人のみならず日本人の舌をも満足させてくれる。（中略）一人一分《いちぶ》もかかる店だが、密かに外国人を招いて交誼《こうぎ》する諸藩も多く、すぐに席が埋まるほどだ」と店の様子を伝えている。

『本邦初の洋食屋』（永松実、えぬ編集室、二〇一六年）によると、一八六三（文久三）年、「良林亭」として長崎の伊良林若宮神社下の自宅、六畳一間で開業したのが最初。翌年に参道中ほどに移転新築して「自遊亭」と名を変える。その翌年に、来店した海軍伝習所一期生の佐野常民のアドバイスで「自由亭」と変えている。

その後、草野は一八六九（明治二）年に大阪の川口居留地の外国人と日本人が入り混じって暮らす雑居地、梅本町（現西区本田）にレストランを持つ大阪最初のホテル、自由亭を建設。一八七七年の国鉄（現ＪＲ）京都―神戸間開通に際し、天皇を迎えて開かれた午餐会の料理を、川口の自由亭が提供した。一八八一年に川口の店を閉店し翌年中之島に自由亭ホテルを出店している。

京都でも、祇園の八坂神社隣にあって火事を出した茶屋の藤屋を買い取って、一八七七年に料理と宿を提供する自由亭を開業。神戸でも、現在の三宮・栄町通あたりに一八八五年に自由亭ホテルを開く。しかし残念ながら、草野は翌年四七歳で亡くなり、拡大発展の道はとん挫する。

草野はどのようにして、本格的な西洋料理を身に着けたのだろうか。長崎村の伊良林稲荷神社下手の農家に一八四〇（天保一一）年、生まれた三男三女の次男。兄は丈吉が生まれた年に亡くなったので、実質的には長男である。一〇歳の頃から、家でつくった野菜・果物や近隣の野菜を集めて行商したり、野草を採集して薬店に売るなどして家計を助け、一四歳で米屋に丁稚奉公で入る。三年後の一八五六（安政三）年、父が病気になって実家に戻り、農業の傍ら行商する生活になる。

一八歳のときに、オランダ人の買いものの仲立ちをするコンプラドール仲間の有力者、増永文治の家に雇われ、一年後にオランダ人の家でボーイと下働きになる。そこからオランダ人たちの洗濯やコック見習いなどで働くようになり、オランダ総領事デ・ウィットの使用人として軍艦にも乗り組み、江戸や箱館、横浜にも回る。

長崎の自宅に帰ったのは一八六三（文久三）年で、二四歳の草野はまず西洋式の洗濯屋を開業したが、需要があまりなく西洋料理店へ商売替えした。

きっかけについては、『長崎の西洋料理』（越中哲也、第一法規、一九八二年）にくわしい。オランダ人宅の料理人はだいたい中国人で、その下で草野は苦労して料理を学び、船や横浜の外国人料理人の下でも修業した。西洋人たちから賞賛されたことから、長崎で外国人接待のケータリングを始める。草野は、デ・ウィットの下にいたときに知り合った五代友厚に相談した。当時、薩摩藩で外交を進める責任者だった五代から、これからの時代は必ず需要がある、と後押しされたのである。

自由亭の料理の記録はほとんどないが、『本邦初の洋食屋』に紹介されているものがある。一つは、一八六五（慶応元）年にオランダ人医師、ボードインを、診察してもらった鍋島直正がもてなすために頼んだ料理で、二七種類。「鶏スップ　牛ヒイトリ　豚フラート　野菜ヲートルストーフ　コラールストーフ　後座　ハーエル　マンス　コヲヒイ　パン」である。スップはスープ、フラートは焼いた肉、ストーフは蒸した野菜料理だろう、と同書は説明している。

川口自由亭の天皇陛下午餐会の献立もある。「ロブスタサラド」「ゲンパイ」（阿古注：ジビエを包んでいるので、おそらくイギリスの伝統料理、ゲームパイと思われる）、「チキン、ハムパイ」、「ロース、グース」（ガチョウの腹に、刻んだタマネギ、鶏レバーひき肉を炒めてパン粉、パセリ、塩、コショウ、ナツメグ、卵黄と混ぜて詰めオーブンで焼いたもの）、「シャロイン、ビフロース」（牛肉の蒸し焼き）、「ライク、マテンロース」（「羊肉の蒸し焼き」）、「ロースターキ、ボロナーサンズ　七面鳥豚詰」、「ボイロハム」（「茹でた塩漬け豚肉」）、

「コローア、トン」(牛タンの冷製)、「ロース、チキン」(ローストチキン)。デザートは「フルターツ、ケーキ」「チーズ、ケーキ」「ミンツパイ」「ジェリー、ケーキ」「カスター」。

長崎のみならず、京阪神でも西洋料理を伝える役割を果たした自由亭の建物は今、長崎市のグラバー園に移築され喫茶店として使われている。店の前には「西洋料理発祥の碑」がある。

◆神戸のオリエンタルホテル

高度経済成長期頃まで、日本の西洋料理界を引っ張る中心にいたのは、ホテルの料理人たちである。『横浜もののはじめ物語』によると、最初のホテルは一八六〇年に横浜居留地に開業した横浜ホテル。オランダ帆船ナッソウ号の船長だったフフナーゲルが「公衆の長い間の渇望に応えた」と広告を出して開いた。イギリス公使のオールコックやシーボルト父子、画家のワーグマンなど多彩な人たちが利用したが、一八六六(慶応二)年の火災で焼失した。

横浜にはこのほか、横浜ホテルでバーを預かっていた、ジャマイカ生まれでイギリス籍の通称マコーリー男爵が一八六二年にロイヤル・ブリティッシュホテルを始めたほか、元船乗りの西洋人が次々にホテルを開いている。

『西洋料理人物語』(中村雄昂、築地書館、一九八五年)によると、築地居留地の設立と合わせて一八六八(慶応四)年、ホテルと貿易所を兼ね開業した半官半民の築地ホテル館は、残念ながら次第に営業が傾き、一八七二年二月に築地・銀座エリアを襲った火事で焼失した。このとき、開業日を迎えた精養軒ホテルも焼失した。この二つのホテルそれぞれの西洋料理が、日本の西洋料理の礎となっている。

『神戸と洋食』によると、礎を築いた一人は築地ホテル館で料理長を務めたフランス人のルイ・ベギュー。大火の翌年、横浜居留地に建てられた横浜グランドホテルの初代料理長を務め、一八八七（明治二〇）年に神戸へ移り、オリエンタルホテルの社主となる。日本における「フランス料理の父」と称されるベギューの来歴は不明。一八九三年までに帰国しているようだ。

横浜グランドホテル時代の弟子、吉川兼吉は鹿鳴館の料理長、帝国ホテルの初代料理長、宮内庁大膳寮を経て、伊藤博文について植民地になった朝鮮半島へ渡って李王朝の料理番などをしている。

神戸におけるオリエンタルホテルのブランド力は高く、ダイエーが一九八八年に新神戸に商業施設とホテルを開業するにあたり、「新神戸オリエンタルホテル」の名をつけたほどである。現在このホテルは経営が移り、ＡＮＡクラウンプラザホテル神戸となっている。

昭和初期、大阪船場の旧家の四姉妹を描いた谷崎潤一郎の『細雪』（新潮文庫、一九五五年）でも、主人公の幸子は、何かと便利にオリエンタルホテルを使っている。三女の雪子が最初に見合いをするのは、オリエンタルホテルのレストランでのディナーである。

『神戸と洋食』は、イギリスのノーベル賞作家、ラドヤード・キプリングの『キプリングの日本発見』（H・コータッツィ、G・ウェッブ編、加納孝代訳、中央公論新社、二〇〇二年）に、オリエンタルホテルの食事についての手放しの礼賛を

横浜開港図（1860年。国立国会図書館蔵）

発見している。「彼のホテルでは本物の料理が食べられる。（中略）ベグーさん、私はあなたのポテトサラダ、あなたのビーフステーキ、あなたの魚フライ、それからあなたが見事に訓練した、細身の青いズボンをはいた大勢の日本人給仕たち（中略）をほめたたえるトップ記事を書きますよ。いや、詩を書こう」。

同ホテルのウェブサイトによると、開業は神戸の開港から二年後の一八七〇年で、当初は外国人専用だった。一九九五年の阪神淡路大震災で被災し、廃業するが、二〇一〇年に再興している。

オリエンタルホテルの名物料理はカレーで、二〇〇一年に神戸のエム・シーシー食品が「100年前のビーフカレー」として商品化した際、旧オリエンタルホテル名誉総料理長だった石坂勇が監修している。

『神戸と洋食』は、オリエンタルホテル伝統の料理の行方を町で探している。再興したホテルのレストランは、「全く違う系譜」になっているからだ。

旧ホテルの味を受け継いだ一つが、阪神電鉄が一九三四年に建て、オリエンタルホテルに経営・営業を委託した六甲オリエンタルホテルで、オリエンタルホテルで修業した料理人たちが口を揃えて、ここが最も料理技術を継承していたと言う。しかし、同ホテルは二〇〇七年に閉鎖。たまたま私はここで結婚式を挙げ、親族で会食している。記憶の細い糸をたぐってみたら、フランス料理のフルコースなのに重たくなく、食べやすかったことを思い出した。

二〇〇九年にライターの宗田洋子が、音武夫元シェフに聞き取った、旧ホテルのレシピが同書に収録されているので引用する。「牛肉とスジ肉をオーブンで数時間焼き、同様にキツネ色に焼いた香味野菜、トマトピュレ、鶏ガラや牛スジでとったブイヨン、水とともに大きな寸胴鍋に入れ、オールスパイス、ナツメグ、タイムを加え煮込むこと5日。小麦粉とバターで炒めたブラウンルーを加え、さらに2日。漉してアルコールをとばした赤ワインで1週間の手間をかけて仕上げる」。大変な手間がかかったソースである。ここまで手間と時間をかけないまでも、多くの手間をかけたソースを、今も神戸の洋食店はつくり続けている。

◆精養軒の伝説

築地精養軒の初代料理長は、フランスで修業したスイス人、カール・ヘス。一八七二年、鉄道事故で片腕をなくしたものの、一八七四年に築地で「チャリ舎」という日本で最初の本格的なフランスパンの店を開いて、多くの弟子を育てている。日本人女性と結婚した彼は、名前の英語読み、チャーリーから、「チャリヘス」と呼ばれて親しまれた。翌年大火から再建したホテルでも料理長として復帰。二足のわらじを履いて活躍した。

『西洋料理人物語』（中村雄昂、築地書館、一九八五年）によると、精養軒を開いたのは、岩倉具視《ともみ》の側用人として京都から東京へ来た元仏光寺の寺侍、北村重威《しげたけ》。外国人や政府要人が安心して使えるホテルや西洋料理店が築地ホテル館以外にないことを国辱と感じて、岩倉など政財界人たちの支援を受けて精養軒ホテルを建てた。「年々増えてくる西洋人の宿舎と食事を賄い、各種宴会を行なう場所として、政財界は精養軒に期待した」とある。ホテルの売りは、レストランでおいしいフランス料理を出すことだった。

一八七六年には、大久保利通《としみち》、岩倉具視《ともみ》のすすめで、上野公園の開設に際して上野支店を設けている。こちらが現存する上野精養軒である。築地精養軒は関東大震災で倒壊し、今度は再建しなかった。

ヘスの下で修業した西尾益吉は、日本人料理人としては初めて明治末期にフランスへ渡る。ホテル・リッツのエスコフィエから学んで帰国し、四代目料理長となっている。宴会料理が得意で、取締役支配人にまで上り詰めてから退社。一九一八（大正七）年に本郷で「燕楽軒」というレストランを開いている。凱旋後の西尾の下で働いた一人が秋山徳蔵である。彼は西尾のように「でっかい顔をして歩きたいものだ」と思ってパリ留学を果たす。

西尾と対立して退職に追い込み、支配人になった五百木《いおぎ》竹四郎は、「名人芸を讃えられた」五百木熊吉の弟で、やはり腕自慢の料理人だった。熊吉は明治初年に西洋人の屋敷で働いて洋食を覚え、横浜のクラブホテルなどで働き、一九〇七（明治四〇）年に、神戸に開業したトーア・ホテルの初代料理長に迎えられた人である。

竹四郎は、熊吉の弟弟子の鈴本敏雄を料理長に選び、オリエンタルホテルから呼ぶ。鈴本は横浜商業学校（現横浜市立商業高校）を出ており、当時の料理人としては学歴が高い。グランドホテルで料理修業を始め、オリエンタルホテルで働いて料理長になっていたが、二八歳頃に精養軒に入る。秋山も高く評価した鈴本は、精養軒の黄金時代を築く。

洋食料理人「青二才」が数多くの資料を基に書いたウェブサイト『西洋料理人列伝』によると、秋山徳蔵とは無二の親友だった。秋山が一八八八年生まれ、鈴本は一八九〇年生まれの同世代である。秋山は鈴本の腕を「自分以上と評して信頼していたといわれ、宮内庁で使用するドミグラスソースは鈴本のいる築地精養軒から仕入れたほどだった」。

鈴本は多くの弟子を育て、一九二〇年には『佛蘭西料理献立書及調理法解説』（奎文社出版部）を出している。料理人による最初の料理解説書で、のちにホテルオークラ（現オークラ東京）の総料理長になる小野正吉も愛用した。上野精養軒の支配人を経て独立。一九五五年に秋山の紹介で森永キャンデーストアに入り、料理教室で教えた。一九六七年に現役のまま、七七歳で亡くなっている。

◆エスコフィエの弟子たち

『フランス料理ハンドブック』によると、西尾益吉、秋山徳蔵以外でエスコフィエから直接学んだ日本人は、町場のレストラン「中央亭」で料理長を務めた渡辺彦太郎、「東洋軒」の林玉三郎だ。町のあちこちに、エスコフィエの影響を受けた料理人が散ったことで、「一気にエスコフィエの料理が日本のフランス料理界に浸透していくことになる」。二店は精養軒と並ぶ宮内省御用達の店で、他に「宝亭」「富士見軒」が、宮中主催の宴会などで料理を手伝っている。

この時代、西洋料理の店はどのぐらいあったのだろうか。『明治西洋料理起源』（前坊洋、岩波書店、二〇〇〇年）に、東京のガイドブックがたくさん出た一八九〇（明治二三）年一月～七月刊行のものを集めて、西洋料理店をリストアップしている。都心から郡部まで、全部で九〇軒もある。ホテルも入っているが、一一月開業の帝国ホテルは含まない。

開業年がわかっている店のうち、一番古い店が神田「三河家」で幕末の一八六七年。横浜の牛肉屋・西洋料理屋の三河屋久兵衛が開いた。その翌年頃とされるのが、芝「太田楼」。次が精養軒、一八七五年に三軒、翌年に二軒開業し、その後も続々と開業している。一八八五年に八軒、翌年と二年後に一三軒でこの頃が開業ラッシュのようだ。

このときまだなかった、宮内省御用達で留学生を出した「東洋軒」「中央亭」について、どんな店だったかを描き出してみよう。

『西洋料理事始　中央亭からモルチェまで』（中央亭編集・発行、一九八〇年）によると、中央亭は丸の内に三菱ビルが次々と開業していく中で、一九〇七（明治四〇）年にできた三菱八号館内に開業している。一九〇八年に株式会社化し、都内のほか横浜、神戸、名古屋へも支店を出す。

留学した渡辺彦太郎とは、中央亭の創業者、渡辺鎌吉の息子で跡継ぎである。鎌吉は、一八五七（安政四）年、神奈川・藤沢の農家に生まれた。一〇歳を過ぎた頃から横浜のオランダ公使館で働き、料理修業を始めている。その間にフランス語、英語も学ぶ。

一八八〇年、オランダ大使館が東京に開設するのに伴い、東京へ移る。幕末に来た医師として名高いシーボルトの息子たちに見出され、一八八三年にできた鹿鳴館の料理長に推薦されている。しかし渡辺は断り、義弟でオランダ大使館同僚の藤田源吉を推す。

しかし、鹿鳴館の後続施設、華族会館では、一八八九年から料理長を務めた。そこで政財界人たちと知り合い、松方《まつかた》正義、桂太郎、岩崎弥之助らの支援を得て中央亭創業に至っている。渡辺は、周囲から「オランダの鎌さん」と呼ばれた。

自身はヨーロッパへ行くことが叶わなかったが、息子の彦太郎を一九〇五年にフランス大使館の料理人としてフランスへ留学させる。彦太郎はドイツ、スペインなども含め八年間ヨーロッパで学んだ後、中央亭を継いでいる。しかし、本場の味を再現しようとして材料費をかけすぎ、一九一八（大正七）年に明治屋の支援を受けて株式会社化になった際、経営から手を引く。明治屋は、一九七一年に同店を、洋食店「モルチェ」に変えている。

東洋軒は、一八九七（明治三〇）年（一九〇六年説もあり）創業。一八八九年から三田の慶応大学前で人気の牛鍋屋「今福」を開いていた伊藤耕之進が、店をひいきにしていた伊藤博文の後押しで開いた西洋料理店である。秋山徳蔵、資生堂パーラーの高石鍈之助、東京會舘の初代料理長の今川金松、「レストラン・クレッセント」の川瀬勝博、銀座「コロンバン」創業者の門倉國輝、丸の内ホテル料理長を務めた斎藤文次郎などそうそうたる人材を輩出している。高石が、クロケットに出合ったのはこの店で修業中の折である。

伊藤は一八六七年、長野県諏訪の士族の次男として生まれ、一四歳で上京。牛肉料理店「今源」で修業し、のれん分けで「今福」を開く。優秀な料理人をほうぼうから引き抜いて料理人の地位を上げた。初代料理長は、築地精養軒から北垣栄七郎を引き抜く。育成にも力を入れて海外留学もさせており、その一人が林玉三郎だった。

『空拳努力信濃立志伝』（轟真広編著、一九二二年）によると、華族会館や帝国劇場内など一流の場所ばかりで大阪にも展開していた。伊藤は大阪ホテル相談役、名古屋ホテル取締役、東京缶詰取締役などを務め大実業家として名を馳せたが、震災の翌年に亡くなった。関東大震災で本店以外の東京の支店がすべて倒壊または焼失して経営への打撃が大きく、やがて閉店する。現在は、一九二八年に開いた三重県津市の支店のみが、営業を続けている。

◆フランス料理を近代化させた人

戦前に業界をリードした西洋料理人たちの基礎をつくったエスコフィエとは、どんな人だったのか。『エスコフィエ』（辻静雄、復刊ドットコム、二〇一三年）、『フランス料理ハンドブック』『プロのためのフランス料理の歴史』（ジャン＝ピエール・プーラン&エドモン・ネランク共著、山内秀文訳、学研、二〇〇五年）からたどってみよう。

オーギュスト・エスコフィエは一八四六年、南フランス・ニースの外れにあるヴィルヌーヴ＝ルベ村で生まれた。父は鍛冶屋兼錠前屋。一三歳から、ニースにある伯父のレストランで修業する。ニースに滞在していた「ル・プティ・ムーラン・ルージュ」の主人に出会って、一八六五年にパリの同店で働き始める。普仏戦争で料理人として召集された後、ル・プティ・ムーラン・ルージュへ戻って料理長を務める。その後、いくつかのレストランを経て、一八八四年にホテル経営者のセザール・リッツと出会い、モナコの首都、モンテ＝カルロの「グラン・トテル」に雇われたことが躍進のきっかけとなる。モンテ＝カルロは当時、ヨーロッパの富豪が集まる観光地として上り調子だったのである。

二人とも、完璧主義者の似た者同士だったのがよかったのかもしれない。ゴールデンコンビになるのは、一八九〇年、リッツが再建を要請されたロンドンのサヴォイホテルの料理長にエスコフィエが就き、調理場を改革して料理の評判を高めて以来だ。

エスコフィエはリッツとともにヨーロッパ各地のホテルで働き、一八九八年、パリに開業したオテル・リッツと翌年にロンドンに開業したカールトン・ホテルの料理長を兼任し、比類のない名声を築く。一九一八年にリッツが死去し、一九二〇年にエスコフィエはカールトンホテルを退職、一九三五年に八九歳で亡くなる。秋山徳蔵が翻訳し、数々の料理人が教科書とした『料理の手引き』を、一九〇三年に刊行している。

エスコフィエがサヴォイホテルで行った改革は、次のようなものである。一人の料理人が一つの料理を最初から最後まで受け持つのを止め、ソース担当、冷製料理担当、焼く担当などと工程ごとに作業を振り分ける分業方式を編み出した。装飾的だった料理の盛りつけも簡素化している。

自ら接客も行い、客の好みや要望に応えた。サヴォイホテルに住んでいたオペラ歌手、ネリー・メルバに捧げたデザート、「ピーチ・メルバ」は有名だ。また、地位が低く荒くれ者が多かった料理人たちの間に、規律を設けようとした。厨房内での飲酒を禁止し、言葉遣いをていねいに、身なりも整えるよう指導する。そして自身は部下の面倒をとことんみた。

多方面から行ったエスコフィエが活躍したのは、鉄道や客船などの交通手段が発達し、リゾート観光が盛んになった時代を背景としている。

貴族階級と並んで企業家たちが勢いを得、彼らを受け入れる豪華ホテルが欧米の主要都市に次々とできる。新しい社交場となったホテルで、リッツとエスコフィエは活躍したのである。そして街のレストランと比べて収容人数が多いホテルは、膨大な客をさばく効率化が、厨房にも求められていた。アメリカでフォードが、分業制の自動車工場を

オーギュスト・エスコフィエ

創業したのが一九〇三年の同時代だ。大量生産の時代は、さまざまな分野で分業による効率化が求められていたのである。『料理の手引き』も、近代化した厨房に合わせ再構築したマニュアルの要素も持つ、現代フランス料理の基盤である。

◆横浜居留地のホテル

日本における西洋料理の基礎をつくった町として、横浜も見逃すことはできない。『横浜もののはじめ物語』によると、近代横浜を代表するホテルは一八七〇年、写真家のベアトら数人が共同所有する建物を、長崎でベルヴューホテルを経営していたグリーン夫人が賃借して開いたグランドホテル。それから、一八八四（明治一七）年に横浜ユナイテッドクラブの給仕長ハーンと、ルイ・ベギューがクラブの建物を借りて始めたクラブホテル。こちらは一九〇九年に火事で焼失し、再建されたものの一九一七年に廃業している。一八七二年にできたオリエンタルホテルもその一つで、卓抜な西洋料理で知られたと、『ヨコハマ洋食文化事始め』（草間俊郎、雄山閣、一九九九年）にある。

グランドホテルは、ベギューが神戸へ行く前に料理長を務めたホテルで、帝国ホテルの初代料理長になった弟子の吉川兼吉のほか、丸の内ホテル料理長となった斎藤文次郎もここで修業している。日本の西洋料理史において、重要なホテルなのである。

『ヨコハマ洋食文化事始め』でグランドホテルの開業は、ホテルとして改築した一八七三年となっている。住所は当時の居留地二〇番地。支配人は西洋人でW・H・スミス、J・ライアンズ。新聞広告で日本人にも利用を呼びかけ、施設を拡充していった。

実業家のエミール・ギメも、一八七六年に滞在している。神戸のオリエンタルホテルを絶賛した作家のキプリングも滞在。イギリスの工業デザイナー、クリストファー・ドレッサーは『日本、その建築、芸術、美術工芸』で「魚料理、アントレー、それに大きな肉の切り身が次々出され、あたかもパリーのグランド・ホテルに滞在したかのような錯覚がした。また、料理の中にはクロッセ・ブラックウエル社（阿古注：おそらくC&B社）の保存肉や、ケイラー社製のダンディー産マーマレードやジャムまで混じっていた」と絶賛している。

『ホテル料理長列伝』によると、「横浜を代表するホテルとしてフランスふうの華麗なレンガ造りの外観を誇っていた」。洋食屋の「三好軒」、カフェー・プランタンを経て入社したばかりの斎藤文次郎は、目を見張ったと当時の感動を語っている。

それはまず、調理のシステムが組織的に系統立っていたこと。電気が自家発電で水道もホテル専用。総支配人が調理場の隅々までチェック、料理人の身体検査までやり、衛生観念がしっかりしていた。「皆仕事には熱心でね、自分の部署の仕事だけじゃなくて、ほかの仕事も暇をみては覚えようと一生懸命だった。（中略）なによりもありがたかったのが、メニューの種類が豊富だったこと。常時七、八十種類は出していたし、食用蛙やエスカルゴの料理なんてのはその時分にはまだめずらしいものだった」と語る。

しかし、横浜を関東大震災が襲う。震災前後の横浜を、『伝説の総料理長サリー・ワイル物語』が描写している。獅子文六のエッセイから、震災前は「コック場の付近を通行すると、世にもうまそうな匂いが、流れてきて、少年の私を釘づけにさせた。その頃には日本の洋食屋が、横浜にも数多あったが、そんな匂いはしなかった。私はグランドホテルの匂いが本当の洋食の匂いではないかと思った」（『続　飲み・食い・書く』）と紹介する。

横浜のホテルやレストランは、外国人が外国人相手に営業していたので、「異国そのものだった」。テニスコートも、クリケット・クラブもあった。フランス革命記念日には、街はフランス国旗で埋まり、夜中までフランス国歌「ラ・マルセイエーズ」の歌声が響いた。

関東大震災でグランドホテルの煉瓦造りの建物は倒壊。マクドナルド社長が下敷きになって死亡。二四〇人の従業員のうち五一人が亡くなり、宿泊客も四〇名の命が奪われた。オリエンタルホテルも灰燼《かいじん》に帰した。横浜を代表するホテルは、すべてなくなってしまったのである。

ウェブマガジン『ニッポン・ドットコム』二〇一九年八月三〇日配信の「人的被害の9割が東京・横浜に集中：関東大震災を振り返る」によれば、関東大震災の死者・行方不明者数は一〇万五三八五人で、そのうち横浜市は二万六六二三人にのぼっている。

◆ホテルニューグランドの伝説

『伝説の総料理長サリー・ワイル物語』によると、震災後すぐに立ち上がったのは、原三渓《さんけい》こと原富太郎ら生糸商人たちだった。彼らがつくった横浜貿易復興会と財界人たちは、貿易業に必須のホテルの建設を神奈川県に訴えたが、却下される。一方、島根県や神奈川県などの知事を歴任した経験豊富な官僚、有吉忠一は、復興が進まない横浜から商人たちが東京や神戸に拠点を移す姿を目の当たりにし、グランドホテルのような宿泊施設を用意しなければならないと考えていた。

有吉は一九二五年、横浜市長に就任すると、横浜復興のシンボルとして、ホテルの計画を政策第一号として提案し、市議会で可決される。金融恐慌真っただ中だったが、会社設立に際して一〇五人もの発起人が名を連ね、株の半分を一般公募して資金を集めた。そして一九二七年、ホテルニューグランドが、震災の瓦礫を埋めてできた山下公園前に開業する。

ホテルは最新式の設備を導入。外国人シェフを招聘し、フランス料理を出すことになった。招かれたのは、スイス人のサリー・ワイル。彼のプロフィールは謎が多いが、同書は数多くの資料に当たって足跡を描いている。一八九七年生まれで、一五歳でスイス・ベルンのナショナルホテルで修業を始め、国内を転々としたのち、二六歳になる一九二三年にオランダのホテルで初めて料理長となる。その前後にヨーロッパ各地の観光地のホテルで働く。『西洋料理人物語』によると、ホテルニューグランドへ紹介したのは、パリのホテルで支配人をしていたアルフォンゾ・デュナン。当時、ワイルはこのホテルで働いていたのである。

彼の技術力を、『伝説の総料理長サリー・ワイル物語』は、日仏料理協会会長の宇田川政喜に発掘された一九二八年の晩餐会のメニューから分析させている。それは正当派の「エスコフィエのメニューそのもの」だが、エスコフィエがあまり使わなかったアルザス料理が入っている。それはワイルがドイツ語圏出身だからではないか、と分析している。

ワイルはフランスにとどまらず、ヨーロッパ中の有名な料理をレストランのメニューに加えていた。ロシアのビーフ・ストロガノフ、オーストリアのヴィーナー・シュニッツェル、ハンガリーのスープのグヤーシュ、スコットランドのハチノス煮込み、スコッチ・ハギス。ドイツ語圏出身者らしく、オーストリア、ドイツの地方料理も得意だった。

ワイルは、料理人たちが驚いた近代的なシステムをいくつも導入した。日本の料理界の伝統で、従弟制度を導入していた当時の厨房では、一つの持ち場を死守して技術を極めるため、後輩に教えない悪弊があった。しかし、ワイルは半年から一年のローテーション制度を導入。エスコフィエのように、料理人たちの服装や態度、飲酒、喫煙まで細かく注意して品行を正させた。

ワイルはまた、着任早々ホテル側に「グリルでは一品料理も出しましょう。お客様は欲しい料理だけを注文すればいい。コートを着たままでも、ネクタイ等の正装でなくてもいい。料理の途中でお酒を飲んでも、タバコを吸っても構いません。料理を気軽に楽しんでもらえるレストランにしましょう」と提案。コースが当たり前だった日本の西洋料理に、アラカルトを持ち込んだ。そして、自身も積極的に食堂へ出て客と話をした。

ワイルが客とのコミュニケーションで生み出した料理として名高いのが、ドリアだ。宿泊客の一人が体調が悪いと訴えたため、即興でご飯にホワイトソースを合わせた料理をつくったのである。

料理のおいしさは、同書に引用されている獅子文六が戦後に書いた先のエッセイから分かる。「ニューグランドへ行くと、あの匂いがするから、不思議である。（中略）格調ある料理で、あれだけのものは、その頃、東京では食えなかった」（『続　飲み・食い・書く』）

◆東京オリンピックの厨房を指揮

ワイルは、数多くの弟子を育てたことでも知られる。戦後にナポリタンやプリン・ア・ラ・モードを考案したホテルニューグランドの二代目料理長、入江茂忠、ホテルオークラの総料理長を務めた小野正吉。帝国ホテルの第四代総料理長を務めたベテランの内海藤太郎は、スー・シェフ（副料理長）として立ち上げ期に入った。「アラスカ」の飯田進三郎、「レストランエスコフィエ」オーナーシェフの平田醇、「レストランピアジェ」の水口多喜男、東京プリンスホテルの木沢武男、札幌のパークホテルの本堂正己など、「日本のフランス料理界におけるきら星のような人たち」がワイルの弟子だった。

人材育成は、ホテルニューグランド時代にとどまらない。

ワイルは終戦後に帰国している。一九四四年に中国人以外の外国人は居住地域を日本政府が決めたため、永世中立国のスイス人で敵国人ではないにもかかわらず、軽井沢へ強制疎開させられている。小さな町に約二万人もの外国人が監視下に置かれて生活した。強制労働も食料不足も体験しただろう。しかも、冬季は極寒の地。疲弊し、帰国したのである。

帰国後は、料理人としての仕事に恵まれなかったらしい。渡欧して再会した弟子の馬場久が尽力して一九五六年に来日し、料理講習会で教えている。地方行脚やテレビ出演もしている。大歓迎を受けたワイルは、日本人のヨーロッパ修業の手助けを行うようになる。身許引受人になり、職場を紹介し、修業の足掛かりをつくる。やがてワイルは、

サリー・ワイルと弟子たち（ホテルニューグランド提供）

留学生たちの間で「スイスパパ」と呼ばれ慕われるようになる。亡くなったのは、一九七六年だった。

弟子の中で特筆したいのが、ワイルを日本へ呼んだ馬場久である。『伝説の総料理長サリー・ワイル物語』巻末、元ホテル・センチュリーハイアット料理長の早坂勝による特別寄稿と、『西洋料理人物語』から足跡をたどる。早坂は馬場の弟子で、ワイルの孫弟子にあたる。

馬場は一九〇三年、北海道の道央にある歌志内《うたしない》で、五人兄弟の次男として生まれた。兄は生まれてすぐ亡くなっているので、実質は長男である。大学卒で三井炭鉱の技師だった父親は起業の野望を持ち、鉱山経営に乗り出したところ、石炭市況の暴落に遭い、心労などで母が亡くなる。登別温泉へ息抜きに行った父が心臓まひで亡くなったのは、久が旧制中学五年生のときだった。

仕事先を探していたところ、友人から料理人をすすめられた。そこで、ニシン漁で沸いていた小樽へ出、小樽北海ホテルで一九一九年、一七歳で修業を始める。とんかつやカレーライスといった洋食メニューのそのホテルの料理は一年でマスターし、本気で西洋料理を身に着けたい、と東京へ出る。そして、飛び込みで中央亭に入社する。

三年目に、関東大震災が発生。店は立ち行かない、と支配人が解散を宣言。仙台へ行って洋食屋で働き、二年後に再上京して中央亭に復職する。そして一年あまり後、竣工《しゅんこう》されたホテルニューグランドでスイス人が料理長に就いた、という新聞記事を読むと、千載一隅のチャンス、とまたしても飛び込みで就職を決める。

馬場は、ホテルニューグランドで最新設備の見事さや、贅沢な輸入食材がたっぷりあることに驚く。「羊とソーセージはカナダ、チーズはスイスやオランダ、スパゲティとマカロニーはイタリア（ブイトーニ産）から輸入されていた。野菜ではセロリ、レタス、グレープフルーツ、ハネジューメロンといったものが、アメリカから船で十七日間かけて運ばれて来ていた。それらを保存する巨大な冷蔵庫は中央亭の氷用のものと違って電気製であった」（『西洋料理人物語』）。当時の日本を代表する西洋料理店がかなわない水準に、ホテルニューグランドの厨房はあった。

皆と競い合って朝早くから厨房に入り、終業後は英語やフランス語を学んだ。六年後の一九三三年、ワイルから言われてホテルニューグランドから徒歩五分ほどのところにあるイギリス人経営のユナイテッド・クラブで料理長になる。三年後、画家を志してパリに留学してきた平岡権八郎に乞われ、丸の内にできた「マーブル」の料理長になる。平岡は築地の料亭「花月亭」経営者の息子だった。

戦中戦後の苦労を経て、一九五二年にできた日比谷・日活国際ホテルの総料理長に就任する。日活社長の堀久作の計らいで、一九五三〜一九五四年にヨーロッパ研修旅行を果たし、再会したワイルに研修先を紹介してもらっている。

一九五六年、第一次南極越冬隊の食糧委員に任命される。輸送と特殊な環境での長期保存に耐える野菜や肉などの冷凍技術の開発、缶詰や乾燥食材の研究を行い、長期間にわたり極寒の地で過ごす人たちに、バラエティに富んだメニューを作成している。

一九六四年の東京オリンピックでは、選手村食堂の総料理長として起用される。三つのレストランそれぞれの料理長は、帝国ホテルの村上信夫、入江茂忠、第一ホテル料理長の福原潔が担当した。一日約七〇〇〇人分の料理を二六五人の料理人でつくった。メニュー作成は一年半前の四月に行い、肉や魚は一年前から冷凍し備えている。

当時は同じ厨房内であってさえレシピを隠す文化があった中、レシピを公開し、皆で共有した。つてを頼って世界の料理を研究し、選手たちに提供した経験を、全国から集まった料理人はオリンピック終了後、地元へ持ち帰ったのである。

◆選手村の厨房で

東京オリンピックの厨房での思い出を、さまざまなところで語ったのが、『きょうの料理』で人気を博した村上信夫である。

『帝国ホテル厨房物語』（村上信夫、日経ビジネス人文庫、二〇〇四年）によると、村上はまず、犬丸徹三社長の命で一九五五年から三年余りヨーロッパ修業に出て、エスコフィエの弟子アンリ・ル・ジュールが指揮するパリのオテル・リッツなどで研修する。この留学では、社長の命を受けてデンマークへも足を延ばして北欧の伝統料理のスモーガスボードを学び、一九五八年開館の第二新館にオープンしたブフェレストラ「インペリアルバイキング」を料理長として指揮した。

ヨーロッパ修業中にミラノのレストランでも働いた経験を買われ、オリンピックの準備では、一九六〇年にローマオリンピックの視察へ向かっている。ローマでは厨房の運営が営利事業で、なかなか情報を出してもらえなかった。そこへ、日本のメーカーから二ダースもの宣伝用の小型カメラが届いたため、それをシェフや料理人たちに配る。すると、皆喜んで、親切に厨房のレイアウト、設備、人員配置、食材の量や配分、保存法、メニューまで教えてくれた。馬場は村上が持ち帰った情報をもとに、選手村厨房で采配を振るったのである。

村上が担当したのは、日本・アジア・中東の選手団向けの「富士食堂」。ヨーロッパ選手が中心の「桜食堂」は、第一ホテル料理長の福原。女子食堂はホテルニューグランド料理長の入江、仕込みを行うサプライセンターを馬場が担当した。村上は当時四二歳で最年少。帝国ホテル料理長だった一柳一雄が辞退し、お鉢が回ってきたという事情がある。

ホテル同僚の白鳥浩三が、アメリカのパンアメリカン航空に出向して冷凍食品のノウハウを学んでおり、副料理長格として村上を補佐した。帝国ホテルからは全部で一五人が派遣されている。

帝国ホテルで開かれた関係者数百人規模の試食会では、冷凍食品と生鮮食品を使った料理を食べ比べてもらい、そん色ないできだと認めてもらった。オリンピック終了後には、各ホテルで冷凍食品の導入が進む。帝国ホテルでも、その後急速にふえる千人規模の大宴会にも対応できるようになった。やがて消費者向けの冷凍食品のバリエーションもふえ、忙しい主婦たちの助けとなっていく。

食材調達も大変だった。日本の野菜は堆肥で栽培していて非衛生的、と偏見を持つヨーロッパの大会役員たちを長野の産地へ連れて行く、パンの質を疑う彼らに試食させる。韓国から運ばれたキムチの缶詰が日本製だった、ということもあった。アジアの他の国々で食べられている長粒米を探し、せんべい業者などからかき集めた。宗教的なタブーについても調べている。

村上信夫（東京オリンピック選手村にて。帝国ホテル提供）

村上は、選手たちの様子も観察している。「メダルを取る選手の食べ物の選び方は上手だった。コーチの指導もあるが、肉、魚、野菜とバランス良く食べている。試合本番が近づくと食欲がなくなる選手は、期待したほど活躍しなかったようだ」

その後村上は一九六九年に第一一代料理長になり、翌年に取締役になる。亡くなったのは二〇〇五年、八四歳である。二日前に料理人たちによる誕生会が開かれたところだった。

◆帝国ホテルの村上信夫

部下や後輩から慕われ、お茶の間に親しまれた村上の人生を、ひも解いていこう。

村上は一九二一（大正一〇）年、東京・神田岩本町で「萬歳亭」という洋食屋を開く両親のもと、長男として生まれた。下に妹が一人いる。父の延太郎は、淡路島の網元の生まれ。精養軒などと並び称された「宝亭」、イギリス大使館などで修業し、三〇歳で開業した。母は、埼玉県春日部市の豪農だった家の娘。料理は苦手だった。

信夫が二歳のとき、関東大震災で両親は二店にふやしていた店を失う。父に再建の気力がなく、北千住に土地を借りて貸家を建て、家賃収入で暮らすものの、不況で店子が家賃を滞納し困窮していく。店を再建しようと奮起したところで、結核療養に来た親戚からもらった結核で、夫婦で相次ぎ亡くなる。信夫が小学校五年生のときだった。

六年生になると職探しを始め、浅草の「ブラジルコーヒー」に住み込みで働く。パン・菓子の工場と軽食と喫茶の店がある職場。町に洋食屋がふえていたのを見て取った少年は、「食い物屋は廃らない」と、将来性を感じた。しかし学校にはなかなか行けず、小学校の卒業証書はもらえなかった。

料理長の原山寛治は精養軒で修業した人で、帝国ホテルの晩餐会を紹介する新聞記事を目を輝かせて読む信夫に「いいコックになりたいなら、ここにいたんじゃだめだよ」とハッパをかける。原山のつてで帝国ホテルに願書を出しつつ、村上は新富町の西洋料理店「千両」、銀座「つばさグリル」、新橋第一ホテル、有楽町「リッツ」で武者修行に勤しむ。すると、一九三九年にリッツの経営が傾いて帝国ホテルに買収され、一九四〇年一月に一八歳で帝国ホテルに正式採用されたのである。

最初に配属されたのは洗い場で、「鍋屋」と呼ばれた。洗い場で一流ホテルの技を学べる、と思った思惑はすぐに外れる。鍋底に残ったソースを味見したくても、せっけん水をぶちまけられたり塩を入れられたりしていて、できなかったのだ。先輩から殴られることも日常茶飯事。仕上げした料理をのぞくと追い払われた。技術を盗まれることを、先輩たちは嫌ったのである。

しかし村上はめげず、休憩時間に鍋の外側を磨き始める。二カ月かけて二〇〇ほどあったすべての厨房の鍋を磨く過程で、先輩たちが仕事ぶりに気づき、せっけん水を入れない鍋が回ってくるようになる。その味を覚え、自分なりに分量を割り出してノートに記していった。そのうち、下ごしらえを手伝わせてもらえるようになる。

一年後、朝食係に昇進。しかし戦争の影がだんだん濃くなってくる。一九四一年、政府が「特別金属回収運動」を始めると、料理長の石渡文治郎の命令で銅鍋を疎開させることになった。若いスタッフたちが鍋を集め、リッツの地下二階に隠した。先輩に言われてそのことを思い出したのは、一九五四年のことである。

その頃になると、先輩たちは村上を呼び、「お前はどうせ戦争で死ぬんだから、秘密は漏れない」（『帝国ホテル厨房物語』）などと言いながら、料理のコツをいろいろと教えてくれた。

一九四二年一月、中国戦線へ出征。隠密行動の前夜、仲間に頼まれてカレーをつくったところ、匂いでバレたのだろう。翌日、敵陣はもぬけの殻で退却した後だった。立ち寄った宿舎で頼まれ、お偉方に料理をしていたら乗る予定に間に合わなかった輸送船が撃沈され、命拾いしたこともあった。前線で戦った村上は四回も負傷し、体に残った銃弾と地雷の破片を取り出したのは一九八八年だった。

日本が降伏すると、シベリアへ抑留される。その際、凍った食べものを解凍するコツを研究したことが、のちに東京オリンピックで生きる。飢餓と寒冷のため、次々と仲間が亡くなる。『フランス料理二大巨匠物語　小野正吉と村上信夫』（宇田川悟、河出書房新社、二〇〇九年）によると、余命いくばくもない兵隊に「パイナップルを食べたい」と請われた村上が、リンゴを工夫してパイナップルもどきをつくったところ、食べた兵士が奇跡的に回復したこともある。ようやく帰国できたのは、一九四七年だった。

◆帝国ホテルの料理長たち

村上が働いた帝国ホテルは、首都を代表する迎賓館として一八九〇（明治二三）年に開業した。外務大臣の井上薫が、首都に外国人が泊まれる本格的な大型ホテルがないのは国の恥、と官民一体で建設したホテルである。渋沢栄一や大倉財閥の創業者、大倉喜八郎、三井財閥の益田孝なども出資し、初代会長は渋沢栄一が就いた。社長は大倉喜八郎。

ドイツ・ネオ・ルネッサンス様式のホテルは、六〇室の当時最大規模の客室数を誇った。料理も本格的なフランス料理を提供する。その後、一九二三年にフランク・ロイド・ライトが設計した二代目本館ができる。披露パーティの準備中に関東大震災が起こったが、堅牢な建物はびくともしなかった。料理の黄金時代を築いたのは、四代目料理長内海藤太郎で、その後ホテルニューグランドの創業時、ワイルの右腕を務めた。内海は一八七四年生まれで幼くして両親を亡くし、フランス人に嫁いだ叔母に引き取られた。そのため日本語よりフランス語が得意で、料理も一一、二歳頃からフランス人について学んだ。

横浜のオリエンタルホテルで長く勤めた後、帝国ホテルに料理長として招かれたのが、一九〇九年。正統派フランス料理の腕は、外国人からも認められていた。自分に対しても部下に対しても厳しく、「軍隊以上の厳しさがあって、それに堪えられず、逃げ出すものが多かった」（『西洋料理六十年』）。

当時の林愛作支配人とそりが合わず一九一五年に退社。すると関西の三つのホテルから招聘される。結局、大阪ホテルへ移り、何人かの弟子たちもついていった。その後、横浜のニューグランドを経て後、神戸のオリエンタルホテルで料理長となる。

内海について大阪ホテルへ行った料理人の一人、田中徳三郎は東京會舘の料理長と、パレスホテルの初代総料理長を務めた人で、『きょうの料

帝国ホテル旧本館（通称ライト館。帝国ホテル提供）

理』に出演した最初のフランス料理人である。一八九九年の東京生まれで、高等小学校を卒業した一九一三年に帝国ホテルに就職した。

自伝の『西洋料理六十年』によると、野菜の下処理担当から始め、三年目から主にストーブ前の焼きものを担当した。大阪ホテルを経て、一九二七年に東京會舘の調理次長となる。一九二九年に、当時の帝国ホテル社長だった大倉喜七郎の私費で、帝国ホテルから選ばれた五人と共にパリへ留学し、エスコフィエが指揮していたオテル・リッツやレストランの「プルニエ」などで働く。二年後に帰国すると、東京會舘の料理長となった。一九三二年に魚介類専門のレストラン「プルニエ」が開業すると、パリの経験を生かして指揮する。

東京會舘は一九二二年創業。『東京會舘とわたし』上（辻村深月、毎日新聞出版、二〇一六年）によると、帝国劇場支配人の山本久三郎、東京商業会議所（現東京商工会議所）会頭の藤山雷太、東洋軒オーナーの伊藤耕之進などによって設立された、日本初の民間人による社交場だった。しかし、関東大震災で大きな被害を受け、帝国ホテルの傘下に入る。復旧工事が完了して営業を再開したのは、一九二七年だった。

戦時中、田中はバンコクのオリエンタルホテル、京都ホテル、金沢白雲楼ホテルで働き、一九五〇年に接収が解除された東京會舘の調理部長となって、取締役、一九五五年に開校したクッキングスクール教頭まで務める。一九六一年、丸の内にパレスホテルが創業すると総料理長に就任する。一九七七年死去。

内海シェフが去った帝国ホテルは、料理の水準が落ちた、と言われていた。その中興の祖で、現在の料理の基礎を築いたと言われているのが、八代目料理長の石渡文治郎だ。

石渡は、一八八三年兵庫県生まれ。本格的に料理修業を始めたのは、二二歳で横浜のグランドホテルに入ってからだった。帝国ホテルに入ったのは、一九二二年。一九二八年、帝国ホテルの欧州留学生一期生として、オテル・リッツなどで修業。帰国すると料理長となる。エスコフィエから学んだ石渡は「ともかく口やかましく、気に入らなければすぐに怒声を浴びせる。口癖は基本ができなければいい仕事は無理だ、他人の嫌がる仕事を率先してやれ、包丁やフライパンの基本動作は体で覚えろ」(『フランス料理二大巨匠物語』)といったもの。厳しい石渡を、村上は「おやじさん」と呼んで慕った。戦後は、帝国ホテルのGHQによる接収解除を待たずに一九五一年に亡くなっている。

◆ワイルの弟子、小野正吉

帝国ホテルの村上信夫と何かと対比される人が、『きょうの料理』でも活躍したワイルの弟子、小野正吉だろう。小野が初めて番組に出たのは、一九六六年。『テレビ料理人列伝』(河村明子、NHK出版、二〇〇三年)によると、一九八〇年のフランス料理の基本ソースを紹介する回でフォン・ド・ボーを教えていて、主婦には無理だと発言している。

こういう手間ひまがかかるプロの技を一般の人向けの番組で紹介していたのは、この頃グルメブームのとば口にあり、高級料理の世界を知りたい、という欲求が女性たちの間で高まっていたからだろう。本格派のフランス料理だけでなく、懐石料理のゴマ豆腐のつくり方を解説する回も、当時の番組にはあった。手のかかる料理は、彼女たちにとって、退屈な日常を忘れさせてくれるものでもあったかもしれない。

小野の職人気質ぶりに、視聴者の好き嫌いははっきり分かれたが、渋好みのファンもできたらしい。同書には、「ハンフリー・ボガートに似てる、って言われませんか」とスタッフに言われた際、「額にしわを寄せ、口もとをピクピクさせ、しかし、いつもの皮肉は出なかった」とある。小野は熱烈な洋画ファンだったのである。

かっこよくも不器用な小野は、どんな歩みをたどったのだろうか。そして、「主婦には無理」と言い切る背後に、どんな体験があったのだろうか。

小野は一九三六年、二年前にできた東京・西銀座にできたホテルニューグランドの支店「東京ニューグランド」で修業したことでワイルと接点があった。夢は、ホテルニューグランドの料理長になることだった。その夢は叶わなかったが、東京でホテルオークラの総料理長に上り詰める。

一九一八年、祖父が東京・小平市から出て、横浜市高島に開いた小さな旅館「武蔵屋」に生まれた。父はそこで洋食屋に商売替えをする。関東大震災に遭い、五歳の正吉は小平の親せきに預けられる。姉がいたが長男だったので、父は跡継ぎになることを期待し、息子が一九三二年に高等小学校を一四歳で卒業すると、東京・虎ノ門「東京倶楽部」に見習いへ出す。

カレーライスやオムレツなどの洋食しか知らなかった正吉は、ヨークシャー・プディングなどのイギリス料理をはじめとする西洋料理の世界に驚く。当時の料理長は三田東洋軒出身の米山弘。米山について築地へ買い出しに行くうち、魚の名前を覚え、初めて見る西洋野菜の種類、肉の部位を覚える。他にも英語、フランス語の勉強がある。途中から、学ぶのをフランス語に絞ってアテネ・フランセへ通い、料理人専門のフランス語学教室へ行く。フランス語を知らなければ、仕事にならないからである。一週間分出る献立も暗記して仕事を進めなければならない。どの料理にもちゃんとしたレシピがあり、ソースのつくり方は複雑で多岐に渡る。そういう世界に小野はのめり込んでいく。

ちょっとでも失敗すると間髪を入れず殴られる、罵声が飛んでくる。しかし、小野にはすぐに逃げ出す要領の良さもあった。少しでも早く覚えるため、同僚を差し置いて先輩を手伝う。熾烈な競争の中で人一倍がむしゃらに働くうちに実力がつき、三年目には、花形のストーブ前の焼く仕事を任されるようになる。

厨房のストーブ前は暑い。大人がやっと抱えられるほどの大きな鍋に用意された、レモンを絞り込んだ氷水を二升ぐらい飲んだほか、日に五、六回コックコートを着替えるほどだった。空き時間には仲間と腕相撲をして力をつけた。

銀座の「ヤマト本館」を経て、語学教室の同級生から東京ニューグランドへ誘われ、転職する。ニューグランドでは、経験に関係なく鍋洗いからローテーションが開始される。ワイルの印象を、小野は『ホテル料理長列伝』で次のように語る。

「あの時分、料理人は調理場にひっこんでて客の前に出るもんじゃなかったんだけど、黒ズボンはいててね、耳に鉛筆はさんじゃって、で、サーッと客のところに行って自分で

小野正吉（The Okura Tokyo 提供）

オーダーとってきちゃって。そういうことをね、あのひとがはじめてやったわけ。黒ズボンってのも最初にもち込んだんじゃないかな、ワイルさんが。（中略）たまには直接教わったこともあったけど、そういう功績ってほうが大きいんじゃないかね」

第二次世界大戦で西洋料理店の営業が厳しくなり、東京ニューグランドは解散。二度召集され、一九四二年の召集ではオーストラリアの北にある激戦地、ラバウルでの戦闘をくぐり抜けた。分隊長の小野は自給自足の開墾を指揮し、蛇や蛙、ネズミやコウモリまで捕獲し、料理の腕を振るった。ラバウル湾からの艦砲射撃を受け、大量の軍需品、食糧などの被害を受けたこともある。過酷な戦争を生き延び、敗戦をその地で迎える。

◆ホテルオークラへ

一九四六年、二八歳で帰国。ホテルニューグランドはGHQに接収されており、アメリカ軍第15横浜ステーション病院の厨房で働いて、アメリカの効率的な厨房管理術を知る。動線を考えた調理場レイアウト、合理的な食材管理、衛生管理の技術など、日本の最先端だった東京ニューグランドが、足元にも及ばない技術力が目前にあった。その経験は後年、ホテルオークラ（現オークラ東京）で生きることになる。

この頃、正統派の西洋料理をつくれない焦りから、小野はエスコフィエの『料理の手引き』など、フランス料理の古典を学び直している。

一九五二年に先輩の入江の紹介で銀座アラスカに入り、ブリジストン・アラスカ、「月ヶ瀬コックドール」へ移る。料理人同士のしがらみや確執に巻き込まれた小野は、同店を離れて一九六〇年、「日比谷アラスカ」の副社長となる。しかし資金集めなどの経営の仕事は、小野に向いていなかった。結局一年足らずで閉店。

ホテルオークラに調理次長として採用されたのは、一九六一年である。翌年開業したホテルオークラは、帝国ホテルの創業に関わった大倉喜八郎の息子、大倉喜七郎が開いた。『フランス料理二大巨匠物語』によると、喜七郎は父の跡を継いだものの公職追放の憂き目に遭い、帝国ホテルの社長職を追われた。同書は、「帝国ホテルに対する、ある種の個人的な怨念と遺恨」でホテルオークラを興したのではないかと推測している。

一九六〇年代初め、オリンピックを控えた東京はホテル建設ラッシュだった。一九六〇年に銀座東急ホテル、赤坂のホテルニュージャパン、一九六一年に丸の内のパレスホテル、一九六三年に永田町・東京ヒルトンホテル（現ザ・キャピトルホテル東急）、一九六四年に品川のホテル高輪、羽田東急ホテル、紀尾井町・ホテルニューオータニ、芝の東京プリンスホテルなどが開業している。

ホテルオークラのレストランは、フランス料理を出すメインダイニングのオーキッドルームなど七カ所。大宴会場は最大三〇〇〇人のブッフェができる。エスコフィエのレシピを忠実に守る帝国ホテルに対して、「経営はアメリカ、料理はヨーロッパ」と打ち出し、近代的経営を志した。大倉は、系列の川奈ホテルの相談役だった野田岩次郎を社長に任命している。野田は三井物産のシアトル駐在員を務め、アメリカの近代的なホテル経営に着目した人物だった。

一般公募と別枠で、小野たち幹部候補生は採用された。日比谷アラスカに野田が赴き、ローストビーフとブイヤベースを指定した。その技や味、人柄にほれ込んだ野田が採用を決めた。

小野は一九六一年、サービスのマネージャーたちと欧米研修へ赴く。ハワイ、サンフランシスコ、シカゴの巨大ホテルのシステムに圧倒されつつ、合理的で体系化された厨房管理術を学ぶ。その後パリ、イタリアやスペイン、オランダへ足を伸ばす。

厨房スタッフは、帝国ホテル、ホテルニューグランド、日活国際ホテルなどから集まった。自分の技術を公開したがらない混成部隊である。しかもレストラン出身の小野は宴会料理の指揮は未経験で低く見られがちで、「調理場をまとめるのに十年ほどかかりました」と側近の剱持《けんもつ》恒男は、『フランス料理二大巨匠物語』で語っている。小野が総料理長になったのは、一九八一年だった。

当時の厨房をまとめる難しさの一つは、誰も本場を知らないことだった。小野ですら一九六一年が初渡航だった。トリュフもフォアグラもキャビアも戦前は缶詰で、料理人たちはそれぞれ自分の出身ホテルやレストランの流儀に従って料理していた。そんな中、小野が正当派フランス料理の独自のレシピを確立させ、料理を統一していく手段として選んだのは、フランスから一流シェフたちを招聘することだった。

開業翌年の三人を皮切りに、次々とフランス料理の大御所を招いている。ポール・ボキューズ、ジャン・ドラヴェーヌ、アラン・デュカス、ジョエル・ロブションなどそうそうたるシェフがその名を連ねる。彼らが来ることで、ホテルオークラの厨房はまとまり、技術を向上させていったのである。

小野の理論的バックボーンは、辻調理師専門学校校長の辻静雄だった。一方、辻調理師専門学校でも、一九七一年からフランスからシェフを招いて「フランス料理技術研修会　エスコフィエ料理技術研修会」を始めている。ヌーベル・キュイジーヌの旗手、ポール・ボキューズを招いたとき、小野は助手を買って出た。毎回のように出席し、辻調の若い学生たちとフランス人の間に立ち、関係を取りまとた。そして一九九七年、現役のまま死去する。享年七九だった。

次章は、小野の良き理解者だった辻静雄の活躍から始まる、現代フランス料理の物語である。

第四章

シェフたちの西洋料理

一　辻静雄という巨人

◆「本物」がなかったレストラン

近代の日本で西洋料理をけん引したのは、ホテル料理人たちだった。和食の世界には料亭があったが、西洋人をもてなせる高級かつ本格的なレストランはまだ少なかったし、規模が大きい宴会に対応できるのもホテルしかなかった。谷崎潤一郎の『細雪』では、何かと便利にオリエンタルホテルが使われているが、それはサービスが行き届いて上質な料理を出すのはホテルと信頼されたからだ。

しかし、ヨーロッパから料理人が指導に訪れることができたのも、料理人たちがフランスに修業へ行き、本場の技術を学べたのも平和な時代だったからこそ。それもごく一部の例で、本場仕込みのフランス料理を出すホテルは限られていた。

『フランス料理ハンドブック』によると、第二次世界大戦では多くのホテル料理人たちが動員される。戦後に無事帰還できた者もいたが、主要なホテルはアメリカ人が中心の進駐軍に接収された。また、戦中戦後は日本中が飢えに苦しんでいて、フランス料理どころではなかった。

一九五二年に占領期が終わって、「徐々に西洋料理は復活してはきたが、いわゆる大衆的な「洋食」が主体で、フランス料理はかろうじて帝国ホテル、ホテルニューグランドなどの宴会で供されるのみだった。しかも1960代の初め頃までは、ほとんどフランスとの技術交流が断たれてしまった状況にあり、フランス料理は日本人の好みに合わせた洋食的な傾向を強め、本場のフランス料理からは立ち遅れてしまっていたことは否定できない」とある。

その実態を知り呆然としたのが、辻調理師専門学校を創立した辻静雄である。日本の特にフランス料理現代史を考えるうえで、彼の存在は大きい。義父が運営する料理学校を継ぐため、西洋料理を研究し始めたとき、辻はフランス料理を食べさせる店がロクにないことに気がつく。

手元にある本人のエッセイでは、控えめに「手仕事というのは絶えず上向きばかりで進んでいるというわけではないこと、つまり、三十年の経験者は三十年間進歩しっぱなしということはないのを、身をもって体験するようになるのに、長い年月はかからなかったように思う」(『料理人の休日』復刊ドットコム、二〇一三年)とあるだけなので、辻をモデルにした綿密な取材に基づく小説『美味礼讃』(海老沢泰久、文春文庫、一九九四年)から実態がうかがえる部分を引いてみよう。

辻はまず、義父から渡された『ラルース・ガストロノミック(美食大事典)』で、フランス料理を研究する。つくる現場も観たい、と腕利きという料理人から教わった結果、前記のような不満を抱くのだ。

小説はその内容を次のように書く。

「辻静雄が手ほどきを受けたいと望んでいたのは、オムレツやカレーやハンバーグやマカロニグラタンのつくり方ではなかった。トンカツの揚げ方や、ポークソテーの焼き方でもなかった。いまや辻静雄は、そういう料理は日本風西洋料理と呼ぶ以外にないもので、本物の西洋料理とはまったくちがうものであることを知っていた」

何が本物と違うかはっきりしたのは、赤ワインで煮込んだビーフシチュー「牛肉のブルゴーニュ風煮込み（ブフ・ブルギニョン）」を教わったときだった。その料理人は、塩・コショウを振った牛肉を炒め、固形コンソメを溶かしたスープとトマトジュース、ケチャップを混ぜ、仕上げにワインをグラス半分振りかけただけで完成させてしまった。ワインを入れることでブルゴーニュ風になる、と彼は言うが、ラルースの本は、「肉は、タマネギやニンジンや香草を入れたまるまる一本分の赤ワインの中に五時間もひたしておき、それから鍋でいためたうえで、最初のワインのつけ汁に例のフォン・ドゥ・ヴォーという仔牛のだし汁を加えて煮こむのだった」と、まるで違うつくり方を紹介している。

そのことについて聞くと、料理人は「フォン・ドゥ・ヴォーをつくるには七時間も八時間もかかるんでね。そんなものをつくっていた日には時間と材料費がかかりすぎて、売れる料理じゃなくなってしまうんですよ。（中略）どこのホテルだって、口ではフォン・ドゥ・ヴォーなんていってますが、じっさいは固型スープを使ってるんですから」と否定するのである。やがて辻は、彼から料理を教わるのを止める。

その後ホテルやレストランを食べて回ったが、料理人が言ったような洋食化し、既製スープで味をつけた同じ料理しか食べられなかった。日本では本物のフランス料理を体験できない。そう理解した彼は、義父に頼み込んでフランスへ渡航するのである。

◆辻調理師専門学校とは

私が子どもの頃、阪急電車に乗って梅田へ向かうと、いつも十三駅前のビルに大きな看板が見えた。真っ白いコックコートとコック帽を身に着けた男性三人が誇らしげにポーズを取る写真に、「辻調理師専門学校は、料理界の東大です」というキャッチコピーがついている。確か同じフレーズを使うテレビCMもやっていたと思う。大阪・阿倍野の辻調理師専門学校、略して辻調は、日本一の料理専門学校なのだと刷り込まれた。

創設者の辻静雄が亡くなったのは、会社員として多忙を極めていた時期で不覚にも気づかなかった。その頃からテレビの『料理の鉄人』が人気となり、そこに出ている料理学校の先生は、東京の服部栄養専門学校長の服部幸應。辻調がテレビで出てくるのは、一九九五年に始まったお昼の番組、『上沼恵美子のおしゃべりクッキング』(朝日放送)ぐらいで、あまり目立たなくなったように感じていた。

今回、改めて料理人たちについて調べていると、昭和半ばまでは、一流ホテルや東洋軒、中央軒などで修業した経

辻静雄(辻調理師専門学校提供)

歴が輝かしいものとされていたが、特に平成以降になると、「辻調理師専門学校卒」が輝いていることに気がついた。専門学校や調理師学校を卒業した料理人はふえていたが、学校名まで紹介されるのは辻調の卒業生が目立つ。

同校のウェブサイトで卒業生を検索してみると、有名料理人が何人もいる。大阪でミシュラン三つ星を取り、NHKの『プロフェッショナル　仕事の流儀』にも登場したHAJIMEのオーナーシェフ、米田肇《はじめ》。「里山料理」を打ち出し、世界的な評価も高い「NARISAWA」のオーナーシェフ、成澤由浩。大阪の名店と知られ『きょうの料理』でもおなじみのポンテ・ベッキオ、オーナーシェフの山根大助。第一部第三章で取り上げた志摩観光ホテルの総料理長、樋口宏江も卒業生だ。個性的な料理で存在感のあるシェフを輩出している。

二〇一四年、辻調が久しぶりに脚光を浴びた。辻静雄の息子で二代目の学校長、辻芳樹が『AERA』（朝日新聞出版）六月二三日号と、『カンブリア宮殿』（テレビ東京系）八月二一日放送回にさっそうと登場し、辻調がいかにすごい学校か報道されたのだ。

『カンブリア宮殿』によると、『ミシュラン』関西版に掲載される二割近くが辻調卒業生の店。調理場の六人が辻調卒業生の東京・恵比寿の名店「ジョエル・ロブション」では、エクゼクティブシェフの渡邊雄一郎が「基礎という基礎は学校で叩き込まれているので、最初から教える必要がないというか間違いがない」と言い切る。

放送された二〇一四年の辻調グループ全体の入学生はおよそ四〇〇〇人もおり、同校はその中核をなす。一年制から三年制まで選べ、学費は初年度二〇〇万円前後もかかる。その分学習環境は恵まれており、「一番いい状態のものを見せないと良し悪しがわからない」という方針のもと、毎日選び抜かれた新鮮な食材が教材として提供される。学生四〇人に対し教員四人で徹底した実技指導を行う。レストランを模した学内の施設で、料理する側、食べる側に分かれて行うシミュレーション実習がある。その際、つくった料理のダメ出しを行い、何が問題でどうあるべきか、ディスカッションとメモ書きで徹底的に考える訓練をする。

芳樹は、「料理の勉強の仕方を教えるのがわれわれの基本」「一人一人が労働力ではなくて考える力のある戦力として、調理場で働ける人材を育てたい」と語る。だから卒業生は引く手あまた。平成二四年度も九九・八パーセントとほぼ全員就職できた。

『AERA』「現代の肖像」に、一九六四年生まれの芳樹の生い立ちが紹介されている。大阪では皆がちやほやするから、と小学校四年生で東京の私立、暁星小学校へ転校させられ、中学からイギリスへ留学させられた。家族で外食するときすら、つくった料理人の経歴を考え語り合う訓練の場にする、という英才教育を受けている。

和食の原点は、湯木貞一がいた時代の吉兆の料理。一〇歳で世界最高のレストランと言われた南フランス・ヴィエンヌの「ピラミッド」で調理場を体験し、二四歳でミシュラン三つ星の「ピック」で研修を受けた。

一九九三年に父の逝去に伴い校長職に就くが、五年間は体制に関与しないと決めて学校の組織を研究し課題を洗い出した。経済成長期に学校を始めた父と、同じような学校経営はできないと考えたからだ。その修正から軌道に乗せるまでに要した時間が、私が辻調の噂をあまり聞かなかった二〇年だったのである。もちろん、メディアに露出しないだけで実績は積み続けていたのだが。

記事の一〇年ほど前から、芳樹は外国人に通じる「味覚の翻訳」に力を入れている。父は本場から西洋料理を学ぶことに必死だったが、息子は世界から注目される和食を伝える役割も担っているのだ。父は高級料理の世界を知るために一流のもので身の回りを固め、「闘い取った貴族」の地位を得たが、父が築いた環境で育った息子は気楽な町中華にも通う。では、息子に英才教育を授けた貴族にも例えられる辻静雄とは、どのような人だったのだろうか。

◆「貴族」になった辻静雄

辻静雄を扱ったムック本『文藝別冊　辻静雄』（河出書房新社、二〇一四年）に収録されたエッセイ「我が友、辻静雄」（小谷年司《としじ》、栄光時計株式会社取締役会長）にも、「王侯貴族」という表現がある。その象徴が、軽井沢の別荘に友人知人を招き、ポケットマネーで予算に縛られない料理を辻調教員につくらせる来客研修。友人知人とは、サントリーの佐治敬三やソニーの盛田昭夫などの会社経営者のほか、開高健、丸谷才一、磯崎新といった文化人たちだ。交友関係は幅広く、湯木貞一やポール・ボキューズといった内外の一流料理人たちはもちろん、梅棹忠夫、小松左京、山崎正和、阿川弘之などの文化人も多い。

丸谷才一は同書に収録されたエッセイで、辻の功績を、フランス料理の古典を原書で読破し料理をつくってみたこと、欧米の一流店を「くまなく」食べ歩いて理解し、学生を店で修業させただけにとどまらなかったこととして次のように書く。

「もちろんこの二つだけでも前人未踏の偉業なのだが、彼はさらに、フランス料理とフランス文明の関係に注目し、といふよりもごく自然に学び取り、身につけ、それをわれわれに詳しく紹介した。それは葡萄酒や食器、料理屋のたたずまひ、給仕人の態度、食卓の会話、食卓で聞く音楽などにはじまり、さらには、趣味の社会学、快楽についての人間論にまで至る」、と守備範囲の広さを感嘆しつつ紹介するのだ。

食文化研究のパイオニアで文化人類学者の石毛直道も、「ヨーロッパ文明の中でのフランスを文明論と文化論から総合的にとらえ、近代になるとフランスのガストロノミーが文明として世界にひろがっていくことを考察された。しかもそれを原典にあたってなさった、というのがすごい」と話す。ガストロノミーとは、コトバンクに『知恵蔵』の解説として「料理を中心として芸術、歴史、科学、社会学などさまざまな文化的要素を考える総合的な学問。文化と料理の関係を考察すること」とある。石毛は「一つの文化の食に関することの、その文化なりに最高の部分を楽しむ」性格があり、「その文化が歴史的に変遷してたどりついた最終形がよく現れている」と、概念を捉えている。

真に料理を知識として身につけ全体像を把握するには、背景の研究に加え、つくることや食べる体験も必要だ。しかし、現実的には全部カバーするのは時間的にも経済的にも難しい。学者は知識に偏り、グルメライターは食べることに、料理人や料理研究家はつくることに偏りがちだ。しかし辻は、食べ歩いて研究も行った。「確かに一つの「孤高の学」」であり「追随することができない分野を切り開いた」と石毛は言う。

辻は、食文化の研究者やジャーナリストの間で伝説となっている『週刊朝日百科　世界の食べもの』

（朝日新聞社、一九八〇〜一九八三年）シリーズの監修に、石毛とともに携わっている。エッセイや紀行文、グルメガイド、レシピなどのフランス料理の本を数多く出したほか、フランス人もなしえなかった大著『フランス料理研究』（大修館書店、一九七三年）や、外国の食文化研究者やフードライターが和食を理解するうえで参考にし、英語圏で一五万部を超えるロングセラーとなった英文の『JAPANESE COOKING A SIMPLE ART』（講談社インターナショナル、一九八〇年）なども手がけている。日本人にはフランス料理を総合的に伝え、外国人には和食を伝える大著を遺したのだ。

◆新聞記者から研究者へ

辻静雄の歩みを紹介しよう。生まれたのは一九三三（昭和八）年、東京・本郷。和菓子屋を営む辻篤四郎の長男だった。父は一三人兄弟の末っ子で、兄たちは高等教育を受けたのに家が没落し、自分だけ丁稚奉公に出された悔しさを持っていた。よく働いたが技術を追求し過ぎたうえ、人にお金を貸して最後には店をつぶしてしまう。

静雄は早稲田大学でフランス文学を学んだ後、ジャーナリストを志して大阪読売新聞社に入る。学生時代からクラシックにハマって音楽喫茶に入り浸り、社会人になって給料を得るようになると、ステレオを買って給料を使い果たし、社員食堂で白いご飯しか注文できなかったことがあったほどである。

その頃、アメリカから来た留学生が料理学校を観たい、と言うので通訳と取材を兼ねて案内し、アメリカ留学から帰ったばかりの辻勝子と知り合う。昭和三〇年代、花嫁修業としての料理学校が繁盛した時代で、勝子の父、辻徳光が営む「割烹学校」は「講習会を開くと何百人も生徒が集まる」（『文藝別冊　辻静雄』辻勝子インタビュー）ほど人気が高かった。

一九五八年、二五歳で五歳下の勝子と結婚すると、勝子が「食事を作るのが面倒」と、夕食を実家で摂るうちに、徳光と静雄が料理談議に花を咲かせるようになる。やがて義母からフランスの料理本の翻訳を頼まれるようになり、記者を辞めて料理学校を継ぐと言い出した、というのが『文藝別冊　辻静雄』に収録された勝子の記憶である。勝子には兄もいたが別の料理学校を経営していて、フランス語を読める静雄が、徳光から跡継ぎとして見込まれていたのである。静雄が読売新聞を退職したのは一九五九年だった。

折よく、一九五八年にプロの料理人の立場と資格を定める調理師法が成立し、都道府県知事が交付する調理師免許制度ができていた。免許を取らせる調理師養成学校の設立が求められる時代になったことを知った静雄は、義父にプロ養成の専門学校設立を申し出て受け入れられる。そして一九六〇年、辻調理師専門学校を創設。

しかし静雄は「ひと皿五十円のカレー・ライス、三十円のラーメンしか食ったことのない」（『料理に「究極」なし』復刊ドットコム、二〇一四年）人間で、料理経験も、フランス料理を食べた経験もなかった。そこでまず徳光からタイのさばき方を習い、一年間で約一〇〇〇匹の冷凍鯛をさばく。また先述のように料理人をつけてもらったが、教えてくれる料理が文献で知ったフランス料理とまるで異なることから、ひたすら文献を読み続ける時期が続いた。

ある日、東京―大阪間の飛行機のファーストクラス席の隣へ、外国人が乗ってきた。今後フランス料理を歴史も含めて文化的に研究したい旨を話すと、一カ月後に文献が送られてくる。ロシア系ユダヤ人のジャーナリスト、チェルミンスキーというその人が送ってくれたのは、アメリカの食文化研究第一人者のカリフォルニア大学教授、M・F・K・フィッシャーの『ジ・アート・オブ・イーティング』だった。

そこで静雄は何度もフィッシャーに手紙を書き、ようやく会う約束を取りつけたのが一九六三年である。すると徳光が、フランスへも行き本場の料理を学んでくるようすすめた。費用は徳光持ちである。

旅には勝子も同行した。静雄はアルコールに弱く、ヒカリモノが苦手で、ジビエも抵抗がある、とまだ味覚の幅が狭かった。また、ヨーロッパの高級レストランが一人客を嫌がったことも、勝子が必要とされた理由だった。

アメリカではフィッシャーに、マサチューセッツ工科大学の元教授でフランス料理研究家のサミュエル・チェインバレンも紹介してもらった。チェインバレンは、今は「君のように本当に読もうという人がまだ買える時代だ」、とニューヨークでフランス料理の古書を買い集めるよう助言する。貴重なコレクションは千数百冊にも及ぶ。

フランスではまず、チェインバレンに紹介してもらった「ピラミッド」で、オーナーのマダム・ポワンに会う。地方の小さな町や村に三つ星レストランが点在するフランスで、毎日何百キロも車を走らせた。数カ月間、昼夜フルコースを食べ続けて頭で理解し、覚え込むのである。それは、おいしいとか楽しいだけでは収まらない、過酷なものだっただろう。そういう旅を何度も行い、辻はフランス料理に精通していく。

辻は「もし私が何か他に立派な職業をもっていて、今日の私ぐらい西洋の料理の味がわかるようになっているとしたら、どんなに幸福な人生を送れるのだろうかと、その僥倖《ぎょうこう》を感謝したくなるはずなのだが、今の私にとってこれらは一瞬の悪夢のようで、なんとも憮然《ぶぜん》たる面持《おももち》で毎日を過ごしている。人間は楽しみにすることを職業にしてはいけないと思う。セックスの場合を考えていただければ一目瞭然である」(『料理人の休日』)と述懐している。

◆フランス料理の革新者たち

辻静雄はフランスで、ヌーベル・キュイジーヌが育つ場面に、ちょうど立ち会った。このムーブメントは、現代フランス料理の基盤となっただけでなく、日本をはじめ世界の料理界に影響を与えた。日本のグルメブームとも深いかかわりがあるので、しばらく担い手たちの姿を描いてみよう。

静雄がフランスで最初に会ったマダム・ポワンとは、世界最高と言われたレストラン、ピラミッドの創業者、フェルナン・ポワンの妻で、マリー・ルイーズ・ポーランという。フェルナンは一八九七年にブルゴーニュ地方ルーアンの料理人の家で生まれ、父のもとで修業した後、一九歳でパリへ出て修業を重ねる。フランス南部のリヨンに近いヴィエンヌのレストランを買い取ったのはその父だった。

ピラミッドは一九三三年にミシュラン三つ星を取る。一九五五年に夫が亡くなった後も、マダム・ポワンはその星を一九八六年に自身が亡くなるまで守り続けた。

ポワンは、三つの原則を貫いた。一つ目はソースを重視すること。二つ目は前日から仕込みをしないこと。三つめは分別を持ってバターを重視すること。そして、その日市場で手に入れた材料で、完成された簡素さを実現する。

ポワンの弟子たちは、ポール・ボキューズ、トロワグロ兄弟、アラン・シャペルといった、ヌーベル・キュイジーヌを代表するシェフたちに育った。

辻が親しくなるポール・ボキューズは一九二六年、リヨンの外れのコロンジュ＝オ＝モンドールの料理人一家に生まれた。母はオーナーシェフで、父は大きなレストランで働いていた。少年時代に戦争を体験し、修業はままならなかったが、戦後ピラミッドやパリのレストランで働く。

一九五九年、父が開いた店を父の死去に伴い継ぐと、二年後にはフランス最優秀職人賞（M.O.F.）を受賞。一九六五年にミシュラン三つ星を取ると、二〇一八年に亡くなるまで星を維持する。二〇一九年に店が三つ星を失ったときは、日本でも報道された。二〇〇七年に六本木の国立新美術館に初の日本支店を開いた。世界のフランス料理人コンテスト、「ボキューズ・ドール国際料理コンクール」創始者である。

一九二六年生まれのジャンと二歳下のピエールのトロワグロ兄弟は、一九五四年に父の店を継ぎ、一九六八年に三つ星に輝いている。「ヌーベル・キュイジーヌの最先端を走る料理」（『フランス料理ハンドブック』）と評価された。ジャンは一九八三年に逝去。二〇〇六年には「ミシェル・トロワグロ」の名で東京にも出店した。

アラン・シャペルは素材にこだわり、「完璧主義者」と呼ばれた。一九三七年、リヨン生まれ。実家を継いで一九七三年に三つ星を獲得。一九八一年に神戸・ポートピアホテルに出店。一九九〇年に亡くなったが、アラン・デュカスなど次世代のシェフを多く育てた。

『世界の食文化⑯フランス』（北山晴一、農文協、二〇〇八年）によると、ヌーベル・キュイジーヌには二つの流れがある。一つはポール・ボキューズが一九七六年に『市場の料理』を刊行した中で提唱した、素材を中心に料理を組み立てるもの。二つ目は、同じ年に『太らない高級料理』を出したミシェル・ゲラールがつくったヘルシー料理志向である。

ミシェル・ゲラールは、一九三三年に肉屋の息子として生まれ、パティシエ修業を経て料理へ進む。一九五八年に製菓でM.O.F.を取得。一九六五年、パリ郊外のアニエール＝シュル＝セーヌにビストロだった店を買い取って「ポ＝ト＝フ」を開く。一九七四年にはランド地方のウジェニー＝レ＝バンに移り、一九七七年に三つ星を得ている。

また、蒸す調理法をフランス料理に導入したジャック・マニエールなども台頭する。新しい試みを始めた彼らに注目し支持したのが、料理ジャーナリストのアンリ・ゴーとクリスティヤン・ミヨーだった。彼らは一九六九年にグルメガイド『ゴ・エ・ミヨ』を創刊し、一九七三年同誌上でこれらのムーブメントを「ヌーベル・キュイジーヌ」と命名した。

◆ヌーベル・キュイジーヌ

『フランス料理ハンドブック』によると、ヌーベル・キュイジーヌは一九五〇年代終わり頃から始まり、ポール・ボキューズが三つ星を取った一九六五年頃から加速する。『ゴ・エ・ミヨ』が一九七三年に発表した際、料理の簡素化、加熱時間の短縮、新鮮な食材の使用、軽さの追求、電子レンジや冷凍といった新たなテクノロジーの活用、地方料理の伝統の尊重、絶えざる創造などをその特徴とした。ソースは、長時間煮詰めたソースやルウ、血などの重くするつなぎを避け、バターや生クリーム、野菜のピュレなどを使って軽くする。野菜や肉に火を通す時間も短くし、あまり栄養を壊さないようにした。サービスも、大皿に盛りつけてから客席で小皿に盛りつけるのを止め、一皿ずつ厨房で盛りつける現在のやり方に変わり、サービス係の役割が小さくなる。

ヌーベル・キュイジーヌの台頭は、第二次世界大戦の体験と高度経済成長が背景にある。戦場となったフランスも、この戦争で大きな痛手を受けた。人材育成が中断し、復活してきた戦前の大レストランは、エスコフィエから続く料理を守って停滞していた。そこへ登場したのが、戦中に育った新世代である。

経済発展に伴うホワイトワーカーたちの増加で、健康的で軽い料理が求められるようになった。栄養学や流通の発達も、新鮮な食材を求める方向へ進ませた。都市化が進んだことで、自然回帰を求める傾向も強まっていた。有機野菜が注目を集め菜食主義のマクロビオティックが人気を得たことも、自然で田舎風な料理への志向を高めている。『世界の食文化⑯フランス』は、学生運動の影響を指摘する人もいることを挙げる。さまざまな条件が重なり起きた、旧世代の価値観を問い直す、若手による大きな社会運動でもあったのだ。

ヌーベル・キュイジーヌは、ムーブメントの担い手たちより少し下の世代の辻静雄によって、いち早く日本へも伝えられた。一九七一年からは辻調で、プロの料理人たちが参加する「フランス料理技術研修会」を開く。ポール・ボキューズはこの講師として一九七二年に来日した。辻は旅する中で培った人脈を利用し、教員たちも研修へ送り込んだ。また一九八〇年にはリヨン近郊の城を買い取り、現地の食材を使った授業を行うリヨン校を開設する。

ポール・ボキューズが来日した折には、吉兆へ連れていった一方、湯木貞一を自腹でフランス旅行へも連れ出す。その旅は『ヨーロッパ一等旅行』（鎌倉書房、一九七七年）にまとめられた。辻自身も吉兆で日本料理を学んで、成果は『JAPANESE COOKING A SIMPLE ART』にまとめている。体験したことを次々と書籍にしていったことも、辻の著作が多いゆえんである。その最初は、フランスを中心にした自らのグルメ旅行をまとめた『ヨーロッパ味の旅』（評論社、一九六四年）だった。

メディアミックス的な活動はほかにもある。一九七五年に放送が始まった、日本初のグルメ番組『料理天国』（TBS系）の監修を行い、辻調の講師を出演させたことだ。一九九二年まで放送された番組を観て、料理人への道を歩んだ人も多い。

辻は日仏の懸け橋となった功績をフランス政府から評価され、一九七二年に外国人として初めてM.O.F.を受章、一九八一年にフランス教育功労章シュバリエ章、一九八九年に農事功労章オフィシエ章も受章している。一方、日本での受賞歴はない。

亡くなったのは一九九三年、六〇歳の若さだった。『文藝別冊　辻静雄』の中で小谷年司は、東京と大阪両方の学校を行き来し、フランス料理を理解するために食べ続けた彼の「肝臓病の原因は、ストレスではないでしょうか」「その意味では、ある種の「戦死」だったなと私は思っています」と語っている。料理の道に生き、料理のために早過ぎる死を迎えた。壮絶な人生を歩んだ人が、グルメ大国の土台の一角を占めている。

二　グルメの要、フランス料理の世界

◆フランス料理店の草分け

グルメブームは、フランス料理から始まった。一九七〇〜一九八〇年代、フランスで修業した料理人たちが次々と帰国し、東京を中心に新しいフランス料理店ができていったからだ。ヌーベル・キュイジーヌの影響を受けた彼らの料理は、従来の洋食とはもちろん、ホテルなどのエスコフィエ流料理とも違っていた。盛りつけは簡素で美しく、フレッシュで重くない、日本人の口に合う新しいフランス料理。そういうものに、おいしいものに目がない人たちが飛びついた。日本人がグルメ化したのは、このときのフランス料理ブームがきっかけである。そこで本節では、日本が歩んだフランス料理の歴史をたどってみたい。

最初に「フランス料理」を謳った店は、銀座「花の木」で、一九五六年開業である。オーナーシェフは、志度藤雄。『日録20世紀スペシャル15　20世紀「食」事始め』によると、一階は待合室とバー、調理場で、二階が客席ホールで三二席だった。志度考案の「パリ・ソワール（パリの黄昏）」は、「シャンパングラスに冷たいコンソメを注ぎ、ヴィシソワーズで飾る」料理。「マリー・アントワネット」は、「車海老で舌平目のクネルを巻いた」もの。クネルは団子なので、洋風つみれといったところか。どち

らも見た目から華やかな、おしゃれな料理だった。

志度のプロフィールは、『東京フレンチ興亡史』（宇田川悟、角川ｏｎｅテーマ21、二〇〇八年）から拾うことができる。生まれは一九〇一年、香川県の農家で八人きょうだいの末っ子。小学校を卒業すると神戸の洋食店で働き、京都一と言われた洋食店「萬葉軒」に入る。本場を知りたい気持ちを抑えられず、二〇歳そこそこでヨーロッパへ密航する。ロンドンで不法入国のため逮捕されるが、脱走してパリまで行き、「オテル・クリヨン」「オテル・ムーリス」「プルニエ」などで修業した。

一三年間のパリ滞在中に、外交官だった吉田茂や重光葵《まもる》らに重用される。帰国後は「日動グリル」を開く。戦後に吉田らなど政財界人の支援を得て、銀座四丁目に開業した「メイゾン・シド」では、高峰秀子の結婚披露宴も行われた。

高峰秀子のエッセイ集『おいしい人間』（文春文庫、二〇〇四年）に、その折の思い出が書かれている。「メニューのどれもこれも結構だったが、とくに美味だったのは「うずらのフォアグラ詰め」なる一品だった。艶やかに焼き上がったうずらにナイフを入れると、おなかに詰めた半生のフォアグラがトロリと流れ出す。うずらはパイケースには入っていなかったけれど、小さな三角のパイがチョコンと添えられていたこともよく覚えている」

志度は、その後に「クレッセント」「クレール・ド・赤坂」「エヴァンタイユ」「アピシウス」といったフランス料理店のシェフになる人たちを育成した。しかし、時代が早過ぎたのか、本人の店は東京オリンピックの前に、突然なくなってしまうのである。

◆マキシム・ド・パリ上陸

次に誕生した重要な店は、銀座「マキシム・ド・パリ・イン・トウキョウ」で一九六六年開業である。『フレンチの王道　シェ・イノの流儀』（井上旭、聞き手：神山典士、文春新書、二〇一六年）によると、この頃に開業したほかのフランス料理店は、ポール・ボキューズと提携した「銀座レンガ屋」が一九六五年、一九六九年の渋谷「シェ・ジャニー」と西麻布「シェ・フィガロ」ぐらい。まだフランス料理店がほとんどない時代、マキシムは「そこにパリがある」と言われた。

マキシムを日本に誘致したのは、ソニーとその後もたくさんの本場の味を紹介した三好興産（現ミヨシコーポレーション）で、店は数寄屋橋交差点のソニービル地下三階に入った。アール・ヌーボーの劇場のようなインテリアは、パリ本店そのまま。もちろん味も本場のものだった。

パリの本店は当時、ミシュラン三つ星で、パリを代表する店の一つ。オペラ歌手のマリア・カラスは「劇場」と評した。楽団が演奏し、食事が終わるとダンスも楽しめる店は、パリっ子に愛された。創業は一八九三年。一九三〇年代、給仕長として辣腕を振るったアルベール・ブラゼが中興の祖として知られる。彼は店にふさわしい客とそうでない客を振り分け、「店を大切に思ってくれる人々を丁寧にもてなした」（『東京フレンチ興亡史』）。

『東京フレンチ興亡史』に、当時ソニーの副社長だった盛田昭夫の誘致の意図が紹介されている。盛田はパリの本店とそのオーナー、ルイ・ヴォーダブルを知っていた。そのツテを利用し、日本に本格的なフランス料理店を、と誘致を構想したのだ。

フランスから招かれた立ち上げの総料理長は、ヌーベル・キュイジーヌを推進したトロワグロ兄弟の弟、一九二八年生まれのピエール・トロワグロ。ピエールは、ドミグラスソースは時代遅れとして使わず、フォン・ド・ヴォーや白身魚のアラや野菜、白ワインなどを煮込んだフュメ・ド・ポワソンなど、素材を利用したフォンをソースのベースにして、日本人料理人を驚かせた。

先陣を切って華やかにデビューした東京の店はしかし、二〇一五年に惜しまれつつ役割を終えて閉店している。

◆フランス料理界の重鎮、井上旭

花の木もマキシムも、缶詰トリュフや缶詰フォアグラしかない日本で、本場仕込みの料理をつくるのに苦労した。フォアグラ、トリュフ、キャビアなどのフランス料理の食材や調味料を、大阪の食材輸入専門商社のマツヤが輸入し始めたのは、一九七四年。その頃、フランス料理店が次々と開業する。

一九七一年の麻布「西洋膳所ジョン　カナヤ」、一九七二年の六本木「レジャンス」、一九七三年銀座に資生堂「ロオジエ」と西麻布「ビストロ・ド・ラ・シテ」、渋谷「エヴァンタイユ」、一九七五年の山形県酒田市ル・ポットフーなど。

一九七〇年代後半になると、さらに店はふえる。一九七六年に六本木「ビストロ・ロテュース」、一九七七年に神戸・北野「ジャン・ムーラン」、神奈川・葉山「ラ・マーレ・ド茶屋」、広尾「プティ・ポワソン」、一九七八年に六本木「オー・シザーブル」と「オー・シュヴァル・ブラン」、麻布十番「レ・シュー」、京都「ボルドー」、代官山「マダム・トキ」、静岡・浜松「ビストロ・トック・ブランシュ」。

その時代、フランスへ修業に行った料理人たちも、次々と帰国し、これらの店で働き始めている。ここからは、フランスのマキシムで同時期に修業し、のちに有名になった三人、井上旭《のぼる》、熊谷喜八、そして石鍋裕について順に紹介したい。

『フレンチの王道』によると、京橋「シェ・イノ」を営む井上が、フランスのマキシムで働いたのは一九七二年。ソース係をアシスト、その技術を覚え込んだ。当時のマキシムは、ランチで一二〇人以上、ディナーで一八〇人以上が押し掛ける人気を誇っている。一九五三年に三つ星を得た店はしかし、その後一九七八年に星を落とす。ヌーベル・キュイジーヌが全盛になり、時代遅れとなってしまったのである。井上らは、貴重な時期に修業したと言える。

一九六六年、日本を出た井上はまずスイスに入っている。当時はまだ、帝国ホテルと提携していたオテル・リッツ、ホテルオークラと提携したオテル・ジョルジュサンク以外に、フランスで日本人研修生を受け入れるレストランはほとんどなかったからである。井上は、サリー・ワイルがつくったスイスの日本人研修生受け入れ制度を利用して労働許可証を得、フランスに入った。

フランスでは、マキシムと並んでパリを代表すると言われた三つ星店「ラセール」やディジョンの一つ星店「トロワフェザン」で働いた後、トロワグロを経てマキシムで六年間の修業を終えている。トロワグロの厨房は少数精鋭でスピーディ。会話は少ないが絶妙なチームワークで仕事が進む。気品に満ちた料理を仕上げるソースづくりはジャン・トロワグロの仕事で、彼は「ソースの神様」の異名を持つ。

「その姿や立ち居振る舞いを「映像」として脳裏に焼き付けること。ワインやリキュールの使い方や注ぎ込む量、鍋に入れるタイミング、火加減等々を身体的に記憶すること」が大切と、ジャンの様子を見て思い至る（『フレンチの王道』）。レシピは楽譜のようなもので、ジャンの真似はできない。自分の料理をつくろうとを思い定めるのだ。

井上は一九四五年、鳥取県の大工の家に生まれた。中学三年生のときに父が病に倒れたため、高校進学を断念して集団就職で大阪へ出、染色工場で働き始める。下宿近くの大衆食堂の主人から、将来は小学校六年生の娘の婿にならないかと誘われ、そこを飛び出して働き始めたのが、大阪駅前のレストラン「カーネーショングリル」。厨房で働くと、料理のアイデアがいろいろと浮かぶ自分に気づく。

その後、京都に本店がある「スエヒロ」を経て、京都ステーションホテルで働き始めた頃にフランス料理「のようなもの」と初めて出合う。ヨーロッパ帰りのシェフがつくる「トラウト（ニジマス）のバターソテー　アーモンド風味」などが人気だった。来日したエスコフィエスタイルの三つ星シェフ、レイモン・オリヴェの料理講習会に参加したこともあり、本場で学びたい、という欲求を抑えることができなくなる。

スイスのホテルで修業した同僚にその住所を聞いて、フロントマンに英語の紹介状を書いてもらった。ＹＭＣＡで英語を学び、兄に渡航費を工面してもらうと、ヨーロッパへ旅立ったのである。

帰国後、六本木「シャドネ」シェフを務めていた折、ホテルオークラの小野正吉に認められる。その後、博多「花の木」、銀座「レカン」の料理長を経て、一九七九年に共同

井上旭（シェ・イノ提供）

オーナーとして「ドゥ・ロアンヌ」を開き、一九八四年にシェ・イノを開業する。

今や老舗として知られるレカンの開業は一九七四年。オープニングの料理長は、帝国ホテルやホテルオークラを渡り歩いたフランス人のロベルト・カイヨー。二年後に井上が引き継いでいる。宝石のミキモトが、銀座のビルを全面改築した際に開いた店である。

『フレンチの王道』に一つ、印象的なエピソードが紹介されている。湯木貞一がシェ・イノに来店した折、「あなたは何をやってらした方?」と井上に聞いた。湯木は店に通うようになり、あるとき飴細工のつくり方を聞いた。すると、井上が吉兆に行った折に「もっと精巧」な飴細工を施した料理が出てきたという。一流の料理人たちは、世代を超えて刺激し合い、研鑽《けんさん》を積むことをやめないのである。

◆「無国籍料理」の熊谷喜八

次は、「無国籍料理」を掲げる「KIHACHI」オーナーの熊谷喜八。彼はなぜ、フランス料理ではなく、無国籍料理を看板にしたのだろうか。

一九四六年、焼け跡の東京で、五人兄弟の三男として生まれた。父は鋳物工場を営んでいたが、博打好きで、おまけに家には焼け出された居候が四人もいた。「白い脂身と白菜を煮たものがすき焼きだと思っていた」(『日本のグラン・シェフ』榊芳生、オータパブリケーションズ、二〇〇四年)少年時代。中学生のとき、フランス映画やアメリカ映画を観て、パリへ行きたいと思い始める。新聞で帝国ホテルの料理人はフランスとスイスへ研修へ行くと知り、「料理人になりたい」と決める。

ところが、息子を証券会社に就職させたがっていた父は大反対。喜八は家を飛び出しラーメン屋の住み込み店員となる。中華料理屋を経て、一六歳で二年前の一九六〇年に開業したばかりの銀座東急ホテルへ就職すると、ホテル開業ラッシュによる人手不足で、どんどん仕事が回ってきた。各地の東急ホテルへ回されるとチーフの役割を任され、仕事を覚えていく。そして二一歳の一九六九年、セネガルの日本大使館つき料理人となる。行く決心をしたのは、公用語がフランス語だったからだった。

しかし、静かな環境で、大使夫人から言葉づかいを厳しくしつけられることになじめず、ホームシックにも苦しむ。あるとき、同僚のポールが冷ご飯と牛乳、カニ缶、卵でスフレをつくってくれた。ポールは以前、フランスのレストランで皿洗いをしており、横で観て覚えたと言う。「はたで見ているだけでこんなにおいしい料理ができるんだったら、本気でパリで料理の勉強をしたら、どんなにおいしいフランス料理ができるんだろう!」と決心を固める。

その後、大使に同行してモロッコの日本大使館で働いたのち、一九七二年に渡仏。マキシムなどのレストランを渡り歩き、オテル・コンコルド・ラファイエットでは、ジョエル・ロブションのもとで働く。

ここで日本とも関係が深く、すきやばし次郎へも通ったジョエル・ロブションについて紹介しておこう。

一九四五年生まれのロブションは、一九七六年に当時最年少の三一歳でM.O.F.に輝き、数々のコンクールを総なめにして「天才」と呼ばれた。一九八一年にパリ「ジャマン」を開き、一九八四年に史上最短記録で三つ星を得る。一九九四年に開業した、恵比寿ガーデンプレイスにフランスから移築した城の「タイユバン・ロブション」の料理監督になる。一九九六年に五一歳でいったん引退するが、二〇〇三年に六本木ヒルズに「ラトリエ・ドゥ・ジョエル・ロブション」を開いたほか、世界一三都市でレストランを展開する。二〇一八年に死去。

「伝統と斬新な独創性とを完璧に調和させた美しいスタイル」（『フランス料理ハンドブック』）で評価されるロブションの上り調子のときに、熊谷は学んでいる。

熊谷は一九七五年に帰国すると、サザビーの鈴木陸三社長が開いた「シルバースプーン」を経て、「日影茶屋」社長の角田雄二が開いた「ラ・マーレ・ド茶屋」の料理長に就任する。魚料理を中心にした「気さくなフレンチ」（『東京フレンチ興亡史』）というコンセプトの店は、東京から来る客も多い人気店になり、年間一三万人も集客した。

その頃、台北で同じ店をやりたい、という誘いを受けて料理指導に行くが、ワインも食材もそろわず自分の非力さを実感。「フランス料理はなんと軟弱かと。『こうなったら世界のどこででも、日本のどこででも作れる、日本最強の洋食を作ってやろう』」（『日本のグラン・シェフ』）と開き直る。

折よく、一九八〇年代は居酒屋を中心に、無国籍料理が流行していた。イタリア料理やアジア料理から無国籍料理に挑戦する店はあったが、フランス料理ではなかった。熊谷は「並みいる強豪シェフを相手にするわけだから、彼らと異なる料理で勝負しようと考えていました。（中略）技術面でいえばフレンチは完成されているし幅も広い。それを応用しながら、フレンチの枠を取っ払って新しい西洋料理を作ろうとしました」（『東京フレンチ興亡史』）。

そしてパンとワインに合うフランス料理の原則を守りつつ、スパイスや醤油、味噌などを積極的に取り入れ、無国籍料理としてつくる。おそらく、中華やアフリカ暮らしの経験も生かされている。

産地へ行くなどして食材も選び抜く。それは『美味しんぼ』原作者の雁屋哲の取材旅行に同行し、食材の安全性などについて学んだからだ。『一食懸命物語　KIHACHI』（熊谷喜八、海竜社、一九九九年）によると、親しくなるきっかけは、フランスの辛口料理評論家が誉めた記事を読んだ雁屋がラ・マーレ・ド茶屋に来店するようになったことだった。養豚場や牡蠣養殖場、養魚場、日本酒蔵元、田畑などの現場取材を通して、安全な食材を扱うレストラン、というコンセプトが形づくられた。

熊谷が独立し、南青山に「KIHACHI」を開くのは一九八七年。現在、レストラン・カフェを一二店のほか、フードホールや洋菓子店も展開している。

◆女性たちを虜にした石鍋裕

マキシムで同時期に働いた三人目が、フランス料理ブームでメディアにもてはやされた石鍋裕だ。一九七〇年代、シェ・イノの井上、オー・シュヴァル・ブランの料理長などを経て東京ドームホテル総料理長を務める鎌田昭男とともに、フランス帰りの三羽烏と呼ばれた。手軽な五〇〇〇円台のコースも用意する敷居の低さで、一九八〇年代のフランス料理好きな女性たちに喜ばれる。『料理の鉄人』の初代フランス料理鉄人でもある。

『料理人の突破力』によると、石鍋がマキシムで働いたのは、同じアパルトマンに住む井上に誘われたからだった。当時、井上はマキシムのソース係（ソーシエ）で、熊谷は研修生だった。マキシムでは既に、魚料理のソースに魚の出汁を使いクリームは使わないなど、ヌーベル・キュイジーヌの影響を受けた料理をつくっていたようだ。

マキシムでは、名門クラブが開く「金に糸目をつけない」食事会で、「あとで原価を計算して、倍付けや3倍付けにして請求書を出すらしいんだけど。そういうのが非常に勉強になった」と言う石鍋、大阪万博でも、ブルガリア料理店のフロアで働き、あらかじめオーダーを取ってから客にすすめるなどして回転数を高めた（第一部第二章）。経営的センスの高さは、どこで培われたのだろうか。

生まれたのは一九四八年、横浜市。父は印刷会社を経営していたがうまくいかず、渋谷のカレー屋で働いたこともあった。母は早く亡くなっている。中学二年生ぐらいから、自分で生計を立てることを考え始め、進駐軍の物資を日本のバーなどへ卸す仕事を始める。

その頃洋食を食べ歩き、一番おいしいと思った店が、伊勢佐木町の不二家だった。「ほんとにいい肉を使っていて、スープも美味しかった。（中略）「不二家」で熱々のアップルパイを食べてすごく感激したんです」（『料理人の突破力』）と話す。

一五歳でやくざから逃げていたとき、横浜の洋食店オーナーにかくまわれて働く。ところが、一カ月後に上の料理人たちが辞め、シェフを任されてしまう。肉屋や魚屋に食材の扱い方を教わり、良質な肉を仕入れて焼くようにすると店が評判になる。

「キャラバン・サライ」という店では秋山徳蔵の息子、秋山四郎から、材料費をケチらず本格的なフランス料理をつくる方法を教わった。本物を観ようと大阪万博へ行き、その後は明治屋で開かれたレイモン・オリヴェやジャン・ドラヴェーヌといったフランスの有名シェフの講習会で学ぶ。そして、一九七一年に渡仏。

パリでドラヴェーヌが開く「ル・カメリア」へ行ったが、仕事はもらえなかった。当時のパリは一九六八年に起こった五月革命の余波で不況。半年間仕事が見つからなかったものの、辻静雄の本などを参考に食べ歩いて修業先を慎重に選ぶ。

渡り歩いた店のうち、最も影響を受けたのは、マキシムの後に働いた「シェ・ドゥニ」だ。毎朝、魚を入れ替える。シェフの出身地、ペリゴール地方から、地元の友人が捕獲した野鳥が届くなど、食材がどれも新鮮なことに驚いた。「温かいものと冷たいもの、硬いものと柔らかいものっていう対比を食感で楽しむ」一九世紀の料理法を採り入れる柔軟さもある。独自の料理哲学を持つドゥニの考え方が、石鍋の原点になっている。

一九七六年に二七歳で帰国し、まず、六本木「ビストロ・ロテュース」で働く。その店に、スイスやフランスに別荘を持つ大金持ちの常連客がいた。ふだんは、その人の健康を考え「ブルジョアの家庭料理よりもやや高級な料理」(『日本のグラン・シェフ』)を出していたが、最高のものを、というリクエストで誕生日会のディナーを頼まれ、三つ星レストランクラスの料理を出したところ、今までと違う、と嫌がられた。

フランス通のはずの人でも本物を知らないことに気づいた石鍋が、一九八二年に日本人が気軽に楽しめる店を、と西麻布に開いたのが「クイーン・アリス」だ。なるべく前菜を華やかにし、高級食材を日常的な食材と組み合わせて威圧感を与えないようにする。季節感を大事にする。最後のデザートは華やかにする。「煮込んだ大根のうえにソテーしたフォワグラを載せた料理、レンズ豆とアイスクリームをぜんざいのように工夫したデザート、鮮やかなクレソンのソース、盛りだくさんの付け合わせの野菜」(『東京フレンチ興亡史』)といった初心者の日本人にわかりやすいフランス料理を心がけた。

価格も、地方から出てきた人でもあまり負担を感じないように、酒を入れても一万円ぐらいになるように設定した。斬新な発想と入りやすさが日本人の心をとらえたからこそ、石鍋は時代の寵児になったのである。

◆日本に光を当てる三國清三

次の世代のスターシェフは、三國清三《きよみ》である。二〇二〇年に予定されていた東京オリンピック・パラリンピック競技大会組織委員会顧問の三國は、村上信夫の弟子である。ほかにも、ラグビーワールドカップ2019組織委員会顧問、二〇〇〇年の九州・沖縄サミット蔵相会合の総料理長など、数多くの国際舞台を体験した。『料理の鉄人』も当初、三國をイメージして企画されたが、「料理は対決するものではない」と出演を断っている。

東京オリンピック・パラリンピック大会に向けて、江戸東京野菜といった東京の食材発掘に努めるなど、産地を巡り、日本の食材を活かす試みを続けている。ユネスコ無形文化遺産にフランス料理が登録されたことを知り、情報を集めて菊乃井の村田吉弘に届けた。食育活動や病院給食にも関わる。幅広い分野で活躍する、三國の人物像を描いてみよう。

一九五四年、北海道の日本海沿いにある増毛町で生まれた。七人きょうだいの五番目、三男である。父の正の本家はニシン漁の網元だったが、ニシンの大群が去り、清三が生まれた頃の両親は半農半漁で暮らしていた。

小学校二、三年生から父について早朝、小舟の漁に出て魚市場で売った。両親が忙しいので、見よう見まねで夕食の支度もやった。獲れたての魚や野菜を食べて育ったことが、原点である。

中学卒業後、札幌の米穀店に丁稚奉公で入る。その家で出されたハンバーグのソースが黒かったので、最初は「毒じゃないか」と驚いた。「札幌グランドホテルのハンバーグは、うちでつくったものより100倍おいしい」（『食の金メダルを目指して』三國清三、日経プレミアシリーズ、二〇一六年）と聞き、料理人になろうと一念発起する。札幌グランドホテルは、一九三四年開業の北海道初の本格洋式ホテルだった。

さっそく北海道調理師学校の夜間部に入った三國は、学校のマナー講習会で札幌グランドホテルへ行った折に頼み込み、採用してもらうのである。すると今度は、東京の帝国ホテルに「料理の神様」がいると聞き、総料理長に紹介状を書いてもらって上京。

鍋洗いのパートで何とか採用されたときの総料理長が、村上信夫だった。ＮＨＫ『きょうの料理』収録の際は、手伝いを買って出た。しかし、厨房スタッフが五〇人ほどの札幌グランドホテルに対し、帝国ホテルは製菓部門も入れて一〇〇〇人規模。料理するチャンスはほとんどなかった。ソースの味でレシピを覚えようとしても、先輩たちはすぐに洗い場の水に皿を突っ込み、味を盗ませまいとした。

二年経った二〇歳のとき、村上に呼ばれ、スイス・ジュネーブの日本大使館の料理長に推薦したと言われる。村上は、鍋洗い担当でも腐らない根性と、料理を手伝うときの動きから三國の将来性を見込んでいたのである。

ジュネーブに着くとまず、町一番のフランス料理レストラン、「オーベルジュ・デュ・リオン・ドール」に頼んで研修させてもらい、大使夫妻の就任パーティに備えた。和食や中華はレシピ本を読みながらつくった。ほかにも、近くの「ホテル・リッチモンド」や、懐石料理を習いに日本料理の「山川」へ行った。

やがて隣町のローザンヌにある「オテル・ドゥ・ヴィル」という名店の噂が届く。シェフはスイス代表のサッカー選手だったフレディ・ジラルデ。「いらない」と言われるのを粘って休日に通う許可をもらったのが、一九七五年だった。レシピに頼らず、素材を見極め、臨機応変に料理をつくる「ジャズのアドリブのようなインスピレーション」と、その腕から生み出される「繊細で美しく、迫力がある」(『おしゃれな舌　スーパーシェフ三國清三の軌跡』松木直也、風塵社、二〇〇〇年)料理に惹かれる。

一九七八年に大使館勤めを終えた後、トロワグロやアラン・シャペルなどいくつものレストランで働き、一九八二年末に帰国。「10年は修業してこい。二つ目は、もらったお金は全部使ってこい。遊びじゃなくて、食べたり研究をしたりして一銭も残さず全部身に付けて帰ってこい」(『日本のグラン・シェフ』)という村上の言葉を実践した武者修行だった。

市ヶ谷の「ビストロ・サカナザ」の料理長を経て、一九八五年に三〇歳で「オテル・ドゥ・ミクニ」を四谷で開く。自己資金はゼロだったが、ビストロ・サカナザでの仕事ぶりを知るレストラン・デザイナーや施工業者などから信用されて、資金調達に成功する。

アラン・シャペルで、シェフ自ら地元の農家から野菜や卵を買う姿を見て、地産地消型の自分らしい店をやりたい、と考えた三國。日本のコメや醬油、味噌も、中華のフカヒレも取り入れる。業界からは「フランス料理じゃない」(朝日新聞「人生の贈りもの」二〇一四年八月二五日)と批判されることもあったが、負けなかった。フランス料理の看板に遠慮して無国籍料理、とした熊谷の世代とは感覚が異なるのだ。

やがてニューヨークやバンコク、パリ、ロンドンなど世界各地に招かれて料理を披露する「ミクニ・フェスティバル」で盛況を博す。それは「盆栽風の盛りつけを施したり、フォアグラにみそをつけて田楽風にしたり」（朝日新聞二〇一四年八月二五日）といった、和のテイストを持ち込んだ独創的なフランス料理だった。この後、日本のフランス料理人は、風土に合わせたオリジナルの工夫を施すようになっていくが、その突破口を開いたのが三國だったのかもしれない。

三國は『東京フレンチ興亡史』で、産地と連携したオーガニックで上質な食材を使う、「人と自然に優しい料理」「日本人の美意識に基づいて創作するフランス料理」を志していると語っている。

◆ビストロの始まり

フランスで修業しフランス料理をもっと身近にしたい、と考えたシェフは何人もいる。ヌーベル・キュイジーヌの影響を受けた彼らの多くは、「ビストロ」と名乗る店で働いた。『フランス料理ハンドブック』によると、それは本来の居酒屋的な店という意味ではなく「旧来の西洋料理とは異なる本物のフランス料理を提供するレストラン」という意味だった。

しかし、ビストロを名乗った最初の店は、本来の意味でのビストロで、勝又登が開いた西麻布ビストロ・ド・ラ・シテだ。

『東京フレンチ興亡史』によると、当時の日本人は、フランス人が日常的にはミシュラン掲載店ではなく、ビストロを利用することを知らなかった。「上は高級店から下は横丁のビストロやカフェまで重層的に存在するという、フランスの豊かなレストラン文化」を伝えたという意味で、勝又の店は最初だった。

その後、一九七八年には「上級のオシャレなビストロ」というコンセプトで、六本木に「オー・シザーブル」を開く。

一九六九年にフランスへ渡った勝又は、「最初から普通の人たちがどんな料理を食べているかに興味があった。内臓の煮込みは日本の屋台で食べるモツの煮込みとどうちがうのかとか。だから、ミシュランの星付きレストランより庶民的なビストロで働きたかった。（中略）フランスの食文化の厚みを知らされた」と語っている。

ビストロ・ド・ラ・シテは現在もある。『料理王国』㈱CUISINE KINGDOM）二〇二〇年五月号によると、一九八二年に勝又から経営を引き継いだ関根進と関根葉子夫妻は、その後活躍する何人ものシェフを育てている。葉子は数年前に統合したオー・シザーブルのマダムを四〇年務めた。その店から、「ル・マノアール・ダスティン」五十嵐安雄、「アラジン」川崎誠也、「ル・マンジュ・トゥー」谷昇、「ル・ブルギニオン」菊地美升《よしなる》など、第一線で活躍するオーナーシェフが育った。それは店の軸だけを決めてシェフたちに料理を任せた、関根夫妻の懐の深さゆえだろう。進にも、レストランで働いた後飲食店経営をした経験がある。

葉子は五代目シェフの谷に、パスタをメニューに加えることをリクエストした。「トマトのコンソメを使ったり、オマールの出汁を使ったりした手の込んだパスタはうちでしか味わえないものになって、今でもあれが食べたいと、シテにいらっしゃるお客様にお願いされることもあるんです」と語る。

谷が一九九四年に新宿で開いたル・マンジュ・トゥーは、『外食2・0』（君島佐和子、朝日出版社、二〇一二年）によると、「サイズはバル、料理はガストロノミー」という店。「飛行機のコックピットのように、細分化されて食材が仕込まれた冷蔵庫」を持つなど、狭いスペースを最大限に活用して古典料理も出す、ミシュラン二つ星店である。

勝又はその後、一九八六年に箱根に移り、オーベルジュ「オー・ミラドー」を開く。オーベルジュとは宿泊できるレストラン、いわばフランス料理版料理旅館だ。この頃、フランス料理のブームは高級レストランへ移り、ゴージャスな空間にフランスから料理人を連れてくるブーム狙いの店がふえた。「真剣にフランス料理を考えない人たちへの反発」が、移転の理由だ。その頃から日本は、フランス料理のフルコースを食べてホテルに泊まるデートを若者が楽しむ、バブル狂騒曲を奏で始める。

◆トゥール・ダルジャンの伝説

バブルを象徴するレストランの一つが一九八四年、ホテルニューオータニに開業した「トゥールダルジャン」だ。当時フランスで三つ星だった鴨料理が看板の店で、世界一高級な店、と言われた。パリのセーヌ河畔に開業した旅籠が始まりで、一九世紀に当時を代表するレストラン「カフェ・アングレ」と跡継ぎ同士が結婚して合併する。その世紀末から、出した鴨に番号をつけるようになり、名声を高める。一九二一年に皇太子時代の昭和天皇も行き、五〇年後に夫妻で再訪して絆を深めている。一方、北大路魯山人が、鴨を丸ごと持ってこさせてワサビ醤油で食べた、と無茶な行為を自慢げにエッセイで書いている『魯山人の料理王国』（文化出版局、一九八〇年）。

獅子文六は、『食味歳時記』（中公文庫、一九九七年）で、魯山人の行為を「つまらぬことをしたものである」と切り捨てる。どんなサービスだったかは次のように記す。

「その鴨を、今度は、チーフ・コックが現われ、車輪つきテーブルの上で、料理して見せるのである。まず、鴨のテバや胸の肉をおろし、それから、ソースづくりにかかる。アルコール・ランプの上の銀鍋に、鴨の血や、香料や、数種の酒を加え、ソースをつくる。小脇に、ナプキンをはさみ、両手にスプーンとフォークを持ち、慣れといいながら、手順よく運ぶ動作が、ちょっとイキなものである。そして、そのソースの中で、鴨の肉をちょいと煮て、席へ持ってくる。確かにウマい。肉の適度の柔らかさといい、ソースの味といい、立派なものである」

伝説の店が東京に開業すると、大いに注目を集め、高級店の出店が加速した。フランス料理に縁がなかった私にも、東京にトゥール・ダルジャンというすごい店ができた、という噂は聞こえてきた。あの頃、大勢の日本人がこの店に憧れ、中には北大路魯山人の行為を英雄的に語る人たちもいた。

その店のシェフを務めたフランス人の一人が、カウンター・フレンチの店を開くドミニク・コルビ。朝日新聞土曜版be二〇一八年一〇月二〇日のインタビューによると、コルビは一九六五年、パリで六人きょうだいの末っ子として生まれている。まもなく郊外のアルジャントゥイユへ移ると、祖母の料理を手伝い、一五歳からレストランで働き始めた。パリの本店でスーシェフを務めた後、一九九四年に二八歳で東京店総料理長になる。

その後、ホテルニューオータニ大阪、東京のレストランを経て、二〇一五年に東京・荒木町で「メゾン・ド・ミナミ　フレンチ割烹ドミニク・コルビ」を開く。銀座九兵衛のすしを食べてカウンタースタイルの店に魅了され、和食の店を食べ歩いたことがベースにある。「日仏の文化が出会う一皿の奇跡を、創造した自分の言葉で伝えたい」とカウンタースタイルの店を開いたのだ。

レンズ豆の味噌を仕込み、フォアグラとあん肝のテリーヌを考案。魚の出汁、フュメ・ド・ポワソンの替わりに昆布とシイタケの出汁、辛口の日本酒を使う。

ポール・ボキューズは来日して懐石料理と出合い、小皿料理の「ムニュ・デキュスタシオン」を考案した。コルビも、可能性を広げているフランス人のフランス料理人の一人だ。

◆第二次ビストロブーム

バブルが崩壊すると、フランス料理ブームは去る。接待需要がへり、若者は少し前から始まったイタリア料理ブームへと関心を移した。フランス料理店が次々と閉店へ追い込まれた頃の様子が、槇村さとるのマンガ『おいしい関係』に描かれている。

のちに主人公の百恵の上司となる友人、高橋薫の店「メゾン・ブリュ」が閉店する。そのことを伝える雑誌記事を、百恵の同僚が「嵐のようなブームが去った時　東京人はこの店のような「本物の店」も一緒につぶしてしまったのだ」と読み上げる。

一方で、新しい道を切り開く料理人たちもいた。その一つが、本来の意味でのビストロの開業ラッシュで一九九〇年代後半、二度目のブームとなる。『フランス料理ハンドブック』によると、東京では一九九七年、初台に開業した「レストラン　キノシタ」の大成功で追随する店が相次ぐ。

一方、カウンター割烹発祥の地、大阪ではオープンカウンターの大阪市野田「大西亭」が一九九五年に、本町「ラ・トォルトゥーガ」が一九九八年に開業し、話題を集める。関西でホテルでなく町のフランス料理店が注目を集めたのはこの頃が最初で、カウンター・フレンチの文化はどうやらおしゃべり好きで財布の紐が固い人が多い、大阪に根づいた。『飲み食い世界一の大阪』(江弘毅、ミシマ社、二〇一三年)には、「カウンター一本だけで八席、内装もまるでカフェに毛の生えたような、ソムリエとメートルはシェフの妹や近所の兄ちゃんがやっているような店で、いい本格料理とワインが出てくる」店が全盛とある。もしかするとこれは、高級店が成立しにくい環境で、フランス料理の文化を伝える一つの方法かもしれない。

やがて、立ち食いスタイルの店も登場。私も都区内の立ち飲みフレンチに通ったことがある。鹿や熊などのジビエ料理や、新鮮な野菜と果物を混ぜたサラダ、ビオワインなどはこの店で出合った。何しろお腹いっぱいになっても、二人で一万円でお釣りがくるのである。

そうした流れの先に、リーズナブルに高級料理を出す「俺のフレンチ」がある。立ち食いスタイルにするとたくさんの人が入れ、回転率が高まる。チェーンの一号店は二〇一二年銀座で、その前年に新橋で「俺のイタリアン」一号店を開いている。その他パンややきとりなどの店も展開する「俺の株式会社」社長は、ブックオフ創業者の坂本孝で、立ち食いフレンチはメディアからも注目を集めた。

◆カフェブームの火つけ役

東京で始まったもう一つのカジュアル化はカフェで、二〇〇〇年前後のカフェブームの一つの流れをつくる。その嚆矢《こうし》は平松宏之が一九九三年、広尾に開いたカフェ・デ・プレだった。『東京フレンチ興亡史』で平松は、一年後に追随者が現れて一年間で全国に五〇軒へ急増したと語っている。

平松は全国にフランス料理店やイタリア料理店、ブラッスリー、オーベルジュ、カフェを展開する。ポール・ボキューズを説得して日本支店を出店させ、自身も二〇〇一年一〇月から二〇二〇年二月までパリ支店を持っていた。フランス料理の地位を上げるために、二〇〇四年東証二部にも上場し、二〇一〇年に一部上場した。幅広い業態を展開するのは、日本でも本場のように店のタイプがふえてはじめて、文化として定着すると考えたから。フランス料理界を変えよう、と試みているのだ。

平松は一九五二年、横浜で生まれた後東京で育つ。四人兄弟の三男。父は小さな旅行会社を営んでいたが、借金の申し込みを断れず事業が傾く。そんな父と対立して家出した長兄の後を、兄弟で追って四人で暮らす。長兄は画商の額賀雅敏、次兄は画家、額賀加津己。平松は、一九七八年に結婚した妻の姓である。

高校を卒業後、「うまいものが食える」とフランス料理店で働き始める。高校時代にアテネ・フランセで学んだ語学力を生かし、フランスの料理書とシェフの料理を突き合わせたが、どうも違うと質問したら殴られた。先輩たちは店を持ちたいと夢を持っていたが、具体的な方策は考えていない。そこで、東京YMCA国際ホテル専門学校に通って経営を学ぶ一方、本格的なフランス料理とサービスを学ぶためにホテルオークラに就職。オークラで平松慶子と知り合い、結婚し相次いで渡仏。

紹介状もない平松は、『ミシュラン』片手にパリで一週間に二〇軒余り回ったがどこからも門前払いを食らう。しかし、一度断られた「ラ・クレール・フォンテーヌ」のオーナーシェフと偶然再会し、「給料はいらない」と受け入れてもらう。

帰国後の一九八二年に雅敏と妻の実家、銀行から融資を得て、西麻布「ひらまつ亭」を開業。妻はサービスを担当する。知る人ぞ知る店となり、借金は一年で全部返した。一九八八年に広尾へ移転して、高級店の「レストランひらまつ」を開く。

翌年、かわいがっていた創成期からの社員が亡くなる。それまで部下を殴り怒鳴る一方で、高価なワインを飲ませて味を伝え、留学費用も負担する、というアメとムチの指導をしていたが、これからは従業員の健康管理をしっかりやり、働く人が幸せな環境をつくろうと誓う。そして、業界を改革しようと志を立てたのである。

◆フランスで星を取った日本人

平松が二〇〇一年にパリ・サンルイ島に出した「レストランひらまつ　サンルイ　アンリル」は翌年、一つ星に輝いた。それは日本人では約二〇年ぶり、二人目の快挙だった。

一人目は、東京のホテルメトロポリタンエドモントの統括名誉総料理長を務める中村勝宏。二〇〇八年の北海道洞爺湖サミットの総料理長も務めた。フランスで日本人初のミシュラン一つ星を取ったのは、一九七九年。中村については、朝日新聞夕刊「人生の贈りもの」シリーズ二〇一六年三月一四日～二五日のインタビュー記事から紹介する。

一九四四年、鹿児島県阿久根の網元の家で生まれた。しかし小学生の頃、実家が所有する船が転覆。アルバイトをしながら高校まで出る。クリスチャンの祖母に付き添った教会で西洋文化に憧れ、食いっぱぐれがなさそうな料理への道を歩み始める。

横浜プリンスホテルを経て、一九七〇年に二六歳でスイスへ渡る。チューリッヒのホテルアスコットで仕事を得、三番手のソーシエになる。翌年にパリの二つ星レストランで働き、その翌年からは地方の名店を回る。トロワグロでも働き、ジャン・トロワグロがまかない用のローストチキンを焼いた鉄板の肉汁を白ワインで煮溶かして小鍋に移し、ワインビネガーや油、トリュフなどを加えて野菜サラダのソースに仕立てるさまを観たことが原点になった。その後パリへ戻る。

パリのエッフェル塔近くの小さな店、「ル・ブールドネ」でシェフとして働き一〇カ月で星を取った。四年間星を守り、一九八二年に娘が生まれたのをきっかけに同店を辞める。星の重圧からの解放感は、叫びだしたいほどだった。その後、星を失った店の立て直しに協力するなどした後、一九八四年に帰国し、飯田橋に開業したばかりのホテルエドモントに迎えられる。

その後、吉野建がパリ「ステラマリス」で、松嶋啓介がニース「ケイズ・パッション」で二〇〇六年に一つ星を獲得。

二〇二〇年、ついに日本人の三つ星料理人が誕生した。ルーブル美術館の近くに「Restaurant KEI」を開く小林圭である。開業は二〇一一年。二〇一七年に二つ星になった後の快挙だった。

フランスの『ミシュラン』にはもしかすると、新しい風が吹いているのかもしれない。同じ年、フランスのポール・ボキューズが一九六五年以来、初めて二つ星に降格。『料理王国』二〇二〇年五月号は、その理由の一つとして二〇一八年、ミシュランガイドの新しい総責任者に三八歳のグウェンダル・プレネックを抜擢、「ミシュランが古臭さからの脱皮を迫られていたことは無視できない」と指摘する。『ミシュラン　三つ星と世界戦略』によると、変化は二一世紀になった頃から始まっている。一九九六年から二つ星になっていたトゥール・ダルジャンが、二〇〇六年に一つ星に降格。翌年、一九七三年以来三つ星だったタイユバンが二つ星に。ほかにも名店とされた何店もが星を落としている。同じ頃、日本人がオーナーの店が一つ星を獲得するようになった。移民受け入れ国のフランスのレストラン業界が、移民の実力を認め始めたのだろうか。

一方で、二〇〇五年のニューヨーク版を皮切りに、ヨーロッパの外でもガイドを発行するようになった。二〇〇七年の東京版はその流れの中にある。変わり続ける力こそ、ミシュランガイドが威光を放ち続けるゆえんかもしれない。

小林の料理をよく知る料理評論家の増井千尋は、先の『料理王国』記事で、小林が日本人には珍しく肉に精通していることを指摘する。アルザス地方の名店で働いた折、休日に隣の精肉店で修業した成果だという。料理が正確でブレがなく、ソースは贅沢な部位を使ってつくる。他の日本人シェフと最も違う点は「皿の盛り付けが醤油臭くなく、また、誰にも似ていないところだ」と評している。誌面では、チコリ、ケッパー、トマトの漬けものなどを細かく刻んだつけ合わせを添えたスズキの鱗焼き、衣に炭を加えたアーティチョークのてんぷらが紹介されている。

小林は、『SWITCHインタビュー達人達』（NHKEテレ）で二〇一九年一〇月二六日にHIS会長の澤田秀雄と対談している。小林が澤田に出したコースのうち、代表的な料理が、「アシェット・レギューム（野菜のお皿）」だ。季節の野菜をそれぞれ最も味が引き立つようカットし、オリジナルソースをかける。その上から泡状のレモン汁をかぶせる。「安い食材でもいいものはできる、と証明したくてつくった皿」と小林が説明する。店で使う器の半分は職人に頼んでつくってもらう。切る技術や器、見せ方で、日本人ならではの料理を提供しているのだ。

番組では、師匠のアラン・デュカスがインタビューで「厳格さ、規律を追求する姿勢がみんなのお手本でした。厳格であることはフランス料理を完璧につくるための大事な要素です」「彼はフランス料理を完璧に習得し、日本独特の感性をも取り入れているのです」と語っている。

『フランス料理ハンドブック』によると、アラン・デュカスはミシェル・ゲラールなどのもとで修業し、ヌーベル・キュイジーヌの王道の技術を身につけた。一九八七年にモナコ公国のオテル・ド・パリの総料理長に就任すると、厨房システムと料理を一新し、三年でホテル内のレストラン「ルイXV」を三つ星にした。二一世紀に入ると、多数の店舗を世界で展開させている。

『SWITCHインタビュー達人達』で、「すべてトップを取りたい」「世界一のレストランにしたい」と宣言した小林は、一九七七年長野県諏訪市生まれだ。父は板前で、中学生のときに、テレビでフランスの三つ星シェフを紹介する番組を観て憧れた。高校を中退し、県内のフランス料理店で修業した後、一九九九年に二一歳で渡仏し、フランス各地の有名店で修業している。「食べれば終わりと言われるけど、本当にいい料理は一生脳に残る。命を奪ってしまった食材を、お客さんの頭で生き返らせる仕事なんです」(朝日新聞「ひと」二〇二〇年二月六日)と語っている。

◆エル・ブリとノーマ

一九九〇年代後半、新しい潮流を起こす料理はフランスではなく、スペインで生まれた。スペイン最東端、カタルーニャ地方の海辺にあったその店「エル・ブリ」は、夏の海水浴客しか訪れないような辺鄙《へんぴ》な土地にある。しかし夏を中心に半年しか開けない店は、「世界一予約が取れない」と言われる人気店だった。

一九八四年にシェフに就任したフェラン・アドリアは、独創的な料理で二〇〇四年にアメリカの『タイム』の「世界で最も影響力のある一〇〇人」に選ばれた。龍吟の山本征治が影響を受けており、ペルー料理の太田哲雄など修業に行った日本人は多い。また、この後紹介する三つ星シェフらも影響を受けている。

ミシュランでは一九九七年から三つ星に輝き、イギリスの専門誌『レストラン』の版元、ウィリアム・リード社が主催で世界各国の食の評論家やシェフ、ジャーナリストらが選ぶ「世界のベストレストラン50」で二〇〇二年の初回に一位に選ばれ、二〇〇六年から四年連続でトップになる。このランキングは近年、ミシュランの格づけ以上に注目される傾向がある。

フェラン・アドリアの料理について、『フランス料理ハンドブック』は、新しい技術やテクノロジーを積極的に利用し、五感すべてに訴えると紹介している。

特に現代の技術を利用した「分子調理法」は最も注目を集めた。『ミシュラン　三つ星と世界戦略』によると、それは「包丁や鍋といった調理器具だけでなく、フラスコやスポイトといった化学実験室でおなじみの用具を多用する。ソーダサイフォン、減圧調理器具といった高価で物々しい最新鋭機器も駆使し、最高級の食材を粉砕したり、泡にしたりする。その結果生まれる料理は、単純化していうと、見た目が泡だらけで、食感は極めて柔らかくなる」。その技術はしかし、「食品業界や製薬業界、香水産業の研究室では以前からごく普通に使われていた」もので、アドリアは食品工場で着想を得た。

スペインの小皿料理にベースがあるアドリアの料理は品数が多く、三〇品以上が出てくるが、一つとして同じ味はない。その多彩さは、「泡状化などの技術によって、しっかりとした味覚を保ちながら一皿の総分量を減らすことに成功したから可能になった」ものである。

たとえば「メロン・コン・ハモン」は、生ハムメロンの応用で、「メロンの絞り汁とアルギン酸を混ぜ、スポイトで塩化カルシウム溶液に落として球状に凝固させる。イベリコ豚の生ハムの切り落としを煮てコンソメに浮かす」。液体窒素を使った料理もある。見た目を裏切る豊かな味わいは、まるで『チャーリーとチョコレート工場』に出てくる、フルコースを味わえるチューインガムのようだ。

アドリアは一九六二年、バルセロナ近郊で生まれた。皿洗いで入ったホテルの厨房で料理に関心を持ち、料理人になる。一九八三年に研修生としてエル・ブリに入ると翌春、部門シェフになり秋には総料理長になる。一九九〇年に店を購入しオーナーシェフとなる。

ふつうのレストランだった店からまず、一九八〇年代の終わりにパンをなくし、一九九一年にはデザート・ワゴンを、一九九六年にチーズ・ワゴンを廃止した。一九九八年から研究室を発足させ、二〇〇一年には昼の営業を停止、二〇〇二年からはメニューをコース一本に統一した。「手の込んだものが感動を呼ぶ」とアドリアは語る。

詳細に料理を解説した『エル・ブリの一日』（フェラン・アドリア、ジュリ・ソレル、アルベルト・アドリア著、清宮真理ほか訳、ファイドン、二〇〇九年）は、世界各地のシェフのバイブルとなった。

店は二〇一一年に閉店したが、影響を受けた料理人は世界中にいる。二〇一〇年、初の「世界のベストレストラン50」の首位に輝いたデンマーク・コペンハーゲンの「ノーマ」もその一つ。ロンドン郊外に一九九五年に開いた「ザ・ファット・ダック」は、二〇〇五年に首位に輝いたほか、二〇〇四年にミシュラン三つ星を取っている。『フランス料理ハンドブック』ではこのほか、オランダの「オウト・スルイス」、ドイツ「アマドール」などを紹介。グルメのイメージがなかったヨーロッパの国から次々と、ミシュラン三つ星店が誕生している。

中でもノーマは、二〇一〇年代に世界を席巻した。新北欧料理を提唱する同店の仕事を紹介するドキュメンタリー映画『ノーマ　世界を変える料理』（二〇一五年）によると、シェフのレネ・レゼピはマケドニアの農家出身で、子どもの頃家族とともにデンマークへ移住した。マケドニア料理は素材の味を生かす。父はイスラム教徒、母は料理人だ。

『専門料理』二〇一五年四月号によると、ノーマの元共同経営者のクラウス・マイヤーが二〇〇四年にまとめた「新北欧料理のためのマニフェスト」が、新北欧料理の特徴は「北欧らしさの尊重、自然との共存、伝統の発展的利用、健康と幸福の追求」などとしている。

世界一位に輝いたとき、レゼピは「人がおいしいと感じるのは、その料理と強い結びつきを感じるからだ。その時期にしか味わえないごちそうだからだ。僕たちはすべての客に最高のもてなしをして楽しませたいだけ。そう気づいてから、料理に全力を注ぐことだけを考えた」とスピーチしている。野草も含めて土地の食材を使い、発酵技術を駆使する。そのやり方は世界を席巻し、世界で発酵ブームを起こしている。

『専門料理』二〇一五年四月号によると、地元の食材に光を当てたノーマの試みは、先駆者のフランスのミシェル・ブラスなどが再評価されるきっかけもつくった。

ミシェル・ブラスは、北海道の「ザ・ウィンザーホテル洞爺　リゾート&スパ」内で、二〇二〇年四月まで「ミシェル・ブラス　トーヤ　ジャポン」を開いていた。ブラスが生まれたのは一九四六年で、オーブラック地方のライヨール村。一六歳の一九六二年、両親が経営するオーベルジュ「ルー・マジュック」で料理人の母のもとで修業を始める。家業の事情から地元を離れることなく研鑽を積み、一九八〇年代半ばから注目を集め、一九九二年に自分の店「ミシェル・ブラス」を持つ。一九九九年に五三歳で三つ星を取る。

「地元オーブラックの自然からインスピレーションを得て、思索を重ねながら土地の素材やハーブを駆使して「オーブラックの魂そのものを表現する」哲学的ともいわれる独創的なスタイル」（『フランス料理ハンドブック』）を持つ。

世界中に影響を与える料理人と店が各地で誕生するのは、人の交流が活発になった時代の必然である。地元の自然から着想を得た料理は、国際的な時代だからこそ足元に目が行き生まれたとも言えるし、半世紀前に始まったヌーベル・キュイジーヌの発展形とも言える。

◆イノベーティブの先駆者

近年、グルメの世界で「イノベーティブ」と呼ばれるジャンルがある。『ミシュラン』にも『ゴ・エ・ミヨ』にも料理のカテゴリーとして入っているが、どちらのガイドブックにも説明はない。ウエブ版『産経ニュース』二〇一七年一二月二七日の【イノベーティブって何？（上）】によると、『ミシュラン』日本版が、このジャンルを加え始めたのは二〇一三年版からで、ヨーロッパで自らを「イノベーティブ」と位置づけるシェフが現れたことがきっかけだ。国別カテゴリーにとどまらず、自身で創案した新しいスタイルの料理をつくる店、という意味らしい。その流れはエル・ブリから始まった。そこでエル・ブリの影響を受け、フランス料理から出発した日本のイノベーティブ・レストランを経営するシェフ三人を紹介し、未来へつなげたい。

一人目は、東京・南青山「NARISAWA」オーナーシェフの成澤由浩。同店は二〇二〇年度版『ミシュラン』で二つ星、「世界のベストレストラン」では二〇〇八年、日本初のレストランとしてランクイン。ベスト・オブ・アジアを受賞する。二〇一五年には世界八位を記録し、以後も毎年ランクインを維持する。二〇一八年には、アジア人として初めて国際ガストロノミー学会の「最も食の芸術性を極めたとされる賞」も受賞。なぜ、成澤の評価はそれほど高いのか。

日本の里山にある豊かな食文化と先人たちの知恵を探求し、自身のフィルターを通して料理で表現する「革新的里山料理」という、独自のジャンルを確立。自然への敬意を込め、「心と体に有益で、環境に配慮した持続可能な美食」を提唱し発信し続けているからだ。

料理界を驚かせ、メディアが注目した完全無農薬の土でつくった「土のスープ」を考案したことでも二〇一〇年、世界料理学会で「世界で最も影響力あるシェフ」に選ばれている。

発想のきっかけは、長野県で無農薬野菜の生産者と出会ったこと。「それまで見た野菜とはまるで違っていたんです。強烈な味、そして香り。ある日、真冬の何もない畑に立ち、気づいた。「この人は土を育てているのだ」と（残間里江子ウェブマガジン「クラブ・ウィルビー」インタビュー。二〇一九年一月収録）。

さらに産地を巡るうちに、生産者を取り巻く地域の破壊や自然、労働環境の問題へも目が行くようになり、「サステイナビリティとガストロノミーの融合」を考えるようになる。

『すごい！日本の食の底力』によると、辻調校長の辻芳樹が訪れた折、最初に出てきた一皿は「自家製クロロフィル（葉緑素）と炭で色付けしたおからとシロップ漬けにしてからフライにしたゴボウの皮、さらに多種多様な野草等」で彩られた「里山の風景」だった。森は地球環境を維持し、海や里の自然を豊かにするうえで欠かせない要素だ。

国産の食材でフランス料理をつくるのも、オーガニック食材を使うのも、成澤が初めてではないが、料理を通して自然や社会、労働現場などSDGs（持続可能な開発目標）に通じる持続可能性を訴え、機会を捉えて言葉にする総合的な試みでは世界の料理人のパイオニアと言える。二〇一三年には、英国SRA（持続可能なレストラン調査機関）の賞でも世界最高得点を受賞した。

成澤は一九六九年、愛知県常滑市の製菓製パン店の息子として生まれた。中学時代に、初めて日本を離れアメリカを旅したことをきっかけに、世界を知ろうと語学と世界史を熱心に学ぶ。高校時代には海外青年協力隊として東南アジアを回る。

高校卒業後、辻調理師専門学校に入り、大阪の日本料理店で見習いとして修業を始める。その後ヨーロッパに渡り、リヨンで研修を受けてからポール・ボキューズやスイスのジラルデ、イタリアなど各国を

成澤由浩（NARISAWA提供）

回る。最後はロブションで修業。パリではバレエやファッションショーを観るなど、異業種の世界に触れ、交流することを心がけた。八年後の一九九五年、二六歳で帰国。

まず小田原で、自身の料理を確立させるためのレストラン「ラ・ナプール」をオープン。当時から目標としていた東京への出店は二〇〇三年、本格的なフランス料理からイノベーティブへと展開している。

◆『グランメゾン東京』のモデル

東京・御殿山の「カンテサンス」は、ドラマ『グランメゾン東京』で「グランメゾン東京」が出す料理監修を行っている。ドラマに出てくる前菜「山羊乳のバヴァロア」は、実際に店で食べることができる。その料理について、オーナーシェフの岸田周三は、『プロフェッショナル　仕事の流儀』（NHK）二〇〇八年二月五日放送回で取り上げられた際、「塩とオリーブオイルが主役の料理」と語っている。材料はオリーブオイル、山羊乳、百合根、マカデミアナッツのスライス。めざすのは「素材を尊重した料理」だ。「料理人という仕事は加工業で、素材を加工してそれをお客さまに提供する」と説明する。

エル・ブリ以降、肉の低温調理が流行っているが、岸田の焼き方もその流れにある。一分焼いて五分休ませるくり返しで、表面を焼き過ぎず芯まで均質に火を入れる。それは師匠のパリ「アストランス」のオーナーシェフ、パスカル・バルボから教わった。二・五時間から三時間かかるので、オーダーが入ってから料理したのでは間に合わない。カンテサンスはエル・ブリのように、コース一本のお任せである。

二〇〇六年に開業し、二〇〇七年に上陸したばかりの『ミシュラン』で三つ星をつけ、その星を維持し続けている。岸田は当時、三つ星になったシェフとしては史上最年少の三三歳だった。

一九七四年、愛知県のサラリーマンの共働き家庭で生まれた。料理好きの母を手伝うのが好きで、小学校の卒業文集に「料理人になりたい」と書いた。高校を卒業後、名古屋調理師専門学校で学び、志摩観光ホテルに就職。『一流の本質』（クックビズ編、大和書房、二〇一七年）によると、このホテルを選んだのは、図書館から借りた『対談　料理長（村上信夫、高橋忠之）』を読んで高橋に憧れたからだ。家族旅行で実際に高橋の料理を食べに行き、高校時代の夏休みにも「ラ・メール」でアルバイトした。

同ホテルに就職すると、使う食材のバリエーションに限界があることがわかり、東京に出て基礎を大切にした料理を出す、恵比寿「カーエム」で働く。二〇〇〇年、二六歳で渡仏。いくつか回ったレストランのうち、パスカル・バルボの仕事から大きな影響を受ける。

魚料理を任されたとき、二週間捨てられ続けた。師匠が焼いてみせたとき、魚一つひとつを観て水分量や身の厚さに合わせて火加減を調節することに気がつく。「料理人はロボットではありません」「お前はスイッチを入れたら、一連の決まった動きをするだけじゃないか。素材は毎日違うのに、工場でできた製品と思っているのでは。素材と対話し

岸田周三（カンテサンス提供）

ろ」と叱られた。そのとき、自分がテンポよく短い工程で仕上げることばかり重視していたとショックを受ける。同時に、成長できると思ってうれしかったと『プロフェッショナル　仕事の流儀』で語っている。岸田がいる間に、一つ星だった店は三つ星まで駆け上がり、引き留められるが帰国を決意。

同番組で岸田は、日本は食材に恵まれていること、固定観念を破るには味覚に頼るのではなく、論理的に考えることが大切と語っている。本場の素材がない、とシェフたちが苦しんだ時代から半世紀、世の中は大きく変化している。

◆サラリーマンから転身

大阪市江戸堀のHAJIMEは、二〇〇九年に開店から一年五カ月と史上最速で三つ星をつけた。斬新な料理に変えたときは一度星を落としたが、二〇二〇年版ではイノベーティブのくくりで三つ星である。「世界のベストレストラン50」の影響を受けて生まれた「アジアのベストレストラン50」でも選出されている。

オーナーシェフの米田肇は、一九七二年大阪府枚方《ひらかた》市生まれ。小学校二年生のとき、ニューヨークで成功した日本人料理人のドキュメンタリー番組をテレビで観て憧れ、二、三年後には作文で「将来はフランス料理の一流シェフになりたい」と書いた。高校卒業後に調理師専門学校をめざそうとしたが、親に反対される。

大学の電子工学科へ進学し、コンピュータ関連の会社に就職して電子部品の設計に携わりつつ、二年間で調理師学校の学費を貯めた。それでも反対する両親を押し切って、二五歳で辻調に入学。

一年で卒業すると大阪のフランス料理の名店に就職した。しかし、現場のスピードに身体がついていかなかった。次に働いた神戸の店でも体が動かず、先輩に「うちのメニューを知っているのか？」と言われる。オーダーに合わせて料理を思い浮かべ、シェフが仕事しやすいようスムーズに動けるようになるまで、一年かかった。子どもの頃は引っ込み思案だった。器用ではない、と自覚したことが人一倍努力する原動力になっている。

二〇〇二年、三〇歳でフランスへ渡って修業し、二〇〇五年に帰国。ミシェル・ブラスの求人に応募したら、ザ・ウィンザーホテル洞爺　リゾート&スパ内の店だった。

「日本では先代を神様のように仰ぐことが多いですが、フランスはそうじゃない」。基礎を教えて新しいものを生み出すことを求める。「日本人は技術も知識もあるのに、なぜコピーしかしないんだ」と言われた（『一流の本質』）。そこで、開業すると毎回新しいメニューを用意する、と宣言。ところが、週に二度来る人もいるなどリピーターがふえ過ぎて、あっという間に引き出しが尽きてしまう。半年後に休業してフランスへ戻り、友人の店で料理を見せると、「今まで働いた店のコピーじゃないか」と指摘されてしまう。改めて自分の根源は何か考え始めるとそれは、「日本人の生活の中にある日本の料理だった」（『一流の本質』）。

京都へ通って有名料亭で食べ歩き、その世界の奥深さに衝撃を受ける。日本料理では、使う食材、出す料理すべてに理由がある。茶道や禅宗も学び、「自分の持つ世界観を自由に表現していいんだ」と気がつき「フランス料理や日本料理という枠にとらわれる必要はない」（『一流の本質』）と、二〇一二年にフランス料理の看板を外す。

リピーターに同じ料理を出さない米田は、膨大なメニューの記録を持つ。特に常連相手のメニュー考案は大変で、二〇一二年頃、秋のメニューがまったく思いつかないスランプに陥った。考え過ぎて追い詰められ、ベルトで首を絞めようとしたことがある。それからは、アイデアの限界を感じたときは山頂の手前だ、もうちょっと踏ん張ってみよう、と思うようになった。

　米田の料理は緻密だ。食材の分量や加熱は〇・一グラム、〇・一度の単位で決め、皿に置く塩一粒の位置まで一番いいバランス、一番いい温度になるように決める。感覚はアテにならないから、と数字を大切にする。「一番いい精度を引き出したものを、口の中に入れたい」。「食べるというのは全部の五感を使うので、世の中で一番感動させられるエンターテインメントにできないかなと思っている」（『プロフェッショナル　仕事の流儀』二〇一九年一〇月一〇放送）と語る。

　一回のコースで出す食材は約四〇〇種類。「今集められるすべての食材を使いたいと思っています」（『プロフェッショナル　仕事の流儀』）と言う。『ミシュラン　三つ星と世界戦略』によると、「ミネラル」と名づけた皿は、「色とりどりの野菜のピュレと、見たこともないような生野菜や温野菜が皿の上に模様をつくる。アサリのジュの白い泡が載せられている」というもの。山から海まで、地球の循環を表す料理だ。

米田肇（HAJIME All Rights Reserved）

ここまで多くの料理人の人生をひも解いてきた。両親を亡くすなど若い頃に苦労した人が多い。しかし、フランス料理から出てきて新しい世界を開拓する三つ星シェフの二人が、料理とは関係なさそうなサラリーマン家庭の出身である。彼らを料理人の世界に導いたのは、メディアに登場したかっこいい先達だった。

料理人が、幅広い人の目に触れるメディアに登場する機会は、ますますふえている。層の厚さは、六〇年前に生まれた調理師専門学校のおかげでもある。イノベーティブの三人は皆、調理師専門学校で学んだのち、プロの世界に入っている。技を盗ませまいとする先輩についての徒弟修業ではなく、開かれた世界で基礎を身につけて飛び込む人たちが、これからも料理の世界を変えていくのかもしれない。

三　浸透するイタリア料理

◆東京で味わうヨーロッパ

日本の、特に東京では、世界中の料理が食べられるのではないか、と思うほど幅広い外国料理店がある。ヨーロッパだけでも、フランス料理店以外にイギリス、アイルランド、スペイン、ポルトガル、ドイツ、スイス、オーストリア、ロシア、ウクライナ、ハンガリー、ブルガリア、モルドバといった国の料理店がある。トスカーナ、アルザス、バスクといった地方料理の店もある。

私もあちこちの外国料理店へ行った。しかし、ヨーロッパの料理は共通点も多く、和食とフランス料理ほどの違いが見えにくい。現地体験が少ないからか、はっきり区別できるのは、名物料理ぐらいかもしれない。ハンガリー料理ならパプリカがたっぷり入った赤いスープのグヤーシュがあり、ウクライナ料理には、鶏カツの真ん中からジュワーっとバターが染み出すキエフ風カツレツがある。イギリス料理には、マッシュポテトで覆ったシェパーズ・パイがある。スイス料理には、チーズ・フォンデュがある。ポルトガル料理には、肉や豆を野菜と煮込んだコシードがある。スペイン料理には、マッシュルームをオリーブオイルで煮たアヒージョやパエリアがある。

しかし、どの国のものもオーブン料理など、じっくりしっかり火を通した肉中心の油脂多めの料理が中心だ。味つけは塩が基本で、油脂の香りやハーブの香りを利かせている。

共通点が多いのは、ヨーロッパは地域間の交流が深いからだ。征服したりされたりで、国境線は何度も変わってきた。王族同士の政略結婚も多い。だから、料理文化も影響を与え合って発展した。地域によっては、オスマン帝国の侵略が成した、イスラム文化の影響もある。

ヨーロッパの食の歴史は、ギリシア、ローマから始まる。各国が独自の道を歩み始めるのは、中世以降。もしかすると、高級な京料理が中心で、各地に郷土料理がある日本の料理のように、正餐《せいさん》はフランス料理に各国のお国料理があるというのが、地続きのヨーロッパの食文化なのかもしれない。

中心にあるフランス料理も、単独で発展したわけではない。たとえば一五三三年にイタリアからカトリーヌ・デ・メディチがアンリ二世に嫁いできた折に、フォークを持ち込んだ。ナイフや手づかみで料理をシェアしていたフランス人は、次第にフォークを使い、個別の皿から料理を食べるようになる。

料理を一度に大量にテーブルに並べるフランス式サービスから、一人ずつ料理を盛りつけて出すロシア式サービスに入れ替わったのは、一九世紀である。

日本が一九世紀半ばにヨーロッパ各国と交流を始め、食文化がどっと入ってきたとき、日本人がどの国の料理か区別することなく西洋料理、として認識したのは無理からぬことである。しかし、一九八〇年代にフランス料理がブームになって西洋料理と切り離して考え始めた人々は、西洋の国々にも独自の料理文化があることに気づき始めた。国ごと、地域ごとの食文化が知られた中で、最も人気を得たのがイタリア料理だった。

◆イタリア料理にまつわる元祖

日本最初のイタリア料理店は、前章一のスパゲティ・ミートソースの項で紹介した、新潟市で一八八一（明治一四）年にイタリア人のピエトロ・ミリオーレが開いた、イタリア軒（現ホテル・イタリア軒）である。ただし西洋料理店としての営業だ。

『日本の洋食』によれば、国産パスタ第一号はその二年後、長崎でフランス人宣教師のマリク・マリ・ド・ロ神父が製造した。日本人がつくった最初は一九〇八（明治四一）年、新潟市近郊の加茂（現加茂市）で製麺業を営む石附吉次が横浜の貿易商から頼まれたもので、どちらもマカロニである。石附が息子と苦労して開発したマカロニ製造機によるマカロニは、「穴あきうどん」という名前で売られ、輸出もされたという。マカロニは戦前、サラダの材料などとして家庭にも入っていった。

国産スパゲッティの第一号は、一九二八年に兵庫県尼崎市の高橋マカロニが製造。トマトソースの製品化に成功した最初はカゴメで、つくり始めたのは一九〇三年である。

イタリア料理専門店の最初は、「アントニオ」。同店ウェブサイトによると、一九四四年に創業者のアントニオ・カンチェーミが神戸で、在日外国人に提供し始めた後、一九四七年に麻布で店を持ち、一九八五年に南青山へ移転した。

カンチェーミは一九一六年、シチリア島生まれ。ローマ近郊のサン・バルトロメオ国立調理学校で学び、イタリア海軍最高司令長官つき総料理長になる。一九四三年に第二次世界大戦でイタリアが降伏した際、乗船したイタリア海軍東洋艦隊旗艦が故障し神戸に寄港した。

カンチェーミは連合国側によって姫路の捕虜収容所に入れられた。戦後、仲間は帰国したが、カンチェーミはケガをしていて断念。宝塚温泉に療養していた折、旅館の娘の日本人と結婚し、永住を決めた。イタリア軒と開業の経緯が似ている。彼の義兄弟になったアベーラ・オラツィオは、兵庫県宝塚市に一九四六年にレストラン「アベーラ」(現アモーレ・アベーラ)を開業した。

和風パスタの元祖は、渋谷「壁の穴」が開発した「たらこスパゲッティ」。客が持ち込んだキャビアでスパゲッティをつくったことをヒントに、安価なたらこを使って商品化したのが始まりで、一九六〇年代だった。開業は渋谷宇田川町で、一九六三年である。

同店のウェブサイトによると、創業者の成松孝安は一九四八年にCIA極東長官ブルームと知り合って渋谷区のブルーム邸の執事になり、西洋料理に出合った。一九五三年にブルームの援助で、新橋田村町にアルデンテで出すスパゲッティ専門店「ホール・イン・ザ・ウォール」を開くが、ビル建設で一九五八年に閉店。スキー場支配人を経て、壁の穴開業に至る。店を開いてから一貫して、日本人の口に合うスパゲッティの研究を行い、イクラや納豆、紫蘇《しそ》、海苔などを使った和風スパゲッティを次々と出して人気を博す。

◆「キャンティ」の時代

アントニオ、アモーレ・アベーラに続いて、一九五二年に神戸「ドンナロイヤ」、一九五四年に六本木「シシリア」と「ニコラス・ピザ・ハウス」、一九五五年に京都「フクムラ」が開業。そして一九六〇年、ヨーロッパ的な社交場と言われた六本木「キャンティ」が開く。それに対してシシリアはアメリカ的な社交場で、「ジュークボックスでアメリカのポップスが聴けた」（『キャンティ物語』野地秩嘉、幻冬舎文庫、一九九七年）。

『日本イタリア料理事始め　堀川春子の90年』（土田美登世、小学館、二〇〇九年）によると、キャンティでは、自家栽培したバジルに大葉やパセリを加えた看板メニューの「スパゲッティバジリコ」のほかに、牛すね肉の煮込み「オッソブーコ」や「ミラノ風カツレツ」などの本格的なイタリア料理がある。「フランス風ミートペースト」や「若鶏のブルギニヨン風」といったフランス風の料理も出した。

キャンティは、有名人が集《つど》った店として知られる。『キャンティ物語』に、作家の三島由紀夫、安部公房、丸谷才一、作曲家の黛敏郎、團伊玖磨、画家の岡本太郎、建築家の村田豊、映画監督の黒澤明、伊丹十三、演出家の千田是也、浅利慶太、草月流の勅使河原宏の名前がある。芸能関係では、ミッキー・カーチス、かまやつひろし、堺正章、井上順、萩原健一、岡田真澄、石坂浩二、加賀まりこ、大原麗子、安井かずみなどが挙げられている。

社交場になったのは、オーナーの川添浩史と川添梶子夫妻が、そういう場をつくろうとしたからだ。

川添夫妻はさまざまな年代、職業の人たちを、さりげなく誘導して席につかせた。「文化が溜まり場から生まれる」ことを知っていたし、浩史は自分が体験したパリのモンパルナスのカフェのような場にしたいと考えていた。

深夜三時まで営業していることも、店の強みだった。芸能人、テレビや映画の関係者、銀座のクラブのホステスなどの夜型人間が深夜、レストランで食事をしたいと思えばキャンティしかなかったのである。

また、川添夫妻は「自分達が夜遅くまで遊びたいためにその遊び場を作ったつもりでいたからだ。来る客達も自分の家のようなものだから、勝手に席を移るのは当たり前だと思っていた。それに浩史や梶子の顔を見に来るだけで食事をしない者も多い。食べてもおごりだと思って金を払おうとしない客までいた」と『キャンティ物語』にある。

そういう経営ができたのは、浩史が高松宮の国際関係特別秘書官で、高松宮邸を転用した迎賓館「光輪閣」支配人、と本業を別に持っていたからである。

川添浩史は一九一三年、貴族院議員の後藤猛太郎の庶子として東京に生まれた。母は新橋の芸者。幼少期、後藤の親戚で子どもがいなかった川添家の養子になる。養父は三菱銀行の取締役で、屋敷は麻布にあった。

学習院を出て早稲田第一高等学院、早稲田大学へ進学。映画や演劇に熱中した青春時代だったが、共産党に入党した仲間のために特高に呼び出される。そのため、養父母がこれ以上共産党に関わらないように、とフランスへ留学させた。一九三四年、二一歳のときだった。

養父の力で、外務省外郭団体の国際文化振興会パリ連絡員及び同盟通信のパリ支局嘱託部員となり、日仏映画交流を目的とした事務所も設立。パリでは、岡本太郎やロバート・キャパなどと親交を持ち、のちにキャンティ相談役になる井上清一や、ピアニストの原智恵子とも知り合った。キャパは一九五四年、死の直前に来日したが、それは浩史の手配であり、自伝『ちょっとピンぼけ』(ダヴィッド社、一九五六年)は、浩史と井上の共訳である。一九三七年に原と結婚し、一九四〇年に二人で帰国。

フランスから映画を輸入するなど文化活動を続ける中で、浩史は在野の学者、仲小路彰と知り合い、高松宮に紹介されている。

一九五五〜一九五六年、舞踊家の吾妻徳穂を団長とする「アヅマカブキ」の興行で欧米を回った折、ナレーター兼通訳をした岩元梶子と知り合う。一九二八年、芦屋で貿易会社を営む父のもとで生まれた梶子は、在日外国人が多い聖心女学院に小学校から通い、英語を身に着けた。子どもの頃から絵やデザインが好きで、独学で二科展に入賞。一九四七年、父が亡くなり遺産が入ると、一九歳でヨーロッパへ行って彫刻家をめざす。

ローマの美術学校で知り合ったシルバーノ・ビルラと結婚し女の子が生まれた。しかし、優しかった夫は妻を束縛する人に変わってしまう。浩史と恋に落ち、二人はそれぞれ離婚して、一九五九年に再婚する。

キャンティは、互いの離婚や新しい環境のストレスで、情緒不安定になった梶子に仕事をさせよう、と浩史が開いた麻布「マルタ」がもとになって生まれた。メニューはイタリアで台所に立っていた梶子のレパートリーを、料理人たちが再現した。初代料理長は、駐日イタリア大使館、フランス大使館の料理人を経て、光輪閣などで働いた佐藤益夫。ほかの料理人たちはイタリア料理を知らず、素人の梶子の説明を飲み込むのに苦労した。スパゲッティ・バジリコを初めて食べた客が、「「緑色のスパゲティがある」と気味悪がっていた」という時代だった。

◆日本人料理人のパイオニア

この時代に、伊勢丹が本場を知る料理人として白羽の矢を立てたのは、日本人女性だった。伊勢丹は当時、イタリアファッションの紹介に力を入れており、食でもイタリアを打ち出そうと考えていた。一九六一年、新宿伊勢丹本店の地下に、カウンターと小さなテーブルだけのイタリア料理店「カリーナ」が開業する。シェフの堀川春子は戦前、イタリア渡航経験がありブロークンながらイタリア語を話せた。堀川春子の歩みを、『日本イタリア料理事始め　堀川春子の90年』からひも解いてみよう。

一九一七年、東京・芝公園で四人きょうだいの二番目、長女として生まれる。父の吉田鉎二郎は黎明期の自転車輸入商を経て、蒲田で食料品店を開いた。祖父は建設会社の吉田組創業者、吉田虎松。母のせんは娘を厳しくしつけたが、父は放任主義で自転車や自動車、外国の話を楽しく聞かせた。

京南家政女学校（現小野学園女子高校）裁縫専修科に通っていた一五歳のとき、母の小言が嫌で住み込みで働ける場を探す。新聞の求人欄で外務省がイタリアでの家政婦を探していることを知り、こっそり面接を受けて合格する。母は反対したが父が了承。一九三二年に船で日本を発ち、ローマのイタリア大使館つき通訳官、井上堅曹《けんぞう》と井上富貴夫妻のもとで働き始める。

イタリア料理は、同僚のクリスティーナや、彼女が帰省した折に遊びに行ったウンブリア州に住む彼女の母親から習う。富貴は春子をかわいがり、イタリア語を教え、オペラやレストランへも連れて行った。

一九三七年に帰国すると、春子は二〇歳になっていた。父は亡くなっており、母は年頃なのにますます大らかになった春子に、再び厳しく接するようになった。そこで家を出て富貴の故郷の大阪へ行き、飲食店で働く。ゴム会社で働く堀川敏郎と知り合い、結婚。イタリアでも学び続けた洋裁技術を生かし、洋裁店を開く。翌年、娘を産むと母とのわだかまりも解け、たびたび里帰りするようになる。

戦争をくぐり抜け、次女が生まれると春子が働くことは難しくなる。工場を経営する兄が敏郎の仕事を用意してくれることになり、一家で上京。やがて息子も生まれる。

一九五一年、井上夫妻を夫婦で訪ねると、イタリア大使館で働かないかと誘われる。仕事は家政婦。敏郎もイタリア大使館で警備員の仕事を得、家族で官舎へ移り住んだ。大使館でのパーティの準備も手伝うようになり、フランス料理も学ぶ。イタリア大使館でも、正式な晩餐会はフランス料理を出すからである。

伊勢丹でカリーナを始めたとき、堀川は四五歳になっていた。末の息子も一〇歳で手が離れた。体調を崩して夜勤がつらくなっていた敏郎は、伊勢丹の駐車場管理人となる。

本格的な料理を出す目的の店で、堀川はスパゲッティ以外に、前菜、スープ、魚料理、肉料理のメニューをそろえ、イタリア語を併記した。パスタはカルボナーラ、ボンゴレなどを出したが、日本生まれのナポリタンは入れなかった。ミネストローネやポークピカタ、仔牛のステーキ、リゾットなども入れた。デュラム小麦粉を使ったパスタはまだ手に入らず、オリーブオイルの替わりに、サラダ油やバターを使っている。

一九六四年に新宿ステーションビル（現ルミネエスト）ができると、八階に支店を出す。一九六七年には日本橋白木屋東急百貨店となった折、地下に「サンレモ」を出店。そして一九七一年、三つの店は従業員に任せ、原宿「フランセ洋菓子店」社長の息子、高井和明が本格的なイタリア料理を出したい、と開いた「トスカーナ」のシェフとなる。開業に先立ち、春子は三〇年ぶりにイタリアへ最新の料理を学びに行く。といっても変わっていたのは、トマトをビン詰めの水煮ではなく缶詰のホールトマトを使うようになっていたことぐらいだった。

フランス料理の経験がある弟子には、アクを取り過ぎず、素材の味を生かし、熱々を食べてもらうようにと指導する。堀川の味を愛したイタリア人はたくさんおり、「マンマの味と同じだ」と、羽田からトスカーナへ直行するアリタリア航空のパイロットもいた。

一九七〇年代になると、イタリアへ修業に行く人たちが出てくる。彼らが帰国し店を開き始めるのが、一九七〇年代終わりから一九八〇年代にかけて。

その頃イタリアでは、イタリア料理版ヌーベル・キュイジーヌというべき「ヌオーヴォ・クチーナ」の旋風が吹き荒れていた。けん引したのは、トロワグロで修業したミラノ出身のグアルティエーロ・マルケージ。調理時間を短縮し新鮮な食材を使うヘルシー志向で、自店「グアルティエーロ・マルケージ」では、中国料理の蒸籠や日本の醬油も使った。一九八五年に、イタリア初のミシュラン三つ星を取っている。

そのムーブメントの影響を受けた料理人の店が日本にもふえ、イタリア料理ブームを用意した。また、本場の食材も手に入りやすくなってきた。一九七一年にデュラム小麦粉の輸入が自由化。一九七七年には、イタリア食材を扱うモンテ物産が創業し、イタリアのオリーブオイルやトマト水煮缶を輸入し始める。

この頃開いたイタリア料理店の中で堀川が気に入った店の一つが、一九八二年に開業した赤坂「グラナータ」。シェフは落合務。堀川はことあるごとに、「ここのシェフはね、いい料理をつくるの」と周りにすすめた。一九八三年に開業した西麻布「アルポルト」も気に入り、周りに宣伝して回った。また、研修ツアーを組んで若手料理人たちを留学させた。堀川は一九八六年、イタリア政府からイタリアと外国との交流に貢献した人に贈られるカヴァリエーレ賞を日本のイタリア料理人として初めて受賞。亡くなったのは二〇〇八年、九一歳だった。

◆大盛りイタリアン

イタリア料理ブームが、フランス料理を凌駕《りょうが》してピークを迎えるのは一九九〇年前後だが、その前にパスタブームが起こっていた。カジュアルなイタリア料理店やパスタの店がこの頃、次々と生まれていたからだ。サイゼリヤがイタリア料理を始めたのが一九七三年。箸で食べることを謳った「洋麺屋五右衛門」が渋谷に一号店を出したのが、一九七六年。一九七八年、「イタリアン・トマト」一号店が八王子に誕生。一九八〇年、壁の穴が大阪・梅田にできたナビオ阪急に出店。

最も注目を集めたチェーンは、シェアを前提とした大盛りパスタの「カプリチョーザ」だろう。関西でも一九九二年、大阪・梅田にできたロフト二階に開店したが、長い間長蛇の列ができていた。あまりに混んでいるので入る気になれず、私のカプリチョーザデビューは一九九〇年代終わりだった。

わずか六坪の最初の店は一九七八年、渋谷の外れにできた。オーナーシェフの本多征昭は、大阪万博のイタリア館で腕を振るった料理人の一人である。『カプリチョーザ　愛され続ける味』から紹介する。

現在、北海道から沖縄まで全国各地と海外に一〇〇店以上を展開するが、本多は当初、チェーン展開するつもりで店を開いたわけではない。レストランの経営や運営受託を行うWDI（ワールド・ダイニング）からチェーン展開を持ちかけられたときは、取りつく島もなかった。

同社がカプリチョーザのチェーン化を望んだのは、長い行列に並んで入ると、「「本場のトラットリアはこんな雰囲気に違いない」と思わせる賑やかな空間」（『六本木発ワールド・ダイニング』源川暢子著、株式会社WDI協力、日経BPコンサルティング、二〇一七年）が広がる、「その〝本物感〟と〝活気〟のすごさに圧倒され、すっかり惚れ込んでしまった」からだ。何しろ、カプリチョーザは、わいわい楽しめる食堂をめざしてできた店で、大皿盛りのパスタは、お客さんを喜ばせたい、と提供していた面もあったからだ。

WDIのスタッフは、一年以上も通い熱意を理解してもらうと、今度は目分量でつくっていた本多から、レシピを引き出すのに苦労する。均質につくるのではなく「もっと料理にムラをつくっていい」、と本多は考えていたからだ。

カプリチョーザ渋谷本店（株式会社 WDI 提供）

本多は、自分でドレッシングを用意するなど、味をコントロールすることにこだわった。しかし店舗がふえるに従って手が回らなくなり、生産委託を始めた。それでも、食材が丸ごと厨房に届き、パスタソースはその都度つくる、ピッツァも生地づくりから行うなど手づくりの伝統は今も続く。

職人として生きた本多は一九八八年、わずか四四歳で亡くなる。札幌市郊外の当別町で、一九四四年に生まれた三人きょうだいの長男で、両親は農家で父の与二郎は大工でもある。弟の昇二によれば、征昭は一八歳の頃、「イタリアへ行って料理人になりたい」と宣言していた。それをきっかけに一家は札幌市に引っ越し、母のフテはコメや煙草、切手などを扱う商店を始めて成功させる。征昭は高校卒業後、調理師学校とＹＭＣＡのイタリア語コースに通う。

一九六八年、本多はイタリアへ渡る。イタリアから移民として出る若者が、海外で料理人として働けるよう設立された、ローマ近郊の国立エナルク料理学院（現ラツィオ州立ラティーナ料理学院）に入学。日本人は二人目だった。一人目は、一九七七年に西麻布「カピトリーノ」を開く吉川敏明（現「ホスタリア エル・カンピドイオ」オーナーシェフ）。一九七三年に高田馬場「リストランテ文流」を開く西村暢夫《のぶお》も、毎年大勢の研修生を連れて訪れた。料理研究家の辰巳芳子も学んでいる。

本多は大阪万博のイタリア館料理人として選ばれ、凱旋帰国。不二家が展開していたピッツァ店「カプリ」で指導をした後、銀座「マレンゴ」でシェフとして働く。一九七八年に開業したカプリチョーザは、父が内装を請け負い、母が開業資金を提供した。量の多さも魅力で、定員一七人の店には、夜の営業開始の一七時から閉店の二一時半まで、行列が途絶えなかった。

◆メディアの寵児、片岡護と落合務

堀川春子が認めた二人の若手シェフたちは今や、業界を代表する有名人となった。片岡護《まもる》と落合務のうち、先に店を開いたのは片岡。一九八三年に「アルポルト」を開業した片岡護は、一九四八年、東京・上大崎で四人きょうだいの末っ子として生まれる。都電運転手だった父は二歳のときに他界。母は借家経営や家政婦、編みものの内職で家計を担った。母が家政婦として働いた外交官の金倉英一の影響で紀ノ国屋で買い出しし、カルボナーラをつくるような青年だった。

デザイナーになろうと芸大をめざすが二浪していた折、金倉が励ますつもりで言った「今度落ちたらミラノへコックとして来なさい」（『料理人の突破力』）という言葉を真に受け、料理人になる。それは、皿の上にデザインする料理もデザインの仕事と同じ、と言う絵の先生に出会ったからでもあった。

金倉の指示でまず、「つきぢ田村」で三カ月間修業して日本料理を学びイタリアへ渡ったのが、一九六八年。ミラノの総領事館で五年間働く中でパーティを仕切り、たくさんの人とつながりができた。金倉の指示で、あちこちの店や料理上手な女性たちから、イタリア家庭料理も学ぶ。公邸のシェフと言えば、どこでもすぐに入れてもらえた。地方でも食べ歩き、パリでフランス料理も食べた。ラザニア、バーニャカウダ、そしてのちに片岡の代名詞となる、小皿料理とも出合う。

パスタで「美味しいのは家庭料理」「僕が求めているのはマンマの味で、家庭料理だっていうことなんですよね。だから最後はやっぱりパスタソースの味」（『料理人の突破力』）と発見する。各地の地方料理、何百種類もあるパスタ。飽きないのはそれだけ多彩な料理があるからなのだ。

帰国後、代官山「小川軒」で二年間修業し、イタリアで出会って一緒に店をやろうと話していたオ

ペラ歌手、五十嵐喜芳がオーナーの広尾「マリーエ」のシェフを六年務めた後、アルポルトのオーナーシェフになる。数ヵ月後、有馬稲子が朝日新聞のコラムで書くと毎日満席が続く。

フランスへ行った折、ポール・ボキューズで食べてそのセンスと味に衝撃を受け、ジャンルをなくそうと思った。自分が食べておいしいと思ったもの、影響を受けたものを、イタリア料理という枠の中で融合させる」方向をめざした。『日本のグラン・シェフ』は、「素材一品一品が選び抜かれたものだし、麺の湯がき方もビシッと決まっている。ソースの味は確かだ。その上に盛り付けのセンスも抜群」と絶賛している。

次に話題を集めたのは落合務だ。『日本のグラン・シェフ』によると、銀座「ラ・ベットラ・ダ・オチアイ」の人気は、本格的な料理をお値打ち価格で出すこと。落合がつくりたかったのは、「月に1回か2回、自分のポケットマネーで〝領収書はいらないよ〟って感じで行ける店。だからディナーを3800円に決めたんです」と語っている。

一九四七年、東京に生まれた落合は、一流大学をめざすが、励ましてくれた祖母が中学三年で亡くなるなどして高校を中退。父と行くラーメン屋の主人がチャーハンをつくるさまに憧れ、一七歳で料理人をめざす。ホテルニューオータニや町場のレストランで修業し、一九七六年に二九歳でフランスへ行く。ところが、有名店で食べ歩いた旅の最後

落合務（LA BETTOLA 提供）

に寄ったローマで、人生が変わる。

四日間食べ続けてもイタリア料理は飽きない。「これこそおいしい料理なんだ」と開眼し、帰国後に一年かけて準備し、再渡航してローマへ。たいていの店で「日本人はいらない」と断られたが、日本人好きオーナーと出会って修業を開始。二年八カ月でローマのほか、リゾート地のイスキア島、シチリア、フィレンツェなどで地方料理を学び、帰国。

一九八二年、しゃぶしゃぶの店「ざくろ」オーナーの桂洋二郎社長が開いた赤坂「グラナータ」の料理長となり、四店まで、TBS地下の本店で拡大。バブル最盛期の一九八九年、クリスマス一日で五〇〇〇万円を売り上げ、すご腕料理人として脚光を浴びる。自ら腕を振るいたいと一九九六年に退職し、翌年にラ・ベットラ・ダ・オチアイを開業。すぐにメディアに取り上げられ、予約が取りにくい人気店となる。

◆ブームをけん引したシェフたち

第一部第二章二のイタ飯ブームの項で取り上げた、一九八五年開業の原宿バスタ・パスタは、劇場型の仕掛けで客をあっと言わせた。その店の料理長だった山田宏巳も『日本のグラン・シェフ』から紹介しておこう。

一九五三年、東京・浅草生まれ。父が事業をやっては失敗する家で、食いっぱぐれがなく人を喜ばれる、と料理人を志す。中学生のときに新潟市に引っ越し高校は中退。最初の修業先はイタリア軒だった。その後、東京へ出て焼き肉屋、すし屋、中華料理店などで修業。キャンティのスーシェフだった阿部博が一九七七年に始めた「ハングリータイガー」乃木坂店で、阿部に「ついていこう」と思ったことから、イタリア料理を本格的に学び始める。

一九七九年、杉本尉二オーナーのもとで青山「ビ・ザ・ビ」料理長を務めた翌年、二七歳でイタリアへ。一年間修業し、杉本とともにパスタ・パスタを開く。ここで山田は、日本人で初めて冷製パスタ「トマトの冷製カッペリーニ」を提供している。店は大繁盛し、日本中から飲食店関係者が見学に訪れた。

一九八八年に独立して西麻布「ヴィノッキオ」を開くが、交通事故を起こしてしまう。調子に乗っていた自分に気づいた頃、『料理の鉄人』に誘われて出演。一九九四年五月六日放送回で、陳建一にキャベツで対戦して勝利。それを観ていた幻冬舎社長、見城徹に見込まれ、一九九五年に青山リストランテ・ヒロを開業した。

二〇一八年、山田は再びグルメたちを驚かせる行動に出る。青山の骨董通りの路地裏に、スタジアムのような巨大な店「テストキッチンエイチ」を開業したのだ。ウェブマガジン『ヒトサラ』二〇一八年九月一九日配信記事によると、空間デザイナーはバスタ・パスタと同じ塚本貞省。一〇〇席の広さは、予約なしの客を受け入れるためでもある。「若い人にももっとレストランに来ることの楽しさ、高揚感を体感して欲しい」と語っている。ボンレスハムや生ハムなどの自家製ハムも、目玉の一つ。『東京最高のレストラン2019』は、「毎日ハムを薪で塊ごと焼いて、デモンストレーションして提供するとか、そういう楽しませ方がすごく上手。（中略）しかもコース5800円からというのはすごい！」と、店の魅力を、料理ライターの森脇慶子が語っている。

南青山「リストランテ　アクアパッツァ」のオーナーシェフの日高良実も、有名シェフの一人。コロナ禍で苦境に陥ったが、ひょんなことでボンゴレ・ビアンコのつくり方を紹介する料理動画に出演。動画配信に可能性を感じ、ユーチューブチャンネルを二〇二〇年七月末に開設。わずか四ヵ月で登録数が一〇万を超えている（朝日新聞、二〇二〇年一二月一五日）。『日本のグラン・シェフ』によると、日高はイタリア全土を巡って帰国後、東京流イタリアン「クッチーナ・トキオネーゼ」を提唱した。二〇一八年に、オーガニック・レストランとして、ＪＡＳ認証も取っている。

日高は一九五七年、神戸市でサラリーマン家庭に生まれた。親は大学進学を望んだが、高校時代から授業をサボって喫茶店通い。大学受験に失敗すると、『料理天国』を観て興味を持った料理の世界で生きようと、調理師学校へ進学。

神戸市「塩屋異人館倶楽部」や「ドンナロイヤ」で働き、一九八一年に開業したばかりのポートピアホテル内のアラン・シャペルに入る。フランス語が飛び交う厨房についていけず、自分にはイタリア料理が向いている、と上京し、銀座「リストランテ・ハナダ」へ移る。この店のシェフ、ルイジ・フィダンザーから学ぶうちに、現地を知らないとダメだ、と渡航。三國清三など、帰国組のフランス料理店がふえていたことにも影響された。

一九八六年に向かったイタリアでは、フィレンツェのエノテカ・ピンキオーリやミラノのグアルティエーロ・マルケージなどの名店で修業する。語学学校でイタリア語を学んだ後、一年半で全国一二軒の地方料理を学んで帰国。

有名ファッションブランドで働く山﨑順子が開いた乃木坂、リストランテ山﨑の二代目シェフを務めた際、中央公論社の『シェフ』シリーズで紹介されて話題を集める。しかし壁にぶつかり、片岡護に相談したところ、高柳道治をクイーン・アリスで紹介される。そのときに出された「タピオカの洋風ぜんざい」を食べて、石鍋が「自分のカラーで日本人として出している」ことに感銘を受け、自分の料理を出せばいいと思い至る。そして一九九〇年、高柳をオーナーとして、アクアパッツァを始め、大人気店に育て上げ、やがてオーナーシェフとなる。

◆スローフードとイタリア料理

日高がクッチーナ・トキオネーゼを提唱したのは、一九九六年に「マンジャ・ペッシェ」を開業した折である。生ハムの輸入もこの年解禁。『専門料理』二〇一六年六月号「イタリア料理の50年」によると、この頃には、日本の小規模な輸入業者がイタリアの食材や調味料の小規模生産者との関係を築き、輸入ラインナップを拡充し、イタリア料理店は開きやすくなった。しかし、先進的な日本の料理人たちは、日本の食材を活かす道を探り始めている。何しろ、イタリア料理の基盤は郷土料理だ。

料理人たちが日本の食材へ視線を向けるようになったのは、イタリアの二つのムーブメントが影響していると考えられる。一つはスローフード運動、もう一つはヌオーヴォ・クチーナである。スローフード運動の始まりは、一九八六年にジャーナリストのカルロ・ペトリーニが仲間とピエモンテ州の小さな村、ブラでスローフード協会を設立したこと。風土に根づいた伝統的な食文化を守り、良質な食品をつくる生産者を支える運動は世界中に広がり、日本でも二〇〇〇年代初頭にブームを起こす。日本スローフード協会ができたほか、現在世界一六〇カ国以上のネットワークが広がっている。

ヌオーヴォ・クチーナ運動は、『専門料理』二〇一六年六月号によれば、一九七〇年代後半から、郷土料理の見直しも含めて始まり、やがて「クチーナ・デル・テルトーリオ（土地の料理）」と呼ばれる、自家製食材や地元の特産物に焦点を当てるレストランが登場する。同時に、フランス料理の技術を採り入れるなどした独創的な「クチーナ・クレアティーヴァ（創造的な料理）」も注目を集める。

日本に話を戻すと、日本の食材を活用し注目を集めたのは、一九九六年に開いた、京都の食材を使った「イル・パッパラルド」の笹島保弘（現「イル・ギオットーネ」料理長）、一九九八年に広尾「アロマフレスカ」を開いた原田慎次などだ。一九九八年に和歌山県岩出に開業した「リストランテ・アイーダ」、二〇〇三年に青森県弘前市に開業した「オステリア　エノテカ　ダ・サスィーノ」も注目されている。『外食2・0』によれば、ダ・サスィーノの笹森通彰シェフは、「チーズも生ハムもワインも自分で造る」と徹底している。

第一部第三章**二**で取り上げた二〇〇〇年開業の山形アル・ケッチァーノも、そうした流れに位置づけられる。同店の奥田政行シェフは、イタリアでの修業経験すらない。奥田のように、故郷など地方で「地産地消」を掲げて開業する料理人は今、続々と育っている。

◆二〇一〇年代、シェフたちが選んだ道

バブル崩壊後、フランス料理でビストロのムーブメントが起こったように、リーマンショック後、イタリア料理の世界でも小さな店が流行った。『専門料理』二〇一六年六月号は、二〇一一年に目黒に開業した「メッシタ」、二〇一三年に亀戸で開いた「メゼババ」を挙げ「一人で調理できる小規模店で、

骨太なイタリア料理を提供する両店。イタリア郷土料理の原点に集中した迫力ある料理に人気が集まる」と紹介している。

この頃のバルブームに注目した『外食2・0』によると、イタリア料理界で同時期に出てきた流れに、専門技術志向、専門店志向もある。専門技術志向として、肉屋やワイナリー、チーズ工房など、レストラン以外で修業した経験を持つシェフがふえたことを挙げる。

それは、フランスで三つ星を取った小林圭が、アルザスの肉屋で働いたことも通じていて、フランス料理の料理人にも同様の動きがあると同書は伝える。ワイナリーで修業したソムリエもいる。「バックボーンを知ることで、食材をより根っこの部分から考えられるようになり、調理やサービスのテクニックが向上する――料理人やソムリエが、隣接する専門技術を学んで帰る背景には、そんな欲求があると言えます」とある。

生ハム・サラミ専門店、ハチノス煮込みのトリッパ屋、フォカッチャ専門店などの小さな専門店を開く傾向も強まっている。スイーツの世界でも、チーズケーキ専門店、フォンダンショコラ専門店、チョコレート専門店などが次々と誕生している。東京では以前から、大都会ならではの専門飲食店が成立する傾向があったが、外食が難しい時代にその傾向が一層強まったのかもしれない。

本章二で紹介した、環境や社会の関係を考えるシェフたちと、ここで紹介する食材の成り立ちを考えるシェフたちは、アプローチこそ異なるが、料理の背景に目を向ける、という意味では同じである。社会や地球の環境を考えるマクロな視点を持つのか、食材の成り立ちなどのミクロな視点を持つのか、重きを置くポイントは異なるにせよ、視野を広げる料理人がふえてきたのは、外食文化が発展して次の段階に入ったことを意味する。それはどういうことか。

まず、グローバリズムが進んで情報がふえ、世界が狭くなった。厨房の外から技術を持ち込んだエル・ブリや、風土に触発された料理を出すノーマの影響もある。技術公開が当たり前のヨーロッパの料理界で修業し、公開を厭《いと》わなくなった料理人もいるだろう。専門学校ができ、プロ向けのレシピ本もたくさんある。テレビ番組でシェフが技を披露することも多い。さらに二〇二〇年のコロナ禍で、日高良実をはじめ、家庭の台所の担い手向けに、ユーチューブなどの動画その他でレシピを公開する流れも広がった。厨房の世界は昔と比べ、格段にオープンになったのである。

さらに、日本にいても気軽に本格的なフランス料理やイタリア料理が食べられるようになって長く、子どもの頃から幅広い味に親しんできた料理人も多くなった。もはや「追いつこう」という視点で、ヨーロッパを見なくても済む時代なのだ。そしてこの半世紀、現地で先人たちが築いてきた日本人料理人の信用がある。昭和やそれ以前の時代にプロになった料理人たちとは、ベースが違っているのである。

新しい世代の登場に気づいた『外食2・0』の著者が注目する一人が、二〇一〇年に開業した鎌倉「オルトレヴィーノ」の古澤一記《かずき》。二〇〇〇年からイタリアへ渡って一〇年間修業し、その間ソムリエの資格も取ってエノテカ・ピンキオーリでソムリエとして働く。ワイナリーでも修業し、家庭料理も学んだ。帰国すると、ワインや食材、イタリア惣菜を扱い、店内でも食べることができる「エノガストロノミア」というスタイルで始めた。「レストランの場合、そこに来ないと味わっていただけないけれど、お惣菜ならば、家庭の中へ入っていける」と古澤は語る。

二〇二〇年、世界に広がった新型コロナウイルスの影響で、外食が難しい時期が続いたが、苦肉の策としてテイクアウトの惣菜や弁当を売る店が急増した。テイクアウトは、できたてを食べてもらえないし、盛りつけに制約が大きく、客の食べている姿も見られない。衛生基準も異なり、食中毒を起こさないために別の研究も必要だ。プラスチック消費をふやしてしまう問題もある。

一方で、売り切りごめんで決まった量を決まったメニューで提供するため、食品ロスが出にくい。席数が決まっていないので、人手と量をふやせば規模拡大がしやすく、そのコストもレストランをふやすより少なくて済む、といったメリットがある。

もしかすると、今後はあえてこうした、テイクアウト用の料理もつくる店や、レストランから惣菜店へ業態を変える店がふえていくのではないか。そして、新たなデリバリー業者が誕生し、デリバリー用の道具の開発も進むかもしれない。

◆ピッツェリアの系譜

『外食2・0』で、鎌倉の古澤の選択に衝撃を受けたと綴る著者は、それはヒエラルキーのない世界を求めた結果ではないかと分析する。バルブームや専門店志向もそうした流れの一つで、「そのヒエラルキーのなさが、日本におけるピッツェリアの浸透力と無関係ではないように思います」と書く。

イタリア料理の世界で最も多い専門店は、やはりピッツァ店＝ピッツェリアだろう。近年はナポリ修業経験を謳う店が本当にふえたが、日本におけるピッツァはまず、アメリカ経由のスタイルが流行した。

アントニオやアモーレ・アベーラでも初期からピッツァを出したが、人気が出たのは、一九五四年、六本木で開いたイタリア料理店「シシリア」の人気メニューが、薄くて四角いピザだったこと、同じ年に専門店第一号のニコラス・ピザ・ハウスが六本木で開業したことがきっかけだ。こちらの創業者は、ニューヨーク出身のイタリア系アメリカ人、ニコラ・ザベッティ。

赤と白のギンガムチェックの布がテーブルにかけられ、ワインのボトルに挿したキャンドルだけが照明で、片隅にはバーがあり、ジュークボックスからヒットナンバーが流れる。そうしたアメリカンスタイルの店で外国人に混じって食事することが、かっこよかった時代だ。そのピッツァは「トマトソースとタバスコと粉チーズとが入り交ざった、アメリカナイズされたピザであった」(『日本イタリア料理事始め』)。

一九五五年に神保町のシャンソン喫茶として始まった「ジロー」が、日比谷に「ピザハウス・ジロー」一号店を開いたのは一九六九年。その年に東海エリア、翌年に関西、その翌年に北海道と全国に展開していく。一九七三年には、「シェーキーズ」一号店が赤坂に開く。

選択肢がふえた結果、一九六〇~一九七〇年代はアメリカスタイルのピザがブームになった。その頃子どもだった私も、外食の機会があるとよく注文していた。一九七五年生まれの親戚の子が、「真理ちゃんがお店で注文したのを見て、生まれて初めてピザというものを知った」と言っていたほど気に入っていた。

一九八五年にドミノ・ピザが上陸し、宅配ピザの時代が始まる。

石窯で焼くナポリスタイルのピッツァが流行り、ピッツェリアという名称が知られるようになったのは一九九〇年代半ば。火つけ役は一九九五年、中目黒に開業した「サヴォイ」（現「聖林館」）。同店を紹介した『ｄａｎｃｙｕ』二〇一二年三月号の記事によると、オーナーシェフの柿沼進はもともと、ジャズドラマーだった。飲食業界に転じて店を開いた折、ジャズに合う食べものとして思いついたのがピッツァ。

「ナポリを旅したとき、初めてピッツァを食べてびっくりした。懐かしい感じがしたんです。もちっと柔らかくて、香ばしくて。ジャズは僕にとって懐かしいもの。だったら、音楽に合わせてナポリピッツァを出そうと思ったわけです」と語っている。

アメリカンタイプと、薄焼きのローマ風ピッツァの全盛期だった当時、閑古鳥が鳴いていた店の人気が出たのは、開業から八カ月経った年末、テレビで取り上げられたことがきっかけ。予約制にせざるを得ないほど大盛況となった。

関西でも、一九八一年に兵庫県赤穂市でイタリア料理も出すカフェとして開いた「さくらぐみ」オーナーの西川明男が、一〇年後に瀬戸内の地元と気候が似たナポリへ行ってナポリピッツァに魅了されている。

一九九五年にスタッフの小谷紀三子をナポリ修業に出し、一九九七年にナポリで伝統を守るため一九八四年に設立された「真のナポリピッツァ協会」が認定する世界で九二店目、日本初の「真のナポリピッツァの店」になった。また、東京・白金「イゾラ」も、一九九九年に開業している。

二〇〇〇年代になると、ナポリのピッツァ職人の世界一決定戦「ピッツァフェスト」で優勝する日本人が次々と誕生する。二〇〇二年にナポリ対岸のイスキア島へ渡り、翌年に外国人初の最優秀賞に輝いた大西誠。現在は全国展開するサルヴァトーレ・クオモ・ジャパンで働く。

中目黒で行列ができる「ダ　イーサ」山本尚徳《ひさのり》は二〇〇七年、二〇〇八年と連続優勝し、二〇一〇年に同店を開業した。二〇一九年には、兵庫県伊丹市「ピッツェリアヒロ」のオーナーシェフ、西本裕樹《ひろき》が優勝している。続々と、日本人が世界一になっているジャンル、それがナポリ・ピッツァの世界なのである。

第五章　中国料理とアジア飯

一　谷崎潤一郎の中国料理

◆『細雪』の料理描写

文豪、谷崎潤一郎はグルメで、作品中にもしばしば料理が出てくる。昭和初期の旧家の四姉妹をめぐる名作『細雪』でも、料理が登場する場面がある。

蒔岡家は、大阪・船場で江戸時代から続いた商家だ。しかし、父の代で傾き、本家を継いだ長女の婿は会社勤めをしている。両親は他界し、姉妹は全員成人している。芦屋に住む次女の幸子の家が居心地がいい、と独身の三女、雪子も四女の妙子も本家に居つかず、芦屋に入り浸っている。幸子の夫も会社勤めで、悦子という小学生の娘が一人いる。

物語は、雪子の縁談と妙子の恋愛を中心に動く。昭和に入っても、四姉妹は古い時代を引きずり、箱入り娘の雪子は電話に怯えて出られない。人形作家として自立を目指し、アトリエ用の部屋を借りる妙子一人が現代人だが、駆け落ちを企てた過去があり、姉たちをハラハラさせることが多い。

落ちぶれたとはいえ蒔岡四姉妹の暮らしぶりは華やかで、豊かである。人をもてなす際はオリエンタルホテルのレストランを使う幸子たちは、神戸南京町の中国料理もよく食べに行く。

あるとき、妙子の個展が三宮で開かれ、姉妹は南京町の「東雅楼」という「表の店で牛豚肉の切売りもしている広東料理の一膳めし屋」へ行く。その場で妙子はロシア人の友人、カタリナと会う。カタリナは上海育ち。「支那料理やったら普通の西洋人の行かんような汚い家ほどおいしい云うて、神戸では此処《ここ》が一番や云うねん」と悦子が説明する。

姉妹は、「悦子の好きな蝦《えび》の巻揚げ、鳩《はと》の卵のスープ、幸子の好きな鶩《あひる》の皮を焼いたのを味噌や葱《ねぎ》と一緒に餅の皮に包んで食べる料理、等々を盛った錫《すず》の食器を囲み」カタリナの話題で盛り上がる。幸子が好きな料理は、北京ダックのようだ。

◆谷崎潤一郎、中国へ

谷崎のグルメな一面に注目したのが、坂本葵の『食魔　谷崎潤一郎』（新潮新書、二〇一六年）である。同書が言う「食魔」とは、「食に取り憑かれた人」という意味である。谷崎は和洋中なんでもござれの健啖家だったが、特に中国料理を愛した。一九一九（大正八）年に書かれたグルメ小説の短編『美食俱楽部』では、セレブたちが探求を試みる最高峰の美食を、中国料理としている。

その前年、谷崎は待望の中国旅行に赴いている。「奉天、天津、北京、漢口、九江、廬山、南京、蘇州、上海、杭州などを訪れた。そして、行く先々で北京料理、上海料理、広東料理、四川料理など、東西南北の食を求め、数々の珍味を味わった。燕の巣、鱶鰭《ふかひれ》、魚の唇、キンコ（ナマコの一種）、鮑《あわび》、皮蛋《ピータン》など珍しい食材に触れ、中国料理の食材や調理法の圧倒的豊富さに感銘を受けている」と『食魔　谷崎潤一郎』にある。

そして、同書は今や居酒屋の定番で家庭にも定着している、豚の角煮＝東坡肉《トンポーロー》について、谷崎の紀行文「西湖の月」を引用している。

この料理は、一一世紀に生きた四川省出身の文人、蘇東坡《ソトウバ》が開発した料理。蘇東坡は「当時、下賤の者が食べるとされた豚肉を好んで食い」（『食魔　谷崎潤一郎』）、東坡肉のつくり方を「猪［豚］肉を食らう」という詩にしている（『図説中国　食の文化誌』王仁湘《ワンレンシアン》著、鈴木博訳、原書房、二〇〇七年）。

谷崎の「西湖の月」では次のように紹介される。

「ねつとりとしたセピア色の脂つこいソツプで、豆腐のやうに柔かい豚の白味を煮込んだもので、蘇東坡と云ふと何だかひどく脱俗超凡の詩人のやうに聞えるけれど、あの濃厚な肉を肴に酒を飲みながら、朝な夕なお気に入りの妾の朝雲を相手に船遊びをして居たのかと思ふと、中国人の趣味と云ふものが大概分るやうな心地がする」

「神仙のような漢詩の世界と、強烈で毒々しい中華料理という両極端」（『食魔　谷崎潤一郎』）に注目する谷崎は、中国の料理に文学を見出したのである。

一九二六（大正一五）年、谷崎は日中の文士が交流する「顔つなぎの会」に招待されて上海を再訪する。一度目の旅では、「西洋かぶれ」とあまり気に入らなかった上海だが、二度目は下町の食堂で庶民的な料理を楽しむ。そして、「老正興館という寧波《ニンポー》料理の店の魚料理は、子供の頃食べた魚の煮つけを思い出させるし、絹ごし豆腐の吸ひ物、高菜、おでんのような鍋物など、昔懐かしのおふくろの味を感じさせる」（『食魔　谷崎潤一郎』）と喜ぶのだ。

◆明治のレストランと谷崎

谷崎は一八八六（明治一九）年、東京・日本橋の裕福な商家に生まれた。しかし父が事業に失敗し、次第に家は傾く。中学生のときは、精養軒のオーナー、北村重威の家で住み込みの家庭教師兼書生をした。自分は「ご飯に沢庵、ひじきと油揚げの煮ものといった貧弱な食事しか与えられない」（『食魔　谷崎潤一郎』）のに、北村家は美食三昧なことをうらやむ。

谷崎家で料理をするのは父で、母は窮乏状態に陥るまで、一度もご飯を炊いたことがない人だった。そうした生い立ちは、料理をすべて出前で済ませるナオミを夫の目線で描いた『痴人の愛』（改造社、一九二五年）などに反映されている。

幼稚園以来の友人、笹沼源之助は生涯にわたってつき合い、物心両面で頼りになるパトロンだった。笹沼の家は、東京で二番目にできた中国料理店、「偕楽園」である。店に近づくと「その時分の東京の町ではめつたに嗅ぐことの出来なかつた、あの異国的な、さうして而《しか》もたまらなくおいしさうな匂は、甚《はなは》だしく少年の食慾を刺激して、私は毎日こんなものを食べてゐる笹沼の境涯が羨ましくてならなかつた」と、回想記『幼少時代』（文藝春秋新社、一九五七年）に書いている。

『中国料理と近現代日本』（岩間一弘編著、慶應義塾大学出版会、二〇一九年）によると、東京で最初にできた中華料理店は、一八七九（明治一二）年に築地居留地にできたとされる「永和斎（永和齋とも）」。ただこの開業年は確かではない。少なくとも一八八四年には、出張料理専門の中国料理店として営業していたことが、朝野新聞一月九日の広告で出ていたことからわかる。店主の王惕齋は浙江省寧波の出身である。

偕楽園は、一八八四年に営業を開始した。前年に卓袱《しっぽく》料理に関係が深かった長崎通詞など長崎出身者たちが発起人となり、近衛文麿、犬養毅、渋沢栄一、大倉喜八郎、安田善次郎、浅野總一郎などの財界人ら約二〇〇名による会員制倶楽部として発足。しかし、採算を取ることが困難になり、倶楽部が解散して支配人だった笹沼源吾が借金も含めて引き受けている。

一九〇七年に源吾が逝去し、学生だった息子の源之助が跡を継いだが、戦時中の一九四四年に休業させられ一九四五年に焼失している。天然ゴム関連のライファン工業を始めた源之助は、戦後店を再興しなかった。

芝の会員制料亭「紅葉館」にならってつくられた店は、紅葉館に並んで美人の給仕がそろっていることでも評判だった。当初は長崎の卓袱料理の影響が強かったが、やがて北京や上海などから来た料理人が入り、より本格的になったようだ。

谷崎は小学校時代、源之助とよく弁当のおかずを交換し合ったらしい。『幼少時代』には「笹沼の弁当箱に最もしばく〳〵這入つてゐたものは豚のお団子、豚の肋骨の肉の飴煮、黄菜《ワンサイ》と云ふ支那風のオムレツ、高麗と云ふ支那風の天ぷら等々であつたが、笹沼はさう云ふものは食ひ飽きてゐるので、私たちの持つて来た塩鮭だの煮肴だの蒟蒻《こんにゃく》の煮つけだのを喜んで食べた」とある。

このように、明治を代表する西洋料理、中国料理の店主家族と接し、美食家谷崎潤一郎の基礎が築かれていく。

◆卓袱料理から始まった

この段階で、神戸の南京町、長崎の卓袱料理が出てきた。中国料理の始まりを考えるうえで、開港地の長崎、横浜、神戸を素通りするわけにはいかないので、三つの町と中国料理についてたどってみよう。最初に取り上げるのは、卓袱料理誕生物語である。

中国とは、縄文・弥生時代から交流があった。稲作は大陸から朝鮮半島を経由して伝わっている。古代には遣唐使、遣隋使が渡っているし、日本に住んだ渡来人もたくさんいる。中世初期に持ち込まれた精進料理は、和食の発展に大きな役割を果たした。古代には揚げものが入り、中世には豆腐や醬油、味噌、茶などが入ってきた。江戸時代には、タケノコやインゲンマメが入っている。

卓袱料理は、南蛮貿易の時代に交流があったポルトガル、中国、東南アジア、オランダの影響を受けて生まれた。インゲンマメとタケノコを伝えた黄檗《おうばく》宗の隠元禅師は、精進料理の普茶料理を伝え、卓袱料理の発展に貢献している。

さまざまな国から来た、大中小の皿盛りの料理を円卓に並べ、取り分けながら食べる。このときの円卓が、「ちゃぶ台」のルーツになったと言われている。席順や食べる順序にやかましくないため、広く受け入れられた。『ナガサキインサイトガイド　長崎を知る77のキーワード』（ナガサキベイデザインセンター企画制作、講談社、二〇一〇年）に、現代の「料亭　青柳」の料理が紹介されている。

最初に出される吸物「御鰭《おひれ》」は、鯛の胸びれを飾り、鯛の切り身、白い餅、赤いかまぼこが入っている。小菜（小皿料理）として、パイ生地で器を覆った「パスティ」、天ぷら、前菜でカラスミや寒天、煮豆や季節の食材などが出る。中皿料理として豚の角煮、大皿料理として、野菜の炊き合わせやスープ仕立ての野菜料理などが出る。

こうした外食の形ができたのは、明治初期。幕末に京都や大坂の芸者が長崎の花街、丸山を訪れて上方の食文化が伝わり、明治になると丸山の料亭料理として完成していった。

長崎に現存する最古の料亭は、一七九〇年代に「千秋亭・吉田屋」として営業を開始し、一八八九（明治二二）年に伊藤博文の提案で「料亭富貴楼」となった店。一八一三（文化一〇）年に大村藩士の山本保助《やすすけ》が開業した「料亭一力」もある。富貴楼は坂本龍馬や皇族、伊藤博文、大正天皇が訪れている。一力は長州藩の御用達で、幕末の志士らが訪れた。

江戸時代、中国と日本の国交はなかったが民間貿易は行われており、江戸時代初期には長崎の人口約六万人に対し、のべ一万人も「唐人」と呼ばれた中国人たちが住んでいた。一六八九（元禄二）年、彼らは鎖国政策を受けて建設された、唐人屋敷で暮らすことを強いられる。長崎に定住した唐人の子孫の唐通詞たちは、貿易業務や通訳に携わった。

一八五九（安政六）年の開国で、唐人は大浦の外国人居留地に移り、一八六八（明治元）年に、唐人屋敷の倉庫街だった新地が居留地に編入されると、多くがここに移り住んで長崎新地中華街を形成する。

◆横浜中華街の味

一八七一（明治四）年、日本と清は日清修好条規で国交を結ぶ。それまで中国人は、条約国の商人の使用人扱いでないと入国できなかった。先に開国した清でアジア貿易を行っていた欧米人は、日本に移る際、中国で雇っていた使用人を連れてきた。また、鎖国時代の清が唯一開港していた広東から、貿易事務などをこなす買弁の中国人も連れてきている。買弁とは、西洋の言語を使え、漢字による筆談で日本人とコミュニケーションできる人たちである。

中国人たちは、出身地の地縁を核にした、「幇《パン》」と呼ばれる商人の相互扶助団体のネットワークを築いている。渡航資金や知識・技術を提供する幇が、外国に住む助けになったのである。日本に来た人たちは主に、福建幇、三江幇（浙江、江蘇、江西、安徽）、広東幇の人たちで、横浜に来たのは広東幇が多い。

住み込みでなかった中国人使用人たちは、横浜居留地内のもともと田んぼだった埋め立て地に住んだ。横浜は江戸時代を通じて干拓と埋め立てが続けられ、新田開発が行われてきた農村だったからである。

一八五三（嘉永六）年のペリー来航により、日本は開国か鎖国続行かで揺れた。いち早く横浜開港を唱えたのは松代藩の兵法家、佐久間象山《しょうざん》である。『横浜を創った人々』（冨川洋、講談社、二〇一六年）によると、「東海道とも山を挟んで隔たれており、防衛上守りやすく、港としても地形上優れているという理由からだ」。一八五八年のハリスと結んだ日米修好通商条約の後、ギリギリで横浜が開港地と決まり、開発が進んでいく。

『にっぽんラーメン物語』（小菅桂子、駸々堂、一九八七年）によると、華僑たちが埋め立て地へ移り住むにしたがって、彼らの生活に必要な店ができ始める。一八七二年頃には、食堂もできている。一八八七（明治二〇）年頃には、それが一〇軒ほどにふえた。こうして、横浜中華街は形成されたのである。やがて、「南京町」（当時）に行けば本場の中国料理が味わえる、と評判を聞きつけた日本人もやってくるようになる。

二〇世紀初頭の横浜中華街について、横浜生まれの獅子文六が『私の食べ歩き』（ゆまにて、一九七六年）で書いている。豚肉にも、脂っこい料理にも慣れていなかった日本人は、広東料理で使われる豚や、放し飼いされていたアヒルや七面鳥のニオイが気になったらしい。獅子文六は「永楽楼」という店へ行き、「家へ入るとムッとし、料理を見るとムッとし、ウマいもまずいもあったものではなかった」「南京町を通るのに、鼻を抓《つま》んで駆け抜ける人さえあった」「彼らは恐らく日本人が永く自分たちの顧客であろうとは、予期していなかったに違いない。昔の共同便所よりもっと汚れた便所が、料理場の中にあった」と書いている。

やがて、シュウマイや「南京そば」と呼ばれた麺料理を、チャルメラを吹きながら屋台で売る人たちが現れる。

獅子文六は、『食味歳時記』では、子どもの頃とはすっかり変わった横浜中華街について、戦後の感慨を書く。

「昔のナンキン町には、独特の臭気があったが、今は大変衛生的である。その上、近代的建築になって、銀座あたりと変らぬ冷暖房完備のキレイな料理店が、大部分である」。しかし、なじみの店は「汚い方の一軒」だ。店主は「聘珍楼《へいちんろう》」のチーフ・コックだった人で、小説で店を紹介したところ、「今だ《ママ》に仲秋月餅だの、中華風ソーセージなぞを届けてくれる。息子や娘が結婚すると、招待状まで寄こす」関係が続いていた。

　聘珍楼は現存する横浜中華街最古の料理店で、一八八四（明治一七）年創業。『にっぽんラーメン物語』によると、一九〇〇年頃には、「〇〇樓」と称する店が横浜中華街に大小二〇軒ほどあったという。『横浜華僑の記憶』（財団法人中華会館・横浜開港資料館編、財団法人中華会館発行、二〇一〇年）によると、戦前の横浜中華街には、日本人が営む生活必需品を売る店や輸出向けの問屋もあった。

　横浜はしかし、関東大震災で被災し、中華街も壊滅する。建物の多くがレンガ造りで路地が狭く、「家屋はすべて倒壊、逃げ場を失った約千七百人の死者が出た」と『聞き書き　横濱中華街物語』（語り：林兼正、聞き書き：小田豊二、集英社、二〇〇九年）にある。

『中国料理と近現代日本』によると、震災後は大型料理店ができ、観光名所になっていく。「安楽園」は、華僑の羅家が貿易業から一九二三年に料理店へ転業。一九三三年に日本人と華僑の名士が共同出資で「萬新楼」を開き、一九三五年には日本人経営の「平安楼」ができた。『横浜華僑の記憶』に、平安楼の紹介がある。横浜市議を務めた沼田安蔵が経営する店で、回転式中華テーブルなど最新設備を整えた。日本人向けの店の看板料理は、鯉の丸揚げだった。

　一九四一（昭和一六）年には、大通り沿いに「聘珍楼」や「平安楼」、「萬新楼」「安楽園」「永楽軒」「金陵」「成昌楼」「一楽」「茗新楼」があり、横丁や裏道には「安記」「順海閣」「華勝楼」「萬來軒」「華正楼」など大小三〇軒程度があった（『横浜華僑の記憶』）。

戦前、横浜中華街に最もお金を落とした人たちは、根岸競馬場で勝った人たちで、書道家・蜂針師の鈴木成喜（陳成禧）が「当時は競馬の開催日は、中華街で宴会は取らないの。聘珍楼でも萬新楼でも取らないの、断ってしまう。競馬のお客さんのほうがよほど儲かる」と証言している。それ以外では結婚式が一番儲かるので、安楽園、平安楼、聘珍楼は結婚式場としても使われていた。

◆神戸の南京町

神戸は日米修好通商条約の時点で開港地と決まっていたが、実際の開港は一八六八（慶応四）年と横浜より九年遅い。朝廷のある京都と近かったため、朝廷と幕府、欧米の思惑が複雑に絡み合ったからである。居留地の建設が間に合わず、居留地の周囲に外国人と日本人が入り混じって暮らす「雑居地」ができた。そのため神戸では、『細雪』の姉妹がロシア人の友人を持っていたように、早くから外国人と日本人の間で親しくつき合う関係が育つ。『横浜華僑の記憶』によれば、「日本人との中国人の付き合い方が、長崎は親せき付き合いで、神戸は友人付き合いで、横浜は隣人付き合い」という距離感の違いがあったという。

雑居地の港近くに多く住んだのが、中国人である。神戸には、長崎にいた広東幇、福建幇と、寧波幇の商人が移り住んだほか、欧米人に随行してきた広東幇の華僑も住んだ。

華僑は、雑貨や海産物、食料品に加えて、マッチ、ガス、紡績などの近代産業部門に投資した。マッチは華僑の助けを得て日本が最初に国産化した近代産業で、『神戸と居留地』（神戸外国人居留地研究会編、神戸新聞総合出版センター、二〇〇五年）によると、一八九四年には神戸が全国の六〇パーセントと、日本一の生産量を誇る神戸の主産業になっていた。

『南京町と神戸華僑』（呉宏明・髙橋晋一編著、松籟社、二〇一五年）によると、神戸に移り住む華僑がふえ、元町に市場を形成して「南京町」と呼ばれるようになるのは、一八七七年頃である。

南京町という名称は、江戸時代に長崎に住んだ唐人の多くが、中国南部の出身だったことから来ている。華僑を「南京人」と呼び、彼らが商売をする街を南京町と呼んでいた。しかし、日清戦争後に差別的なニュアンスを含むようになり、横浜では第二次世界大戦後、「中華街」と呼び名を変える。一九五五年に入口に「中華街」と書いた牌楼門を建てたことも、変化の契機になっている。一方、神戸ではほかの中華街と差別化しようとしたことなどが、そのまま残した理由である（『南京町と神戸華僑』）。

神戸の南京町では第二次世界大戦前、日本人が経営する店と華僑が経営する店が入り混じり、日本人も含めてたくさんの人でごった返した。『南京町と神戸華僑』によれば、明治末期から大正初期は日本人が営む陶器、漬けもの、牛肉、鳥肉、牛乳、食料品、豆腐、パン、呉服、洋品の店、旅館が中心を占める。華僑が扱うのは豚肉や漢方薬、両替などで、中国料理店も六店ある。名前がわかっているのは、大正末期に開業した「大東樓」「第一樓」と「品芳樓」の三店。他に牛肉料理店「三輪亭」、「魚豊料理店」がある。

現在わかっている神戸の中国料理店第一号は、一八九二年頃に南京町で開業した広東料理「杏香樓」で、次が一八九七年頃、海岸通りにできた北京料理「神海樓」である。

神戸にも、ニオイに言及する文献がある。両親が台湾生まれだった陳舜臣が書いた、『神戸ものがたり』（平凡社ライブラリー、一九九八年）で、「南京町特有のにおいというものが、たしかにあった。――往来にもれてくる湯気でさえ、なんとなく油っこいかんじがしたし、漢方薬のにおいに、薄荷《はっか》のにおいがまじっていたようだ」と書いている。当時の様子を「戦災前の南京町は、石畳の道路の両側から、キャンバスの日よけをかけ渡していたから、いつもうす暗かった。そこにお国ぶりまるだしの飲食店や漢方薬の店などがあって、独特なムードをただよわせていた」と伝える。

第二次世界大戦では、神戸市街も大空襲を受けて南京町は全焼。戦後は闇市、そして朝鮮戦争からベトナム戦争にかけての時期は、米軍基地になった神戸港に来る進駐軍兵士や外国船船員たち御用達の「外人バー」が活況を呈する「怪しく危険な町」だった。しかし、一九七四年に神戸港が全面返還されて基地が閉鎖され、円高が進むと、軍人も船員も来なくなって外人バーは閉店する。

衰退する町を救ったのは、一九七二年の日中国交正常化に伴う中国ブームだった。異国情緒漂う観光の町づくりが始まり、一九八〇年代には楼門、プロムナード、広場が建設される。一九九五年の阪神淡路大震災では、「第一樓」や「大神樓」、「東明閣」などの大きな中華料理店が全壊した。ただし電気や水道が比較的早く復旧したので、華僑たちが炊き出しの屋台を始め、温かい料理に飢えていた市民を喜ばせた。その後ぎっしりと立ち並ぶ屋台は町に定着し、観光の呼び水となっている。

◆古川緑波愛用の店

神戸南京町の中国料理店で、唯一戦前から続くのは、いつも行列ができるテイクアウトの肉まん専門店「老祥記」である。古川緑波は「他の、もっと高い店のよりも、ずっと、うまいんだから驚く。中身の肉も決して不味《まず》くはないが、皮がうまい」(『ロッパ食談　完全版』)と書く。同店は、寧波出身の曹松琪が一九一五年に始めた日本最初の包子《パオツ》専門店で、「豚まんじゅう」と書いて売り出している。当初は華僑や船員のサロン的な食堂だった。

『中国料理と近現代日本』によると、曹は当初、横浜の中国料理店で働き、飾り切りを任されていた。日本人女性と結婚し、いったん帰国した後、今度は友人からの情報を頼りに神戸南京町で開業したのである。

横浜では中華街が華僑コミュニティの中心にあるが、雑居地があった神戸南京町はそういうわけでもない。古川緑波が、『ロッパ食談　完全版』で書くお気に入りの中華料理店二店は、どちらも南京町の外にある。「平和楼」という戦前に有名だった店は、「支那料理ではあるがかなり欧風化した、そして日本人の口に合うような料理を食わせる店だった」。戦後同じ名前で別の場所、別の経営者の店ができ、「今度は、欧風または日本風の料理ではなく、純支那風のものを食わせる」ので必ず行く。お気に入りはフカヒレのスープで「東京の支那料理屋では、どうして、こういう風に行かないだろう。魚翅も随分方々で食ってみるが、こういう、ドロドロッとした、濃厚なスープには、ぶつからない。東京で食うのは、魚翅もカタマリのまんまのや、それの澄汁のような、コンソメのようなの、または、ポタージュに近くても、濃度も足りないし、色々な、オマケの如きものが混入していて、つまらない。これればっかりは、神戸の、本場の中国人が作ったものには敵わないのではないか」、と思い入れたっぷりに書いている。

谷崎潤一郎に教わり、元町駅近くの「神仙閣」も愛用した。ギョウザも戦前にその店で知ったという。

『中国料理と近現代日本』によると、神仙閣は、北幇山東人が経営する北京料理店で、大人数のスタッフを動かすシステムを構築していた。そのため、華僑同士の結婚式や同郷会の会合など、一〇〇人単位で当日まで来客数が確定できない大きな会合にも対応できた。

山東人とは、中国北東部、黄海に面した山東省出身の人たちで、大阪と中国北方の港をつなぐ定期航路が開かれたことからふえた。大阪には一八六八年から川口居留地が設置されていた。北京の南に位置する山東の料理は、北京料理の原型と言われており、大阪の中国料理店は北京料理店が多い。

神仙閣は、「神海楼」「東亜楼」を開いた劉学増が、山東省出身の林福貴と、料理人の梁と三人で出資し、創業している。林は二年ほどで独立し、「大神閣」を創業した。

◆京都の中華

本節最後に、開港地ではない京都を取り上げる。和食文化の中心にいた京都人の中国料理の受け入れ方には、近代になってどっと入ってきた外国の食文化に対する日本人の反応が凝縮されていると思われるからである。京都の中華は、独特の発達を遂げたことで知られる。

京都に外国人が住むようになるのは、内地雑居令が出されて居留地が廃止された一八九九（明治三二）年以降と遅い。『中国料理と近現代日本』によると、それまで外国人は、旅行者ですら「京都に入るには旅行免状のほかに入京免状が必要とされていた」。

『中国料理と近現代日本』によると、京都最初の中国料理店はわからないが、一九二〇年に寺町で開いた「桃園亭」が現存する最古参。山東省で一八九七年に生まれた王澤文が、友人と三人で開いた。

知名度が高いのは、一九二四（大正一三）年に祇園にできた「支那料理ハマムラ」である。

創業者の濱村保三は、サーカス団を率いる父について一八歳で渡欧した。『京都の中華』（姜尚美、幻冬舎文庫、二〇一六年）によると、サーカス団の巡業はドイツを拠点にしていたため、敵国となった第一次世界大戦開戦で、帰国を余儀なくされる。食うに食えなくなったとき、ヨーロッパのどの国にもチャイナタウンがあったことを思い出し、「どこで食べても中華は旨かった。きっと京都でも中華は流行る」と店を開いたのである。

濱村は、興行の経験から宣伝に力を入れる。まずロゴを公募して「ハマムラ」の文字が中国人風の横顔になるデザインを採用。店に祇園中の舞妓・芸妓を呼ぶ総揚げをし、話題を呼ぶ。シェフとしては、中国人の高華吉を招いた。高は一九〇〇年頃、広東省に生まれた。一九歳で来日し長崎、神戸の中国料理店で働いたのちに、ハマムラへ入っている。

『中国料理と近現代日本』によると、この頃は留学生がふえた時期。一九二二年に京都に住んでいた中国人五五二人のうち、一二一人も留学生が占めている。八年後には京都府全体で八五パーセントも中国人が増加しているので、中国人留学生増加も勝算あり、とみなした理由かもしれない。

しかし、広東料理そのままでは、京都人には受け入れられなかった。『食彩の王国』（テレビ朝日系二〇一九年八月二四日放送の「京都の中華麺」）によれば、「ニオイがきつい」「油っぽい」「味が濃い」と批判され、高はニンニクを使わず油を控えたあっさり薄味の料理をつくりあげたのである。

『中国料理と近現代日本』で、創業当時のものと思われるメニューが紹介されている。ミルクホールも兼ねていた店では、三分の一をスープ、エビフライ、オムレツ、ハムエッグなどの洋食が占める。中華料理は、「天津麵（たまごやき入りそば）」「廣東麵（にくやさいそば）」「東波肉《ママ》」「中華丼」「焼賣《シュウマイ》」などがある。「支那料理之部」には、広東料理以外のメニューも多い。

一九三三年には、「對山閣　増田彌三郎」、「天仙倶楽部　上田永造」「一品香　井上五郎兵衛」「桃花園」などができている。その年の電話帳に掲載されている店は七軒で、そのうち五軒が日本人経営だった。

ハマムラ本店は一九四七年に閉店。濱村はダンスホール、ゴルフ場を手掛ける一方、戦前に開いた支店のハマムラ河原町店など三店を経営した。河原町店は二〇一四年まで、とその中で最も長く続いた。現在は、「京都の中華ハマムラ」二店が元祖の味を伝えている。

高は独立して、一九三六年頃に「飛雲」、一九五一年頃に「第一樓」、一九六七年頃に「鳳舞」を開店した。飛雲は薄味だったが、第一樓は広東料理だった。また、鳳舞が二〇〇九年に閉店し、高の店はなくなったが、弟子たちの店がその味を受け継いでいる。特徴は「鶏がらと昆布でとったスープ、薄味、シンプルな盛り付け、数を絞ったお品書き」だという。

外国料理を受け入れ始めた頃、京都人は動物的なニオイや油、濃厚な味が苦手だったことがわかる。肉食解禁後の日本人が苦労したのは、脂っこさと獣臭を受け入れることだったかもしれない。

今は当たり前に使われるニンニクも、実は受け入れるには時間がかかっており、昭和の頃、ニンニクによる口臭を気にする人は多かった。日常的に食べられるようになるのは、イタ飯ブームを経た平成時代からである。

飛雲は、京都にも住んだ谷崎潤一郎が愛用した店だ。

谷崎の孫の渡辺たをりが書いた『花は桜　魚は鯛　谷崎潤一郎の食と美』（ノラブックス、一九八五年）によると、鴨川に面した店は、料亭のように、入り口を入ると玄関まで石畳が続く通路があり、両側に竹などが植えてあった。中も畳の部屋がほとんど。「かなり日本化された（京都化された）味になっています。淡白で薄味、脂っぽくなくて、たくさん食べられる感じです」。谷崎がいつも食べる好物は、クラゲやピータン、燕の巣スープ、フカヒレ、東坡肉など。店の主人は、谷崎の命日に必ず墓参りをしたという。

二　東京・中国料理物語

◆中国料理？　それとも中華料理？

本節では、東京を中心に中国料理の日本史をたどる。ここで、名称について整理しておきたい。中国料理の呼び名は、戦前は「支那料理」だった。ラーメンも「支那そば」で、この名前を使った店は、私が子どもだった一九七〇年代まで街のあちこちに残っていた。その後一度は消えた呼び名は最近、昭和レトロ風のラーメン店で復活している。

日本人は長い間、中国から進んだ文化を受け入れてきた歴史から、中国人を尊敬してきた。江戸時代、唯一中国人が住んだ長崎では、街で見かけた彼らにサインをねだる日本人もいたほどだった。

ところが一八四〇〜一八四二年のアヘン戦争で中国がイギリスに負けたあたりで、雲行きが怪しくなる。一八九四〜一八九五年の日清戦争で勝利すると、中国を意味していた「支那」という名称が、差別的な意味合いを帯びるようになった。そのため、第二次世界大戦で中国に敗れたのちは、この言葉が使われなくなっていく。

その変化の過程がうかがえるのが、古川緑波の『ロッパ食談　完全版』である。「支那料理」と書いた後「敗戦後、中華料理と言わなくちゃいけないと言われて来たが、もういいんだろうな、支那料理って言っても」と言い訳し、呼び慣れた言葉を使うのである。

「中国料理」という呼び方もある。私は二〇一八年に刊行した『パクチーとアジア飯』（中央公論新社）では、「中国から来た料理」という意味で中国料理と表記した。「中華」という呼び方には、中国が世界の中心という中華思想を示す意味もあるからだ。しかし、最近定着した「町中華」や「京都の中華」のように、すっかり日本化した料理を表現するものもある。そうした慣用表現については「中華料理」とし、それ以外については、中国料理と書くことにする。

◆戦前の中国料理店

改めて、『中国料理と近現代日本』を手がかりに、戦前の中国料理史を見ていこう。一九世紀の東京には、前節で紹介した偕楽園のほか、八丁堀北島町（現日本橋茅場町）「松の家」、浅草「川長」、京橋区元すき家町（現中央区銀座五丁目）「義昌堂」があり、大阪・川口には「温安記」「源粛」があった。これらの店では西洋料理も出しており、日本料理も出す店まであった。この頃の中国料理は、新しい料理として、西洋料理とともに流行していたのである。

目新しい料理を次々と紹介し、栄養面などの啓発的な要素も含んだ村井弦斎のベストセラーの料理小説『食道楽』は、一九〇三〜一九〇四年に報知新聞で連載された。この中でも、中国料理をもてなし料理として提案している。

同書はまとまった形で中国料理のレシピを紹介した最初のメディアで、嫁入り道具の一つにもなった。プロや好事家向けではない家庭向けの実用的なレシピ本が出るのも、この頃からである。日清・日露の戦争や貿易など、日中の交流が活発になって、食材も入手しやすくなり、広東料理で必須の豚肉の生産も増加したことが背景にある。外食店もふえる。

一八九六年に、中国から日本への留学が始まり、二〇世紀に入ると留学生が増加していく。すると、大学が集まる神田に中国料理店がふえていく。先駆けとなった店が、一八九八年開業の「會芳楼」。そして、一八九九年に寧波出身の鄭余生が留学生を相手に郷土料理を出した「維新號《ごう》」である。最盛期には、一四〇店もの中国料理店があった。北京・上海周辺からの留学生が多かったことから、山東料理店と寧波料理店が多かったという。山東料理は北京料理、寧波料理は上海料理の源流である。

東京でも、すぐに日本人が中国料理を大歓迎したわけではなかった。味が濃すぎること、ツバメの巣やフカヒレなどの珍しい食材に違和感を覚える人たちがいたこと、豚肉になじめなかったこと、レシピ情報の不足、そして中国に対する差別意識が原因である。一方、日本医学校の初代校長で衆議院議員でもある山根正次は、「料理は支那が世界一だ」と、栄養、味、衛生の三点から優越性があるのに誤解されている、と批判している。

大正時代になると、情報や体験の増加で、次第に身近になる。中国に渡って料理を学んだ料理研究家、松田龍子が、『主婦之友』で経済的で手がかからず、栄養面でも優れているとしてレシピを教えたほか、レシピ本やこの頃創刊が相次いだ主婦向けの雑誌でも中国料理が紹介された。この頃ポピュラーになった百貨店食堂や町の食堂で、中国料理が提供された。中流層の誕生と増加が、中国料理の普及に結びついたのである。

また、一九一八年には、ジャパン・ツーリスト・ビューロー（現ＪＴＢ）が「日満連絡券」「日支周遊券」「日鮮満巡遊券」を発売し、一般の人も中国を観光旅行できるようになった。

一九一〇（明治四三）年に浅草で開業した庶民的な店に「来々軒」がある。同店でラーメンが人気だったことから、東京にラーメンの屋台が続出する。やがて一品料理で「中間層をねらった専門店」（『中国料理と近現代日本』）が生まれ、層の厚みが出てくる。その代表が大正末期に開業した「珍満」で、極力メニューを絞った「日替わり一品満腹主義」で人気を博した。

一八九五年に日清戦争で勝利し、領有した台湾の料理も注目されていく。神保町「甘露坊」などの台湾料理店も誕生している。

高級店では、日本人による開業が相次ぐ。中国革命に生涯を捧げた萱野長知が日比谷に一九一九年、「陶々亭」を、上海の東亜同文書院に留学した宮田武義が、一九二二年日比谷に広東料理「山水楼」を開く。一九二四年、中国の古美術などを扱う井上清秀が虎ノ門に開業した北京料理「晩翠軒」や、一九二六年に矢谷彦七が開いた広東料理主体の「銀座アスター」が続く。晩翠軒は、政財界人に加え、夏目漱石、森鷗外、芥川龍之介なども常連だった。一九二八年には細川力蔵が「芝浦雅叙園」を、一九三一年に回転テーブルを導入した「目黒雅叙園」を開く。最初に回転テーブルを導入したのは、一九二八年に開業した日本橋「濱のや」である。

しかし一九二〇年代後半から日中関係に暗雲が立ち込め、一九三一（昭和六）年の満州事変、そして一九三七年から始まる日中戦争により、中国人の料理人が大量帰国してしまう。一方、家庭では、経済的だとして重宝され導入が進む。

◆闇市から始めた台湾料理店

第二次世界大戦で日本が負けると、朝鮮半島や台湾、中国から移り住んだ人たちは、「日本人」ではなくなった。戦勝国民となった彼らは、「第三国人」という扱いを受ける。

『台湾人の歌舞伎町』（稲葉佳子・青池憲司、紀伊國屋書店、二〇一七年）に「連合国側には属さないものの、それと同じ取り扱いをするものと位置づけ、これらの人びとを「できるかぎり解放国民として処遇する」という声明」をGHQが出した。法的規制を受けないで統制品を扱えるので、進駐軍向けの食料品や日用品を扱うPXの横流し品や密輸品を、台湾や中国出身の人たちが押さえた。同書は、台湾人が新宿・歌舞伎町の復興のきっかけをつくった様子を、描き出している。

大阪で、台湾人として中国料理店「龍潭《リュータン》」を開いたのが、『きょうの料理』などで知られる程一彦の母だ。二〇一九年に八一歳で亡くなった程は、『料理の鉄人』六回目の放送で初めて鉄人を破った挑戦者である。彼が書いた『程さんの台湾料理店』（角川春樹事務所グルメ文庫、二〇〇四年）が、台湾人が活躍する戦後の大阪を、生き生きと描いている。ちなみに、当時大阪の闇市でラーメン屋台の行列を観て、後にインスタントラーメンを考案する日清食品創業者、安藤百福《ももふく》も台湾人だった。

父の根本豊秀は、鹿児島・徳之島の神官の家出身。台湾電力の発電所技師として台湾へ渡り、電話交換手をしていた程碧霞《かすみ》と社内結婚する。碧霞は北部の龍潭で一五万坪もの大規模茶園を営む家の娘。結婚後まもなく、発電所が完成して豊秀の帰国が決まり、一九三七年、二〇歳の豊秀と一八歳の身重の碧霞は日本で家庭を築く。

豊秀は満州も含めて発電所建設のため各地へ転勤し、大阪に住んでいた一九四五年、町は大空襲で灰燼《かいじん》に帰す。一九三七年生まれの一彦は八歳、下に妹たちが次々と五人生まれている。父はその頃、電力会社の下請け会社を経営していたが、敗戦で解散。呆然としていたところ、台湾人の義弟が、「今、大阪駅前で中国人や韓国人が掘建て小屋たてて商売やってるで。えらい繁昌してるらしいわ」と商売の話を持ち掛ける。

碧霞と自分は自由に商売できる、と言われ、梅田駅前の闇市で一一月から始めた店が「龍潭」。ぜんざい売りから始め、数カ月後には焼き飯、焼きそば、汁そばなどの簡単な中国惣菜を売り始める。翌年には、復興し始めた神戸南京町から食材を仕入れ、酢豚など本格的な料理も出すようになっていた。

戦中、一家は根本姓だったが、敗戦で中国籍にして程を名乗る。「梅田の家から学校まで地下鉄で通っていましたが、それが全部タダ。おまけに、梅田劇場や北野劇場までタダ」。戦時中、混血だからといじめられた一彦は、大いばりで街を闊歩する。「日本の警察よりも中国人とか韓国人の自警団や青年団の方が権力を持ってました」という一時期を過ごす。

その後、一九七一年に台湾が国連を脱退した折、家族は日本国籍に戻す。華僑たちの生きる知恵が、この国籍変更からうかがえる。テレビで使った「程」は、昔の名前だったのだ。

家族で店の二階に住み、一彦はビールの空き瓶で天ぷら用の豚肉を叩く仕事から手伝い始めた。手が足りないときには、皿洗いもし、便所掃除と店に花を飾る役目も任された。その頃店で出していたのは、焼き飯、焼きそば、八宝菜、鶏のから揚げなどだ。

両親は戦後のどさくさでも、土地の権利関係をきちんとクリアにして店を建てるなど、真面目な人柄だが、一彦はやんちゃだった。煙草を吸い、出来心で万引きしてつかまり、父から大目玉をくらったりした。

中学生だった一九五二年、梅田に新阪神ビルができてテナントとしても入ることになり、母が喫茶店を始めようと言い出す。その「アポロ」を任され、音楽好きだった一彦は、クラシックやジャズのレコードをかけ、解説をつけるDJをした。大学に入ると深夜喫茶も始めた。しかし家業に縛られたくない、と卒業後は父親のツテを頼り、中国人が経営する神戸の貿易会社に入る。差別のため、日本企業には入れなかったのである。

会社では、輸出品のシイタケ、鮑、フカヒレ、ナマコを乾物にする加工や貿易実務を学ぶ。会社が独立を阻もうと出資を持ち掛けてきたことから、かえって独立したくなり退職。家業を継ぐ修業のため、東京の喫茶店で働き、一年弱の間、台湾と香港へ渡って、中国料理店で飲食業について学ぶ。

一九六三年、外の世界を知って戻ると、両親の商売が薄利多売過ぎることに気づく。結婚したのに、給料は小遣い程度しかない。新たな道を切り開くため、台湾料理店に専門化することを両親に提案し、任されて大金をかけてリニューアルする。当時、大阪にあった台湾料理店は、台湾から引き揚げてきた日本人が開く梅田の「東」という店のみ。東京でも数軒を数えるぐらいだった。

出した料理は、肉粽《バーツアン》（肉ちまき）、炒米粉《ツアオビーフン》（焼きビーフン）、土豆仁湯《トタアオジストウン》（落花生ぜんざい）、菜頭糕《ツアイタークウエ》（大根餅）など。徐々に珍しいメニューがウケるようになって、客足も伸びていった。

◆町中華の戦後

昭和の庶民の胃袋を満たしたのは、オムライスやかつ丼まで出す大衆向け中国料理店だった。そういう店が消えていく、と二〇一四年頃から「町中華」と呼ばれて雑誌やテレビなどで紹介されるようになる。歴史的存在になったわけで、看板建築が人気になったり、昭和の喫茶店が人気になるのと似ている。

命名者のノンフィクション作家、北尾トロが、仲間と東京の町中華の店を調査した『夕陽に赤い町中華』（集英社インターナショナル、二〇一九年）を手がかりに、町中華史を描いてみよう。町中華の発展は、高度経済成長と密接な関係を持っているのだ。

この呼び名が成立するのは、特に平成になってからラーメン専門店がふえ、中華全般を出す大衆店とラーメン主体の店が分かれたためだろう。誕生は主に戦後だが、同書は大正時代からのれん分けで成長した元祖的な店から紹介を始めている。

その日本橋人形町「大勝軒」の創業は、一九一三（大正二）年。現在は「珈琲　大勝軒」として営業する店の初代は、油問屋を営んでいた渡辺半之助。一九〇五年に二〇歳で広東省から来て屋台を開いていた林仁軒《リンニンケン》と知り合い、中国料理店を開こうと思い立つ。町に中国料理店がふえ始めた時期だった。しかし、半之助は一九〇九年に死去。養子の松蔵が、渡辺半之助と名を改めて開業にこぎつける。料理人たちは、二〇年の修業期間を目安に、のれん分けで独立した。のれん分けはフランチャイズと違い、材料の仕入れなどのサポートはないがロイヤリティを支払う必要もない。信用ある店の名前で営業できることが強みだ。

三代目が担った高度経済成長期、人気メニューは焼きそば、炒飯、酢豚、五目そば、鶏そば、中華弁当など。平日はサラリーマン、週末は家族連れでにぎわった。のれん分けされた店は最盛期のこの頃、一七軒にも及び、毎年店主会が催された。

同書が二つ目のルーツの一つとするのが、「丸長」グループ。

創業者は、一九四七年に長野から二人の弟と上京し、荻窪に開業した青木勝治。最初はしるこやぜんざいの甘味処だった。その後、小麦粉の配給を受け、うどんやそば、中華麺の委託加工を始める。翌年、親せきを加えた五人で、ラーメン主体の店に切り替える。日本人のコメや小麦粉の販売は、統制下で禁じられていたので、中国人の名前を借りて営業した。

店の人気が出ると、それぞれが店を持つ。勝治は「丸長」、弟の保一は「栄楽」で甲七郎が「栄龍軒」、親せきの山上信成が「丸信」、坂口正安が「大勝軒」。どんどんのれん分けの店がふえ、一九五九年に丸長のれん会を結成。一九九五年には五二軒を数えるほどに広がった。

その一店、一九五三年に下北沢で開業した「丸長中華ソバ店」の初代、深井正信は東京・八重洲生まれの会社員だった。戦時中に会社ごと長野県湯田中に疎開し、敗戦を迎えた。レントゲン機器の会社の将来を危ぶんだ深井は東京に戻り、荻窪の丸長で働く。

高度経済成長期、店を支えた住み込みの従業員は、集団就職でやってきた。その頃のメニューは、五目ラーメン、ギョウザ、カニ玉、肉団子、オムライス、カレーライスなど。客の要望に応えた結果だ。二代目で現店主の息子、正昭は「その頃の大衆的な中華店はなんでもやったの」と語る。『孤独のグルメ』に登場する大衆居酒屋も、和洋中なんでもござれの、壁一面に貼られたメニューが圧巻の店が多いが、それは多様な注文に応えようとした結果なのだろう。

同書は町中華の最初の発展期を、一九五〇年代とする。理由として、アメリカが西側諸国に大量の小麦粉を安く提供した政策と、一振りで味が決まる化学調味料の普及を挙げる。二度目はバブルに向かう一九八〇年代。

『中国料理と近現代日本』も、一九五六年に刊行された『全国うまいもの旅行』（日本交通公社、一九五六年）にある「日本料理を看板にする小料理屋風の店が、むかしにくらべて、いちじるしく少なくなったのは、戦後のラーメン族や餃子族の口に合わないためと、ひとつにはラーメン、餃子にくらべて日本料理の値段の高さのためであろう」という記述を紹介している。和食よりも中華が、ポピュラーになったのである。

アメリカの小麦戦略については、私も『なぜ日本のフランスパンは世界一になったのか』（NHK出版新書、二〇一六年）で書いた。簡単に紹介すると、アメリカは二〇世紀に入り、機械化と農地拡大の成果で、小麦や大豆の生産が過剰になった。対策として、日本のコメのように減反するのではなく、海外に販路を求めた。時あたかも冷戦期。味方である西側陣営のアジア諸国に援助する形で穀物を安く売り、再軍備を強化するよう仕向けたのだ。そのためのPL480法は、一九五四年に成立。

豊富な小麦粉が日本の食文化にも影響を与え、パンの朝食とラーメンやギョウザなどの中華の普及を促した。日本人は高度経済成長期、不足気味だった油脂とたんぱく質を摂るよう国から奨励されており、その手段を求めた側面もあって、洋食・中華が人気となっていく。もともとあった傾向を、豊富な小麦粉が後押ししたのである。

◆新橋田村町のリトル香港

第二次世界大戦前は、ホテルのレストランといえば、フランス料理または西洋料理だったが、一九六〇年代のホテル建設ラッシュ時には、中国料理や日本料理のレストランも開いていく。

『中国料理と近現代日本』によると、一九六〇年に芝パークホテル内に誕生した「北京マンション」が、日本初のホテル直営中国料理店だ。また、同年開業の銀座東急ホテルの「孔雀庁」は、中国各地の地方料理を選べるブッフェスタイルの店だった。帝国ホテルのインペリアルバイキング開始の二年後で、時流に乗ったと言える。一九六二年開業のホテルオークラでも「桃花林」を開業。

この頃、中国・香港・台湾から大勢の料理人がやってきた。戦争で料理人の世代にブランクができていたが、本場から料理人が来たことで料理の水準が飛躍的に向上した。

一九五七年に放送を開始した『きょうの料理』も、西洋料理、和食、中国料理の三本立てで、中国料理の特集をくり返し組んだ。特に初期の頃は中国食文化を背景や道具、調味料まで紹介する力の入れようだった。町中華もふえていく時期で、食事の選択肢に、中国料理がふつうに入る時代になっていく。

高度経済成長期の東京で中国料理店が集積したのは、新橋田村町（現西新橋）界隈だった。近辺には、

NHK、第一物産（現三井物産）、日比谷公会堂、帝国ホテル、アメリカ大使館などがあり、外国人を含め集客が見込めた。一九五八年開業の「四川飯店」、一九六一年開業の「留園」、一九五五年開業の「中国飯店」などが代表的な店。横浜中華街は「まだ地元の華人相手の安くてうまい食堂・食品店が中心であり、調理技術の水準で東京の高級店には及ばなかった」と『中国料理と近現代日本』にあり、華僑が日常使いする町に、超一流店が生まれにくかった事情は神戸南京町と似ている。

留園は、清末に清の軍閥を代表する李鴻章のブレーンとして活躍した盛宣懐の孫、盛毓度が開いた。一九一三年生まれで二〇代で日本に留学し、一九四九年の中国革命で上海から日本へ亡命した。盛家が所有する鉄山から鉄鉱石を多く供給してきたことから、八幡製鉄や三井物産などが出資して開業。北京、広東、四川、上海、モンゴルの料理と点心を出す大型店で、開業にあたり、盛は香港から二五人の料理人を連れてきている。その後、一九八〇年代初頭までに地価が四〇〇倍、人件費も二〇倍に高騰するインフレの影響を受けて廃業した。同店の盛衰が、リトル香港の盛衰を物語っていると、『中国料理と近現代日本』は論じる。

田村町が発展したきっかけはおそらく、一九四六年に「新橋亭」が創業したことである。一九三五年頃、目黒雅叙園のシェフとして上海の中国料理店から引き抜かれた、呉宝祺が開いた。呉は一九〇一年、福建省生まれ。彼は、「日中戦争中も雅叙園で働き、迫害や弾圧を受けることはなかった」（『中国料理と近現代日本』）。

敗戦後、日本人経営の目黒雅叙園が営業を再開できなかったため、戦勝国民だった呉は退職して店を開く。北京料理を看板にした店は、一九五五年の自民党の結成を決める会合の場などでも使われている。

◆麻婆豆腐の料理人

フランス料理では、昭和後半になるとスターシェフが次々と登場したが、中国料理でもスターが誕生する。最初にスターを産んだメディアは、『きょうの料理』だった。その人、新橋田村町に四川飯店を開いた陳建民の初出演は一九六六年四月で、紹介したのは麻婆豆腐である。『テレビ料理人列伝』によると、日本語があまり上手でない陳とアナウンサーのコンビが「下手な漫才より面白い」と人気になる。一九八一年に麻婆豆腐を再び紹介した折の、広瀬久美子アナウンサーとのやり取りはこんな風だ。


酒を加え「もし肉古いでしょ、酒入れる、においサヨナラ」

豆板醤を加え、「よくいためる、色きれい、辛いサヨナラ」

水を加え、豆腐を入れる際は「今、ガス大きい（スタジオの業務用なので）水入れる。ガス小さい、豆腐、水（気）ある、水入れない。ベチャベチャ駄目です。注意してください」

広瀬「私たちの家庭では、今の水は入れないで、お豆腐の水分だけで十分ということですね」

「そーです！　あなた頭いいです。豆腐よく煮込む。豆腐ね、中温かくしてちょうどいいです。豆腐の中冷たい、駄目です」


一九七一年にも陳は、麻婆豆腐を紹介している。同じ人が三度も同じ番組で麻婆豆腐を紹介したのは、この料理が彼の代表作で、日本に四川料理を広げた象徴的な料理だからだろう。

昭和の日本人は辛いものが苦手で、陳は当時の日本で入手が難しかった豆板醬や花椒を使わず、味噌とトウガラシで辛さ控えめの麻婆豆腐を考案したところ、番組の人気も相まって普及する。一九七一年には丸美屋食品が、一九七八年には味の素が、合わせ調味料の「麻婆豆腐の素」を発売し、中華を代表する料理に成長している。このほか、エビチリと回鍋肉、汁入りの担々麵のアレンジレシピも考案し、いずれも日本人が好む中華の代表料理になった。

陳の来歴は、『パクチーとアジア飯』で書いたので、ここでは簡単に紹介しておくにとどめる。一九一九年、四川省富順県《フウセンシィン》で、一〇人きょうだいの末っ子として生まれた。父親が三歳で亡くなり、一〇歳で飲食店修業を始める。重慶、武漢、南京、上海、台湾、香港などを渡り歩き、一九五二年に三三歳で日本にたどり着く。日本人女性と結婚し、定住することを選んだ。

田村町に店を持ったのは、一九五八年。一九六六年に恵比寿中国料理学院を創立。息子の陳建一は自身の店で育て、『料理の鉄人』の鉄人になった。親子して、テレビで知られるスターシェフになったのである。

◆中華のファミレス

『ファミリーレストラン』によると、すかいらーく系列の「バーミヤン」の料理は、恵比寿中国料理学院で教えていた顧中正の弟子の指導でつくられた。一九八六年、東京都町田市に一号店を出した折は、魚の丸揚げや東坡肉などの本格的なメニューが並んだ。しかし、価格が高めで、メニューが多過ぎることと、そのために調理場スペースを広く取った結果、出店投資額や人件費の負担で経営が厳しくなる。バブル経済の影響もあったのだろうが、高級中華ファミレスは受け入れられなかった。

一九九三年に路線変更をし、一〇〇以上あったメニューは三五に絞り込んだ。セントラルキッチンでの加工比率も、四〇パーセントから八〇パーセントへ倍増させた。店の厨房は火力だけは確保しつつシンプルにして、店の内装も高級感を抑え、サービスも簡略化した。その結果、バーミヤンの人気は高まっていくのである。

私は、ファミレスをひんぱんに利用した一〇〜二〇代に周囲になかったことから、バーミヤンには縁がなかった。三〇歳で東京へ来ると、あちこちで桃のマークの同チェーン店は見かけたが、いろいろな店で食べるようになっていたので、「だって、ファミレスでしょー」と甘く見て行かなかった。

そんな私に「バーミヤンを舐めてはいけない」と、おいしい店をたくさん知っている友人たちは言うのである。それであるとき、近所にも店があるのに、わざわざ彼女たちと新宿のバーミヤンへ行ってランチを楽しんだ。

何を注文したかは忘れたが、追い花椒ができる麻辣《マーラー》味の麺がおいしかった。こってり系でないラーメンを食べようと思ったとき、これからはバーミヤンへ行けばいいじゃないかとわかった。突出して個性的ではないが、ふつうにおいしい店なのだ。サイゼリヤといい、ロイヤルホストといい、そしてバーミヤンといい、ファミレスにもしっかり本格派のチェーンがある。そういうブランドだから、今まで支持されてきたと言ったほうが正しいのかもしれない。客はファミレスを舐めてはいけないが、店だってもちろん、客を舐めてはいけないのである。

私が食べに行った二〇一八年は麻辣ブーム真っただ中で、そうした味が特徴的だったが、二〇一七年にも興味深い試みをしている。『東洋経済オンライン』二〇一七年九月一三日配信の記事から紹介する。

この年九月、バーミヤンは「札幌味噌」「喜多方」「博多とんこつ」「富山ブラック」「肉盛り徳島」「【名古屋】台湾」（名古屋発祥のチェーン、味仙スタイルの辛い台湾ラーメン味）を出した。麻辣味といい、マニアックな料理を出すのは、誕生の経緯を彷彿とさせる。

定番の料理は、麻婆豆腐と青椒肉絲《チンジャオロース》、エビチリ、油淋鶏《ユーリンチー》などで、メニュー開発担当者は「今まで専門的な中華料理をラインナップしてきましたが、それだけではなく、『町の中華屋さん』を目指そうという方向性に変わってきています」と語っている。消えていく町中華の替わりを、バーミヤンは務めるつもりなのかもしれない。

◆中国料理の学び舎

恵比寿中国料理学院は、陳建民が料理技術を盗んで覚える時代からの脱皮を考えて設立した学校である。中国と国交が断絶し、料理人たちが中国で学ぶことができなかった時代に、本場の技術を教えた貴重な場だった。『月刊専門料理』二〇一六年五月号の「中国料理の50年」特集によると、本場で行けたのは香港、マカオ、台湾だけだった。

一九六八年には、プロ向けの『中国料理技術入門』（陳建民、柴田書店）が、体系的にプロの技術を基礎から紹介した本として刊行されている。

同じ頃、もう一つ重要な役割を果たした学び舎が、東京・築地の湯島聖堂内にできた「書籍文物流

通会 料理部」だ。『新・世界三大料理』（神山典士著、中村勝宏・山本豊・辻芳樹監修、ＰＨＰ新書、二〇一四年）によると、北京から引き揚げた中国文学研究者、原三七が、荒れ果てていた湯島聖堂に書籍文物流通会を移したことが始まり。戦後の混乱で貧困にあえぐ研究者たちの古書や骨董を、ＧＨＱ幹部などに売ることが目的だった。

集まってくる研究者たちに、原の教え子でお茶の水女子大学中国語講師、中山時子とその親せきの幸田松子が料理を振る舞い始める。中国料理はこってり甘いもの、と思っていた研究者たちは、「あっさりしていながら滋味深い本場の味」を喜び、原は「料理も立派な文化だ」と、一九六〇年に料理講習会を始め、『中国菜』という小冊子も発行するようになる。

講師は、原が集めた原書を研究し教えたので、二〇〇〜二五〇年前の北京料理が中心だった。しかし、材料は手に入らなかったので、東京で手に入るもので工夫した。

一九七〇年代半ば、千葉県柏市で中国野菜の栽培を広めた小笹六郎は、講師の一人で、千葉県柏市に「中国料理 知味斎《ちみさい》」を開く。小笹の活動もあり、チンゲン菜、豆苗、香菜、ターサイといった中国野菜は、一九八〇年代に栽培地が広がり、メディアが取り上げブームとなる。ちなみに草分けは、『月刊専門料理』二〇一六年五月号によれば、一九五五年から栽培を始めた茨城県土浦市「中西農園」の中西慶太郎である。

他に、ここから巣立った料理人は、本格派羊のしゃぶしゃぶ「涮羊肉」を提供する神田「龍水楼」の箱守不二雄、吉祥寺「知味 竹爐《ちくろ》山房」の山本豊、そして中国料理研究会を主宰した木村春子などである。山本は、初めて来た折「お化け屋敷のような建物で、鉄の扉は恐ろしいほど高くて重くてギィ

〜という凄い音がしたんです」「まるで魔界だった」(『新・世界三大料理』)と振り返っている。

山本について、『日本のグラン・シェフ』にインタビューがある。一九四九年、高知県土佐清水市に生まれた山本は、埼玉県で薬品会社や食堂、卓球センターなどを営む叔父を頼り、叔父の食堂で働きながら夜間高校に通う。卒業前に叔父が就職先として連れて行ってくれたのが、湯島聖堂の料理部だった。

「中国文化に関して何かテーマがあり、『今日はこんな料理をやってみようか』なんて具合で料理を作り始めるんです。原価なんかはまったく無視です」と語る。自由な環境で、料理技術だけでなく、「中国の歴史、地方文化と料理のかかわりの中での中国料理を勉強し続けた」。一九七六年には、中国へも行かせてもらったという。

翌年、赤坂の中国料理店へ移り、開高健や荻昌弘と出会う。二八歳で小笹の知味斎に入り、デパ地下総菜売り場の仕事を任される。一〇年間勤めたのち、一九八七年に吉祥寺の「知味　竹爐山房《ちくろさんぼう》」を開いた。

健康を意識した優しい味の料理は、たとえば「鹿ネギとホタテ貝をマレーシア風味で炒めた」「鹿葱炒鮮貝絲」や、「活オマールエビをぶつ切りにし、切り身の部分に片栗粉を打って中温の油で揚げたものをネギ、中国パセリで煎り焼きし、最後にクオーターペッパーで仕上げた」「胡椒煎龍蝦」などである。

◆女性の中国料理人

山本豊の弟子の一人が、テレビでも活躍する五十嵐美幸である。五十嵐が有名になるきっかけは、一九九七年に最年少の二二歳で出演した『料理の鉄人』。対決相手は陳建一でテーマ食材はキュウリだった。

五十嵐は一九七四年、東京都東村山市の中国料理店を営む家に四人きょうだいの長女として生まれた。小学生から皿洗いなどを手伝い、小学校三年生で肉まん、ギョウザの形をつくり、エビ三〇〇匹を二〇分余りでむいてしまう子だった。

両親は忙しさゆえにケンカが多く、母になぜ父と一緒にいるのか聞くと「女は一人で食べていけないから」と言われて不安になり、自立のために、友達とも遊ばず料理に励むようになる。一四歳になると厨房に立ち、都立農業高校食品製造科（現食品化学科）を卒業すると、父の右腕になる。

その頃、父と竹爐山房を訪れ、今まで知っていた中国料理とまるで違うことに衝撃を受ける。「油やうま味調味料を多用せず、小さめの皿に美しい盛りつけ。素材の味が生き生きとしておいしく、体に優しい中国料理だったのです。私はすっかり魅了され、食する人を思う料理を作れる一流の料理人になりたいと本気になりました」と語っている（朝日求人「仕事力」二〇二〇年三月八日）。

休日ごとに吉祥寺へ通う日々が始まる。師匠からは、料理の技術というより勉強の仕方を教わった。

五十嵐美幸（株式会社美虎提供）

中国での料理人の地位と料理の考え方、食材の知識など、聞いたことを片っ端からメモしたノートをつくり、疑問は自ら調べて学んでいった。

『料理の鉄人』のオファーを受けたのは、体調を崩した父の代わりに厨房を任されていた時期。番組を観ていたので、自分には無理だと何度も断ったが、「これから料理をめざす人のために」と言われ出演を決める。

対決では負けたものの、周りから「すごい！」「天才」と急に持ち上げられるようになり、期待に応えようとがんばり過ぎた。

店には大変な数の客が押し寄せ、両親は繁盛を喜び店を広げた。しかし、五十嵐は二～三年の間に体調を崩し、生理も止まってしまう。それでも「女性だから仕事が甘い」と言われたくないと、弱音も吐けなかった。

「大した腕もないのに」と皮肉る同業者たちもいた一方、「気にするな、自分が信じる料理を作っていけ」「笑顔をなくすな」と励ましてくれる先輩たちもいた。しかし、山本から教わったヘルシーな料理は、実家の店ではつくれない。妹や弟がまだ一人前でなかったこともあり、自分を押し殺していたが、三〇歳を過ぎた頃、ある料亭の女将から「まず、あなたが幸せになることが一番でしょ。幸せでなければおいしい料理は作れない」と言われる。(朝日求人「仕事力」二〇二〇年三月二二日)。

師匠から聞いた、「人生は一度必ずゼロになるタイミングが来る」という言葉を思い出し、ゼロになって自分と向き合ってみよう、と三三歳のとき、家出同然で家を出て一人暮らしを始める。無一文だったので友人からお金を借り、好きなように暮らし始めると、二、三日で料理がしたくなった。

友人から料理教室やケータリングを頼まれるようになり、料理の楽しさを思い出す。貯金をし、一年後の二〇〇八年に、実家に黙って東京・幡ケ谷「中国料理　美虎《みゆ》」を開いた。「女性が一人でフラッと入れて一人でも楽しめる中国料理。毎日食べられて体に負担をかけない、野菜などの食材をふんだんに生かしたメニューを中心にしました」（朝日求人「仕事力」二〇二〇年三月二二日）。

五年後に結婚し、四〇歳で息子を産む。ギリギリまで働いたことで、妊娠中に大量出血を二度も体験する。産んだばかりの息子を観て一気に罪悪感が湧き、人前でワンワン泣いてしまった。そこから、スタッフと話し合って仕事量を半減させる（「イーアイデム」二〇二〇年三月一一日のインタビューより）

妊娠前に腕に激痛が走って固まる難病で手術していたこともあり、中華鍋を振ることもままならない。強火で炒めるのではなく、じっくり火を通す料理を研究する方向転換をしている。

近年は、フードロス削減や食育活動に取り組む、中華調味料の開発に取り組むなど活動の幅を広げている。

◆香港ブーム

一九八〇年代半ばから一九九七年の中国返還前まで、日本は香港ブームで盛り上がっていた。雑誌が香港特集を組み、香港映画が脚光を浴びる。一九八〇年代には、ジャッキー・チェン主演のアクション映画や、一九八六年に公開された『男たちの挽歌』がヒット。一九九〇年代には、手持ちカメラの揺れる映像を生かしたウォン・カーウァイの『恋する惑星』（一九九四年）などが一世を風靡し、レスリー・チャン、トニー・レオン、金城武などが女性たちの心をつかんだ。

二一世紀に入ると、週末の韓国旅行や台湾旅行を楽しむ人たちがふえるが、そうした弾丸旅行ブームの先駆けは恐らく、この頃の香港である。

日本でも香港スタイルの飲茶が流行り、『ファッションフード、あります。』によれば、都内で最初にできた飲茶専門店は、渋谷パルコ近くで一九八〇年に開いた「陶陶居《とうとうきょ》」である。

そうした背景のもと、香港から一九八〇年代半ばに伝わったのがヌーベル・シノワである。中国料理特集を組んだ『料理王国』二〇一九年一二月号によれば、それはヌーベル・キュイジーヌの影響を受けて生まれた料理で、「西洋の食材や食器、盛り付け方を取り入れ、コース料理のように1品ずつ振る舞われる」。繊細かつインパクトがあり、日本人の口に合ってメディアで大きく取り上げられた。海鮮や野菜の持ち味を活かし、新しく登場した調味料のXO醬などを使う料理として知られる。

中国野菜が国内でも盛んに栽培され、一九七四年、中国食材や調味料を扱うユウキ食品が設立されるなどし、食材の供給体制も整ってきた。グルメブームの時代でもあり、本格的な味を求める傾向が強くなる。中国薬膳を取り入れる店、飲茶コースを取り入れる店など多様化も始まる。

『専門料理』二〇一六年五月号によれば、ヌーベル・シノワの担い手として知られる香港の「麒麟閣酒家」は、広東料理を現代的にアレンジした料理や創作メニューで知られ、西洋風でモダンな内装とセッティングを特徴とする。人気メニューの、紹興酒漬けにした活エビをさっと湯引きした料理は、香港中の店が真似し日本にも上陸した。

◆エビマヨの生みの親

香港のヌーベル・シノワを日本に伝えたのは、華僑の人気料理人だった。テレビで「エッビ、マヨマヨ、エビマヨ！」と、エビのコスチュームを着た少女たちが踊るピザーラのCMを見たことがある人は多いだろう。二〇〇二年に誕生したこの宅配ピザのもとは中国料理で、考案したのは、テレビでも人気を博した周富徳である。

『きょうの料理』では、一九八三年五月四日が初登場で、「プロのこつ」というコーナーで「ひき肉のレタス包み」を紹介している。

出番が多くなるのは一九九〇年代で、一九九四年一月二四日・二五日に「周富徳のギョーザ・シューマイ」と題した特集が組まれる。また、一九九三年一二月五日と、翌年一月九日に二度も『料理の鉄人』へも出演している。第八回放送の初回は、タラバガニ対決で道場六三郎に敗れ、第一一回放送では、豚で道場に勝利している。弟の周富輝のほうが出演は早く、一一月一四日放送の第五回で道場にロブスター対決で敗れている。周兄弟と道場の対決企画だったのだろうか。

この頃の『きょうの料理』は、『料理の鉄人』を意識してか、料理人・料理家の名前を前面に出す企画が多い。周富徳と周富輝のキャラクターが立っていたせいか、一九九六年一一月の「周兄弟のふだん着おかず」、一九九八年四月「周兄弟の春の中国おかず」など、兄弟を前面に押し出す特集を組み、テキストには大きく顔写真を使うなどしている。『料理の鉄人』の影響で、料理人がタレント化した時代だった。

『チャーハン人生論』（周富徳、ＰＨＰ研究所、一九九四年）によると、富徳は、一九四三年に横浜中華街の料理人の家に生まれた。両親は広東省出身。父は親せきが経営する中国料理店「同發《どうはつ》」で働いていた。高校を卒業後、新橋の中国飯店で修業を始め、古典的な料理を学ぶ。次に京王プラザホテル「南園」へ移り、香港から来た料理長について、現代香港料理を学ぶ。

その後、横浜中華街の聘珍楼で一〇年総料理長を務め、赤坂「璃宮」を開いている。一九九三年に青山に「広東名菜　富徳」を開く。

『月刊専門料理』二〇一六年五月号によれば、本場の最先端のヌーベル・シノワは、仲間と香港へ通って身に着けている。亡くなったのは二〇一四年、七一歳だった。

◆ヌーベル・シノワの旗手たち

今もテレビで引っ張りだこの中国料理人、脇屋友詞は、「ヌーベル・シノワの旗手」として知られた。そのプロフィールを、『日本のグラン・シェフ』から描いてみよう。

一九五八年、札幌市生まれ。中学生のとき、父親に連れられて行った中国料理店で、エビチリや白菜のクリーム煮、麻婆豆腐などを生まれ初めて食べて感動した。中国料理人になりたいと憧れていたところ、父親から「重い中華の包丁に慣れるためには一日でも若いときから始めたほうがいいと専門家が言っている」とアドバイスされ、卒業と同時に上京し、赤坂「山王飯店」で修業を始めた。

四年間で、厨房全体の仕事の流れを読んで動けるようになり、自由が丘「楼蘭」へ移る。中国料理店で通常一〇〇種類程度のメニューがこの店では二八〇種類もあり、料理の幅を広げることに役立った。二年後、渋谷の東武ホテル「楓林」に移り、その後東京ヒルトンホテル（現ザ・キャピトル東急ホテル）で修業する。
二七歳のとき、立川のリーセントパーク・ホテルで料理長を務める。この頃から妻とあちこち食べ歩き、中国料理では一皿の量が多過ぎるが、フランス料理やイタリア料理では一人前や二人前で用意されることをヒントに、小皿で料理を出し始めている。

店が知られるようになり、一九九四年に『料理の鉄人』に出演した縁で石鍋裕と知り合う。クイーン・アリスの料理は、七五〇〇円ぐらいのコースで工夫した料理を出す。そこで自分も見習って、日本人に合わせた新しい中国料理を作ろうと考え始める。

そして一九九六年、三八歳のときに、西麻布のクイーン・アリス本店の二階に「トゥーランドット」をプロデュースする。翌年には、パンパシフィックホテル横浜の「トゥーランドット游仙境」総料理長に就任。二〇〇一年には、上海料理をベースに中国の家庭料理の味を提供する赤坂「Ｗａｋｉｙａ一笑美茶樓《いちえみちゃろう》」を開業する。

西麻布「中国厨房　Ａ－Ｊｕｎ」を開く阿部淳一も、ヌーベル・シノワを始めた一人である。『日本のグラン・シェフ』によると、阿部は一九六四年、東京・足立区で製麺所を営む父のもとで生まれた。

高校時代に中国料理店でアルバイトして料理人に憧れ、卒業後、東京會舘で修業を始める。二四歳のときに六本木「錦江飯店」でサービス担当の鈴木訓と出会う。鈴木は各国料理にくわしく、阿部にもフランス料理や和食の世界を研究させ、いろいろな店へ連れていく。そして、小皿料理を求める。手間はかかるが、日本人客にウケた。三年後、鈴木が青山「オウ・セ・ボヌール」をプロデュースする際、一緒に店づくりを行い料理長になる。その二年後、鈴木がオーナーとして赤坂「遊龍（メゾン・ド・

ユーロン)」を開業して、ヌーベル・シノワの店づくりに邁進。自分の店を持ったのは、二〇〇一年、三七歳のときである。

周富徳は香港のヌーベル・シノワを伝えたが、脇屋と阿部はどうやら香港に行かず、日本のフランス料理からヌーベル・キュイジーヌの影響を摑み、時代の流れに乗って、日本人好みのスタイルを築き上げている。

◆シェフの個性を押し出す店

昭和の後半は、四川料理、広東料理、北京料理、台湾料理といった現地の味を再現する店が目立ったが、ヌーベル・シノワを経由した平成に入ると、中国の地方色ではなくシェフの個性を押し出す料理の、席数二〇程度の小さな中国料理店が登場し始める。フランス料理やイタリア料理でも、この頃から小規模店がふえている。接待や宴会需要がバブル崩壊で減少し、個人が自腹で料理を楽しむ客がふえたことに対応したと考えられる。

『月刊専門料理』二〇一六年五月号によると、中国料理での例は、河田吉功《よしのり》が一九九二年に開いた東京・神泉「文琳」や、一九九九年開業の東京・代々木上原「ジーテン」がその代表格。席数は少ないが、オリジナリティのある高品質なレストランはその後もふえ、中国料理店を特集した『料理王国』二〇一九年一二月号は、そうした店を「ブティック中華」「割烹中華」と呼び、『ミシュラン』も、小さな店へ星をつける傾向が強まっていると伝える。

ジーテンとオーナーシェフ、吉田勝彦について、『日本のグラン・シェフ』から紹介する。

ジーテンは、一七席の小さな店で野菜が主役の料理を出す。それは例えば、厳選したナスを蒸した後に冷蔵庫で冷やし、すりおろしたショウガ、ゴマ油入りの酢醤油をかけた「長ナス蒸し」や、カブをスライスして塩を振り、皮をむいて角切りにしたトマトと混ぜ、ニンニクとごま油で和えた「カブとトマト和え」といった、シンプルだが手をかけて絶妙なバランスに調味されたものである。

吉田は一九六四年、岩手県前沢町で生まれた。実家は農家で子どもの頃から野菜が好きだった。野菜料理が得意な料理人を志し、高校卒業後に東京の調理師学校に入る。当初は日本料理をやるつもりだったが、学校で「中国料理のほうが体にいいのではないか」と考え始め、方向転換する。

最初に働いた店は、埼玉県新座市「四川飯店　嘉賓閣」。四年後に、代官山「Ｌｉｎｋａ」で料理長をしていた河田吉功と出会い、その下で働く。二年後に文琳を開くために河田が独立した際、二五歳の吉田が料理長となる。野菜を大切にすることや、化学調味料に頼らず素材のうま味を大切にする極意は、河田から学んだ。

三年後、吉田はＬｉｎｋａを辞め、店で働いていた留学生のつてを頼って三カ月間香港へ行き、家庭料理を学ぶ。その後、代々木上原「正宇治」で料理長を務めた後、三五歳で店を持つ。そのコンセプトが「野菜をおいしく食べられる中国家庭料理の店」だったのである。

◆若手が台頭する二〇二〇年

二〇一八～二〇一九年、中国料理の世界では、画期的な店が次々と誕生した。『東京最高のレストラン２０２０』は、帯で「今年は「中華」の新星に注目！」と謳っているし、『料理王国』二〇一九年一二月号は、「今、訪れるべき中華の新座標」という特集を組んでいる。

『東京最高のレストラン2020』は、若手の台頭が目立つと紹介する。その例として、四川で二年間修業した北村和人が、二〇一八年暮れに吉祥寺で開業した「雲蓉《ユンロン》」や、二〇一八年八月に四川修業を経て無化学調味料を売りに開業した巣鴨「四川料理　中洞《なかほら》」、二〇一九年二月に開業した新富町「湯浅」など、三〇代の若手たちが「現地の味をリスペクトしつつ、決して本筋は外すことなく自分なりに咀嚼。日本の食材と日本人の嗜好に合わせた味へと昇華させる」（料理ライター・森脇慶子）と絶賛している。

同書が筆頭に挙げるのが、二〇一九年四月開業の目黒「サエキ飯店」である。座談会では、「上湯が本当に美味しい。（中略）これに具はいらない。麺とスープだけで十分ごちそうですよ」（料理ライター・森脇慶子）。「サエキ飯店の料理なら、毎回同じでいいし、むしろあそこでしか食べられない定番を食べに行きたくなります」（フード・アクティビスト・松浦達也）。「彼は本当に上手で。中華鍋一つでガーッとやってバババッて。迷いがない」（グルメライター・浅妻千映子）など一同誉めたたえている。

サエキ飯店は、『料理王国』でも最初に紹介されている。ワンオペで店を切り盛りするシェフは、一九八五年愛媛県生まれの佐伯悠太郎。「聘珍楼　新宿三井ビル店」「福臨門酒家　大阪店」「赤坂璃宮　銀座店」を経て、広東省に語学留学。二九歳で香港のワーキングホリデー制度を利用し、「家全七福」で伝統的な広東料理を、「鳳城酒家」で子豚の丸焼きを学ぶ。イノベーティブなレストランの厨房にも入った。鶏の加工場でも働き、広東省の全二一市も回って「広東名菜の発祥の地や、食材などを求めてあちこち訪れました」と話す。目的に合わせて、飲食店以外の修業先も選ぶところはフランス料理人と共通しており、現代の流れなのかもしれない。

帰国後、青山「楽記《らっき》」料理長を務めるが、日本で広東縛りの料理を出すことに違和感がふくらみ、再び旅に出る。香港からアルゼンチンへ行き、チリ、ボリビア、ペルー、メキシコ、キューバと中南米を巡った後、スペイン、ジョージア、タイ、ミャンマー、インド、オーストラリアを回る。途中で香港に戻り、農業労働と引き換えに宿と食を提供する「ＷＷＯＯＦ（ウーフ）」制度を利用し、オーガニック農家でベトナム人と一カ月間働く。

帰国後は、日本料理の「傳」と、既知の広東料理店で掛け持ちして働く。そして、固定観念から自由になってつくろう、と自分の店を開くのだ。『東京最高のレストラン２０２０』の審査員面々が感動した酔っ払い鶏は、「酔雞（鶏の紹興酒漬け）」。味のベースは、香辛料入り調味液と紹興酒である。

◆少数民族の発酵料理

近年、西洋料理だけでなく、中国料理の世界でも辺境に注目が集まっている。その中でも、少数民族が多く住む雲南地方の料理は、都内に何店かある。私も二〇一八年に六本木「御膳房」に行き、大きなトウガラシが混ざる揚げ鶏や、お茶の風味を利かせたエビ料理、柔らかい麺料理などをいただいた。その料理は何となく、国境を接するミャンマー料理を彷彿とさせた。『料理王国』も、少数民族の料理から学んだ料理人を挙げている。

二〇一八年五月に開業した「南方中華料理　南三《みなみ》」のオーナーシェフ、水岡孝和は、一九八一年千葉県生まれで、ヌーベル・シノワの名店で修業し、台湾へ留学。帰国後、「黒猫夜　銀座店」料理長となる一方、一カ月かけて中国全土を周遊する。

南三では、雲南省、湖南省、台湾・台南地方の料理をベースに、独自に再構築した料理を出す。それは「ハーブが混然一体となった雲南ニラミント醬を載せた羊のローストや、エキゾチックなスパイスが香る自家製のソーセージ。30年物の切り干し大根を使い、香ばしく奥行きのあるうま味を出した炒飯」などである。

定期的に中華圏を訪れて、引き出しをふやす水岡。例えば、二〇一七年には雲南省を訪れ、「野生のきのこの一大集積地、南華県の野生菌市場や、中国の少数民族であるイ族の村を訪れた」。その後、インターネットや現地の料理書の情報をインプットし、料理を考案する。

看板料理のウイグルソーセージは、羊の内臓を詰めるウイグルのソーセージが土台。台湾料理の精進料理のソーセージ、糯米大腸《ヌオミイダーチャン》をヒントに、もち米を加えることでばらけがちな肉をまとめる。また、専門料理書にあった、肉と脂を乳化させることでプリッとした食感に仕上げる技術を使い、低温で羊の肩ロースと豚の背脂を練り上げてから、炒めたタマネギ、クミンなどのスパイス、蒸したもち米を加えて豚の腸に詰める。

こうして、水岡は多数の引き出しに入った技を組み合わせ、未知の食体験を提供している。

二〇一五年に開業した白金「蓮香《レンシャン》」の小山内耕也は、発酵中華を売りにする。一九七六年青森県生まれで、中国・江西省の店で研修を受けた経験がある。少数民族が多く暮らす雲南省や貴州省の食文化を再現したという料理を出す。それは、発酵させた茶葉と卵でつくる卵焼き、トキヒラタケ、白マイタケ、赤ポルチーニといった珍しい六種のキノコを金華ハムと鶏のスープで煮込み、ニンニク・トウガラシ・オリーブオイルとキノコでつくった醤につけて食べるキノコ鍋などである。

神奈川県藤沢市「中国旬菜　茶馬燕《ちゃーまーえん》」を開く中村秀行は、広東料理がベースの「東天紅」「招福門」で修業した後、半年間中国と東南アジアを旅している。四川料理や雲南省の少数民族の食文化、マレーシアのマレー系と中華を折衷したニョニャ料理の影響も受けている。土の中で乳酸発酵させたキュウリを主役に、豚肉、豆腐、モヤシと炒めて熱した油を回しかけて仕上げた「土中発酵きゅうりと豚肉の山椒オイル煮」が代表料理だ。

こうした、四川や広東といった主流の「八大菜系」とは異なる、少数民族の料理を学んで複雑な技法を用いる料理人が活躍し始めたのは、二〇一〇年代になってからである。彼らが個人で中国へ行ったのは二一世紀になってから。インターネットの普及で情報を得やすくなったことなどが背景にある。未開拓の味を求め、ヌーベル・シノワを経て伝統の枷から自由になった料理人は、世界の端っこへ目を向けるのである。

◆新チャイナタウンの中国料理

近年、中国からの移民が増加し、あちこちに中国人相手の飲食店、食材店、不動産屋などが集積する「新チャイナタウン」が誕生。ここ数年、テレビや雑誌などでもたびたび取り上げられるようになった。近年増加する移民は、近代から戦後に来た華僑やその子孫たちと区別し、ニューカマーと呼ばれている。

植民地としていた地域から日本に移り住んだ人たちは、特別永住権を持つ。彼ら以外で永住権を持つ人たちを、「永住者」「一般永住者」などと呼ぶ。永住者の中国人は、二〇一二年には約一九万二〇〇〇人だったが、二〇一六年には二三万八五〇〇人弱と六年間で四万人ほどふえ、永住者全体の二二・四パーセントを占める。ちなみに中国からの特別永住者は〇・一パーセントと少ない。特別永住者が多いのは韓国で、二八・五パーセント。ニューカマーの韓国人は六・四パーセントである。

『新・中華街』（山下清海、講談社選書メチエ、二〇一六年）によれば、日本にアジア系移民がふえ始めたのは一九八〇年代。政府が留学生をふやすため、一九八三年に日本語学校で学ぶ外国人の入国手続きを簡素化したからだ。中国では、一九八四年に私費留学生を認める「私費留学生の出国に関する暫時規定」を交付。二年後に「公民出境入境管理法」を施行し、私的理由での出国を認めるようになった。その結果、日本に来る中国人が急増する。

近辺に家賃が安いアパートが多かったことから、大久保エリアに中国人ほかアジア系外国人がふえて移民街を形成する。闇市跡の開発が遅れ、駅近くにラブホテルや老朽化した木賃アパートが残った池袋駅北口エリアにも、中国人留学生が住み始める。

一九九一年、池袋北口前の雑居ビルに、元留学生たちが創業した中国食品スーパーの知音《ちいん》中国食品店がオープンしたことをきっかけに、食材店、書店、旅行社、飲食店、新聞社など、中国人による中国人のための店がふえていく。都内や埼玉県から訪れるニューカマーもふえ、不動産屋、美容院、理髪店、カラオケ店、携帯電話やパソコンを扱う店などが次々と開業していく。そして、二〇〇〇年代初頭には、チャイナタウン化していたのである。

上野まで電車で二〇分あまりの埼玉県の京浜東北線西川口駅前も、チャイナタウン化した。移民特集を組んだ『週刊東洋経済』二〇一八年二月三日号によれば、ここにも以前は風俗街が形成されていた。埼玉県警などが二〇〇〇年代前半に風俗街一掃を断行したが、過去を知る日本人が敬遠する中、安い家賃に惹かれた中国人が住み始め、親せきや同郷人を頼る人たちが集まってきた。近代に、中国沿岸部から帮を頼りに華僑が移り住んだように、現代の中国人も地縁や血縁を頼みに移民になる人が多いのだ。

地元で商売する人や留学生で形成された西川口のチャイナタウンでは、中国語だけで生活ができる。この町に二〇一七年九月頃から通っていた私の友人は、初期の頃飲食店に入ると、中国語で話しかけられたという。日本人が来ると思われていなかったのである。

内陸部から来た人が多いと思われる新チャイナタウンの料理は、故郷の味を同郷人たちに食べさせることがもともとの目的。それは、唐辛子と花椒がたっぷり入った妥協のない本格派の麻辣味だ。ハマる人は多いが、出汁好きの関西人の私は、麻辣の刺激に慣れると、塩味ばかりで単調に感じるようになった。とはいえ、中国人たちがお国言葉で楽しそうに集う店の雰囲気は、居ながらにしての海外旅行気分で楽しい。麻辣の羊肉の串焼きや、ニンニクをたっぷり使ったキュウリ和えやインゲン炒めは他では食べられない。おこげの入ったスープの淡泊な味も忘れられない。きっとまた、私は本格派を求めて新チャイナタウンへ遊びに行くだろう。

近代には神田などに留学生が集まり、庶民的な中国料理の店がふえて、日本人は気楽な中国沿岸部の味を覚えた。昭和後期の人々は、陳建民がアレンジした四川料理にハマった。今は本場の麻辣味に夢中だ。こうした体験からまた、麻辣味が料理に取り入れられ、日本の中国料理も進化していくのだろう。

三　ソウルフードになったラーメン

◆ラーメン大好き日本人

ラーメンは、近現代日本を代表する日本食の一つだと思う。日本に来た外国人も楽しむし、欧米やアジアにも日本のラーメンチェーンが進出しているほか、ラーメンが好き過ぎて、ラーメンを通して日本の食文化史を書いてしまったケンブリッジ大学教授までいる。近代に定着したラーメンを、和食の仲間に加えることに抵抗を覚える人は、まだたくさんいるかもしれない。しかし外国から観たら「日本食」であることは、認めざるを得ないだろう。

なぜ私が日本を代表すると考えるかと言うと、ラーメンが近代日本の歩みを象徴する料理だからだ。江戸時代に都会で流行ったうどんや蕎麦は、小腹を満たす軽食の位置づけだった。同じ頃、地方で根づいたほうとうなどの麺類は、コメを食べられなかった農民が、野菜などの具材を加えて一品で済む食事にしたものだ。今でも一人の食事などに麺類を選ぶ人は多い。新型コロナウイルスの脅威で家にこもる人がふえた二〇二〇年の春は、一時スーパーの棚が空になるほど袋麺がよく売れたが、それは家族そろって一日三食家で食べる生活に、インスタントラーメンが便利だったからだろう。

家庭で食べる際には、栄養バランスを考え、野菜や肉など具材をたっぷり加える人もいるだろう。外食でもバランスを気にする人は、タンメンなどを頼む。カロリーを摂りたい人、肉をたっぷり食べたい人は、背脂系のラーメンやチャーシューたっぷりの麺を選ぶ。全国にご当地ラーメンがあることからわかるように、ラーメン店はたいていの町にあり、二店以上の選択肢がある場合も少なくない。便利さが、ますますラーメン好きをふやしているのかもしれない。

◆『ミシュラン』に載るラーメン店

ラーメンは、B級グルメの代表的な存在だが、何でも高級路線が出てくる現代日本では、ラーメンも例外ではない。何と『ミシュラン』にも、二〇一五年版からラーメン店が掲載されている。二〇二〇年の東京版では二二軒も掲載されており、ほとんどはリーズナブルなビブグルマンだが、南大塚「創作麺工房　鳴龍」と、新宿「Sobahouse金色不如帰」の二店は一つ星に選ばれている。予算は昼夜ともに一五〇〇円以下と、両店が非常に高いわけではないから、品質の高さを評価したのだろう。京都・大阪版では、京都で八軒、大阪四軒が紹介されており、すべてビブグルマンである。

ラーメンの世界で、何が起きてグルメ化したのか。まず、二〇一九年に発売された『ラーメンマニア』（エイムック、枻出版社）が、創作系のラーメンを売りにする職人を巻頭対談に登場させているのでみてみよう。

一人は、二〇一一年に麹町「ソラノイロ」を開いた宮崎千尋。ラーメン店をカフェ化することで、女性客を取り込むことに成功している。

宮崎は一九七七年、東京都世田谷区生まれ。高校時代にラーメンを食べ歩いたが、大学の経営学部へ進学し、一般企業に就職。しかし、大学時代に新横浜ラーメン博物館でアルバイトしたこともあり、二〇〇〇年にラーメン業界へ転職。「一風堂」「五行」で働いた後、自店を開業。『ミシュラン』にも、ラーメン店が初めて掲載された二〇一五年版に載った。

看板商品は、栄養バランスを気にする人も、罪悪感なしで食べられる「ベジソバ」。麺、スープ、トッピングのすべてに野菜が使われている。その商品が多くのメディアで紹介されて人気店になる。ニンジンのスープ、玄米麺、野菜だけの具材の「ビーガンベジソバ」も開発した。

もう一人は、二〇〇五年に市ヶ谷で「麺や庄の」を始め、サンフランシスコにも進出したMENSHOグループを率いる庄野智治。真鯛やホタテなどの魚介出汁に六種類の海塩をブレンドした「潮《しお》らぁめん」には、カラスミパウダーや、炭化させたネギパウダーをまぶしたホタテのコンフィをトッピング。「醤油らぁめん」は、丸鶏と豚背ガラのスープ。「挽きたて小麦つけ麺」は、その日に挽いた全粒粉で麺をつくり、天然水や沖縄の海塩のぬちまーす、鴨出汁スープを使うなどのグルメラーメンだ。

展開する店は、外国人観光客を意識した、アメリカンダイナーのような空間の新宿「二丁目つけめんGACHI」や、健康志向の女性を取り込もうと野菜を多用した新宿御苑「麺や庄のgotsubo（現スパイスらぁめん釈迦gotsubo）」、ラーメンと洋食を折衷させたラム出汁の春日「自家製麺MENSHO TOKYO」などである。

生み出した創作ラーメンは、六〇〇以上にも上る。こういった創作系の斬新な店を展開するのは、よりおいしいラーメンをつくりたいからだけではない。客のライフスタイルが多様化していることが理由の一つである。また、従業員が働きやすい環境をつくるためにも多店舗化し、高めの価格で売れる麺を出す。産地へ行って生産者とも関係を築いている。ＳＤＧｓを意識した、最先端のラーメン店なのだ。

庄野は一九八〇年、神奈川県生まれ。一八歳でラーメンづくりにハマって独学し店を開いている。

近年の創作系ラーメン事情を描くのは、『ラーメン超進化論』（田中一明、光文社新書、二〇一七年）。こうした店がふえ始めたのは二〇一〇年代で、巣鴨「Ｊａｐａｎｅｓｅ Ｓｏｂａ Ｎｏｏｄｌｅｓ 蔦」（代々木上原へ移転）と鳴龍が開業した、二〇一二年以降に加速したという。

特徴は、定番の鶏ガラや豚骨以外に、煮干しや鰹節、貝柱などの魚介出汁を巧みに活用し、麺や具にもこだわること。自家製麺は珍しくない。提供する際の美しさにも、インテリアなど空間の美しさにもこだわる。一方で、店舗運営はあまりマニュアル化しない。高い技術と美的センスが要求される店は、そもそも画一化した商品やサービスを提供するマニュアルにはなじまないからだ。グルメな店は、おしゃれで入りやすいことから、女性や外国人客も多い。

ラーメンの世界は、蕎麦やイタリア料理などとの折衷ラーメンが登場したことで広がった。その代表が、「大阪王将」を擁するイート・アンドが二〇〇六年に開業した錦糸町「太陽のトマト麺」で、イタリアントマトをスープに用いて話題を呼んだ。蕎麦とのコラボは、二〇〇二年に西新橋に開業した「そば処港屋」が最初で、硬めに茹でた極太の蕎麦を、大量にラー油を加えた醬油ベースのタレに浸して食べる「冷たい肉そば」などを出す。追随するラーメン店が、次々と誕生した。

ほかのジャンルと同じように、ラーメンでも究極を求める潮流や他ジャンルとのコラボが起こり、社会意識の高いオーナーが誕生している。そうした近年の進化を呼び込んだ、ラーメンの日本食化の歴史をひも解いていきたい。

◆長崎ちゃんぽんと沖縄そば

中国から来た麺類が最初に定着したのは、おそらく長崎である。一八九二（明治二五）年、福建省から身一つで一九歳のときに来日した陳平順が、一八九九年に長崎市広馬場に中国料理店「四海樓」を開く。留学生の身元引受人をよく買って出た陳が、彼らが安く栄養価の高い食事ができるように、と開発したのがちゃんぽんとされる。一九〇七（明治四〇）年には、十数軒も店ができるほど長崎では広まった。

今やすっかり長崎名物として知られ、ちゃんぽんを出す店は多いが、長崎県民が日常的に使うのはチェーン店のリンガーハットで、県外の人にすすめるのもリンガーハットだと、『秘密のケンミンSHOW』二〇一六年一〇月二七日放送回で紹介していた。

リンガーハットは、一九七四（昭和四九）年に長崎市で誕生したチェーン店。二〇〇九年に使用する野菜をすべて国産に切り替えた。『東洋経済オンライン』二〇一五年二月一八日配信の「リンガーハットは、なぜ「復活」できたのか」によると、米濱和英会長が、全国各地の野菜のおいしさに魅せられたのがきっかけだ。全国の契約農家から、減農薬減化学肥料の野菜だけを購入している。記事によると、ヘルシー志向の波に乗る野菜重視が、一〇年余りで四度も最終赤字を出したチェーンが復調したきっかけとしている。

陳平順が故郷の豚肉細切りタンメン、湯肉絲麺《トンニィシィメン》をもとに開発したちゃんぽんは、豚肉の細切りにエビ、イカなどの魚介類、シイタケ、ネギ、タケノコ、モヤシ、キャベツ、かまぼこなどを加え、鶏ガラと豚骨のスープを使う。麺は炭酸ナトリウムと炭酸カリウムが入った唐灰汁《とうあく》を加え、腐敗しにくくコシが強いものをつくった。

ラーメンはかん水でコシを出すが、ちゃんぽんは唐灰汁。同じように唐灰汁を使うのが、沖縄人のソウルフード、沖縄そばである。一九一〇年生まれのジャーナリスト、古波蔵保好が戦前の暮らしを描いた『料理沖縄物語』(作品社、一九八三年)に、東京に出てきた頃に食べた日本蕎麦にもラーメンにもなじめなかったと書いてある。しかし、第二次世界大戦中に台北に住んでいた折、同郷人に案内されて食べた地元の店の「そば」は、なじんできた「すば」と色が黄色で似ていた。

すばは、かまどの灰と水で灰汁《あく》をつくって、小麦粉に加えて練る。豚骨で汁をつくり、刻んだネギと蒸し豚肉をのせて食べる。「特有の香りは、麺がアク汁で練った麺であること、および豚あぶらをまぶされていることで生じるようだった」とある。「沖縄そば」と呼ばれるようになったのが「近ごろ」とあるので、本土に復帰して日本人が訪れるようになってからのことだろう。

近年の沖縄そばについては、『沖縄ぬちぐすい事典』(尚弘子監修、プロジェクトシュリ、二〇〇二年)につくり方が紹介されている。麺の幅や形は地域差があり、かん水を使う場合もあるようだ。仕上げに油をまぶす。豚骨と鰹節の合わせ出汁になっており、味つけは塩のみ。具材は豚の三枚肉の煮つけとかまぼこが基本形だ。今は、現地まで行かなくても、各地にある沖縄料理店で食べることができる。

歴史については、沖縄生麺協同組合のウェブサイトにあった。明治半ば、最初に那覇でそば屋を開業したのは中国人。その後その店で奉公していた比嘉が「ベェーラー」そば屋を開いてライバル店となる。明治末頃、鹿児島県出身の森が「森そば」を開く。大正時代に入ると、次々とそば屋が開業。辻の元ジュリの「ウシーおばさん」が、豚こま肉とネギだけだった具に、かまぼことショウガを載せて人気が出る。

当初、出汁は豚骨と鰹節で、塩だけでなく真っ黒になるまで醤油を加えていた。醤油なしの透明なスープにしたのは、灰汁づくりや麺づくり、集金係などの分業体制を敷いて効率化した「ゆたか屋」だった。

戦後は、「井筒屋」「三角屋」「万人屋」などの人気店が復活し、新たに開業する人もふえた。戦争未亡人が始めるケースも多かった。

一九七二年に本土復帰をすると、甘辛く煮つけた骨つき豚肉のソーキを載せるソーキそばが誕生し、いろいろな具材を載せる麺にゴーヤなどを練り込むといったバリエーションが広がっていく。

◆ラーメンの誕生

ラーメンは、二つのルートで誕生したというのが定説だ。一つは、一九一〇年に浅草で開業した中国料理店「来々軒」で、店主は武家出身で横浜税関に勤めていた尾崎貫一。五二歳で脱サラして開いた店に、横浜中華街で働いていた広東出身の料理人を雇った。「支那そば」として売っていた看板料理は、豚骨と鶏ガラの出汁で醤油味。焼き豚、メンマ、みじん切りのネギを載せた。安い中華料理店は珍しかったこともあり、店は人気となった。

「らうめん」の文字が確認できるのは一九二七年のメニューで、中国語で手で麺を伸ばす動作を指す

「拉麺《ラウメン》」が語源と言われている。この呼び名自体は、「南京そば」時代の一九〇〇年にはあったらしく、長谷川伸の『自伝随筆・新コ半代記』(宝文館、一九五六年)にある、と『ラーメンと愛国』(速水健朗、講談社現代新書、二〇一一年)が指摘している。尾崎が横浜中華街で料理人を雇ったことから推測できるように、ラーメンのもとは、「南京そば」と呼ばれた中華街の料理だった。

もう一つの店は、一九二二(大正一一)年に札幌の北海道帝国大学(現北海道大学)前に開いた「竹家食堂」。小樽出身の大久昌治、大久タツ夫妻が開いた店で、中国からの留学生が多いことから、ソ連で起こった紛争の尼港事件のため、シベリアから逃げてきた王文彩《オウブンサイ》を雇った。

当初、店に日本人客は少なかったが、やがて北大から注文が入るようになる。留学生と日本人客が来るようになると、タツが日本人の中国人蔑視を気にする。人気の肉絲麺の読み「ロースーメン」を言いにくい、と「チャンそば」と注文する人たちがいたのである。別の名前を、と考えていた彼女は、あるとき王が料理ができた際に「好了《ハオラー》」と言うことをヒントに、「ラーメン」という呼び名を思いついた」と、『竹家食堂ものがたり』(大久昌巳・杉野邦彦　TOKIMEKIパブリッシング、二〇〇四年)にはある。タツが東京のラーメンを知っていたかどうかは定かでないが、どちらの土地でも同じ名前が考案された可能性がある。

東京で生まれたラーメンは、関東大震災をきっかけに、職人が全国に散らばって広まる。東京でも屋台の店がふえる。各地に蒔かれたラーメンの種は、戦後に花開いていく。

闇市でもラーメンは人気だった。『ラーメンと愛国』によると、闇市の屋台から始めて店舗を持った店は多い。札幌ラーメン元祖の「龍鳳」や、バブル期のラーメンブームの火つけ役になった荻窪「春木屋」、和歌山ラーメンブームを起こした「井出商店」も、闇市発祥だ。

◆札幌ラーメンと豚骨ラーメン

高度経済成長期にブームを起こした札幌ラーメンと、バブル期にブームになった豚骨ラーメンについて、発祥と発展を追ってみよう。

生まれた順で、まずは豚骨ラーメンから。『日本ラーメン大全』（飯田橋ラーメン研究会、光文社文庫、一九九七年）によると、最初に考案したのは久留米市の「南京千両」で一九三七年。『ラーメンマニア』によると、初代の宮本時男が横浜中華街の支那そばと故郷長崎のちゃんぽんを研究し、鶏ガラより割安だった豚骨だけのラーメンを始めた。新横浜ラーメン博物館のウェブサイトにある年表によると、白濁した豚骨ラーメンを売り出し、九州各地に影響を与えたのは、一九四七年創業の福岡県久留米市「三九」だ。南京千両のスープは澄んでいたが、三九では誤って沸騰させた白濁したスープがおいしかったことが、商品化のきっかけである。

京都発祥の「天下一品」もある。『ラーメンと愛国』によると、創業者の木村勉は、勤めていた会社が倒産したため、一九七一年に屋台から商売を始めた。同チェーンのウェブサイトに、当初は屋台仲間から醬油味のラーメンを教わったが、売るために差別化を図って生まれたのが、鶏ガラなどから煮出した特徴のあるドロリとした白濁スープで、開業四年目のことだったとある。

東京の豚骨ラーメンについては、『東京ラーメン系譜学』（刈部山本、辰巳出版、二〇一九年）に歴史が紹介されている。最初にできた店は、一九五五年に熊本で創業し、一九六八年に新宿末広町に進出した

「桂花ラーメン」で、その後、「九州じゃんがら」や「なんでんかんでん」が登場し、豚骨ラーメンが知られるようになる。なんでんかんでんは一九八七年、世田谷区の環状七号線（環七）沿いに誕生。じゃんがらラーメンが秋葉原にできたのは一九八四年だ。こちらは東京が始まりだが、九州じゃんがらのウェブサイトによると、社長の下川高士は熊本に住んでいた子どもの頃に、豚骨ラーメンと出合っている。そして一九八九年、これらの店が注目され、豚骨ラーメンブームが起きる。

豚肉食の歴史が長い九州で生まれたクセの強い豚骨スープが、東京でブームになるには数十年を要したが、日本人がなじんだ味噌味のラーメンはすぐにブームが来た。そこには別の事情も絡んでいる。まず、一九五一年に札幌でラーメン横丁ができる。一九五四年に、札幌「味の三平」を営む大宮守人が味噌ラーメンを開発した。『ラーメンと愛国』によると、札幌ラーメンを最初に全国へ伝えたのは、『暮しの手帖』編集長の花森安治。『週刊朝日』で一九五四年に紹介し、翌年に続いて『暮しの手帖』でも書いた。常連向けだった味噌ラーメンが、味の三平で正式なメニューになるのは、一九六一年。『日本ラーメン大全』が、味噌ラーメン誕生秘話を紹介している。家庭の味に飢えた単身赴任のサラリーマンの常連たちに振る舞っていた豚汁が、そもそものきっかけ。ある日、客の一人が「腹が減ってしょうがない。悪いけど、この豚汁に麺の玉も入れてくれないか」とリクエストし、客が大喜びしたその麺を売るようになったとある。

一九六四年に、東京と大阪の高島屋で開かれた北海道物産展で札幌「熊さん」が実演販売し、札幌ラーメンがブームになる。全国区になったのは、一九六八年にサンヨー食品が「サッポロ一番みそラーメン」を発売してから。その前年、東京で創業したチェーン店の「札幌ラーメン　どさん子」は一九七一年に北海道へ逆上陸し、五〇〇店を突破。『東京ラーメン系譜学』によると、一九七七年には一〇〇〇店に急成長している。どさん子が、いかに大きなブームだったかがわかる。

『東京ラーメン系譜学』によると、創業者の青池保は、一九六一年に東京・八広でギョウザと炒飯がメインの「餃子飯店　つたや」を開いていた。のれん分けで五店まで開いたが、システムに限界を感じて渡米。マクドナルドに感銘を受けて、フランチャイズ展開を考える。その商品として選んだのが、北海道物産展で人気を博した味噌ラーメンだった。

フランチャイズのラーメン店は、オイルショック後の不況で失業した人、脱サラした人の転職先になった。ノウハウを提供してもらえ、少ない資金で開業できたからだ。つまり、不況が味噌ラーメンブームを大きくしたのである。

◆環七ラーメン戦争、勃発

『ラーメンと愛国』によると、ラーメンがひんぱんに雑誌で取り上げられるようになるのは、一九七〇年代後半だ。

テレビでラーメンが最初に取り上げられたのは、一九八四年一一月二九日。『愛川欽也の探検レストラン』(テレビ朝日系)の「ラーメン大戦争!」と題した、閑古鳥が鳴く荻窪のラーメン店「佐久信」再生プロジェクトコーナーだ。リニューアルした店には長蛇の列ができた。この番組が、映画『タンポポ』の元ネタになったことは、第一部第一章ーで書いたとおりである。

番組のヒットは別のブームも爆発させる。それは、「環七ラーメン戦争」と呼ばれた環状七号線沿いのラーメン店の人気である。「ラーメン大戦争！」では、なんでんかんでんや当時流行していた荻窪ラーメンで、青梅街道沿いの「春木屋」「丸福」なども取り上げた。

『日本ラーメン大全』は、この二店に「丸信」を加えた三店を、「東京ラーメン界のビッグ三」とする。映画のモデルになった春木屋は、戦前は蕎麦屋で戦後ラーメン店に転業。昆布と煮干しの出汁で醤油味を特徴とする。やはり蕎麦職人が始めた丸信も似た味。丸福は最初から中華料理店で、濃厚スープで煮卵が載せられている。

環七ラーメン戦争は、なんでんかんでんが環七沿いに開業したことから始まる。濃厚な博多風豚骨ラーメンの店は、異常に人気を呼ぶ。この頃、本格派を求めるグルメブームが来ていたことも、追い風になっていたと考えられる。深夜、「店の前に並ぶ路上駐車の長い列が渋滞や事故を巻き起こしたのだ」（『日本ラーメン大全』）。その様子が新聞に取り上げられ、流行がヒートアップ。味に注目した豚骨ラーメンブームと、ラーメン店が多い環七沿いという立地に注目した環七ラーメン戦争と、二つのブームが同時発生したのである。

『ラーメン超進化論』によると、環七ラーメン戦争でもう一つ伝説になった店が、ときわ台「土佐っ子ラーメン」である。こちらは大量の背脂をスープにかける「背脂チャッチャ系」のラーメン。「スープの表面が真っ白に染まるほどの大量の背脂を使用した」。このブームは一九九六年に、新世代の店が登場するまで続いたという。

土佐っ子は、「現在のラーメン専門店の礎」と『東京ラーメン系譜学』が位置づける、「ホープ軒本舗」の弟子筋である。一九七八年から吉祥寺で営業する店の始まりは、一九三五年頃。錦糸町駅前で難波二三夫が屋台で始めた。戦時中はいろいろな仕事をして生き延び、戦後に中国人になりすまして阿佐ヶ谷で商売を再開。占領期には、生きるために中国人として店を始めた人がここにもいた。

その後、「ホームラン軒」として吉祥寺で営業。全盛期には三四軒まで広げるが、戦後復興に伴う区画整理のため、一九六五年に屋台で出直す。新宿、中野、高円寺などを流す間に、「希望を持とう」と、ホープ軒と命名する。

白濁した豚骨ラーメンになったのは、一九六七〜一九六八年頃から。うっかり煮過ぎて白濁したが、もったいないからそのまま売ってみた。九州のものと同じ流れである。

屋台時代、「行列を作る姿を見て、ホープ軒の屋号と屋台が貰えれば儲かると夢見た志願者による屋台が東京中に溢れた。最盛期は100台以上の屋台を貸し出し、「ホープ軒が来ると潰れる」とほかの屋台は戦々恐々とした」ほどだった。

◆ご当地ラーメンブーム

一九九〇年代半ばを過ぎると、ご当地ラーメンブームが起こる。きっかけは、一九九四年、初のフードテーマパークとして新横浜ラーメン博物館ができ、地方の名店を積極的に出店させたことだった。

『メイキング・オブ・新横浜ラーメン博物館』（グラフィックス アンド デザイニング企画編集、みくに出版、一九九五年）によれば、これといった特徴がないビジネス街の新幹線の新横浜駅周辺に名所を、と構想が始まる。そして、誰もが愛し、テレビでもひんぱんに特集されるラーメンに注目した。しかし、店を集めただけではインパクトがない。ディズニーランドのようなテーマパークはどうか、とアイデアが生まれる。

そして誕生したのが、インスタントラーメンから歴史まで幅広く扱う「ラーメンの殿堂」。ある意味大げさな考え方は、テレビ番組の『料理の鉄人』と相通じる。バブルが崩壊し、大きな歴史を語れなくなった替わりに、食でパロディを描いたのが一九九〇年代だったのかもしれない。

日清食品からインスタントラーメンが発売され、一万円札が発行され、東京タワーができた。右肩上がりの時代が加速した昭和三三年の街並みを再現しよう、と架空の住民台帳をつくることから生み出したセットの街並みは、開館から四半世紀経った今でも、映画の中に入り込んだような気にさせる説得力がある。

その街の中心に、国内外から選ばれた八軒が出店する。『ラーメン超進化論』によれば、魚介と豚骨を合わせた出汁に醤油ダレを加えた北海道の旭川ラーメン、サイドメニューのサバずしに注目が集まった和歌山ラーメン、真っ黒いスープと大量にトッピングされた粗びきコショウが驚きを呼んだ富山ブラック、チャーシューの替わりに甘辛いタレで煮込んだ豚バラ肉が入り、煮卵でなく生卵が入る徳島ラーメンなどが注目されたのは、新横浜ラーメン博物館に出店したことがきっかけである。

バラエティ番組『激レアさんを連れてきた。』（テレビ朝日系）二〇二〇年七月二五日放送回で登場した、新横浜ラーメン博物館館長の岩岡洋志は、家業が不動産屋。フードテーマパーク自体が今までなかった業態だったため、出店店舗を口説くのは大変で、出店条件が良すぎることから詐欺師と疑われたほどだった。

豚骨ラーメンの「博多一風堂」の出店交渉は、一〇回以上通った。経営者の河原成美《かわはらしげみ》は現場を確かめようと横浜に赴き、準備室の活気に感動して涙し、出店を決めた。喜多方ラーメンの「大安食堂《たいあん》」には二〇回以上通い、奥さんが同情し味方になってくれたことで出店が決まる。札幌ラーメンの「純連《すみれ》」は、三年かけて一〇〇回以上通った。初代が断るので二代目の村中伸宣を口説く過程で、村中に誘われ人生初の競馬をした岩岡が二〇万円もスッてしまう。落ち込むさまを見て、誠実さに打たれて出店を決めた。村中は「今の純連があるのは、博物館があったから」と話している。

苦労して出店者を集めた博物館は、大行列ができる。メディアも注目してブームを盛り上げたのである。

◆「和食」に舵を切る

世間がエスニック料理だ、カフェだとグルメブームに踊っていた一九九〇年代後半、ラーメン界でも新しい潮流が生まれる。それは、のちに「九六年組」と呼ばれた「中華そば青葉」「麺屋武蔵」「らーめんくじら軒」が、斬新なラーメン店を打ち出して、一九九六年に開業したことがきっかけだ。

環七ラーメン戦争の頃は、車社会を前提に幹線道路沿いのラーメン店が注目された。関西に住んでいた私の周りでも、幹線道路の「四三（号線）」沿いの店がうまい、といった噂を男性たちからよく聞いた。映画『タンポポ』の店も商用車が走る幹線道路沿いに設定されていたこともあり、地方でも、幹線道路沿いのラーメン店が熱かった。それは恐らく、長距離トラックの運転手たちが育てたラーメン文化を、若者たちが発見したということだったのだろう。

男子大学生が、就職を前提にローンを組んで車を購入した時代。車がないと、彼女ができない恐れがあった、というバブル時代が背景にある。

ところが、『ラーメン超進化論』によると、九六年組は駅から歩いて行ける場所に店を構えた。青葉はＪＲ中央線中野駅から徒歩五分の飲食店街の中、麺屋武蔵は営団地下鉄（現東京メトロ）青山一丁目駅から徒歩二分という都心ど真ん中。くじら軒は横浜市営地下鉄センター北駅徒歩一〇分弱。一人で訪れる男性客が中心の幹線道路沿いの店は、内装に凝る必要はなかった。そのそっけなさも、ブームに踊る若者には穴場に見えたかもしれない。しかし、電車で動く会社員は、数人で来店することも、女性の場合もある。

若者が車を持つとは限らなくなった時代や、女性が一人で好きな店に行く時代にいち早く対応した九六年組。その特徴を『ラーメン超進化論』をもとに紹介する。

青葉は、今は定番となったＷスープを広めた店。香りが魅力の鰹節などの魚介出汁と、コクのある豚骨・鶏ガラの出汁を別々につくり、器で合わせて提供する。

麺屋武蔵は、中華料理店でも、うま味調味料を使わない「無化調」が売りの店。出汁は魚介から取る。『ミシュラン』時代を予感させる創作ラーメンも売りだった。

くじら軒は、鶏ガラや煮干し、昆布などを合わせた透明な出汁の創作ラーメンが特徴。こうした「淡麗系」の出汁は、その後も登場する創作ラーメンの店で定番となっている。

『ラーメンと愛国』は、麺屋武蔵のスタイルに注目する。創業者の山田雄《たけし》は、もともとアパレル系の会社経営者で、四〇歳を過ぎてラーメン業界に入った。ラーメンはバブル崩壊後からの独学。山田が複雑なＷスープを生み出したことにより「ラーメン屋のオヤジは、ラーメン職人に昇華した」。組み合わせ次第で多彩な味のバリエーションができるからである。店員のユニフォームを、和装を意識した赤のシャツにし、店の前を歩く人がラーメン屋と気づかなかったほど、和風のしつらえにした。

同書が、ラーメン屋に和風の装いを流行させたとして、もう一店挙げるのが、一九九五年に東京へ進出した豚骨ラーメンの「博多一風堂」である。一風堂はラーメン店で初めてBGMにジャズを流し、作務衣をユニフォームとして導入。店のブランディングは外部のデザイン会社に依頼した。看板やメニューに、手書きの文章「ラーメンポエム」を書くスタイルは、この店がルーツの一つである。

二〇一五年五月二三日、朝日新聞土曜版beに、創業者の河原のインタビューが掲載されている。一九五二年、福岡県生まれで四人兄弟の末っ子。父は美術教師。高校はデザイン科に進学し、卒業後に上京して美術専門学校と劇団養成所に一年半通う。しかし、挫折して九州産業大学に入り直す。コックの見習いをしながら地元の劇団で役者をしていたが、二六歳だった一九七九年、博多駅前でつぶれたままだった五坪のレストランバーの経営を引き継いだことから、飲食店経営の道に入る。店を舞台と見なして接客する楽しみを見出したのだ。

しかし「夜のマスターより昼の職人で商売したいと思い始めた」ため、一年近く長浜ラーメンの有名店で修業させてもらい、一九八五年に福岡市大名で、博多一風堂を開く。翌年、運営会社を立ち上げる。多店舗展開の経営に行き詰まっていた一九九四年、新横浜ラーメン博物館に出店し、二〇〇一年まで一日千杯を売り上げ伝説を築く。一九九五年に東京・広尾に出店。

博多一風堂はおしゃれな和風デザインで、女性客や外国人客が気軽に入れるラーメン店のひな型をつくり、二〇〇八年にニューヨークに進出し、大行列ができた。その後も海外進出を続けている。次々と店舗を広げた博多一風堂も、出汁こそ豚骨だが、店のスタイルからラーメン＝和のイメージをつくり、日本式のラーメンを、外国人にも人気の日本食代表に育てた立役者と言える。

和風トレンドへのシフトを、『ＡＥＲＡ』二〇〇二年六月一〇日号の「魚だしの逆襲」も注目する。豚骨ラーメンから魚介出汁へ人気が移った背景に、「ラーメン屋さんの乱立もあって、質のいい豚骨を手に入れることが難しくなっている」ことを挙げる。また、『ラーメン王選手権』（テレビ東京系）で六代目チャンピオンになった佐々木晶《しょう》が「最近の和風ラーメン店は研究熱心で、豚骨系のだしに魚のだしを入れて、こってり感を和らげたり、野菜を入れて雑味を消したりしています」と説明する。

この記事からも、この頃、ラーメンの和食化が進んだことがわかる。同時に、Ｗスープやおしゃれなスタイルの店は、『ミシュラン』に評価されるようなグルメ化への道も開いた。布石は、一九九〇年代に打たれていたのである。

◆「つけ麺」、「家系」と不況

新しいスタイルをつくった一九九〇年代のラーメン店主は、異業種からの「脱サラ組」が主体と指摘するのは、『ラーメンと愛国』だ。不況期には創意工夫がなければ生き残ることが難しい。そのため、イノベーションが起こるのである。その前に脱サラ組がブームを盛り上げたのは、どさん子などのチェーン店に加盟する店がふえた一九七〇年代だった。

改めて、新横浜ラーメン博物館の年表で一九七〇年代を確認する。すると、ラーメン業界の外にいる私も何度も耳にした、「つけ麺」「家系《いえけい》ラーメン」の元祖も、この頃に開業していることに気がついた。

つけ麺の名づけ親は、一九七三年に開業した「つけ麺大王」。家系の元祖は、一九七四年に横浜・新杉田に開業した「吉村家」とある。

つけ麺自体の元祖は、東池袋大勝軒と言われている。『東池袋大勝軒　心の味』(山岸一雄、あさ出版、二〇一二年)にその歩みが紹介されている。同店オーナーの山岸一雄はまず、**二**の町中華の項で紹介した丸長グループの中野大勝軒にいた頃に売り出している。

山岸は一九三四年、現在の長野県中野市で生まれた。父は海軍の下士官で、一九四二年に戦死。母親の体が弱かったこともあり、中学校卒業後に上京し、向島の工場で旋盤工として働いた。そこへ、母方の従兄弟で一〇歳年上の坂口正安が、「店を持つから手伝わないか」と誘いに来た。子どもの頃、戦地でかかったマラリアの静養で滞在していた坂口を「兄貴」と慕っていた山岸は、一年で工場を辞めてついていく。当時、坂口は丸長グループの阿佐ヶ谷「栄楽」で働いていた。

山岸は、まず栄楽で自家製麺のつくり方など厨房の仕事を一通り学ぶ。八カ月後の一九五一年末に坂口が独立し、中野大勝軒を開く。一九五四年に坂口が代々木上原にも出店し、山岸が中野店を任される。その店で、ザルから丼に移すときに残った麺を集めておき、スープ、トウガラシ、ネギなどを入れた湯のみでざるそばにしてまかないに食べていた。栄楽で知った食べ方である。すると、常連客たちから「食べたい」と言われる。そこで、麺をゆでてから冷水で絞める工夫をし、一九五五年に新メニュー「特製もりそば」として出したのが、つけ麺の始まりである。

つけ麺大王については、『東京ラーメン系譜学』に紹介がある。本店は自由が丘にあり、こちらでは一九七二年頃創業とある。三代目槇大介にインタビューした記事によると、もともと戦前に大井町で中華料理店を営んでいた祖父が、戦中に満州で製麺を教わり、引き揚げてから武蔵小山で製麺業を始めた。

ある日、祖父の甥、つまり槇の叔父が、知人に誘われ中野大勝軒へ行って食べた特製もりそばに興味を持つ。もりそば用の麺を祖父に依頼し編み出した料理を、「つけ麺」と名づけ、店名を「元祖中華つけ麺大王」とし祖父もラーメン屋を始めた。「大王」の名は、祖父が戦後、札幌の味噌ラーメンを研究しようと、札幌の「ラーメン大王」に通いつめてレシピを教わっていたことからつけた。荻窪に一号店を出し、一〜二年後に自由が丘に移転。そして、研修室を備えて、一九七八〜一九八〇年頃からチェーン展開を始める。多いときには一週間で一店とハイペースで出店し、全盛期には東京近郊で七〇〜八〇店にもなった。

チェーン展開によりつけ麺が流行した点が、同時代に流行った味噌ラーメンと共通している。

家系は、元祖の吉村家を始めた吉村実のインタビューが、ウエブサイト『はまれぽ.com』の二〇一九年三月二〇日、四月三日配信記事に掲載されている。中学を卒業後、「トラックの運転手やったり、左官屋やったり、いろんなことを経てきた」と語る吉村。ラーメン屋を始めたのは、妻がラーメンを好きだったから。豚骨と鶏ガラの出汁を使った醤油味で、極太麺、鶏油《チーユ》を使う。『東京ラーメン系譜学』によると、特徴的なのは鶏脂《チーユ》でコクを増していることだ。具はチャーシュー、海苔、ホウレンソウが載る。

人気を得たのは、注文時に客の要望にも応えたから。環七ラーメン戦争の頃は、イタリア料理ブームの影響か、硬めの麺を好む客がふえた。背脂ラーメンが流行ると、脂多めを求める客がふえた。その後神奈川県内に吉村の弟子がふえる。その一つ「六角家」が新横浜ラーメン博物館に出店し、カップ麺になって知名度が上がった。独立店や支店などがどんどんふえ、一九九〇年代には、東京にも吉村の系統の店が進出した。今や、海外にも進出している。

大量消費時代のオイルショック期は、丼の中身を工夫したチェーン店が人気を得た。安定した同じ味を人々は求めたのである。しかし、グルメ化とライフスタイルの多様化が進んだ平成不況期のブームは、独学で研究したからこそ生まれた店主の発想が原動力。傘下の店の数は少ないが、ラーメン業界に新風をもたらした。

昭和はライフスタイルが画一化した時代で、チェーンの同質性が人気だったが、ファミレスが人気を失った平成時代には、寄らば大樹の道を選択することは難しくなった。また、昭和の豊かな時代に生まれた世代に、独自の発想力を持つ人たちが育った。他のジャンルと同じように、ラーメン業界の担い手たちも、日本人のグルメ化に呼応して進化している。冒頭に挙げた、ＳＤＧｓを意識し味を追求する職人たちの登場は、フランス料理などと同じ現代ならではの進化と言える。

◆ラーメン界の師匠

高級料理の世界で、『料理の鉄人』がレベルアップや意識の向上に貢献したように、ラーメンの世界でも業界の質向上に貢献したテレビ番組があった。

一九九九〜二〇〇三年に放送されたTOKIO司会のバラエティ番組『ガチンコ！』（TBS系）の「ガチンコ！ラーメン道」というコーナーである。一流ラーメン職人をめざす数人が、三カ月間にわたるラーメン修業を受け、勝ち抜いた一人が店を開けるという内容だ。『ラーメンの愛国』によると、「答えや態度いかんによっては怒鳴られたり、やかんに入った冷水を頭から浴びせられたり、つくったラーメンのスープを捨てられたり、ということがカメラの前で繰り広げられる」。やらせだと批判もされたが、番組出身者には、『ミシュラン』掲載店も登場した。

『進め！電波少年』（日テレ系）で、猿岩石の過酷なヒッチハイクが人気になった後に始まった企画であり、ドキュメンタリーの主人公の無茶な試練がウケるすさんだ時代だったと言える。比較的安定し、経済が右肩上がりだった昭和時代が終わり、不況と地震とテロが襲った世紀の変わり目。まだ人々は、厳しい時代に慣れていなかったのではないだろうか。

番組で師匠役を務めたのが、「支那そばや」創業者の佐野実。朝日新聞二〇一四年五月一七日に評伝が載っているのは、それだけ佐野の知名度が高い証拠である。この記事によると、佐野はこの年四月、六三歳で亡くなっている。

佐野は高校を卒業後、横浜の洋食店で修業を始めたが、ラーメン好きで、三五歳の一九八六年に神

佐野実（株式会社エヌアールフード提供）

奈川県藤沢市で開業。北海道小麦を使った自家製麺が評判で、三〇種類もの食材を使う複雑な出汁のできが納得できない日は、店を開けなかった。高級レストラン、うどん、蕎麦のこだわりの店に続くように、佐野も全国を行脚して生産者と関係を持ち、出汁専用の地鶏まで開発。グルメ化したラーメン店のさきがけ的存在だ。めざしたのは、毎日食べても飽きないラーメンだった。

中国からやってきたラーメンが定着し、発展して国民食になったのはやはり、麺と出汁の力だろう。麺の厚さ、幅、縮れ方にも店ごとに特徴がある。出汁も、日本人が得意とするところである。組み合わせる食材がふえればふえるほど、出汁の調合は難しくなる。煮立たせてしまえば濁るし、その濁りを売りにする場合も、澄んだ出汁にする場合も、細心の注意が必要である。その工夫のしどころも、研究熱心な人が多い日本人気質に合っていたのかもしれない。ラーメンの出汁には、豚骨や鶏ガラなどを使うことが多い。つまり、肉食解禁後に生まれた新しい出汁なのである。

出汁の効いたスープを愛することで日本人は、世界でも突出しているらしい。世界のスープ史を描いた『「食」の図書館　スープの歴史』（ジャネット・クラークソン著、富永佐知子訳、原書房、二〇一四年）には、「日本では、スープはまさしく日常生活の中核となるものだ。スープのない食事など、米のない食事のようなもので、まったく考えられない」と書いている。何しろ献立の基本が「一汁一菜」「一汁三菜」などと言う国なのだ。やはり、主食とスープが一体になったラーメンは、和食なのである。

四　ギョウザの秘密

◆焼け跡の東京で

本節はギョウザの歴史である。ギョウザだけで一節書く必要があるだろうか……それがあるのだ。日本人のギョウザ愛はどうやら熱く深く、関わった人たちは時代の波に翻弄された。ギョウザは、政治を背負っている。併せてこの料理の魅力がどこにあるかも考えたい。

ギョウザは第二次世界大戦後、満州から引き揚げてきた日本人が売り出した、とはよく言われている。しかし、実際はそれだけではないようだ。戦後はとにかくたくさんの店ができたらしい。古川緑波も『ロッパ食談　完全版』で書いている。

「戦後はじめて、東京に出来た店に、ギョーザ屋がある。（中略）ギョーザ屋とは、餃子（正しくは、鍋《コウ》貼《テイ》餃子）を食わせる店。（中略）戦前にだって、神戸の本場支那料理屋でも食わせていたし、また、赤坂の、もみぢでは、焼売《シューマイ》と言うと、これを食わせていたものである。もっとも、もみぢのは、蒸餃子であったが。しかし、それを、すなわち、ギョーザを看板の、安直な支那料理屋ってものは、戦後はじめて東京に店を開いたのだと思う」

緑波が知る限り、バラック建ての小さな渋谷「有楽」がもっとも早く、「他に豚の爪だの、ニンニク沢山の煮物などが出て、支那の酒を出す」。続いて渋谷「ミンミン」ができ、新宿にも「石の家」など似た店が続々とできた。人気の理由は「ギトギトなのを食わせる」ことで、ほかに炒麺や野菜の油炒めなど、「油っ濃く炒めたものが出る」。

『中国料理と近現代日本』によると、戦前には、呼び方が一定していなかったようだ。日中戦争までは、「チョーツ」「チャオツ」と、「標準中国語に近い発音で読まれた」。戦後に定着した「ギョウザ」は、満州で使われる山東省の方言か満州語かと言われている。どちらにせよ、引揚者たちの呼び方が定着したようだ。そして、一九五五年頃の東京では、高級中華料理店を中国人が経営していたのに対して、ギョウザ店はすべて日本人経営で、特に満州からの引揚者が多かったという。

戦前のギョウザ事情については、『オムライスの秘密　メロンパンの謎』も紹介している。『料理の友』一九三三年三月号に、焼きギョウザを意味する「鍋貼」を出す店は少なく、「知る限りでは神田今川小路「北京亭」」だと記されている。一九三五年発行の『日本趣味』では、新宿と早稲田にあると紹介しているが、いずれにしても珍しかったようだ。満州国が建国された一九三二年頃から、「鍋貼」は料理書で紹介されるようになったが、豚まんじゅうかシューマイの一種として紹介され「肉のあんを柏餅の形、もしくは編み笠形に包んだもの」などと説明されるほど、マイナーな料理だった。

昔からある店としては、一九三六年創業の神保町「スヰートポーヅ」があった。しかし、この老舗は二〇二〇年に襲った新型コロナウイルスの影響で休業が続いたのち、六月一〇日までに閉店している。ウェブマガジン『ビジネス・インサイダー』六月一一日配信記事によれば、同店の初代は一九三二年から中国で修業し、一九三六〜一九三七年頃にまず大連で開業。その後帰国して敗戦まで食堂「満州」の名前で営業。大連時代のスヰートポーヅに店名を戻したのは、一九五五年である。皮の両端を閉じない棒状の形に特徴があった。

また、一九三八年に小岩で「中華料理　永楽」が、焼きギョウザを出す店として開いている。同店ウェブサイトによれば、昭和初期、政府の要請で満州に渡った初代の永嶋久吉が帰国後に、現地でお世話になった人に教わった家庭料理を出す店として開く。そのギョウザはタレをつけずに食べられるもので、今も店の看板料理である。

『オムライスの秘密　メロンパンの謎』は、ギョウザの本場山東省から満州へ入植した人が多く、彼らから日本人は教わったものと推測している。

一九三〇年代から渡った人たちの中には、戦中までに帰国した人たちもいる。そうした中に、中国料理店を開く人たちもいたことが、二つの店からうかがえる。

先の緑波のエッセイについては、『オムライスの秘密　メロンパンの謎』に解説がある。有楽の開業は一九四八年。店主は大連から引き揚げてきた高橋通博。一九五二年には「珉珉羊肉館《ミンミンヤンローカン》」と名前を変えて百軒店から恋文横丁に渋谷の中で移転した。羊肉料理のほかに、水ギョウザと焼きギョウザを出したところ、焼きギョウザが人気になったらしい。『中国料理と近現代日本』には「すぐに恋人横丁には餃子店が軒を連ねるようになる」。緑波が指摘したギョウザブームである。

『程さんの台湾料理店』によれば、この店については戦後、大分県宇佐市に日本人と結婚した中国人女性が落ち着いたところから話が始まる。夫の友人に親切な人がいて、台所を貸してやると満州出身の彼女がよくつくったのが、焼きギョウザだった。

夫婦がその後、東京に出て開いたのが「珉珉」だった。夫婦に台所を貸した友人は、水墨画家の古田やすおで、一九一五（大正四）年生まれ。大阪へ出て千日前で日本料理店を開いたが、まったく流行らない。その頃、展覧会に出品するため上京すると、珉珉が流行っていることを知る。そこで、三カ月間住み込みでギョウザのつくり方を教わってギョウザ店にしたのが一九五三年。

しかしすぐには流行らず、一九五六年に梅田に二号店を出し、翌年京都に三号店を出す。どれもベニヤ板張りの小さな店だったが、京都店で「ご自由に落書きして下さい」と書いたところ、それがウケて店が流行り始めたのである。現在は関西と関東で展開している。

『中国料理と近現代日本』によると、「宇都宮みんみん」の名で売る宇都宮市の店は、一九五八年に創業。創業者の鹿妻三子《かづまみね》の夫は国鉄社員で、華北交通に勤務することになった戦中に、北京へ移り住んだ。そこでお手伝いさんに教わった料理が、ギョウザだった。

満州にゆかりの人が開いた店が多かった中で異色なのが東京・池袋の焼きギョウザが看板の中国料理店「珍味」(現新珍味)である。一九五二年に、台湾から亡命してきた独立運動家、史明《シーミン》が屋台を出し、二年後に店舗を構えたもの。史明は一九一八年、台北生まれで、一九三六年に早稲田大学に留学し、マルクス主義に傾倒した。一九四二年に上海へ渡って中国共産党の地下工作に加わり、粉もの料理は、一九四五年一一月に北京の「狗不理」で学んでいる。二〇一九年に一〇〇歳で亡くなった折は、大勢の台湾人が店を訪れ、朝日新聞「天声人語」(一〇月三一日)に訃報が載った。店は独立運動の拠点で、武者小路実篤などの文化人の客もいたという。

◆王将のギョウザ

一九九〇年代の二〇代前半、神戸のテニスサークルに入っていた私は、週末の練習が終わるとよく、皆と阪急岡本駅近くの「餃子の王将」へ行った。神戸の岡本はクレープ店などおしゃれな店が多い文教地区だが、二〇人も入れる安くておいしい店は、王将ぐらいしかなかったからだ。子どもの頃、親に連れられて行く駅前の中国料理店では、野菜が多くて柔らかい店の味になじめなかった私も、この頃になると外食のギョウザのおいしさにも目覚め始めていた。オヤジギャルが男性中心の店に入ったバブル期の後で、女子なのに餃子の王将へ通うことは、武勇伝にもなった。

餃子の王将は、チェーンなのに店によって看板メニューが違う、店内調理の割合が多いなどの自由度の高さで知られる。リーマンショックも乗り越え好調と、朝日新聞二〇一〇年二月一五日夕刊の「凄腕つとめにん」も取り上げている。紹介される空港線豊中店では当時、全国平均の三倍を超す三万個が日曜一日で売れるとある。

今や全国区になったチェーンの来歴については、『なぜ、人は「餃子の王将」の行列に並ぶのか?』(野地秩嘉、プレジデント社ムック、二〇一〇年)にくわしい。当時の強さの秘密は、店長の裁量で独自メニューを開発できること。この頃、すかいらーくが全店閉店するなど、昭和後期に一世を風靡した画一的なファミレスの時代が終わろうとしていた。従業員をマニュアルに従わせるだけでは、グルメ化と客の多様化が進んだ不況の時代には難しい。創意工夫の余地が、王将の強みとされたのである。

同書で大東隆行社長は「手作り感、オープンキッチン、食材の鮮度、安さ、うまさ、グランドメニューについては変える気はない。しかし、それ以外は店長の判断に任せている」と話す。店によっては天ぷらやぞうすいも出している。京都の出町店で、お金がない学生は三〇分皿洗いすれば定食をタダにするなど、ユニークなサービスもある。店長には、損益計算書の読み方を研修で教えるなど、会計に強い人材育成を行う。

店内調理が多いことも、強みだ。セントラルキッチンでのカット野菜は、売れ残るとコストがかさみ、フードロスも生む。しかし、キャベツも丸ごとなら、回鍋肉や野菜炒めなど、いろいろな料理に使える。回転率が高い店なら、新鮮な野菜のほうがおいしく味わえる。ただし、主力商品のギョウザの餡《あん》と皮、麺類の麺は、セントラルキッチンでつくっている。

二〇一三年に亡くなるまで餃子の王将を率いた大東隆行は一九四一年、大阪で六人きょうだいの末っ子として、眼鏡店を営む両親のもとで生まれた。中学を卒業すると、薪炭商を営む長姉の夫、加藤朝雄に雇ってもらい、しばらく働いて独立する。

一九六六年、京都御所の近くで中華料理店「王将」を開いた加藤は、商売があまりうまくいかず、一年後に人通りが多い四条大宮交差点そばに移転した。その店で働かないか、と大東を誘ったのは一九六九年。しかし、平凡な「町のラーメン屋」にあまり明るい未来は見えない。二人で知恵を絞り、看板商品として六個一人前の焼きギョウザを開発する。参考にしたのは、当時破竹の勢いだった珉珉のもの。珉珉のギョウザは小ぶりで八個一人前だったが、よりおいしくてボリュームのある商品をめざす。そのボリューム感が労働者や学生にウケた。

客寄せのために無料券も配り、その慣習はチェーンが大きくなってからも継続する。同時に、ギョウザ一〇人前食べたら無料というサービスも始める。学生が挑戦する様子が報道され、人気が高まった。

一九七八年に東京一号店を新宿に出し、翌年名古屋市瑞穂区に中京地区一号店を出す。その年、東京に直営店二〇店ほか首都圏から岡山県まで、一年間で三二店を大量出店した。

本店で修業した人が開いたのが、「大阪王将」である。『大阪王将、上陸』(文野直樹、文芸社、二〇〇六年)によると、二〇〇三年、新宿二丁目に出店したのが関東初。首都圏進出にあたり、店によって違っていた味を、タレを本部でつくる、カット野菜を使うなど一次加工して効率化と味の統一を図り、現代的なデザインの看板を使うなどのブラッシュアップを図った。

創業者の文野新造は、脱サラ組である。勤めていた繊維会社が、繊維不況のあおりで先行きが見えない、と不安を抱えていた頃、加藤朝雄が訪ねてきた。加藤は文野の妻のいとこに当たる。自分が経営する餃子の王将へ誘った加藤のもとで修業し、一九六九年九月に大阪・京橋で店を構えたのが始まりである。半年後の一九七〇年三月に、付け焼刃はきかない、とギョウザ、炒飯、ラーメンに商品を絞り込み、ギョウザ専門店へ舵を切る。成功すると、友人・知人が「やりたい」と集まってきたため、のれん分けでチェーン展開を始めている。

◆羽根つきギョウザ、誕生

蒲田がギョウザの「聖地」で、羽根つきギョウザで有名、という噂を私が最初に聞いたのはいつだっただろうか。東京に来たばかりの二〇〇〇年代初頭は、蒲田はギョウザの町と聞いたが羽根つきギョウザは知らず、確か一〇年ぐらい前にテレビで観て知った。その後、満州から帰ってきたきょうだいの元祖三店があるとテレビで知り、羽根つきギョウザを蒲田駅東口そばの「歓迎《ホワンヨン》」で試し、薄味の料理全般にすっかりハマって、蒲田へ行くと行列に並んで食べるようになった。

有名になった時期を、インターネットで探ってみる。『出没!アド街ック天国』(テレビ東京系)の蒲田特集で最初に紹介されたのは、どうやら二〇〇四年六月二六日放送回。番組は、その後もくり返し紹介している。元祖とされる「你好《ニーハオ》」のウェブサイトによると、二〇一二年三月一六日放送の『スーパーJチャンネル　ラッシャー板前が行く』（テレビ朝日系）で「都内の名店〝元祖・羽根付き餃子〟ニーハオ人気の秘密」と大きく扱ったようだ。雑誌ではもっと古くから紹介されており、一番古いのが『おとなの週末』（講談社）№10「餃子激戦地蒲田に生まれた名物餃子」とあるから二〇〇一年頃か。くり返しメディアで紹介されてきた伝説の料理なのだ。その来歴は、『「你好《ニーハオ》」羽根つき餃子とともに』（石井克則、三一書房、二〇一七年）で確かめることができる。

考案したのは、創業者の八木功。「日本のものとは一味違う焼き餃子をつくりたい」と、二〇歳の頃上海で食べた「生煎饅頭《ションジエンマントウ》」の、皮の部分についた羽根のような焦げ目を再現しようとした。その点心は「豚の挽き肉とネギやショウガ、老酒を入れた具を酵母で発酵させた小麦粉の皮で包み、鉄板で蒸し焼きにする」。

試行錯誤するうち、フライパンの上に並べたギョウザに、強力粉を熱湯で溶かし、上からかけてみたらどうかと思いつく。苦労して完成させたのが、羽根つきギョウザだった。

◆中国残留者の苦労

八木功は一九三四年、旧満州・旅順の旧市街、敦賀町で生まれた。父の龍平は一八九八年、愛媛県松山市で生まれ、一九二〇年に召集された。除隊後に中国へ渡り、山東省で貴金属の売買などをして、二八歳で旅順に移り住む。そして、敦賀町でカフェ兼日本料理の「コンパル」を一九二六年に始めている。

母の劉芳貞は一九一四年、旅順郊外の野菜農家に生まれた。美人で知られた芳貞に、龍平は人を介して結婚を申し込んだ。二人は結婚し、芳貞は芳子と名を改める。

日中戦争が始まると、材料が配給制になって経営が厳しくなり、龍平は内モンゴルの薩拉斉《サラチ》へ一人移り、日本食の店を開く。功が国民学校一年生になった一九四一年の秋、芳子が店をたたんで龍平のもとに功、三歳下の章夫《のりお》を連れて移る。その後、弘行が一九四二年に、偉雄《ひでお》が一九四四年に生まれる。

戦局が悪化し、一九四五年六月、芳子と子どもたちは旅順へ避難する。薩拉斉は夜になると銃撃戦が起こるようになっていたからだ。龍平は芳子にコツコツ貯めた現在のお金で数千万円分もある貯金通帳を渡したが、日本の敗戦で無価値となる。

八月九日からソ連が侵攻し、あちこちでソ連兵が盗みや暴行を働くようになる。功は、郊外に住む母の妹、劉芳蘭の家にかくまってもらい、劉承雄と名乗って暮らし始める。弟たちも劉姓を名乗る。店は、戦争が終わると中国政府が接収した。翌年、功は母のもとに戻る。父の行方はわからず、三年耐えた後、母は知人の紹介で大工の劉述芝と再婚する。劉との間に芳子は彩雲（日本名は美恵子）、彩鳳（日本名は英理子）、承順（日本名は五郎）を生む。

功は、一四歳になると土木作業員として働き始め、一九五八年に大連の建設会社に転職する。その頃料理も覚える。腕前が職場でも有名になり、後輩の結婚披露宴で料理をしたこともある。一九六〇年、友人の紹介で王建英（日本名は英子）と結婚し、三人の子どもにも恵まれた。

一九六六年、日本へ帰国していた父から手紙が届く。そして、日中国交回復後の一九七五年に父が広州まで来て、親子の再会を果たす。その後、文化大革命で下放生活の憂き目にあった偉雄が一九七八年に帰国。父から「帰ってこい」という手紙をくり返しもらった功は、翌年に帰国する。仕事も充実していて一時帰国のつもりだったが、父に強く引き留められる。その頃、芳子のガンがわかり、日本へ受け入れて手術させ成功する。一九八二年、先に龍平が逝く。芳子の再婚相手の劉述芝が来日し、一緒に暮らした。

功は日本にとどまり、一九八三年、蒲田で你好を開いて、羽根つきギョウザを開発する。実は、帰国してすぐ、次男の勉を事故で喪い、妻を呼び寄せている。親身になってくれた教師たちに礼をしたいと、水餃子やイシモチのあんかけ、肉まんなどでもてなす。その味に感動した次男の小学校担任の善元幸夫が店を出すことをすすめ、焼きギョウザが名物の店へ連れていく。そして功は羽根つきギョウザの研究を始めるのである。

夜間中学にも三年間通い、日本語を覚えた。しかし五〇歳近い自分の就職は難しい、と相談した善元らに、再び中国料理店開業をすすめられる。夜間に恵比寿中国料理学院で学び、昼は六本木の北京飯店などで修業する。教務長に中国家庭料理の店を、とすすめられ一九八三年に你好を開店した。

弟妹も帰国する。兄が支店まで開いて成功しているのを観て、弟たちもギョウザを看板にする店を開く。弘行が蒲田に「金春《コンパル》」を、偉雄が大森に「大連」を、美恵子が千葉県佐倉市に「富麗華」(現「彩雲」)、英理子が蒲田に歓迎を開く。きょうだいが蒲田に多く出店したことが、やがてこの町をギョウザの町として有名にするのである。

◆進化するギョウザ

B級グルメの扱いだったラーメンで近年、グルメな創作料理の店がふえているように、ギョウザも進化している。『オレンジページ』では、一九九〇年代初めからさまざまなアレンジギョウザのレシピを紹介していた。二〇〇〇年代に大ヒットしたマンガ、『のだめカンタービレ』でも、主人公ののだめの実家に初めて行ったボーイフレンドの千秋が、のだめの弟がつくる創作ギョウザの新作、海苔ギョウザを食べている。

『餃子マニア』(枻出版社、二〇一九年)は、さまざまなギョウザを出す専門店が出現していることを伝える。巻頭に「シェフが作るハイエンド餃子」という特集がある。

二〇一九年二月に開業した「新富町 湯浅」は、フカヒレをトッピングした、毛ガニ入りスープ餃子や、ラム肉にパクチーやクミンシードを合わせた円盤型のギョウザを出す。新しい料理と見えたそれらは、「どちらも中国で昔から食されている伝統料理」だという。一九八二年生まれのシェフ、湯浅大輔は、高級料理店で修業してきた人だ。

新宿御苑「幸せ中国料理 ローズ上海」は、新疆ウイグル地区の美食家の家で生まれ、一九九五年に来日した女性シェフ、シャウ・ウェイが開く。幼少期から親しんできた牛肉とセロリの焼きギョウザ、日本に来て考案した伊勢エビと豚肉の焼きギョウザなどを出す。祖母から伝統的な上海料理も教わったウェイは、上海など南部で「鍋貼《グオティエ》」と呼ばれる焼きギョウザもよく食べられていると教える。日本で戦前に使われていた鍋貼の名は、中国語だったのだ。

モダンチャイニーズの先駆け、と紹介される一九九六年創業の浅草「龍圓」の栖原一之は、「枝豆ペーストとマッシュルームの蒸し餃子」を紹介する。

「進化形サプライズ餃子」の特集では、ワインと合わせるバルスタイルのギョウザ店や、創作ギョウザの店がふえていることを伝える。新宿御苑の「ダンジー餃子」は、モノマネ芸人のダンジーこと平田幹裕の店。黒毛和牛とタマネギ、オリーブが入った「黒毛和牛餃子」、ホタテとレンコン、キャベツが入った「帆立餃子」、鶏ひき肉、鶏軟骨、キャベツ、スパイス、レモン汁などを加えた「南米餃子」を紹介する。

神保町「餃子バル　餃子の花里《けり》」は、台湾や日本を食べ歩くギョウザ好きが高じ、脱サラした浦崎進一が二〇一四年に創業した。「トリュフ餃子」「フォアグラ餃子」「ブルーチーズ餃子」を紹介する。自由な発想によるグルメなギョウザは、今、世界が広がり始めたところである。一〇年経ったら、定番のバリエーションがふえているかもしれない。

こうして振り返ってみると、ギョウザには、日中の一筋縄ではいかない厳しい歴史が含まれている。ギョウザに関わる人にも波瀾万丈な人生を送る人がいる。だから、メディアもくり返し紹介するのだ。同時に、食べものとしての魅力がある。日本人がまず、焼きギョウザを受け入れたのは、水餃子ほど皮が厚くなく、ご飯のおかずとして食べることができたからだろう。白いご飯に合う醤油が使われることも定番化するのに役立ったはずだ。古川緑波が書いたように、油っぽさも復興と経済成長を求めるアグレッシブな時代に合った。

焼きギョウザは、つるんとした上の部分と、カリッとした下の部分と、皮の味も単調ではない。粉もの特有の、食べだしたらクセになる要素も含まれている。何よりリーズナブルだ。一方で、近年の進化系ギョウザに見られるように、皮で包めば何でも成り立ちグルメ化できる包容力もある。

さまざまな食感、味が含まれるギョウザ。ご飯のおかずにも、酒のアテにも、おやつにもなる。これはもう和食の一つと言えるのではないだろうか。

五　カレーとアジア飯

◆日本人もびっくり

獅子文六が『食味歳時記』で、国産カレー粉がまだなかった少年時代、母親が大事そうにイギリス、C&B社のカレー粉を使ってつくったカレーを、おかわりした思い出を書いている。

その作家が、初渡欧の船旅の際寄港したシンガポールで、現地の労働者が「濃いカレー汁」を食べるさまを見た。「露店から、蓮の葉のようなものに、飯を盛り、汁をかけたものを、買ってきて、左手の指で、ジカに、口へ持ってった」。「その汁というのが、日本のカレーと似ても似つかず、赤褐色で、ドロドロしてた。黒人は、それを丁寧に、指さきで飯を混じ《ママ》、ゆっとりと食べてた。大変カラいものだと、女中がいってた」

一八九三年生まれの獅子文六が活躍した時代、日本でスパイスを利かせたアジアスタイルのカレーを食べられる店はほとんどなかった。しかし、一九二四年生まれの高峰秀子は、東京で辛いカレーを楽しんでいる。

一九五八年に夫婦でヨーロッパへ向かう途中、インドでカレーに魅入られ、アジア各国で堪能するようになる。年を取り、海外旅行もおっくうになってきたが、「インドやスリランカやタイからも本場の料理人が来日してレストランを開き、居ながらにして美味しいカレーを楽しめるようになった」と、『おいしい人間』に収録されたエッセイで書く。

紹介する店の一つが、一九七四年開業の赤坂見附「タージ」。「私たち日本人は、インド料理というと即カレーと思いがちだが、タージのメニューには多種多様な料理が揃っていて、ぜんぜん辛くない料理も多い。インド風コロッケの「ムサカ」や、香辛料入りの玉ねぎスライスの精進揚げ（?）は、日本人の好みに合うと思うし、私も大好きである」。

ムサカの解説があるのは、エッセイを発表した昭和の終わりにはまだ、スナック類の認知度が低かったことをうかがわせる。このほか、若者でにぎわう一九八〇年創業の六本木「サムラート」や、「中村屋同様にセッセと通った懐かしい店」の東銀座「ナイル」を紹介している。

グルメな高峰秀子は、スパイスを利かせた南アジアのカレーが大好きだったのである。

今やどこの街にもあると言えるほど普及した、インド・ネパールのナンつきカレー。激辛ブームが盛り上がった一九八〇年代半ば、罰ゲームに使われた、湖池屋のカラムーチョも、「ふつうに辛い」と認識するほど、辛い味に慣れ、スパイスにもなじんだ日本人。その変化を中心に、本節ではカレーの日本史をたどってみたい。

◆亡命インド人が伝えたレシピ

高峰秀子が書く「中村屋」とは、新宿中村屋である。同店のカレーの由緒はあちこちで語られているし、私自身も『パクチーとアジア飯』でも紹介している。カレーのレシピを日本人に伝えたラス・ビハリ・ボースについては、評伝『中村屋のボース』(中島岳志、白水社、二〇〇五年)にくわしく書いてあるので、ここではごく簡単にお伝えしたい。

新宿中村屋は、東京専門学校(現早稲田大学)を出た相馬愛蔵と、宮城女学校(現宮城学院)やフェリス女学校(現フェリス女学院)などで学んだ作家の相馬良(ペンネームは黒光《こっこう》)という、当時飲食業に乗り出すには高学歴だった二人が始めた店で、当初はパン屋だった。知識人が営む店は、彫刻家の荻原碌《ろく》山《ざん》や彫刻家で詩人の高村幸太郎、女優の松井須磨子などの著名人が集うサロンになる。その中に、右翼活動家の頭山満《とうやまみつる》もいた。彼が、国外退去させられそうになった亡命インド人、ボースをかくまうよう相馬夫妻に頼んだのである。

ボースが新宿中村屋にかくまわれたのは、一九一五年一二月、二九歳のときだった。当時、店と住居は同じ敷地にあり、芸術家らが使うアトリエもあった。そのアトリエにボースと仲間のグプターが閉じこもって暮らす。隔離生活の中、インド人二人の楽しみは女中に調達してもらった食材で料理することだった。そのレシピを女中も、黒光も覚えた。商品化されるのは、一九二七年である。間もなくグプターは逃亡し、ボースは相馬夫妻の長女、俊子と結婚して日本に帰化する。

「恋と革命の味」と宣伝されるカレーは、スパイシーでありながらクリアでくどくない味が、今も定評を得ている。

ボースは、日本で講演や執筆活動を通して、インド独立を訴えたが、その達成を観ることなく一九四五年一月に五八歳で亡くなっている。死は早過ぎたが、独立運動家としての人生を全うしたとも言える。しかし、留学で来日し、ボースともかかわりがあったアヤッパン・M・ナイルは、一九四七年にインド独立が達成されると、独立運動家としての役割を失う。

彼にインド料理店店主という新しい役割を与えたのは、日本人の妻、由久子である。一九四九年、日本最初のインド料理店として東銀座に開いた「ナイルレストラン」の料理は、アヤッパンではなく由久子がつくった。『銀座ナイルレストラン物語』（水野仁輔著、G・M・ナイル語り、Pヴァイン・ブックス、二〇一一年）に、店の歴史が書かれている。

アヤッパンは由久子と結婚すると、満州に日本人が設立した建国大学で教えるため、二人で渡満する。彼は、満州国各地に反英宣伝の支部を設置した。日本軍部とのパイプを活かし、日本へ理解と協力を求めるなどの活動をしている。

戦後、インド料理店を開けたのは、満州で由久子が、現在のパキスタンにあるシンド州出身のシンディー族の家族と親しくなり、たくさんのレシピを教わっていたからだ。アヤッパン自身は料理ができない。

ケララ州出身でカーストの上位にいたアヤッパンは、飲食店主になることに抵抗があった。東京裁判の折は、インドから来たパル判事の通訳もしているのだ。しかし、外国暮らしで息子も抱えた彼に、選択肢はなかった。

最初のうち、本格的なインド料理は歓迎されたわけではない。カレーにローリエ（月桂樹、インドではベイリーフ）が入っているのを観て「ゴミだ」と騒ぐ客、野菜カレーを出せば「肉も入ってないのかよ！　こんなに水っぽくて」などとクレームをつける客もいた。従業員を育て親せきから借りた開業資金も返し、店の基盤をつくった由久子は、三年で経営を夫へ引き継ぐ。

店はやがて二代目、三代目へ引き継がれる。多くの人に愛された味を、高峰秀子は先のエッセイで「玉ねぎスライスのそえられた、サラリとしたカレーで、何度食べてもアキるということがない。普段着の味、といったカレーである」と伝えている。

◆カレーの街、神保町

日本でスパイシーなアジアのカレーを出す最古参の店は、おそらく一九二四（大正一三）年創業の神保町「共栄堂」だ。スマトラカレーを売りにするこの店は、『ミシュラン』二〇二〇年版にも、ビブグルマンで登録されている。さらっとした口当たりなのに、スパイスの複雑な味わいは、ロイヤルホストのカシミールカレーと共通する。

店のウェブサイトに歴史が書かれている。まず、長野県伊那地方出身の伊藤友治郎が明治末期、新天地を求めて東南アジアへ飛び出し、「南方」と呼ばれた東南アジア一帯を旅する。その風俗を『南洋年鑑』（南洋調査会出版部、一九一六年）などで紹介し、貿易にも貢献した伊藤は、大正末期にカレーとコーヒーを出す京橋「カフェ南国」を開く。しかし、関東大震災で瓦解した。彼のレシピを共栄堂の創業者が教わり、アレンジして出した。作家の森まゆみが書いたウェブマガジン『東京老舗ごはん　大正の味』によると、初代は山梨県出身の石原真治。

黒褐色のソースは、小麦粉を使わず二〇種類のスパイスを一時間かけて炒め、形がなくなるまで何時間も煮込んだ野菜でどろりとする。肉はポーク、チキン、ビーフ、エビ、タンから選べる。

その後神保町では、「欧風カレー」と銘打つ「ボンディ」が一九七三年に創業した。同店ウェブサイトによると、創業者の村田紘一は一九六八年、絵や彫刻を学びにフランスへ渡る。しかし、勉強はしないで、友人のレストランで働く。そこで、フランス料理のソースの奥深さに開眼。村田は、ブラウンソースにカレーの素材を加えてカレーソースを開発。それは、乳製品、リンゴなどの果物とタマネギなどの野菜をバターで長時間炒め、赤ワインを加えて煮詰める。インドの野菜・果物のジャムであるチャツネ、さらにバター、レッドペッパーなどを加えた手のかかるカレーソースである。

東京のカレー史をたどった朝日新聞二〇一八年一月五日の記事によると、同店開業のきっかけは、ボンディが入るビルのオーナーで古書店「高山本店」を営む高山肇が、ロンドン留学で味わった「豪華な内装の店内で本格的なカレーを食べる文化」に感動し、日本でも広めようと思い立ったことがきっかけ。

ボンディが開業した頃、洋食店だった共栄堂がスマトラカレーを前面に出し、徐々にカレーを売りにする店がふえていったという。二〇一八年当時、神保町のカレーを出す店は四〇〇軒以上ある。

◆インド人が開いた老舗

私が調べた限りで共栄堂の次に古い東京のアジアンカレーの店は、新宿中村屋。ナイルレストランへ続き、その次が一九五六年に湯島に開業した「デリー」だ。店のウェブサイトによると、創業者の田中敏夫は第二次世界大戦前に商社に勤め、インド、パキスタン、スリランカに駐在していた。

次が一九五七年創業の「アジャンタ」。現在は麹町で営業している。

創業者のジャヤ・ムールティーは、南インドのバンガロールで生まれた。電気技師として働いていたが、長兄のラーマ・ムールティーが、ネパール国王の秘書として世界宗教会議に出席するため、一九三二年に来日。英語の通訳をしていた酒井羊子と知り合い、結婚するために貿易会社を興す。独立運動にも関わり、自由インド仮政府の日本代表を、独立運動のリーダー、チャンドラ・ボースから任命されている。

その兄から日本留学をすすめられたジャヤは、東京工業大学に留学。兄弟で独立運動も進める。来日する予定だったチャンドラ・ボースは飛行機事故で亡くなり、兄弟が遺骨の頭蓋骨を預かり、ほかの部分を家の近くの杉並区連光寺に預ける。独立後、ラーマがデリーまで赴くが、ネルー初代首相は引き取ってくれなかった。

さて、ジャヤは日本企業に電子技師として勤め、羊子の妹の坂井淳子と結婚。このあたり、同じ頃に日本人姉妹と次々と結婚したイタリア料理店主たちを思い起こさせる。スジャータと名を変えた淳子は、ジャヤがつくったスパイスを利かせたチキンカレーに感動したことがきっかけで、一九五七年に阿佐ヶ谷で「カレーと珈琲の店　アジャンタ」を始める。

ジャヤがより本格的な店を願ったことから、一九六一年に九段へ移転してインド料理店を開く。麹町へは一九八五年に移転。ナンを出す店で、創業時から親しまれたのは、チキンカレー、キーマカレー、マトンカレーなどである。

その次が、一九六八年創業の「アショカ」。当初は銀座に店を構えたが、現在はヒルトン東京内の西新宿店のみ。『日本の中のインド亜大陸食紀行』（小林真樹、阿佐ヶ谷書院、二〇一九年）によれば、この店で日本初のナンを焼く窯のタンドールが設置された。この頃、石窯製造技術を持つ神田川石材が、タンドール製造販売に乗り出しており、輸入されたアショカのタンドール窯も研究させてもらったとある。

その後一九七四年のタージができ、それからバターチキンが人気の赤坂「モティ」とバングラデシュ料理の人形町「ロイヤルベンガル」が一九七八年創業。この歴史の間には抜けもあるかもしれないが、いずれにしても指で数える程度しか、昭和の東京には南アジアのカレー屋はなかった。

◆激辛ブームと「エスニック」料理

『ファッションフード、あります。』によると、一九八〇年代の激辛ブームは一九八四年、カラムーチョ、サンヨー食品のインスタントラーメン「オロチョン」、木村屋總本店の辛口カレーパンが発売されたことで起こった。ブームに乗っかるべく、その他にも辛さを謳った商品が次々と市場に出た。トウガラシの消費量が一気に増え、翌年には輸入量が倍増するほどだった。

この頃、辛さのレベルを選べるカレーも流行った。関西にいた私も噂は聞いていたが、震源地は確か東京・渋谷のカレー屋のはず。インターネットで検索すると、「ボルツ」というチェーン店が火つけ役だったようだ。ウェブマガジン『メシ通』二〇一九年二月二七日の記事や、『Jタウンネット』二〇一九年一月一七日の記事によると、渋谷や新宿などの都内のほか、全国に数多くの店舗を展開していた。選べる辛さは、一～三〇倍とかなり幅広い。「インドの香りがする新しいカレー」だったようだ。『メシ通』の記事公開時点で、現存する店は神田と宇都宮、千葉県の京成大久保店の三店だけだった。親会社の日本レストランシステムのウェブサイトでは、一九七三年にスパイス輸入会社のボルツ・ジャパンを興し、翌年に渋谷で「インドカレー専門店ボルツ」一号店を開業している。今もスーパーのスパイスコーナーに並ぶ輸入会社としては、一九五三年にスパイスを売り始めたエスビーを除けば、朝岡スパイスが一九八一年、マスコットフーズが一九八五年だからスパイス輸入としてはかなり早い。

激辛カレーブームにつられるように、店がふえ始めたインド料理が注目され、タイカレーもヒット。そのあたりから「エスニック料理」ブームが起こる。初期の頃、日本にあったのは、日本人帰還兵が開いたインドネシア料理店や、ボートピープルとして日本に来たベトナム難民が開いた店、一九八二年に代々木に、カンボジア難民のゴ・ミノ・トンとその家族が始めたカンボジア料理店「アンコール・ワット」など、戦争の影が射す店だった。

新聞や雑誌がブームを取り上げ、東南アジア料理に注目した書籍が出る。一九八八年に創刊した『Ｈａｎａｋｏ』も二〇〇〇年代初頭まで、くり返し「エスニック料理」特集を組む。その最初は、一九八八年六月二三日号の「ニョクマム、ナムプラがしょうゆワールドをやっつけた」という記事である。

最初期に出たレシピ本の一つ、『エスニック料理　東南アジアの味』（中央公論社、シェフ・シリーズスペシャル版、一九八六年）を編集した食文化研究家の畑中三応子は、『ｖｅｓｔａ』（味の素食の文化センター）二〇二〇年春号で、取材当時、都内にあった東南アジア料理店は、ベトナム料理が四軒、タイ料理とインドネシア料理が各三軒、カンボジア料理が二軒、フィリピン料理店は一軒で、外国人が開いたのは全部で一三軒しかなかったと書く。カンボジア料理店は二店とも難民だった人、インドネシア料理店はすべて帰還兵が開いた。

しかしブームで店はどんどんふえて、二年後の『Ｈａｎａｋｏ』最初の特集で紹介されたのは三三軒にのぼる。特に増加したのがタイ料理店だった。『ＡＥＲＡ』一九九二年八月二五日号の「タイ料理に病みつき　エスニック料理ブーム」という記事では、その年取材時点までに一三人もタイ人シェフが来日していたことを報じている。店が増加したのは、一九八五年のプラザ合意により円高が急激に進んだことが背景にある。畑中は、「現地から料理人を招くのに、政治的障害が少ない」タイが有利だったと解説する。一九九六年には都内だけで一〇〇軒を超え、大手の外食企業や水産会社が経営する高級店、宮廷料理、屋台料理、鍋料理のタイスキ、東北部・北部・南部の各地方料理の店も数えたと、タイ料理ブームが一気に広がったさまが見て取れる。

けん引した店の一つが、一九八五年に開業した表参道スパイラルビルの「ＣＡＹ」である。芸能人やメディア関係者が通った店の人気商品は、レッドカレー、グリーンカレー、イエローカレーなど。日本人料理人をタイへ派遣し、宮廷料理の店で四カ月間修業させるなどしている。

店を支える食材輸入会社も登場する。その一つが、タイ料理研究家の氏家アマラー昭子が元商社マンの夫の氏家勲と、駐在体験を生かして一九八七年に始めた食材輸入会社アライドコーポレーション。続くのが、一九八九年に開いたピーケイサイアムで、日本人男性と結婚したタイ人の松本ピムチャイの料理を出す店「ゲウチャイ」も一九九〇年、錦糸町に開業している。

ベトナム料理が注目されるようになったのは、一九九四年に大阪とホーチミンの直行便を、ＪＡＬ

とベトナム航空が飛ばすようになってからだ。『Ｈａｎａｋｏ』は一九九五年四月一三日号でベトナム特集を組む。ベトナムにハマっていた料理家の有元葉子が一九九六年に出した『わたしのベトナム料理』(柴田書店)も、人気のきっかけになったと考えられる。

ブームが大きくなったのは、二〇〇〇年に、渋谷の東急東横店が地下をリニューアルしデパ地下ブームになった折、出店した日比谷「レストラン　サイゴン」の生春巻きや、フォーが人気になったあたりからである。

◆韓流ブームとともに

一歩遅れて流行ったのが、お隣の国、韓国の料理である。昭和時代には焼き肉が流行ったぐらいだった。一九六五年に国交が正常化され、一九八八年にソウル・オリンピックが開かれたが、そのどちらでも食でそんなに大きな流行が生まれるということはなかった。ところが、二一世紀になるとわずか二〇年で、すでに三回も韓《ハン》流ブームが起こっている。

日韓の間には暗い過去があり、特に昭和はその影が濃く射していた。豊臣秀吉の侵略や、二〇世紀初めに支配を強めて一九一〇年に植民地化したこと、第二次世界大戦時に大勢の男女を労働させるため日本へ連れてきたなど、禍根を残す行為を日本が行ってきたことが原因だ。在日コリアンたちも、就職や結婚で差別を受けてきたのである。

今も日韓の関係はともすれば悪化するが、戦争を体験した世代も高齢化した。そして、韓国は国外に向けて映画やドラマ、音楽などの文化コンテンツを積極的に販売するようになっている。

最初の韓流ブームは、二〇〇〇年代初頭に起こった。二〇〇二年の日韓共催のサッカー・ワールドカップや、二〇〇三年にNHK-BSで韓国ドラマ『冬のソナタ』が放送され、中高年を中心に女性たちの心をつかんだことがきっかけである。主人公のペ・ヨンジュンを「ヨンさま」と焦がれるファンたちが、新大久保などのコリアタウンを訪れ、韓国へ旅行した。ドロドロの人間関係や運命の悲恋といった韓国ドラマのモチーフは、日本のドラマに少なくなった濃厚さがあり、韓国ドラマが次々とヒットする。料理を担当する宮廷女官が主人公の時代劇『宮廷女官チャングムの誓い』（NHK）が人気を集めたこともあり、韓国料理にも注目が集まった。

その少し前、一九九九年には食品需給研究センター調査で、国内の漬けもの生産量で、キムチが浅漬けを抜いて一位になっている。焼き肉が浸透し、一九九〇年代にはキムチチャーハンやキムチラーメンなどのキムチ料理も流行っていた。激辛ブームも「エスニック」料理ブームもあり、韓国料理が流行る下地はできていたのである。

この頃人気だった韓国料理は、ピビンバ、冷麺、チヂミ、ナムル、クッパ、サムゲタン、チゲ、海苔巻きといった定番の料理が中心だった。

二〇一〇年頃に、KARAや東方神起などのK-POPの流行や、チャン・グンソク主演のドラマ『美男〈イケメン〉ですね』（BS-フジ）がフジテレビなどで放送されて二度目の韓流ブームが起こり、二〇一六年以降に第三次ブームが訪れた。今も続く三度目はブームの幅が広く、音楽はもちろん、ネットフリックス配信の連続ドラマ『愛の不時着』や、日本では二〇一九年に公開されたドキュメンタリー映画『主戦場』や二〇二〇年にカンヌ映画祭パルムドール（最高）賞とアカデミー賞作品賞を受賞した

『パラサイト　半地下の家族』、化粧品やファッション、『82年生まれ、キム・ジヨン』（チョ・ナムジュ著、斎藤真理子訳、筑摩書房、二〇一八年）といった文学など幅広い分野に渡っている。

もちろん料理も人気で、今回は、パフェのようにトッピングが華やかなかき氷、チーズドックやチーズタッカルビなど、韓国の若者の間で流行した料理が中心だ。また、「料理がおいしいから」という理由で韓国へ遊びに行く人もいる。何しろ飛行機で三時間以内、時差もないお隣の国なのだ。

私も新型コロナウイルスのため渡航が制限される直前、二〇二〇年春先に初めてソウルへ行ったが、「今まで日本で食べていた韓国料理は何だったの」と思うぐらい、おいしい料理にたくさん出合った。うどんみたいなカルグクス、冷麺、レタスに包んで食べる豚足料理、鶏肉と餅のトッポッギの鍋料理、タッカンマリ。味のバランスも家庭料理のようにマイルドで、辛いだけじゃない、韓国料理の奥深さを味わえた。

二〇一八年にもバンコクへ行って、レモングラスが効いたおいしい料理をたくさんいただいた。どちらも「東京で食べていたのは何だったの」と思うような安定感だった。世界中の料理が食べられる東京といえど、やはり現地にはかなわない。この味を体験しに、くり返し旅行する気持ちもわかる気がする。

◆日本生まれのパクチー料理

中国料理では、香菜（シャンツァイ）と呼び、英語圏では「コリアンダー」と呼び、タイで「パクチー」と呼ぶハーブは、クセのある香りで好き嫌いがわかれる。苦手な欧米人たちは「せっけんのニオイ」と言い、日本人は「カメムシのニオイ」と言う。一方で、その香りにハマり、お替わりをしてでも食べたがる人たちもいる。

日本ではなかなか定着せず、呼び方も先の三通りあったのが、今はパクチーで通る。その背後には、このハーブにハマり、宣伝隊長を買って出た男性がいる。その人は世界初のパクチー料理専門店、「パクチーハウス東京」を、二〇〇七年から二〇一八年まで東京・経堂に開いていた佐谷恭である。人気料理は、かき揚げの「パク天」、ラム肉炒めにパクチーを山盛りにトッピングした「ヤンパク」などで、レシピはウェブサイトで公開している。

一九七五年生まれの佐谷は、母親が外国人のホームステイをひんぱんに受け入れる家庭で育ち、京都大学に入学してから海外旅行を重ね、イギリスの大学院へ留学した。現在までの累計訪問国は五〇カ国以上に上る。

パクチーと出合ったのは、大学時代にカンボジアのプノンペンへ旅した折。初めて食べた際は、強烈なニオイに衝撃を受ける。その後も東南アジア各地で出合ううち、惹かれていく。特別な興味を抱いたのは、旅好きの間で話題になり、好き嫌いがはっきり分かれるから。ITの会社を渡り歩いてきた佐谷は、二〇〇七年に脱サラして店を持つのである。

開業前から一〇件以上も取材された。パクチーの魅力を宣伝し続け

パクチーハウス東京のパク天（筆者撮影）

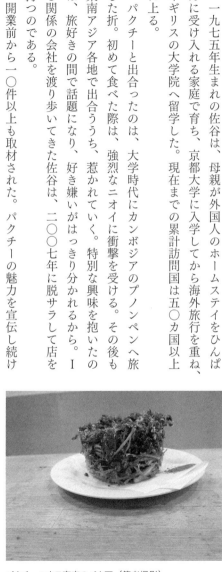

た成果か、二〇一五年頃からあちこちでパクチー料理店ができはじめ、ブームを肌で感じたという。無店舗展開に至ったのは、店が役割を終えたと感じたからだ。自身はその後も、イベントその他でパクチー宣伝を続けている。

ブームが爆発したのは、二〇一六年だ。エスビー食品から、パクチーソースなどの調味料が八種類も、中華食材で知られるユウキ食品からも二種類の調味料が発売された。『ｄａｎｃｙｕ』は五月号で「パクチー偏愛主義」特集を組む。それまで、香菜と表記してきた『きょうの料理』も、七月号で「もっと身近にパクチーレシピ」という記事を出している。そして、ぐるなび総研が選ぶ「今年の一皿」に、パクチー料理が選ばれた。

◆再びのアジア飯

一九八〇年代には、激辛ブームとともに「エスニック」料理ブームが起こったが、二〇一〇年代後半はパクチーブームとともに、再びアジア飯が人気になる。一九八〇年代のブームをけん引したのが、辛くてスパイシーなタイカレーやインドカレーだったのは、バブル景気へ向かうアクティブで好奇心旺盛な時代だったからだろう。一九八〇年代後半に一気に円高が進み、海外旅行がしやすくなり、政情が落ち着いてきたアジアが身近になったことも大きい。よりマイルドなベトナム料理や、どこか親近感がある韓国料理のブームが後から来たのは、インパクトが弱かったからかもしれない。

アジア飯はブームが去った後も、静かに日本の暮らしに浸透していった。再来したブームでは、鶏の出汁がしみ込んだご飯とともにいただくシンガポール・マレーシアの海南チキンライスや、バジルが香る挽き肉炒めをかけたタイのガパオライス、ベトナムのストリートフードで、魚醤のニョクマムを利かせたバゲットサンド、バインミーや、ベトナム版お好み焼きの野菜をたっぷり包んだバインセオなど、比較的マイルドな料理だ。日本の食べものとどこか通じる料理が流行るのは、人々が厳しい時代を生き抜くのに疲れているからか。それとも外国料理慣れしたからか。

今回のブームは、日本に住むアジア移民が増加し、故郷の味を同郷移民に食べさせることを目的に開く店がふえたことが大きい。『週刊東洋経済』二〇一八年二月三日号の「隠れ移民大国ニッポン」特集は、全国各地で移民が増加していることを報じている。

二〇一九年一〇月二五日の日経電子版の記事では、二〇一九年六月末時点で、在留外国人が日本の総人口の二・二四パーセントを占め、過去最高になったことを報じている。最も多い中国人が七八万六二四一人で二七・八パーセントを占め、続いて韓国が四五万一五四三人、三位がベトナムの三七万一七五五人で、増加率は、一二・四パーセントのベトナム人が最も高い。

『ｖｅｓｔａ』二〇二〇年春号の社会学者、瀬戸徐《そ》映里奈の「多角的展開をみせる都心のベトナム料理店」によれば、日本のベトナム料理店の経営者やシェフは、従来のベトナム戦争により日本に来た難民やその家族、ベトナム滞在経験がある日本人に、近年は留学や仕事のために渡日したベトナム人たちが加わった。関東都市圏では、有名ベトナム料理店のフランチャイズ展開も加速し、そこで経験を積んだ料理人が独立することも珍しくないという。

このように、日本に定住するアジア人はふえている。中国人については前節四で書いたが、新大久保は一九九〇年代以降に韓国人や中国人がふえ、近年はネパール人がふえてネパール料理店がいくつもできている。インドネシアなどのイスラム圏から来た人たちに向けた、イスラム教徒が食べられるハラルフードの食材店も登場した。

また、神奈川県横浜市と大和市にまたがるいちょう団地には、ベトナム人などのコミュニティができ、東京の西葛西にはインド人街が生まれた。千葉県八潮市にはパキスタン人街がある。首都圏以外でも、外国人コミュニティができた地域が全国各地にある。

国は移民を制限する方針をなかなか変えないが、円高が続き、日本で得られる所得が自国より大幅に高い、という現象が続く限り移民は来るだろう。むしろ、少子高齢化が続く日本では、外国人を必要としている農業現場のみならず、建設や介護、そしてもちろん飲食業界も人手不足に悩んでいるからだ。コロナ禍では、外国人技能実習生が来日できなくなり、農業現場などで悲鳴が上がる。そしてオフィスワーカーや経営者としても、さまざまな国の出身者たちが活躍する。もはや日本は外国人の労働力なしでは立ち行かないのではないか。

外国語が飛び交う飲食店で本格的な味を楽しみ、サリーを着た女性に混じってアジア食材店で買いものをすると、とっくにこの人たちが日本社会に仲間入りしていることが伝わってくるのである。

◆南インド料理のインパクト

コンピュータの誤作動が心配された二〇〇〇年問題対応のため、一九九〇年代末から、日本はインド人技術者を大量に呼んだ。その後も、インド人技術者の駐在は続く。西葛西がインド人街になり、大手企業の本社が林立する八重洲エリアに、インド料理店が次々とできたのは、インド人ＩＴ技術者が多くなったからだ。それまで、日本で最もインド人が多かったのは港町神戸だったが、二一世紀は東京である。

ＩＴ技術者が南インド出身者に多かったことから、八重洲にできたのは、二〇〇三年開業の「ダバ・インディア」などの南インド料理店である。

「ミールス」と呼ばれる定食や、揚げたスナック類を中心にする南インド料理店のメニューは、現地の人々が日常的に食べる定食屋の料理がベースにある。それまで日本にあったインド料理と言えば、タンドールで焼いたナン、バターとヨーグルト、スパイスをまとわせたタンドリーチキンが入ったバターチキンカレーなど、カロリーが高い北インドの宮廷料理が中心だった。その料理は、インド人たちの日常食とは異なる。インドでの一般的な主食は発酵の手間とタンドールを要するナンではなく、フライパンで簡単に焼けるチャパティや、長粒米のご飯だ。

南インド料理は、ライスとあっさり目のおかず数品が並ぶミールスという庶民の定食が基本形。味噌汁のような豆汁のサンバルに、インドの漬けもの、アチャールもつく。日本の定食に通じる料理を、向こうの人は全部ご飯にかけて混ぜながら食べる。混ぜる種類が多ければ多いほど、味が掛け合わさって複雑になる。

インド料理なのに重たくない、あっさりしているのにスパイスが効いてクセになる、とハマった日本人は多かったのではないだろうか。私のように、和定食と通じるものを感じる人もいるだろう。バラエティ豊かな揚げもののスナック類に、インドの食文化の豊かさを見出す人もいる。

流行に火がついたのは、日本人の好みに合ったからだろうが、きっかけはやはり、店がふえたことだ。『ｄａｎｃｙｕ』が年に一度組むカレー特集で、二〇〇六年以降、南インド料理を推し続けたことも大きいだろう。

近年はほかにもゴア料理、ベンガル料理など、地方料理の店もできてきた。パキスタン料理やバングラデシュ料理、スリランカ料理、ネパール料理など、国別の店もふえ、南アジア料理の層は厚くなっている。

パキスタンとバングラデシュはムスリム主体の国なので、豚肉は使わない。パキスタン料理は地理的にも西に接する中東の影響が強く、ピラフのビリヤニや羊肉料理がある。バングラデシュ料理は魚介もポピュラー。島国のスリランカ料理は、鰹を使ったフィッシュカレーが特徴的だ。ネパール料理は、パクチーを大量にカレーに加えることが特徴的で、肉まんのモモがある。ダルバートと呼ばれる定食を出す店が多い。

『日本の中のインド亜大陸紀行』によれば、ＩＴ技術者として来日し、永住権を取得した南インド人たちの中には、副業として飲食店経営に乗り出す人や仲間と共同経営する人も多い。北インド料理店がネパール人の「過当競争で市場が限定されている」こともあって、新規参入の彼らが選ぶのは南インド料理店だ。

「必ずしも店の売上だけが主収入源ではないためか、良くも悪くも経営に余裕があり、その分理想や自己実現性の追求が可能である。オーナーの友人知人が集まる地方色の強い歓談の場として使われることも多く、自らの出身地団体が主催する祭りやイベントに採算度外視してケータリングする店すらある」

こうした傾向は、もしかするとアジア一帯にあるかもしれない。『パクチーとアジア飯』で取材した、北西部のグジャラート州出身のハンスラジ・カンジーが経営する神戸「ゲイロード」は、貿易業が本業。仲間が会食する場として開業した。大阪のアショカも、「仲間と出した」と聞いた。シンディ出身で中東部のコルカタ生まれのジャグモハン・S・チャンドラニは、西葛西のインド人コミュニティの長のような存在だが、インド人向けの家庭料理の店として、北インド料理と南インド料理の二店、「スパイスマジックカルカッタ」を営むが、本業は紅茶輸入商である。

また、新大久保のネパール料理店「アーガン」を訪れた際、店内の一角で同胞人の会社の懇親会を開いていた。その仲間内の雰囲気は、中国人の友人に連れて行ってもらった池袋北口の中国東北料理店や、ベトナム語が飛び交っていた西早稲田の「ベトバル」とも似ていた。外国で暮らす彼らにとって、同郷人と会える場は支えである。

そして、集う場所としての飲食店は、古今東西で生まれてきた。自由が丘その他の商店街で、地元の人たちが集う喫茶店にも似た空気感がある。町にふえているアジア飯の店は、そうした外食店の原点を思い起こさせる存在でもあるのだ。

◆ご当地カレーの代表

二〇一八年、『ｄａｎｃｙｕ』九月号のカレー特集は、「スパイスカレー　新・国民食宣言」と高らかに謳い上げた。同誌は毎年行う二〇一一年のカレー特集から、何度か大阪のローカルフードの「大阪スパイスカレー」に注目してきたが、ここで「国民食」としたのは、そのカレーが大阪だけでなく、東京にも広がってきたからだ。そして、この頃からスパイスカレーのレシピ本も次々と発売される。同誌によると、スパイスカレーにはルウを使わない、スパイスを組み合わせてつくる特徴がある。二つ以上のカレーを合わせて食べさせる店や、ご飯と合わせるカレーが多い。

ご飯と合うことは、和食化するうえで重要なポイントである。もちろん、小麦粉のルウでどろりとした昭和のカレーもご飯に合うから、西洋料理から洋食へと変化している。それに比べ、ナンにつけて食べるカレーは、いくら町になじんでいても外国料理という感覚がぬぐえない。

スパイスカレーは、ご飯に合う和食である。重層的にスパイスが重なり複雑な味や香りをもたらす料理人の技術力は、ほんの数十年前まで、日本人が「スパイスって何？」という状態だったのが嘘のようだ。それでいて、食べ慣れた日本のジャポニカ米との相性もピッタリで、安心感もある。小麦粉が入っていないので、重たくない。

私も大阪でスパイスカレーを食べた折、これは、ルウのカレーに替わって国民食になるかもしれないカレーだと思った。その後、カレーのプロ、『dancyu』も同じことを謳ったのだから、きっと間違いない。

こうした新しい料理が大阪で生まれるまでは、いくつかの流れがある。

まず、カレーはすでに、さまざまなご当地ものが生まれていた。最も有名なのは、二〇〇〇年頃にブームになった札幌スープカレーだろう。旅行サイト『Tr・ip'S（トリップス）』二〇一七年五月二六日配信記事とウェブサイト『にっぽんの郷土料理観光辞典』によると、始まりは、札幌・丸山の喫茶店「アジャンタ」オーナーの辰尻宗男が、身体が弱ってきた父や自身の健康のために考案したもの。

インドのスパイスと漢方の生薬を組み合わせたスープを飲んでいたところ、常連客から「飲んでみたい」とリクエストされた。

一九七一年から、一日限定二〇皿で出すようになると、やがて常連客が「もったいない」と言うので、出汁に使った野菜や骨つきチキンも入れた現在の形になったのが、一九七五年だった。すると似たような料理を出す店が次々と登場する。

「スープカレー」と命名したのは、一九九三年開業の白石区「マジックスパイス札幌本店」オーナーで、スープや具材に工夫を凝らす店が続々と登場して、札幌のご当地グルメになった。それが二〇〇〇年頃から全国に知られブームになったのだ。

また、二〇〇一年に「横濱カレーミュージアム」が開業したこともあり、全国のご当地カレーが注目された。『AERA』二〇〇二年八月二六日号は、「地元カレーの百花繚乱」で、「よこすか海軍カレー」ほか、全国各地のご当地レトルトカレーを紹介している。ただしその工夫は、地域おこしのためか、ご当地食材を使うことに終始している。スパイスの組み立てに工夫を凝らした札幌スープカレーや大阪スパイスカレーとは異なるため、他の地方まで広がらなかったのだろう。

◆大阪生まれのスパイスカレー

というわけで、再びスパイスカレーの話に戻る。大阪には、新しいカレーが生まれる環境があった。まず、江戸時代に流通の拠点で、多くの薬種問屋があったこと。クローブは丁子、シナモンは肉桂と日本名があることからわかるように、スパイスには、漢方薬として使われてきた歴史がある。最初に国産スパイスミックスを発売したのは、大阪・道修町の薬種問屋、大和屋の今村弥兵衛で一九〇五年。一九二六年にスパイスミックスを出した大阪の浦上商店は、一九六〇年にルウを発売し、宣伝に力を入れて全国にルウを広めたハウス食品である。固型ルウを初めて世に送り出したのは、一九五〇年、東京のキンケイ食品工業（現平和食品工業）である。また、一九六八年に世界初のレトルトカレー、ボンカレーを生み出した大塚食品も大阪の会社である。

商人の町として発展し、武士がほとんどいなかった大坂の町では、自由な発想と進取の気性が育った。その精神が近代以降も受け継がれて、スパイスカレー発案に至る。

スパイスカレーを最初に考案したのは、一九九二年に北浜で開いた「カシミール」だ。『dancyu』によると、欧風カレーやルウカレーに対するカウンターカルチャーとして生まれ、やがて北浜「コロンビア8」や「ヤムカレー」（現旧ヤム邸）が生まれ、中崎町「バビルの塔」、本町「ボタニカリー」などが続く。ヤムカレーの始まりは「ヤムティノ」で開業は一九九九年。ウェブサイト「S&Bカレー年鑑」によると、コロンビア8の創業は二〇〇八年で、香りの変化が「ピラミッド型」になるように工夫している。スパイス以外にナッツやインゲン、グレープフルーツジュースも入る。

間借り店として誕生したことも、独創性を支えている。『週刊東洋経済』二〇二〇年二月二九日号の「間借り」カレー急増の背景」によれば、大阪では二〇一〇年頃から、東京では二〇一五年頃から目立つようになり、特にこの一～二年飛躍的に増加し、少なくとも五〇店以上ある。また、他の都市でもふえているという。

居酒屋やバーなど夜に営業する店を借り、ランチ営業すれば、敷金・礼金や保証金などがいらない。

店舗の設備投資もいらないので、賃料と材料費、立て看板代など数万円で開業できる場合がある。こうした店の増加を背景に、「軒先レストラン」という間借り出店マッチングサイトまで誕生しているという。飲食店オーナーにとっても、信頼できる人に貸せば家賃収入が得られる。

『関西のスパイスカレーのつくりかた』(ケイ・オプティコム、LLCインセクツ、二〇一八年)によると、大阪の間借りカレー店主は、元ミュージシャンや現役ミュージシャンが目立ち、音楽仲間が集う店も多い。不況の風がとりわけ厳しい大阪で、趣味が高じて新しい食文化を生み出す人たちが現われたことは興味深い。社会の本流から外れたところにいる人こそ、従来の当たり前とは異なる、新しい文化を生む力を持つのだ。

背景には、長年の商人文化の積み重ねがある。その上に、何か新しいものを生み出したい、自分なりの表現をしたいというアーティストたちの創意工夫が加わった。大阪人ならではの、何でも面白がる気質もあるだろう。本書でみてきたように、大阪では初登場の店やジャンルが多い。

また、間借りという手法は、経済環境が厳しい現代において、人と人が助け合うシェアの考え方が再発見されたことで、成り立つようになったのではないか。新しいコミュニティの背景には、フラットなインターネットを介した人間関係に慣れた人たちがいる。

こうした店の中には、店の情報をインターネットを介して伝えてきた店もあると思われる。近年は、繁華街の家賃高騰で個人店が出店しにくいこともあり、路地裏や住宅街の中、ビルの二階以上など、わかりにくい場所に評判の店があることが多い。そうした立地でも客が来るのは、スマートフォンで簡単に地図や経路を調べることができるからだ。

これからの時代に生き残っていけるのは、おそらく誠実につくっておいしいと認められる店、そして情報発信力とネットワークを持つ店だろう。経済力があればいいわけではない、便利な場所にあるからいいわけでもない。良質な店だけが生き残る時代になったと言えるかもしれない。

エピローグ　コロナ時代の後に

◆なぜグルメ化は進んだのか

日本に、外食店が誕生して数百年経つ。しかし、庶民が気軽に楽しむようになってからは約五〇年と短い。その国が世界から注目されるグルメ大国になった歴史をたどる旅を続けてここまで来た。驚くのは、近年、庶民的な料理と考えられてきたジャンルでも、グルメ化が進んだことである。

高級料理店から転身した料理人が開く、ネオ居酒屋やギョウザ専門店。『ミシュラン』掲載店まで出るラーメン屋。『ミシュランガイド東京２０２０』を確認すると、一つ星に選ばれた店のジャンルはほかに、やきとり、おでん、うなぎ、蕎麦も入っている。

グルメ化が進んだ要因は、三つ考えられる。一つは、接待需要の減少。不景気になるたびにへることに加え、不正の温床になる、と禁じられる業界が多くなっていること。二つ目は平成以降、庶民の生活実感では不況感が常にあり、財布の紐を締めがちなこと。

そのため、高級料理店で働いていた料理人が、客の多い層を求めリーズナブルな店を開く。すると、おいしいものに目がない人たちが集まる。予約が困難な店になる場合もある。一流の技が入った料理のおいしさを知った人たちが、さらに舌を肥やしていくというサイクルが生じている。ものすごく斬新で贅沢なものは生まれないかもしれないが、食を語り合える人はふえる。江戸時代からずっとそうだったように、日本は庶民が食を支える国なのである。

不況になると、今までのやり方が通用しない、と新しいジャンルを切り開く人たちがふえる。一九七〇年代の不況では、脱サラ経営者が営むチェーンのラーメン屋がふえた。一九九〇年代の不況では、ビストロや女性向けのラーメン店がふえた。リーマンショック後は、小さいがグルメの舌に応える店がふえ続けている。一九七〇年代には、外食の選択肢がふえる程度だった。しかし、平成になると、高級料理の料理人たちが、敷居を下げた店を開くようになった。

三つ目の理由は、長年にわたり料理人たちが研鑽を積み、技術を上げ続けてきたこと。つくり手がいるからこそ、グルメブームは続いて定着したのだ。食材などの輸入会社も誕生したほか、国産化する食材もふえ、本格的な外国料理を食べられる環境が整った。本場から技術を伝えに来た外国人料理人たち、フランスや中国などの本場で修業してくる日本人たち、技術の公開に努めてきた先駆者たちが、道を切り開いていく。そうした料理人たちを、食べることを趣味にする人たちが支えた。

世界各国から入ってきた料理を体験し、味覚の幅を広げた人たちは、より新しいモノにもどん欲になる。グルメ化が進む社会で、人々はもはや、おいしくないと感じるものに満足できなくなっているのではないだろうか。コロナ禍では、外食を渇望する人たちがふえ、レストランの高級なミールキット（食材、調味料、レシピのセット商品）が売れた。

二一世紀になると、美術館などの公共施設のレストランやカフェのグルメ化も進んだ。エキナカが誕生し、飛行機内で食べる空弁や、高速道路のサービスエリアで売られる速弁なども登場して、弁当もグルメ化が進んだ。もちろん中食グルメもデパ地下ブームからこっち、ハイレベルなものを気軽に食べる環境が整っている。中食の充実は、ライフスタイルの多様化で、主婦の手料理をアテにできない人がふえたこととパラレルである。数々のファストフードが生まれた江戸時代の江戸が、単身男性社会だったのと似た現象が、近年は全国レベルで起こっていると言える。

インターネットの普及で、気軽に飲食店を探すことができる、情報交換できる環境が整ったことも大きい。SNSには料理写真が盛んに投稿されており、その情報を頼りに店を見つける人もいるだろう。

グルメ化のベースは、日本が高度経済成長を体験し、庶民の生活レベルが向上したことである。「外食元年」と呼ばれたのが、高度経済成長の完成期に当たる一九七〇年だったことは象徴的だ。中流層が拡大し、家族のレジャー、デート、仲間と集うといった目的で、外食店を利用するようになった。外食店が、空腹を満たすためだけでなく、コミュニケーションの面からも必要とされる比重が大きくなれば、グルメ化が進むのは当然だ。食事がレジャーや営業ツールなら、おいしいものを求めるのは自然なことだからである。

進行する都市化も、外食店を必要とした。小さな町なら、お互いの家を行き来して食事することができるかもしれないが、都会ではそうはいかない。江戸時代の最初の日本料理店、浮瀬や明治時代の精養軒、偕楽園のように、外交や会談、文化的な交流のために生まれた店がある。庶民レベルでも、食事は会話を円滑に進め、仕事を発展させる、あるいは互いの絆を深めるのに役立つ。恋人同士のデートでも、見合いでも外食店は利用される。ともに食べることで人は心を開きやすくなるからだ。

◆コロナ・ショック

外食の発展に大きな役割を果たした料理人たちの人生を調べると、過酷な試練をくぐり抜けてきた人が多いことに気づく。苦労がその人を磨き、イノベーションを起こさせるのだろうか。その人たちや、ついていった人たちのおかげで、グルメ大国日本が成り立っていることがしみじみわかる。

二〇二〇年、再び大きな試練が外食業界を襲った。世界中に広がった新型コロナウイルスは、二〇二一年一月時点でも、収束の兆しが見えるどころか連日たくさんの感染者が出ている。

人との接触を避けて外出を控える人が多くなり、ダメージを大きく受けているのがサービス産業で、飛沫感染の恐れがある会食は困難になった。東京は四月七日〜五月二四日、全国で四月一六日〜五月一三日、政府が一度目の緊急事態宣言を発令し、多くの飲食店が休業せざるを得なくなった。その後も営業時間を短縮する、人との距離を開けるため席数をへらすといった方法で、売り上げが減少する日々が続く。自宅で仕事する人がふえて、都心の店は閑古鳥が鳴いた。団体客や接待利用もほとんど期待できない。休業や閉店を迫られる店は、ふえ続けている。

プロローグに書いた、二〇一九年一〇月に訪問した店はどうなっているだろうか。七月二八日、大阪のなにわ料理有の店主、古池秀人さんに電話したところ、緊急事態宣言下で四〇日間休業し、開店後は以前より開店時間と閉店時間を三〇分ずつ早めて、一七時〜二二時の営業にしたと話してくれた。

店がある南森町は、繁華街のキタやミナミから距離があって、もともと接待需要が少なかったことから、国内感染がほとんど伝えられていなかった二〇二〇年二月はそれほど影響がなかったという。緊張度が高まって人出が少なくなると、テイクアウトを始める店が多かったが、同店は「つくりたて、切りたて、目の前で熱々の状態で召し上がっていただくのが売りだから、折に詰めるのはやってきたことと違う」と、テイクアウトは行わなかった。

五月一八日から営業を再開。前日に仕込みをし、営業再開を常連客らに電話したところ、その週はあれよあれよという間に席が埋まったのだそうだ。清潔さは常日頃から保っているので、平時と特にやり方は変えていない。「今まで信じてきたやり方を曲げなかったから、お客さんは来てくれた」と、古池さんは述懐する。

神戸の良友酒家にも同じ日、電話をしたところ、店主夫人の潘慧莉さんが応じてくださった。こちらも元気そうな声で、店が開いていないと困るという客が多かったことから、通常営業を続けたと教えてくれた。ふだんから応じてきたテイクアウトは、通常の料理の価格に容器代を加えると一〇〇〇円を超えることが多かったので、お手頃価格の八〇〇円で弁当をつくり、販売。点心の詰め合わせなど、冷凍での地方発送も始めたところ、特に母の日や父の日の需要が高かったという。そのほか、予約制でオードブルも販売した。

団体客はほとんどなくなり、通夜の予約は貸し切りにするなどして対応している。しかし、遠方の常連客も訪れたなど、こちらも積み重ねてきた顧客との信頼関係が、店を守っていることがうかがえた。

飲食業界全体ではどうか。まず、SNSでの情報交換が急速に活発になり、noteでテイクアウト時の注意、閉店や休業のお知らせの記事を発信する飲食店関係者が出てきた。フェイスブックでは、「#コロナフードアクション　コロナに負けるな!!飲食店応援ページ」というコミュニティが立ち上がり、テイクアウトの宣伝や、余った食材の買取希望といった情報が活発に交換された。テイクアウトできる店を紹介するウェブサイト「Save Restaurants! Take Out Map」も開設され、全国に広がった。クラウドファンディングによる支援金集めも広がる。

しかし、緊急的な支援は一時しのぎにしかならない。国からの持続化給付金一店につき法人で最大二〇〇万円も、都心なら家賃などであっという間に消えてしまう。帝国データバンクが発表した飲食店の倒産動向調査は、二〇二〇年の一～一〇月に居酒屋だけで一六四件と過去最多になっている。

朝日新聞二〇二〇年六月九日の記事によると、緊急事態下の四月の売上はファミレスで前年同月比五九パーセント、パブ・居酒屋で九一パーセントも減少した。チェーン店では、ロイヤルホールディングスが、ロイヤルホストやてんやなどを二〇二一年末までに約七〇店閉鎖することに決めた（一一月一三日に二〇店追加）。ガストは深夜営業を廃止。七月二九日の朝日新聞記事は、吉野家が国内外で最大一五〇店、はなまるうどんも最大一〇〇店を閉店する。七月二九日の日本経済新聞は、外食で上場する主要一〇〇社について、年度内に一二〇〇店も閉店計画がある、と報じた。

二〇二一年一月七日の朝日新聞記事によれば、帝国データバンクの調査で、二〇二〇年の飲食店倒産は、過去最多の七八〇件にのぼっている。その中で最も多いのが「酒場・ビアホール」で過去最多の一八九件で全体の二四パーセントを占める。その次が「中華・東洋料理店」一〇五件だ。もともと、売り上げの一割が利益になれば優良と言われる薄利の業界。コロナ・ショックはあまりにも大きい。

◆見えてきた明日

新しい道を探る人たちも出てきている。朝日新聞六月一二日の記事は、ワタミは焼き肉店「上村牧場《かみむら》」のチェーン店を始め、塚田農場を営むエー・ピーカンパニーは、定食屋の「つかだ食堂」を三店開き、どちらも拡大予定と伝えている。

今後は、苦肉の策として始めたテイクアウトや通販が思いのほか好調で、そちらへ軸足を移す、あるいは店での食事提供と両輪で運営する店も出てくるだろう。二〇二一年一月六日には、フードデリバリー大手の出前館が、キッチンをシェアして宅配だけを行う「ゴーストレストラン」の賃貸事業に乗り出したことを、朝日新聞が報じている。

『ガイアの夜明け』六月二三日放送の「コロナ禍で定点観測　飲食店を救う〝ドクター〟に密着」は、厨房機器の買取販売を行うテンポスバスターズを追う。同社はコロナ禍のもと、社長の号令で無料で飲食店の相談にのる「ドクターテンポス」を結成している。

三軒茶屋の居酒屋、「ジョーズマン2号」の相談を受けたスタッフは、会員制弁当プロジェクトを提案。月五五〇〇円の会費で、くり返し使える漆塗り弁当箱の弁当を、その店と日本料理店、フランス料理店の三店のテイクアウトで回せるシステムをつくった。客をシェアすることで、お互いに新しい顧客も獲得できるというわけだ。

『専門料理』八月号は、人気高級店シェフにインタビューした「以後の料理人、以後のレストラン」特集を組んでいる。

フランス料理店、カンテサンスの岸田周三は、テイクアウトの商品開発をしたものの完成に至らなかった、しかし今後物販に取り組むきっかけなったと話す。緊急事態宣言解除後に営業を再開したところ、従来通り満席が続いている。ここまでの段階では、大きな変化なく乗り切れた、と述べている。

そして二〇二〇年一二月、チーズケーキの宅配を開始。

日本料理店、龍吟の山本征治は、丼もののテイクアウトと鍋料理の通販を行い、営業を再開した六月一日から、七月四日まではランチ営業も行った。「ビジネスの会食でレストランを利用する方々は減るでしょうから、純粋に料理や食事の時間を楽しみに来られる方々が増えるはず」と前向きに語る。日本料理のてのしま、林亮平は、以前から取り組みたかったテイクアウトを実施。急速に料理を冷ますことが可能な調理機器「マルチフレッシュ」を導入し、プロのカメラマンに料理写真を撮ってもらってインターネット通販を始め好評を得た。これからは、料理技術を極めるだけでなく、「経営、美的感覚、社会性などの料理以外の知識や能力と、それを得るためのさまざまな人間関係を築くことが大切です」と語る。

一九八〇年生まれで、バブル期に一世を風靡した人気店、イル・ボッカローネで修業を積んだ経験があるニューヨークスタイルのレストラン、「ザ・バーン」の米澤文雄は、緊急事態宣言下でサンドイッチのテイクアウトを開始。SNSを活用して新規客も開拓し、営業再開後に訪れた客の三分の一が新規客だと話す。飲食店が生き残るには、「ビジネスモデルを変えることが大事」と言い、「料理を通じて得た知識は、企業との協業、コンサルティングやプロデュース、イベントや講演に生かせるでしょう。テイクアウトやECサイトのシステムを整え、そこで販売する商品を考案するのも一つの手。料理の提供以外にも、収益を上げる方法はいくらでもあるはずです」と言い切る。インスタグラムのフォロアーがふえたこともあり、その後ミールキットも販売している。

これからの飲食業を見据える人たちは、コロナ前からいた。イタリア料理人の古澤一記は、二〇一〇年にテイクアウトの店としてオルトレヴィーノを開業した。フランス料理人の田村浩二は、飲食店には伸びしろに限界がある、と「ミスターチーズケーキ」のブランドを立ち上げ、インターネット販売をして業績を伸ばす。店を持たずフリーで出張料理などを行う料理人たちもいる。間借りで営業し、飲食業をサイドビジネスにするカレー屋店主たちもいる。飲食店にとどまらない働き方を模索する飲食業界人たちの動きを、コロナ禍は、加速させている。

◆未来のレストラン

コロナの予感すらなかった二〇一八年の段階で、未来を予測した人たちがいる。『東京最高のレストラン2019』の巻末座談会テーマが「レストランの未来はどうなるのか」だった。この時点ではおそらく、平成が終わることを念頭に置いていただろう。しかし、今読むとコロナ後を語っているように見える。

当時、飲食業界の深刻な悩みは、人手不足と高齢化だった。解消に必要なのは、働き方改革だとマッキー牧元が発言している。飲食業界はいわゆる3Kで、労働時間が長く給料は安く、強靭な体力が要求される。中国料理人、五十嵐美幸が何度も体を壊していることや、ラーメン屋の大勝軒の店主夫人が早く亡くなっていることなどから、そのきつさがうかがえる。

アクアパッツァの日高は、コロナを機に、従業員の週休二日制を進めていることを、朝日新聞二〇二〇年一二月一五日の記事で明かす。ラーメンのMENSHOでも、働き方改革は行っている。

牧元は、「大抵の店は昼1回転、夜1回転じゃないですか。これが昼やらなくて、夜2回転するように変える。そうすると売上ってかなり上がるんですよね」と発言している。

飲食業に限らず、日本では平成不況以降、人件費を切り詰めることで、消費者の負担が少ない経済を保ってきた。所得が伸びない人たちが、デフレ経済を求め、商品やサービスを提供する側が給料を上げない、という悪循環が続く。そうした「努力」の先に、コロナ禍による非正規社員などの大量リストラがある。二〇二〇年一二月五日放送の『NHKスペシャル　コロナ危機　女性にいま何が』など、特に女性へ集中する苦境の実態を報じるメディアは多い。

職を失う人をふやさないためには、何ができるのか。飲食店の場合、良質な店を持続可能にするために、客が多少の不便とコスト負担を受け入れることが必要になっている。

社会意識の高さが、飲食店にも求められる時代になった。

環境保護についてはすでに始まっており、朝日新聞は二〇二〇年一一月一九日、エー・ピーホールディングスが漁協と直接契約して通常捨てられる未利用魚を扱うなどの工夫を行う海鮮居酒屋「四十八《よんぱち》漁場」を始めたことや、『ミシュラン』一つ星のフランス料理店、青山「シンシア」の石井真介が、持続可能な漁法で獲った「サステナブル・シーフード」を使うリーズナブルな「シンシア・ブルー」を原宿で立ち上げたことを報じている。一二月二九日の記事では、シンシアの試みはカンテサンス、表参道「ラチュレ」と共同で三年ほど前に始めたもので、漁業現場を視察し、セミナーを行う、レシピ開発を行うなどの活動を伝える。

コロナ後は、これまで以上に、店の特徴を明確にすることが求められるだろう。コロナ禍でも二〇二〇年夏までの時点で、なにわ料理有やカンテサンスに、大きな変革が必要なかったのは、もともと特徴がはっきりしていて客に支持され、衛生管理も行き届いていたからではないか。おいしさとサービス、清潔感の三拍子が揃わないと、生き残ることが難しくなるのだとすれば、グルメ化はさらに進むかもしれない。

◆「絶メシ」を救え！

すでに未来の飲食店を予感させる試みは、始まっている。その一つが、エー・ピーカンパニーで副社長を務め、躍進に力を尽くした大久保伸隆の新しい取り組みだ。一九八三年生まれの大久保は、不動産会社を経て、一一年間エー・ピーカンパニーに勤めた後、二〇一八年に独立し、ミナデインを設立。新しいスタイルの飲食店を次々に立ち上げたことは、第二部第一章二で紹介した。チェーン店出身の大久保が、今までにない情報発信を行うメディアとして機能している店ばかり、一店ずつ開くことは、画一的なチェーン展開に限界を感じたからではないだろうか。

大久保の新しい取り組みを、『ビジネス・インサイダー』二〇二〇年七月二二日配信記事のインタビューで紹介している。それは、七月中旬に全国の隠れた名店の名物メニューを出す鳥森百薬を日中、「鳥森絶メシ食堂」として開き、後継者不足などで危機に瀕した飲食店の料理を出すようになったことだ。

新店開業のきっかけは、緊急事態宣言で休業中、飲食店苦境の報道を見たこと。地元で愛されながら消えそうな飲食店の「〝絶メシ〟を東京で紹介し、その利益を地方の飲食店に還元できれば、新しい生態系が生まれるのではないか」と考えた。第一弾として出したのは、群馬県高崎市の「松島軒」の「黄色いカレー」と、「からさき食堂」の「白いオムライス」、千葉県木更津市の「大衆食堂とみ」の

「ポークソテーライス」。

「絶メシ」を、「店主の高齢化や後継ぎ問題などで、時代とともに次々となくなっている〝絶やすには惜しすぎる絶品グルメ〟のこと」と、ウェブマガジン『テレビドガッチ』二〇二〇年二月一四日配信のインタビューで説明するのは、テレビドラマ『絶メシロード』（テレビ東京系）プロデューサーの博報堂ケトル、畑中翔太だ。

ドラマは、二〇二〇年一月〜四月に放送。中年サラリーマンの須田民生（濱津隆之）が週末に車中泊で、各地の絶メシを辿る旅をする物語である。畑中は、二〇一七年に高崎市の町おこしとしてグルメサイト「絶やすな!絶品高崎グルメ　絶メシリスト」を作成。安くておいしい地方の名店に注目し、受け継ぐ後継者の取り組みはその後、各地に広まる。博報堂ケトルと協力関係をつくった大久保は、鳥森絶メシ食堂で絶メシの魅力を最大限伝える体制を整えたのである。

絶メシに限らず、血縁でない後継者に継がせる話は、近年あちこちで聞くようになった。有名なのは、京都の洋食店「コロナ」の人気メニューだった「玉子サンド」を受け継いだ喫茶店「マドラグ」の話だ。また、二〇一八年一一月七日の朝日新聞には、金沢のインド料理店「ホットハウス」の味を、二〇年来の常連の宮森宏和が受け継いだ話が載っている。宮森は二〇〇三年に脱サラを決めて翌年、東京に一号店「ゴーゴーカレー」を出店。国内外に八〇店以上展開するチェーン店に育て上げた。そして、メニューに手を加えないブランド継承型のM&Aを今後も模索する予定という。また、転職支援のビズリーチが、中小企業の引継ぎ支援サービスを始めたことも、併せて報じている。

血縁にこだわれば存続が難しい店も、その店の雰囲気や味を大切に思い守ろうとする人が出てくれば継承する道が開ける。江戸時代の家業は、外から有能な人を引き入れて守ることが珍しくなかったし、企業化した飲食業にも血縁にこだわらず存続しているところがある。同じことが今、個人店でも起こり始めているのだ。

◆元SEが開いた定食屋

近未来の飲食店を先取りした店も二店登場して、どちらも、メディアで盛んに取り上げられている。順に紹介しよう。

東京・神保町で二〇一五年に開業した「未来食堂」は、一九八四年生まれ、元SEの小林せかいが店主。開業前後を綴ったブログをもとにした『未来食堂ができるまで』(小学館、二〇一六年)によれば、関西の私立女子校に通っていた中学三年生のとき、ふと入った喫茶店で学校とも家とも違う居心地のよさを感じ、すべての人の居場所になる飲食店を開く夢を抱いた。

東京工業大学卒業後は日本IBM、クックパッドと会社員をした後に脱サラ。オペレーションを学びにサイゼリヤで働くなど、チェーン店、老舗の仕出し屋、定食屋などを目的別に一年四ヵ月の間回って修業し、開業に至る。

昼は定食一種類にし、夜は残っている食材を客に提示したうえでリクエストに応えるため、食品ロスはほとんど出ない。作業が効率化し、開業早々、昼に四回転したこともある。スタッフは雇わないが、五〇分手伝えば一食サービスというシステムをつくり、ウェブサイトで希望日時を予約してもらうようにしている。

やがて、この一食分のサービス券を人に譲りたい人が店にチケットを貼っておき、誰でも使えるようにした。お金がなくて食べられない人を、少しでも救いたいという小林の願いを形にしたもので、それはしっかり活用されている。

SEの視点で経営をシステム化し、成功した飲食店の登場は、料理技術以外で飲食店が変えていける課題はまだまだあることを示している。

◆一日一〇〇食限定の店

もう一店は、京都市郊外の西院で二〇一二年に開業した「佰食屋」。看板料理は、国産交雑牛のモモ肉を使ったステーキ丼。『売上を、減らそう。』（ライツ社、二〇一九年）で店を紹介した経営者は、一九八四年、京都府亀岡市生まれの中村朱美。父親はホテルのレストランで働く料理人で、将来の職業として「飲食店だけはアカンで」と言われながら育ったが、専門学校の広報を経て店を開いた。不動産会社に勤め、定年後にレストランを開く夢を持っていた夫のステーキ丼がおいしかったことがその動機。夫の趣味は食べ歩きと料理だった。不妊治療の終わりが見えなかった頃に、「やりたいことがあるなら今やろう」と夫を焚きつけて。

料理は一日限定一〇〇食のみ。営業時間で区切らず、売り上げの限界を決めただけでなく、そのメリットを最大限生かしている。終わりが見えた時点から翌日の仕込みを始めるなど、仕事を効率化。退勤時間は一七時台で、皆が自分の時間を持てる。毎日肉を塊で仕入れ、切れ端はハンバーグに、スジ肉は特製ソースにと使い切って、食品ロスを生まない。予約は当日、整理券を配る形にし、顔が見えないインターネットや電話では受けつけない。顔を見て予約すると、ノー・ショウ（無断キャンセル）が、発生しにくいのだという。

店の方向性には、彼女自身の生活が影響している。開業して二年後、子どもを授かったのだ。娘を妊娠した頃、スタッフの二人が店を任せられるほど成長していた。そこで一人に店長を任せ、もう一人にも店長をしてもらうため二店舗目の「佰食屋すき焼き専科」を開業した。息子が生まれる際には、夜の営業も辞める。息子が障害を負っていたことで、生活と両立できる職場環境は、自分自身のためにより切実になった。

同店では、一般的に有能とされる行動力、企画力がある人は採用しない。毎日決まった商品を決まった数だけ売る店では物足りなくなり、軋轢が生じる危険があるからだ。ルーチンワークをくり返す仕事で生まれたのは、客の様子をきちんと見るていねいさ、限りなく続いていく改善ポイントの発見だった。やがて成長した従業員が、いわゆる「優秀な人材」として転職する場合もある。

「佰食屋は、これまでの暮らしで疲れた人、傷ついた人が羽根を休めるような場所。「やらなくてはいけないことに追われる」毎日から、「やりたいことができる」毎日へ。時間と心の余裕を取り戻すことで、その時間の尊さ、なに気ない毎日を送れることのありがたさを感じることができる。これからの生き方、働き方をじっくり考えることができる場所です」と書いている。

『ガイアの夜明け』二〇二〇年六月三〇日放送「〝幸せ食堂〟の365日〜コロナで気づいた理想と現実〜」が、同店のコロナ前後を伝えている。四店まで広げていたが、休業を余儀なくされ、二店舗に縮小。中村は泣きながら従業員に謝り、社員一二人のうち七人を整理解雇。その後、誰もがわかりやすいきめ細かなマニュアルを作成して、さらに作業の効率化を進め、退勤時間を四五分も早めた。光熱費も節約でき、今は利益率一五パーセントの目標を掲げている。

従来ならわがままと受け取られそうなスタイルの店が成立しているのは、その料理と店の雰囲気が支持されているからだ。サービス提供側がどこまでも譲歩しなければならなくなる、「お客さまは神さま」という呪縛を、飲食店も解く時期なのだろうか。そうした問題に気づかせるのが、佰食屋のしくみである。

未来食堂が客の居場所をつくろうとした店であるならば、佰食屋は、働く人の居場所をつくる店。どちらも女性が経営者だが、共通点は良き理解者の夫がいること。支えがあるからこそ、新たな道を切り開いていけるのだと感じさせる。しかも二人とも、昭和末年生まれだ。古くなった「当たり前」に囚われない若い世代の柔軟な発想を、今の日本は必要としている。

そして女性は、この業界ではまだまだ少数派。つまり、周辺にいる分、既存のシステムの問題点にいち早く気づけるポジションにある。また、家庭で食卓を整えるように、ある食材を使い回しすることで食品ロスを出さない生活者的な発想も、二人に共通している。

たくさん儲けて成長をめざすのではなく、生活も仕事も楽しみも、どれも切り捨てることなく追い求め、周りの人にも提供する。そのために常識を疑った二人が示したモデルが、飲食業界に新たな発展をもたらす日はきっと遠くない。何しろ料理のおいしさというベースを、この国の飲食店はすでに築いているのだから。

あとがき

「外食の歴史を書いてください」という依頼を受けたのは、二〇一九年六月だった。当初は戦後史の予定だったが、背景として前史がある、といったことに目配りするうち、結局日本の外食史全部を扱うことになった。

「はじめに」でも書いたが、グルメライターではない私が行った外食のジャンルはごく一部に偏っている。外食のそれぞれの分野の人たちに、満足していただけない部分もあるかもしれないが、それはまたその人たちやその関係者が改めて歴史を書いてくだされぼと思う。幸い、外食はほぼ全部のジャンルに専門家がいて、先行資料がある。江戸時代については、飯野亮一さんや原田信男さん、江原絢子さんの本などに頼った。フランス料理は、宇田川悟さんや神山典士さんなどの本がくわしい。『居酒屋チェーン戦国史』の中村芳平さんや『ドライブイン探訪』の橋本倫史さんなど、足で稼いだ方々の仕事も助けになった。辻調理師専門学校の教科書である、『フランス料理ハンドブック』も非常に役立った。

また、私が食文化研究を本格的に始めた一五年前に比べ、ウェブサイトが格段に充実したことも助けになった。飲食業に携わる人たちが、自ら店や業界の歴史を調べ発信しているサイトも多い。一昔前なら不可能だったと思われる網羅的な歴史の本を書くことができたのは、こうしたさまざまな方々による、先行する仕事のおかげである。

資料を分析し、執筆するうちに、飲食業の道を開いてきた方々の仕事ぶりに頭が下がった。苦労人のパイオニアは多い。苦難がその人たちの仕事をつくり、後進への道を開く。その結果、多様な食を楽しめる、世界でも貴重な国が育った。グルメの楽しみを伝えたメディアの功績も大きい。飲食業の歴史は、大文字の歴史から見るとちっぽけな世界かもしれないが、それは確かに社会の土台をつくる庶民たちの、血と汗と涙の結晶である。

全体を観ることで、ジャンルを超えた共通点も発見した。

不況のときは、新しいビジネスが生まれる。格差が大きくなると、その間を埋める試みが生まれる。たとえば大正時代から昭和初期に生まれた簡易食堂と、現在の子ども食堂は、発想に共通点がある。

近代の始まりには、政界や実業界の人たちが会食の場を求めた。飲食店の始まりに、大倉喜八郎や渋沢栄一など明治を築いた人たちが出資していることは多い。

平成以降は、ジャンルを横断する新しい料理が生まれている。

書いているうちに、新型コロナウイルスが広がり飲食店が苦境に陥った。当初、東京のグルメ都市ぶりをレポートして終わるはずだったエピローグも、コロナ後を占う内容へと変更した。途中から祈るような気持ちで執筆に取り組んだ一方、現状に関わる情報をかき集めては記事として発信しつつ論考を深めた。

飲食業の歴史はちっぽけだと書いたが、コロナ禍により、飲食業がいかに私たちの世界を支えてくれているかを実感した人は多かったのではないか。この本が少しでも、そこで働く人たちの助けにもなることを願う。

執筆に当たり、辻静雄文化財団評議委員の山内秀文さん、辻調理師専門学校のメディア・プロデューサーの小山伸二さん、『あまから手帖』の穴田佳子さん、「なにわ料理　有」の古池秀人さん、「良友酒家」の潘慧利さんと潘秀莉さん、料理家の吉田麻子さん、料理教室を主宰する伊藤尚子さん、のりこさん、渥美まいこさん、なべさんにお世話になった。また、食いしん坊の仲間たちとの情報交換や会食も刺激になった。そして、伴走してくださった亜紀書房の内藤寛さんにも大変お世話になった。執筆が大変だったことにコロナ禍が加わり、内藤さんとは外食の道を辿る同志のような気分になっている。この本は私たちの祈りである。そして、いつも応援し、資料発掘に協力してくれる夫にも感謝したい。

どうかコロナ後が、光のある世界でありますように。

二〇二一年一月

阿古　真理

主要参考文献

プロローグ

『日本ビジュアル生活史　江戸の料理と食生活』原田信男編、小学館、二〇〇四年
『大阪食文化大全』浪速魚菜の会　笹井良隆編著、西日本出版社、二〇一〇年
『自由学問都市　大坂　懐徳堂と日本的理性の誕生』宮川康子、講談社選書メチエ、二〇〇二年
『江戸の食空間　屋台から日本料理へ』大久保洋子、講談社学術文庫、二〇一二年
『いっとかなあかん店　大阪』江弘毅、140B、二〇一七年
『きつねうどん口伝』宇佐美辰一、聞き書き：三好広一郎・三好つや子、ちくま文庫、一九九八年
『なにわ料理一代』上野修三、創元社、二〇一三年
『大阪料理　関西割烹を生み出した味と食文化』オフィスSNOW編、大阪料理会監修、旭屋出版、二〇一七年
『日本の洋食　洋食から紐解く日本の歴史と文化』青木ゆり子、ミネルヴァ書房、二〇一八年
『あのメニューが生まれた店』菊地武顕、平凡社、二〇一三年

第一部

◎第一章

『グルメ漫画50年史』杉村啓、星海社新書、二〇一七年

『フランス料理ハンドブック』辻調グループ　辻静雄料理教育研究所編著、柴田書店、二〇一二年
『世界の食文化⑯フランス』北山晴一、農文協、二〇〇八年
『ミシュラン　三つ星と世界戦略』国末憲人、新潮選書、二〇一一年
『ミシュランガイド東京２０２０』日本ミシュランタイヤ、二〇一九年
『ミシュランガイド京都・大阪２０２０』日本ミシュランタイヤ、二〇一九年
『ゴ・エ・ミヨ２０１９』ゴ・エ・ミヨジャポン編集部、ガストロノミー・パートナーズ、二〇一九年
『東京最高のレストラン２０２０』ぴあ、二〇一九年
『和食とはなにか　旨みの文化をさぐる』原田信男、角川ソフィア文庫、二〇一四年
『銀座Ｈａｎａｋｏ物語　バブルを駆けた雑誌の２０００日』椎根和、紀伊國屋書店、二〇一四年
『自由が丘スイーツ物語』阿古真理、ＮＴＴ出版、二〇一一年
『料理の鉄人大全』番組スタッフ編、フジテレビ出版、二〇〇〇年
『ＴＶチャンピオン　大食い選手権』テレビ東京番組制作スタッフ編、双葉社、二〇〇二年
『東京味のグランプリ２００』山本益博、講談社、一九八二年
『東京フランス料理店ガイド　グルマン』山本益博・見田盛夫、新潮社、一九八三年

◎**第二章**

『ＥＸＰＯ'70パビリオン　大阪万博公式メモリアルガイド』橋爪紳也監修、平凡社、二〇一〇年
『まぼろし万国博覧会』串間努、ちくま文庫、二〇〇五年
『料理人の突破力』宇田川悟、晶文社、二〇一四年
『カプリチョーザ　愛され続ける味』神山典士著、本多惠子監修、プレジデント社、二〇一八年

『食と農の戦後史』岸康彦、日本経済新聞社、一九九六年
『ファミリーレストラン 「外食」の近現代史』今柊二、光文社新書、二〇一三年
『外食産業を創った人びと 時代に先駆けた19人』「外食産業を創った人びと」編集委員会編、商業界、二〇〇五年
『労働力の女性化』竹中恵美子・久場嬉子編、有斐閣選書、一九九四年
『広告のヒロインたち』島森路子、岩波新書、一九九八年
『20世紀ファッションの文化史――時代をつくった10人――』成実弘至、河出書房新社、二〇〇七年
『フランス料理ハンドブック』辻調グループ 辻静雄料理教育研究所編著、柴田書店、二〇一二年
『東京フレンチ興亡史』宇田川悟、角川oneテーマ21、二〇〇八年
『日本イタリア料理事始め――堀川春子の90年』土田美登世、小学館、二〇〇九年
『ファッションフード、あります。はやりの食べ物クロニクル1970－2010』畑中三応子、紀伊國屋書店、二〇一三年
『自由が丘スイーツ物語』阿古真理、NTT出版、二〇一一年
『俺のイタリアン、俺のフレンチ ぶっちぎりで勝つ競争優位性のつくり方』坂本孝、商業界、二〇一三年
『外食2・0』君島佐和子、朝日出版社、二〇一二年

◎第三章

『日本食物史』江原絢子・石川尚子・東四柳祥子、吉川弘文館、二〇〇九年
『昭和生活文化年代記《クロニクル》3 30年代』諸井薫編集、TOTO出版、一九九一年
『まぼろし万国博覧会』串間努、ちくま文庫、二〇〇五年
『「ディスカバー・ジャパン」の時代』森彰英、交通新聞社、二〇〇七年

『フードツーリズム論』安田亘宏、古今書院、二〇一三年
『カニという道楽　ズワイガニと日本人の物語』広尾克子、西日本出版社、二〇一九年
『食旅と観光まちづくり』安田亘宏、学芸出版社、二〇一〇年
『全日本「食の方言」地図』野瀬泰申、日本経済新聞社、二〇〇三年
『いつかティファニーで朝食を』③マキヒロチ、新潮社、二〇一三年
『伝承写真館　日本の食文化⑦東海』農文協編、農文協、二〇〇六年
『すごい！　日本の食の底力』辻芳樹、光文社新書、二〇一五年
『料理人にできること　美食の聖地サンセバスチャンからの伝言』深谷宏治、柴田書店、二〇一九年
『庄内パラディーゾ　アル・ケッチァーノと美味なる男たち』一志治夫、文藝春秋、二〇〇九年
『人と人をつなぐ料理　食で地方はよみがえる』奥田政行、新潮社、二〇一〇年
『改訂　庄内の味』伊藤珍太郎、本の会、一九八一年
『世界一の映画館と日本一のフランス料理店を山形県酒田につくった男はなぜ忘れ去られたのか』岡田芳郎、講談社文庫、二〇一〇年
『世界の食文化⑯フランス』北山晴一、農文協、二〇〇八年
『日本の食生活全集⑥聞き書　山形の食事』農文協、一九八八年
『高橋忠之［料理長自己流］』辻和成、柴田書店、一九九八年
『食べてびっくり』森須滋郎、新潮文庫、一九八四年
『対談　料理長』村上信夫・高橋忠之、柴田書店、一九八六年

第二部

◎第一章

『和食とはなにか　旨みの文化をさぐる』原田信男、角川ソフィア文庫、二〇一四年

『大阪料理　関西割烹を生み出した味と食文化』オフィスＳＮＯＷ編、大阪料理会監修、旭屋出版、二〇一七年

『京都〈千年の都〉の歴史』髙橋昌明、岩波新書、二〇一四年

『京の味　老舗の味の文化史』駒敏郎、向陽書房、二〇〇〇年

『江戸の食空間』大久保洋子、講談社学術文庫、二〇一二年

『女主人《あるじ》のいる店』佐々木芳子、文化出版局、一九八六年

『食前方丈　八百善ものがたり』栗山恵津子、講談社、一九八六年

『日本食物史』江原絢子・石川尚子・東四柳祥子、吉川弘文館、二〇〇九年

『知られざる魯山人』山田和、文藝春秋、二〇〇七年

『魯山人の料理王国』北大路魯山人、文化出版局、一九八〇年

『吉兆　湯木貞一　料理の道』末廣幸代、吉川弘文館、二〇一〇年

『浜作主人が語る京料理の品格』森川裕之、ＰＨＰ研究所、二〇一七年

『すごい！　日本の食の底力』辻芳樹、光文社新書、二〇一五年

『一流の本質』クックビズ㈱Ｆｏｏｄｉｏｎ編、大和書房、二〇一七年

『月刊専門料理　日本料理の50年』二〇一六年七月号、柴田書店

『自遊人』二〇一九年一二月号　自遊人

『居酒屋の誕生』飯野亮一、ちくま学芸文庫、二〇一四年

『詳説日本史B』笹山晴生・佐藤信・五味文彦・高埜利彦、山川出版社、二〇一六年
『江戸の居酒屋』伊藤善資編著、洋泉社、二〇一七年
『居酒屋チェーン戦国史』中村芳平、イースト新書、二〇一八年
『居酒屋の戦後史』橋本健二、祥伝社新書、二〇一五年
『近代日本食文化年表』小菅桂子、雄山閣、一九九七年
『酒場の誕生』玉村豊男・TaKaRa酒生活文化研究所編、紀伊國屋書店、一九九八年
『すし　天ぷら　蕎麦　うなぎ』飯野亮一、ちくま学芸文庫、二〇一六年
『最暗黒の東京』松原岩五郎、講談社学術文庫、二〇一五年
『居酒屋NEO』柴田書店、二〇一八年
『値段の明治大正昭和風俗史』上　週刊朝日編、朝日文庫、一九八七年
『銀座カフェー興亡史』野口孝一、平凡社、二〇一八年
『外食産業を創った人びと　時代に先駆けた19人』「外食産業を創った人びと」編集委員会編、商業界、二〇〇五年
『食卓の情景』池波正太郎、新潮文庫、一九八〇年
『胃袋の近代　食と人びとの日常史』湯澤規子、名古屋大学出版会、二〇一八年
『東京・横浜　百年食堂』日本出版社、二〇一一年
『明治大正史　世相篇』柳田國男、講談社学術文庫、一九九三年
『創業家に生まれて　定食・大戸屋をつくった男とその家族』三森智仁、日経BP社、二〇一七年
『〈格差〉と〈階級〉の戦後史』橋本健二、河出新書、二〇二〇年
『日本の食文化1食事と作法』小川直之編、吉川弘文館、二〇一八年
『夫婦善哉』織田作之助、新潮文庫、一九五〇年

『コムギ粉の食文化史』岡田哲、朝倉書店、一九九三年
『【さぬきうどん】の真相を求めて』吉原良一、旭屋出版、二〇一八年
『蕎麦の事典』新島繁、講談社学術文庫、二〇一一年
『そば屋 翁 僕は生涯そば打ちでいたい。』高橋邦弘、河出書房新社、一九九八年
『きつねうどん口伝』宇佐美辰一、聞き書き：三好広一郎・三好つや子、ちくま文庫、一九九八年
『東西「駅そば」探訪』鈴木弘毅、交通新聞社新書、二〇一三年
『極上 東京立ち食いそば2019年』リベラルタイム出版社、二〇一九年
『すきやばし次郎 小野禎一 父と私の60年』根津孝子、CCCメディアハウス、二〇一九年
『江戸前ずしの悦楽 「次郎よこはま店」の十二カ月』早川光、晶文社出版、一九九九年
『小松弥助 心のすし 森田一夫と仲間たち』北國新聞社出版局編、加賀屋発行、北國新聞社発売、二〇一九年
『回転寿司の経営学』米川伸生、東洋経済新報社、二〇一一年
『天丼 かつ丼 牛丼 うな丼 親子丼』飯野亮一、ちくま学芸文庫、二〇一九年
『「粉もん」庶民の食文化』熊谷真菜、朝日新書、二〇〇七年
『たこやき 大阪発おいしい粉物大研究』熊谷真菜、講談社文庫、一九九八年
『お好み焼きの物語』近代食文化研究会、新紀元社、二〇一九年
『神戸とお好み焼き』三宅正弘、神戸新聞総合出版センター、二〇〇二年

◎**第二章**

『居酒屋の誕生』飯野亮一、ちくま学芸文庫、二〇一四年
『明治大正史 世相篇』柳田國男、講談社学術文庫、一九九三年

『日本食物史』江原絢子・石川尚子・東四柳祥子、吉川弘文館、二〇〇九年
『やきとりと日本人』土田美登世、光文社新書、二〇一四年
『和食とはなにか　旨みの文化をさぐる』原田信男、角川ソフィア文庫、二〇一四年
『琉球の風水土』木崎甲子郎・目崎茂和編著、築地書館、一九八四年
『天丼　かつ丼　牛丼　うな丼　親子丼』飯野亮一、ちくま学芸文庫、二〇一九年
『戦国、まずい飯！』黒澤はゆま、集英社インターナショナル、二〇二〇年
『拙者は食えん！　サムライ洋食事始』熊田忠雄、新潮社、二〇一一年
『御馳走帖』内田百閒、中公文庫、一九七九年
『とんかつの誕生　明治洋食事始め』岡田哲、講談社選書メチエ、二〇〇〇年
『日本のごちそう　すき焼き』向笠千恵子＋すきや連、平凡社、二〇一四年
『横浜もののはじめ物語』斎藤多喜夫、有隣新書、二〇一七年
『オムライスの秘密　メロンパンの謎　人気メニュー誕生ものがたり』澁川祐子、新潮文庫、二〇一七年
『にっぽん洋食物語大全』小菅桂子、ちくま文庫、二〇一七年
『こうして女性は強くなった。　家庭面の100年』読売新聞生活部編、中央公論新社、二〇一四年
『読売新聞家庭面の100年レシピ』読売新聞生活部編、文藝春秋、二〇一五年
『ブルドックソース55年史』ブルドックソース株式会社社史編集委員会編、ブルドックソース株式会社、一九八一年
『小津安二郎の食卓』貴田庄、ちくま文庫、二〇〇三年
『むかしの味』池波正太郎、新潮文庫、一九八八年
『小林カツ代の「おいしい大阪」』小林カツ代、文春文庫、二〇〇八年
『うまい肉の科学』肉食研究会著、成瀬宇平監修、ＳＢクリエイティブ、二〇一二年

『居酒屋チェーン戦国史』中村芳平、イースト新書、二〇一八年
『詳説日本史B』笹山晴生・佐藤信・五味文彦・高埜利彦、山川出版社、二〇一六年
『肉の王国　沖縄で愉しむ肉グルメ』仲村清司・藤井誠二・普久原朝充、双葉社、二〇一七年
『日本の食生活全集㊼　聞き書　沖縄の食事』農文協、一九八八年
『最暗黒の東京』松原岩五郎、講談社学術文庫、二〇一五年
『焼肉の文化史』佐々木道雄、明石書店、二〇一二年
『パクチーとアジア飯』阿古真理、中央公論新社、二〇一八年
『韓国近現代史』池明観、明石書店、二〇一〇年
『盛岡冷麺物語』小西正人、リエゾンパブリッシング、二〇〇七年
『「移民列島」ニッポン』藤巻秀樹、藤原書店、二〇一二年
『大阪「鶴橋」物語　ごった煮商店街の戦後史』藤田綾子、現代書館、二〇〇五年
『焼肉・キムチと日本人』鄭大聲、ＰＨＰ新書、二〇〇四年
『被差別のグルメ』上原善広、新潮新書、二〇一五年
『中国くいしんぼう辞典』崔岱遠著、川浩二訳、みすず書房、二〇一九年
『世界の食文化③モンゴル』小長谷有紀、農文協、二〇〇五年
『どんな肉でも旨くする　サカエヤ新保吉伸の全仕事』新保吉伸、世界文化社、二〇一九年
『悶々ホルモン』佐藤和歌子、新潮文庫、二〇一一年
『満腹の情景〝日本の食〟の現在』木村聡、花伝社、二〇一九年

◎第三章

『人気飲食チェーンの本当のスゴさがわかる本』稲田俊輔、扶桑社新書、二〇一九年
『月刊食堂　外食産業50年史』二〇一一年七月号、柴田書店
『オムライスの秘密　メロンパンの謎　人気メニュー誕生ものがたり』澁川祐子、新潮文庫、二〇一七年
『伝説の総料理長サリー・ワイル物語』神山典士、草思社文庫、二〇一五年
『トマトが野菜になった日』橘みのり、草思社、一九九九年
『横浜もののはじめ物語』斎藤多喜夫、有隣新書、二〇一七年
『食を創造した男たち』島野盛郎、ダイヤモンド社、一九九五年
『にっぽん洋食物語大全』小菅桂子、ちくま文庫、二〇一七年
『日本の洋食　洋食から紐解く日本の歴史と文化』青木ゆり子、ミネルヴァ書房、二〇一八年
『東京・銀座　私の資生堂パーラー物語』菊川武幸、講談社、二〇〇二年
『日本人はカレーライスがなぜ好きなのか』井上宏生、平凡社新書、二〇〇〇年
『神戸と洋食』江弘毅、神戸新聞総合出版センター、二〇一九年
『ホントはおいしいイギリス料理』エリオットゆかり、主婦の友社、二〇一二年
『家庭で作れるアイルランド料理』松井ゆみ子、河出書房新社、二〇一三年
『フランス料理ハンドブック』辻調グループ　辻静雄料理教育研究所編著、柴田書店、二〇一二年
『プロのためのフランス料理の歴史』ジャン＝ピエール・プーラン&エドモン・ネランク共著、山内秀文訳、学習研究社、二〇〇五年
『西洋料理人物語』中村雄昂、築地書館、一九八五年
『温故知新で食べてみた』山本直味、主婦の友社、二〇一三年
『ザ・フィフティーズ』上　D・ハルバースタム著、金子宣子訳、新潮社、一九九七年

『日本の遊園地』橋爪紳也、講談社現代新書、二〇〇〇年
『日録20世紀スペシャル15　20世紀「食」事始め』講談社、一九九九年
『増補改訂版　西洋菓子彷徨始末　洋菓子の日本史』吉田菊次郎、朝文社、二〇〇六年
『自由が丘スイーツ物語』阿古真理、NTT出版、二〇一一年
『ドライブイン探訪』橋本倫史、筑摩書房、二〇一九年
『懐かしの昭和ドライブイン』越野弘之、グラフィック社、二〇一九年
『百貨店の誕生』初田亨、三省堂選書、一九九三年
『外食産業を創った人びと　時代に先駆けた19人』「外食産業を創った人びと」編集委員会編、商業界、二〇〇五年
『企業家活動でたどる日本の食品産業史』生島淳・宇田川勝編著、文眞堂、二〇一四年
『食と農の戦後史』岸康彦、日本経済新聞社、一九九六年
『ファミリーレストラン　「外食」の近現代史』今柊二、光文社新書、二〇一三年
『サイゼリヤ　おいしいから売れるのではない　売れているのがおいしい料理だ』正垣泰彦、日経ビジネス人文庫、二〇一六年
『明治の商店　開港・神戸のにぎわい』大国正美・楠本利夫編、神戸史談会企画、神戸新聞総合出版センター、二〇一七年
『喫茶店と日本人』赤土亮二、旭屋出版、二〇一九年
『日本カフェ興亡記』高井尚之、日本経済新聞出版社、二〇〇九年
『ドトールコーヒー「勝つか死ぬか」の創業記』鳥羽博道、日経ビジネス人文庫、二〇〇八年
『昭和喫茶のモーニング&ランチ　東京編』喫茶店文化研究会監修、辰巳出版、二〇一六年
『いつかティファニーで朝食を』①、⑧　マキヒロチ、新潮社、二〇一二年、二〇一五年

『日本食物史』江原絢子・石川尚子・東四柳祥子、吉川弘文館、二〇〇九年
『グッドバイ』朝井まかて、朝日新聞出版、二〇一九年
『長崎の西洋料理』越中哲也、第一法規、一九八二年
『本邦初の洋食屋　自由亭と草野丈吉』永松実、料理監修坂本洋司、えぬ編集室、二〇一六年
『なぜ日本のフランスパンは世界一になったのか』阿古真理、NHK出版新書、二〇一六年
『明治西洋料理起源』前坊洋、岩波書店、二〇〇〇年
『西洋料理事始　中央亭からモルチェまで』中央亭編集・発行、一九八〇年
『ホテル料理長列伝』岩崎信也、柴田書店、一九八三年
『エスコフィエ』辻静雄、復刊ドットコム、二〇一三年
『ヨコハマ洋食文化事始め』草間俊郎、雄山閣、一九九九年
『テレビ料理人列伝』河村明子、NHK出版、二〇〇三年
『フランス料理二大巨匠物語　小野正吉と村上信夫』宇田川悟、河出書房新社、二〇〇九年
『東京フレンチ興亡史』宇田川悟、角川oneテーマ21、二〇〇八年
『帝国ホテル厨房物語』村上信夫、日経ビジネス人文庫、二〇〇四年
『西洋料理六十年』田中徳三郎、柴田書店、一九七五年
『東京會舘とわたし』上　旧館　辻村深月、毎日新聞出版、二〇一六年

◎**第四章**

『フランス料理ハンドブック』辻調グループ　辻静雄料理教育研究所編著、柴田書店、二〇一二年
『料理人の休日』辻静雄、復刊ドットコム、二〇一三年

『美味礼讃』海老沢泰久、文春文庫、一九九四年
『文藝別冊　辻静雄』河出書房新社、二〇一四年
『料理に「究極」なし』辻静雄、復刊ドットコム、二〇一四年
『プロのためのフランス料理の歴史』ジャン＝ピエール・プーラン＆エドモン・ネランク共著、山内秀文訳、学習研究社、二〇〇五年
『世界の食文化⑯フランス』北山晴一、農文協、二〇〇八年
『日録20世紀　スペシャル15　20世紀「食」事始め』講談社、一九九九年
『おいしい人間』高峰秀子、文春文庫、二〇〇四年
『フレンチの王道　シェ・イノの流儀』井上旭、聞き手：神山典士、文春新書、二〇一六年
『日本のグラン・シェフ』榊芳生、オータパブリケイションズ、二〇〇四年
『一食懸命物語　ＫＩＨＡＣＨＩ』熊谷喜八、海竜社、一九九九年
『料理人の突破力』宇田川悟、晶文社、二〇一四年
『食の金メダルを目指して』三國清三、日経プレミアシリーズ、二〇一六年
『おしゃれな舌　スーパーシェフ三國清三の軌跡』松木直也、風塵社、二〇〇〇年
『飲み食い世界一の大阪』江弘毅、ミシマ社、二〇一三年
『ミシュラン　三つ星と世界戦略』国末憲人、新潮選書、二〇一一年
『アマゾンの料理人』太田哲雄、講談社、二〇一八年
『すごい！　日本の食の底力』辻芳樹、光文社新書、二〇一五年
『一流の本質』クックビズ㈱Ｆｏｏｄｉｏｎ編、大和書房、二〇一七年
『料理王国』二〇二〇年五月号、ＣＵＩＳＩＮＥ ＫＩＮＧＤＯＭ

『月刊専門料理　フランス料理の50年』二〇一六年四月号、柴田書店
『ミシュランガイド東京2020』日本ミシュランタイヤ、二〇一九年
『ミシュランガイド京都・大阪2020』日本ミシュランタイヤ、二〇一九年
『日本イタリア料理事始め——堀川春子の90年』土田美登世、小学館、二〇〇九年
『キャンティ物語』野地秩嘉、幻冬舎文庫、一九九七年
『カプリチョーザ　愛され続ける味』神山典士著、本多惠子監修、プレジデント社、二〇一八年
『六本木発ワールド・ダイニング』源川暢子著、株式会社WDI協力、日経BPコンサルティング、二〇一七年
『料理の鉄人大全』番組スタッフ編、フジテレビ出版、二〇〇〇年
『外食2・0』君島佐和子、朝日出版社、二〇一二年
『料理王国　日本のパスタ100年史』二〇二〇年八・九月号、CUISINE KINGDOM
『月刊専門料理　イタリア料理の50年』二〇一六年六月号、柴田書店

◎**第五章**

『細雪』上　谷崎潤一郎、新潮文庫、一九五五年
『食魔　谷崎潤一郎』坂本葵、新潮新書、二〇一六年
『図説　中国　食の文化誌』王仁湘著、鈴木博訳、原書房、二〇〇七年
『中国料理と近現代日本』岩間一弘編著、慶應義塾大学出版会、二〇一九年
『ナガサキ　インサイトガイド　長崎を知る77のキーワード』ナガサキベイデザインセンター企画・制作、講談社ピーシー企画協力、講談社、二〇一〇年
『詳説日本史B』笹山晴生・佐藤信・五味文彦・高埜利彦、山川出版社、二〇一六年

『横浜を創った人々』冨川洋、講談社エディトリアル、二〇一六年
『にっぽんラーメン物語』小菅桂子、駸々堂、一九八七年
『食味歳時記』獅子文六、中公文庫、一九九七年
『聞き書き　横浜中華街物語』語り：林兼正、聞き書き：小田豊二、集英社、二〇〇九年
『横浜華僑の記憶』財団法人中華会館・横浜開港資料館編、財団法人中華会館発行、二〇一〇年
『南京町と神戸華僑』呉宏明・髙橋晋一編著、松籟社、二〇一五年
『神戸と居留地』神戸外国人居留地研究会編、神戸新聞総合出版センター、二〇〇五年
『神戸ものがたり』陳舜臣、平凡社ライブラリー、一九九八年
『ロッパ食談　完全版』古川緑波、河出文庫、二〇一四年
『花は桜　魚は鯛　谷崎潤一郎の食と美』渡辺たをり、ノラブックス、一九八五年
『京都の中華』姜尚美、幻冬舎文庫、二〇一六年
『程さんの台湾料理店』程一彦、角川春樹事務所、二〇〇四年
『台湾人の歌舞伎町――新宿、もうひとつの戦後史』稲葉佳子・青池憲司、紀伊國屋書店、二〇一七年
『夕陽に赤い町中華』北尾トロ、集英社インターナショナル、二〇一九年
『パクチーとアジア飯』阿古真理、中央公論新社、二〇一八年
『テレビ料理人列伝』河村明子、NHK出版、二〇〇三年
『ぼくの父、陳建民』陳建一、大和書房、一九九九年
『チャーハン人生論』周富徳、PHP研究所、一九九四年
『ファミリーレストラン　「外食」の近現代史』今柊二、光文社新書、二〇一三年
『新・世界三大料理』神山典士著、中村勝宏・山本豊・辻芳樹監修、PHP新書、二〇一四年

『ファッションフード、あります。はやりの食べ物クロニクル1970－2010』畑中三応子、紀伊國屋書店、二〇一三年
『料理王国』二〇一九年一二月号、CUISINE KINGDOM
『月刊専門料理　中国料理の50年』二〇一六年五月号、柴田書店
『日本のグラン・シェフ』榊芳生、オータパブリケイションズ、二〇〇四年
『新・中華街』山下清海、講談社選書メチエ、二〇一六年
『ラーメンマニア』柑出版社、二〇一九年
『メイキング・オブ・新横浜ラーメン博物館』グラフィクス　アンド　デザイニング企画・編集・著作、みくに出版、一九九五年
『ラーメン超進化論』田中一明、光文社新書、二〇一七年
『ミシュランガイド東京2020』日本ミシュランタイヤ、二〇一九年
『ミシュランガイド京都・大阪2020』日本ミシュランタイヤ、二〇一九年
『料理沖縄物語』古波蔵保好、作品社、一九八三年
『沖縄ぬちぐすい事典』尚弘子監修、プロジェクトシュリ、二〇〇二年
『ラーメンと愛国』速水健朗、講談社現代新書、二〇一一年
『東京ラーメン系譜学』刈部山本、辰巳出版、二〇一九年
『日本ラーメン大全』飯田橋ラーメン研究会、光文社文庫、一九九七年
『東池袋大勝軒　心の味』山岸一雄、あさ出版、二〇一二年
『「食」の図書館　スープの歴史』ジャネット・クラークソン著、富永佐知子訳、原書房、二〇一四年
『オムライスの秘密　メロンパンの謎　人気メニュー誕生ものがたり』澁川祐子、新潮文庫、二〇一七年

『なぜ、人は「餃子の王将」の行列に並ぶのか?』野地秩嘉、プレジデント社ムック、二〇一〇年
『大阪王将、上陸』文野直樹、文芸社、二〇〇六年
『「你好《ニーハオ》」羽根つき餃子とともに』石井克則、三一書房、二〇一七年
『餃子マニア』枻出版社、二〇一九年
『おいしい人間』高峰秀子、文春文庫、二〇〇四年
『中村屋のボース』中島岳志、白水社、二〇〇五年
『銀座ナイルレストラン物語』水野仁輔著、G・M・ナイル語り、Pヴァイン・ブックス、二〇一一年
『日本の中のインド亜大陸食紀行』小林真樹、阿佐ヶ谷書院、二〇一九年
『関西のスパイスカレーのつくりかた』ケイ・オプティコム、LLCインセクツ、二〇一八年
『週刊東洋経済』二〇一八年二月三日号、東洋経済新報社
『週刊東洋経済』二〇二〇年二月二九日号、東洋経済新報社
『vesta』二〇二〇年春号　味の素食の文化センター

エピローグ

『未来食堂ができるまで』小林せかい、小学館、二〇一六年
『売上を、減らそう。』中村朱美、ライツ社、二〇一九年
『東京最高のレストラン2019』ぴあ、二〇一八年
『月刊専門料理』二〇二〇年八月号、柴田書店

ら行

わ行

ま行

や行

は行

な行

さ行

た行

か行

索引

あ行

阿古真理（あこ・まり）

1968年兵庫県生まれ。作家・生活史研究家。食のトレンドと生活史、ジェンダー、写真などのジャンルで執筆。著書に『母と娘はなぜ対立するのか』『昭和育ちのおいしい記憶』『昭和の洋食　平成のカフェ飯』『「和食」って何？』（以上、筑摩書房）、『小林カツ代と栗原はるみ』『料理は女の義務ですか』（以上、新潮社）、『パクチーとアジア飯』（中央公論新社）、『なぜ日本のフランスパンは世界一になったのか』（NHK出版）、『平成・令和食ブーム総ざらい』（集英社インターナショナル）など。

日本外食全史

2021年3月22日　初版第1刷発行

著者　阿古真理

発行者　株式会社亜紀書房
〒101－0051
東京都千代田区神田神保町1－32
電話　(03)5280－0261
振替　00100－9－144037
http://www.akishobo.com

装画　川村淳平
装丁・レイアウト　矢萩多聞
DTP・印刷・製本　株式会社トライ
http://www.try-sky.com

Printed in Japan

70歳、これからは湯豆腐——私の方丈記　太田和彦

山と獣と肉と皮　繁延あづさ

いかもの喰い——犬・土・人の食と信仰　山田仁史

旅の食卓　池内紀

谷根千のイロハ　森まゆみ

東京凸凹散歩——荷風にならって　大竹昭子